高等学校计算机基础教育规划教材

网络信息资源检索与利用
（第2版）

隋莉萍 编著

清华大学出版社
北京

内 容 简 介

本书是根据教育部高等教育司组织编写的《普通高等学校文科类专业大学计算机教学基本要求(2006版)》,在2008年9月出版的本书第1版的基础上修订、编写而成的。

"网络信息资源检索与利用"是一门面向多学科和专业的公共课程,学习它有助于系统地培养学生的信息获取、组织、评价和综合利用能力,提高学生的信息素养和信息技能,满足学生快速、准确、有效地获取和高效地利用网络信息资源的需求。

全书包括信息资源检索基础知识、网络信息资源检索概述、基于搜索引擎的网络信息资源检索、中文网络数据库的检索、英文网络数据库的检索、核心检索评价系统、特种文献信息的网络检索、数据与事实型信息的网络检索、网络信息资源的综合利用9章内容,在每一章中都设计了大量的检索示例,也设计了思考题和上机练习题,在方便教师教学和学生自学的同时,也满足了学生检索实践操作的要求。

本书能够满足当前高等学校计算机公共课教学的基本要求,既可以作为高等学校各学科专业网络信息资源检索课程的教材,也可以作为各类计算机应用技能社会培训课程教材和广大科研工作者掌握网络信息检索方法与技巧的实用参考书。

本书封面贴有清华大学出版社防伪标签,无标签者不得销售。
版权所有,侵权必究。举报: 010-62782989,beiqinquan@tup.tsinghua.edu.cn。

图书在版编目(CIP)数据

网络信息资源检索与利用/隋莉萍编著. —2版. —北京:清华大学出版社,2014(2024.8重印)
高等学校计算机基础教育规划教材
ISBN 978-7-302-38997-2

Ⅰ. ①网… Ⅱ. ①隋… Ⅲ. ①网络检索—高等学校—教材 Ⅳ. ①G354.4

中国版本图书馆CIP数据核字(2015)第005119号

责任编辑:袁勤勇　王冰飞
封面设计:傅瑞学
责任校对:焦丽丽
责任印制:沈　露

出版发行:清华大学出版社
　　　网　　　址:https://www.tup.com.cn,https://www.wqxuetang.com
　　　地　　　址:北京清华大学学研大厦A座　　　邮　　编:100084
　　　社 总 机:010-83470000　　　邮　　购:010-62786544
　　　投稿与读者服务:010-62776969,c-service@tup.tsinghua.edu.cn
　　　质 量 反 馈:010-62772015,zhiliang@tup.tsinghua.edu.cn
　　　课 件 下 载:https://www.tup.com.cn,010-83470236
印 装 者:三河市龙大印装有限公司
经　　销:全国新华书店
开　　本:185mm×260mm　　　印　张:23.5　　　字　数:542千字
版　　次:2008年9月第1版　　2014年12月第2版　　　印　次:2024年8月第13次印刷
定　　价:59.00元

产品编号:039226-03

前言

近年来,因特网的迅速发展和广泛应用使世界范围的信息交流、资源共享成为可能,从而大大拓展了人类的信息空间,网络信息资源也成为人类社会生活中不可缺少的重要资源。但是,网络信息空间的无限、无序、纷繁复杂、缺乏集中统一的组织和控制等特点也给人们有目的地快速、准确、有效地查找和利用信息资源带来了一定的困难,还给传统的信息组织方式、信息检索方法和信息利用带来了很大的冲击。传统的信息资源检索工具和信息资源检索系统都在向开发、建设和提供以因特网为平台的信息服务转变,这就要求人们必须全面掌握现代网络信息资源检索技术、方法和科学知识,只有这样才能融入当今的信息社会,成为全球信息交流和信息共享中的智者。

网络信息资源检索是信息管理学领域的重要研究课题,网络信息资源检索课程也一直是一门面向高等学校各专业学生开设的公共课程。本课程有助于系统地培养学生的信息获取能力、信息组织能力、信息评价能力和信息综合利用能力,有助于培养和提高学生的信息素养,对学生学好其他课程和信息技能的提高也具有重要的意义和价值。

本书引进数据库技术、网络技术和通信技术的内容,并紧密结合网络环境下信息资源的特点和信息检索的实际需要,全面而又系统地介绍了信息检索的基本理论和基础知识,尤其是网络信息资源检索的特点、检索技术和检索方法。本书还介绍了多种不同的网络信息资源检索工具、搜索引擎、网络数据库、网络信息资源检索系统的功能及其使用方法以及不同类型网络信息资源的获取方法和应用领域,为用户快速、有效地获取自身需要和适用的网络信息资源提供了有效的途径和方法。

本书致力于培养学生解决问题的能力,学生通过本书内容的学习,能掌握信息搜集、分析和利用所需要的技能,并运用课程知识来达到完成课题检索的目的。本书既可以作为高等学校各专业网络信息资源检索课程的教材,也可以作为各类计算机应用技能培训课程的教材和广大科研工作者掌握网络信息检索方法与技巧的实用参考书。

在本书的编写过程中参考了大量的文献资料,在此对参考文献的作者表示由衷的敬意和衷心的感谢。同时,姜继忱教授、卢秉亮副教授为本书的编写和顺利完成提供了重要的资料,并提出了宝贵的意见,在此一并表示感谢。

需要说明的是,由于编写时间仓促,而且网络环境下信息资源的持续变化、网络信息资源检索平台的不断更新,加之编者的水平和视野有限,书中难免存在疏漏和不足之处。衷心欢迎业界同行的批评指正,也恳请各位读者反馈宝贵意见。

隋莉萍
2014 年 7 月于大连

目录

第1章　信息资源检索基础知识 ………………………………………………………… 1
　1.1　信息资源概述 …………………………………………………………………… 1
　　　1.1.1　信息、知识、情报、文献之间的关系 ………………………………… 1
　　　1.1.2　信息源的类型 …………………………………………………………… 3
　　　1.1.3　文献信息源的类型 ……………………………………………………… 4
　　　1.1.4　主要的一次文献信息源 ………………………………………………… 6
　1.2　信息资源检索 …………………………………………………………………… 9
　　　1.2.1　信息检索及其相关概念 ………………………………………………… 9
　　　1.2.2　信息检索的类型 ………………………………………………………… 10
　　　1.2.3　信息检索系统 …………………………………………………………… 13
　　　1.2.4　数据库 …………………………………………………………………… 17
　1.3　信息检索语言 …………………………………………………………………… 19
　　　1.3.1　信息检索语言概述 ……………………………………………………… 19
　　　1.3.2　信息检索语言的类型 …………………………………………………… 20
　1.4　信息检索技术 …………………………………………………………………… 23
　　　1.4.1　传统的信息检索技术 …………………………………………………… 23
　　　1.4.2　新型的网络信息检索技术 ……………………………………………… 27
　1.5　信息资源检索的方法、途径和步骤 …………………………………………… 29
　　　1.5.1　信息资源检索方法 ……………………………………………………… 29
　　　1.5.2　信息资源检索途径 ……………………………………………………… 30
　　　1.5.3　信息检索策略的制定与实施 …………………………………………… 32
　1.6　信息资源检索效果的评价 ……………………………………………………… 34
　　　1.6.1　检索效果的评价 ………………………………………………………… 34
　　　1.6.2　信息检索的意义 ………………………………………………………… 36
　习题1 …………………………………………………………………………………… 38

第2章　网络信息资源检索概述 ………………………………………………………… 39
　2.1　网络信息资源概述 ……………………………………………………………… 39

2.1.1　网络信息资源的概念及特点 …………………………………………… 39
　　　2.1.2　网络信息资源的类型 ……………………………………………………… 40
　2.2　网络信息资源检索 …………………………………………………………………… 44
　　　2.2.1　网络信息资源检索的概念和特点 ………………………………………… 44
　　　2.2.2　网络信息资源检索方法 …………………………………………………… 45
　　　2.2.3　网络信息资源检索工具 …………………………………………………… 48
习题 2 …………………………………………………………………………………………… 51

第 3 章　基于搜索引擎的网络信息资源检索 …………………………………………… 52

　3.1　搜索引擎概述 ………………………………………………………………………… 52
　　　3.1.1　搜索引擎的概念及其功能 ………………………………………………… 52
　　　3.1.2　搜索引擎的类型 …………………………………………………………… 53
　　　3.1.3　搜索引擎的工作方式 ……………………………………………………… 55
　　　3.1.4　搜索引擎的使用方法和技巧 ……………………………………………… 57
　3.2　目录型搜索引擎 ……………………………………………………………………… 59
　　　3.2.1　目录型搜索引擎的工作原理 ……………………………………………… 59
　　　3.2.2　常用的目录型搜索引擎及其检索方法 …………………………………… 60
　　　3.2.3　检索示例 …………………………………………………………………… 67
　3.3　索引型搜索引擎 ……………………………………………………………………… 68
　　　3.3.1　索引型搜索引擎的工作原理 ……………………………………………… 68
　　　3.3.2　常用的索引型搜索引擎及其检索方法 …………………………………… 72
　　　3.3.3　检索示例 …………………………………………………………………… 81
　3.4　元搜索引擎 …………………………………………………………………………… 82
　　　3.4.1　元搜索引擎的工作原理 …………………………………………………… 82
　　　3.4.2　常用的元搜索引擎及其检索方法 ………………………………………… 83
　　　3.4.3　检索示例 …………………………………………………………………… 90
　3.5　其他类型网络信息资源检索工具 …………………………………………………… 90
　　　3.5.1　FTP 资源搜索引擎 ………………………………………………………… 90
　　　3.5.2　Usenet、LISTSERV 和 Mailing List 资源搜索引擎 …………………… 94
　　　3.5.3　多媒体资源搜索引擎 ……………………………………………………… 99
　　　3.5.4　专业搜索引擎 ……………………………………………………………… 101
习题 3 …………………………………………………………………………………………… 107

第 4 章　中文网络数据库的检索 …………………………………………………………… 109

　4.1　CNKI 与中国期刊全文数据库 ……………………………………………………… 109
　　　4.1.1　CNKI 概述 ………………………………………………………………… 109
　　　4.1.2　中国期刊全文数据库 ……………………………………………………… 111
　　　4.1.3　数据库的检索 ……………………………………………………………… 112

    4.1.4 检索示例 ·· 116
  4.2 维普资讯系统与中文科技期刊数据库 ··· 116
    4.2.1 维普资讯系统概述 ·· 116
    4.2.2 中文科技期刊数据库 ·· 117
    4.2.3 数据库的检索 ·· 117
    4.2.4 检索示例 ·· 123
  4.3 万方数据知识服务平台 ··· 124
    4.3.1 万方数据知识服务平台概述 ····································· 124
    4.3.2 数据库资源 ··· 124
    4.3.3 数据库的检索 ··· 126
    4.3.4 检索示例 ·· 130
  4.4 中国高等教育文献保障系统 ··· 132
    4.4.1 CALIS 概述 ·· 132
    4.4.2 数据库资源 ··· 132
    4.4.3 CALIS 中文数据资源的检索 ····································· 135
    4.4.4 检索示例 ·· 137
  4.5 人大复印报刊资料全文数据库 ·· 138
    4.5.1 概述 ··· 138
    4.5.2 数据库资源 ··· 139
    4.5.3 数据库的检索 ··· 139
    4.5.4 检索示例 ·· 142
  4.6 四大中文期刊全文数据库的比较 ·· 143
  4.7 联机书目检索系统 ·· 147
    4.7.1 联机图书馆公共检索目录概述 ································· 148
    4.7.2 OPAC 的检索 ·· 149
  4.8 电子图书与数字图书系统 ··· 152
    4.8.1 电子图书概述 ··· 152
    4.8.2 超星数字图书馆 ··· 154
    4.8.3 其他中、外文数字图书系统介绍 ······························ 157
    4.8.4 主要的网上书店 ··· 161
 习题 4 ··· 162

第 5 章 英文网络数据库的检索 ·· 163

  5.1 EBSCOhost 系统全文数据库 ··· 163
    5.1.1 数据库资源 ··· 164
    5.1.2 检索技术 ·· 165
    5.1.3 数据库的检索 ··· 166
    5.1.4 检索示例 ·· 174

5.2 ProQuest 系统全文数据库 ·· 175
    5.2.1 数据库资源 ··· 176
    5.2.2 检索技术 ··· 178
    5.2.3 PQDT 美国博/硕士学位论文数据库的检索 ············ 179
    5.2.4 检索示例 ··· 183
5.3 Elsevier Science Direct 全文数据库 ······························ 184
    5.3.1 数据库资源 ··· 185
    5.3.2 检索技术 ··· 186
    5.3.3 数据库的检索 ·· 187
    5.3.4 检索示例 ··· 192
5.4 SpringerLink 全文期刊数据库 ······································ 192
    5.4.1 数据库资源 ··· 193
    5.4.2 检索技术 ··· 193
    5.4.3 数据库的检索 ·· 194
    5.4.4 检索示例 ··· 198
5.5 Journal Storage 过刊全文数据库 ·································· 199
    5.5.1 数据库资源 ··· 200
    5.5.2 检索技术 ··· 201
    5.5.3 数据库的检索 ·· 202
    5.5.4 检索示例 ··· 207
习题 5 ·· 207

第 6 章 核心检索评价系统 ··································· 209

6.1 Dialog 国际联机检索系统 ·· 209
    6.1.1 Dialog 系统概述 ·· 209
    6.1.2 Dialog 数据库资源 ······································· 210
    6.1.3 Dialog 检索技术 ·· 212
    6.1.4 DialogWeb 系统的检索 ································· 214
    6.1.5 检索示例 ··· 220
6.2 OCLC FirstSearch 国际联机检索系统 ··························· 221
    6.2.1 OCLC FirstSearch 系统概述 ··························· 221
    6.2.2 FirstSearch 数据库资源 ································· 222
    6.2.3 数据库的检索 ·· 225
    6.2.4 检索示例 ··· 228
6.3 ISI Web of Science 数据库 ··· 230
    6.3.1 三大引文索引概述 ······································· 231
    6.3.2 ISI Web of Knowledge 平台的数据库资源 ········· 232
    6.3.3 ISI Web of Science 数据库的检索 ···················· 233

       6.3.4 检索示例 ·· 241
   6.4 工程索引 ·· 242
       6.4.1 EI 概述 ·· 242
       6.4.2 Ei Engineering Village 2 数据库资源 ································ 243
       6.4.3 Ei Engineering Village 2 的检索 ····································· 243
       6.4.4 检索示例 ·· 249
   6.5 中文社会科学引文索引 ··· 250
       6.5.1 CSSCI 数据库概述 ··· 250
       6.5.2 数据库的检索 ··· 251
       6.5.3 检索示例 ·· 253
   习题 6 ·· 255

第 7 章 特种文献信息的网络检索 ·· 257
   7.1 会议信息的网络检索 ··· 257
       7.1.1 会议文献概述 ··· 257
       7.1.2 会议消息的检索 ·· 258
       7.1.3 会议文献的检索 ·· 261
   7.2 学位论文的网络检索 ··· 265
       7.2.1 学位论文概述 ··· 265
       7.2.2 国外学位论文数据库的检索 ··· 266
       7.2.3 中国学位论文数据库的检索 ··· 269
   7.3 专利信息的网络检索 ··· 271
       7.3.1 专利基础知识 ··· 271
       7.3.2 专利文献的印刷型检索工具 ··· 274
       7.3.3 国外专利信息的网络检索 ·· 275
       7.3.4 中国专利信息的网络检索 ·· 284
   7.4 科技报告的网络检索 ··· 290
       7.4.1 科技报告概述 ··· 290
       7.4.2 美国政府四大科技报告及其检索 ··································· 293
       7.4.3 中国科技成果的检索 ·· 299
       7.4.4 其他国家科技成果的检索 ·· 301
   7.5 标准信息的网络检索 ··· 302
       7.5.1 标准概述 ·· 302
       7.5.2 国外标准信息的检索 ·· 305
       7.5.3 中国标准信息的检索 ·· 313
   习题 7 ·· 314

第 8 章 数据与事实型信息的网络检索 ········ 316

8.1 数据与事实型参考工具书 ········ 316
8.1.1 参考工具书的定义和特点 ········ 316
8.1.2 参考工具书的主要类型、结构和排检方法 ········ 317
8.1.3 参考工具书的检索示例 ········ 318

8.2 数据与事实型数据库 ········ 319
8.2.1 数据与事实型数据库的特点和类型 ········ 319
8.2.2 英文数据与事实型数据库的检索 ········ 321
8.2.3 中文数据与事实型数据库的检索 ········ 328

8.3 数据与事实型资源站点选介 ········ 332
8.3.1 字典、词(辞)典类 ········ 333
8.3.2 百科全书类 ········ 334
8.3.3 年鉴、统计资料类 ········ 336
8.3.4 专业手册/指南类 ········ 337
8.3.5 传记资料/名录类 ········ 337
8.3.6 地图类 ········ 338

习题 8 ········ 339

第 9 章 网络信息资源的综合利用 ········ 340

9.1 网络信息资源的收集、整理和分析 ········ 340
9.1.1 网络信息资源的收集方法 ········ 340
9.1.2 网络信息资源的整理方法 ········ 341
9.1.3 网络信息资源的分析方法 ········ 342

9.2 科研选题及论文资料收集 ········ 344
9.2.1 科研课题查询步骤 ········ 344
9.2.2 论文资料的收集 ········ 344
9.2.3 科研课题查询示例 ········ 346

9.3 学位论文的开题与写作 ········ 348
9.3.1 学位论文开题与写作的特点和要求 ········ 348
9.3.2 学位论文开题与写作的步骤、方法和格式 ········ 349
9.3.3 利用网络信息资源开题及写作示例 ········ 353

9.4 科技查新 ········ 355
9.4.1 科技查新的概念、查新领域及服务对象 ········ 355
9.4.2 科技查新的过程与查新报告 ········ 357
9.4.3 科技查新报告示例 ········ 360

习题 9 ········ 362

参考文献 ········ 363

第1章

信息资源检索基础知识

随着信息社会的到来,信息资源对人类的社会生活产生了巨大影响。但是,信息空间的无限、无序和纷繁复杂等特点,又给人们查找和利用信息资源带来了困难。人们开始意识到只有全面而又系统地学习和掌握现代信息资源检索知识、技术和方法,培养和提高信息获取、信息组织、信息评价和信息综合利用能力,才能有效地获取和利用所需要的信息资源。

1.1 信息资源概述

1.1.1 信息、知识、情报、文献之间的关系

1. 信息

信息(Information)科学是一门始于20世纪的新兴学科,由于人们研究信息的角度和目的不同,方法各异,对信息的定义也十分宽泛。例如,信息论的创始人、美国数学家香农(Claude E. Shannon)在其《通信的数学理论》一文中首次提出"信息是用来消除不确定性的东西"。控制论的创始人、英国科学家维纳(N. Wiener)在香农理论的基础上,从通信角度对信息的含义做了进一步的阐述,认为"信息是人们适应外部世界并且使这种适应为外部世界所感知的过程中,同外部世界进行交换的内容的名称",使得通信领域中信息的研究取得了重大进展。

这些定义分别从不同层次、不同侧面揭示了信息的特征与性质。但是由于信息本身的复杂性尚未被完全认识,信息的内涵与外延还在不断探索中,信息的定义也不断地拓展和完善。就目前已经进行的探索,综合和比较各种观点,可以将信息广义地归纳为:信息是客观世界中一切事物自身存在方式和它们之间相互关系、相互作用等运动状态的反映,是一种客观存在的物质运动形式。

信息和材料、能源一样,是一种重要的资源。信息作为一种资源,即信息资源(Information Resource,IR),可以从广义和狭义两个层次来理解其含义。广义的信息资源指的是信息活动中各种要素的总称,既包含信息本身,也包含与信息相关的人员、设备、

技术、资金等因素;狭义的信息资源只限于信息本身,是指各种载体和形式的信息的集合,包括文字、音像、印刷品、电子信息、数据库等。

从某种程度上说,人类认识世界的过程,实际上就是不断地从外部世界获取信息和加工信息的过程;而人类改造世界的过程,是把加工外部信息所取得的"主观"信息反作用于外部世界的过程。

2. 知识

对知识(Knowledge)的定义一般是从哲学角度做出的。如《辞海》解释为"知识是人类认识的成果和结晶,包括经验知识和理论知识","知识借助于一定的语言形式,或物化为某种劳动产品的形式,可以交流和传递给下一代,成为人类共同的精神财富"。《中国大百科全书》则将知识解释为:"所谓知识,就它反映的内容而言,是客观事物的属性与联系的反映,是客观世界在人脑中的主观映象。就它反映的活动形式而言,有时表现为主体对事物的感性知觉或表象,属于感性知识,有时表现为关于事物的概念或规律,属于理性知识"。

本书倾向于从信息的角度对知识进行定义。信息是对客观世界中一切事物自身存在方式和运动状态的反映,知识则是在改造客观世界的实践中获得的对客观事物存在和运动规律的认识和总结。知识是人的大脑通过思维重新组合的系统化的信息的集合,是对信息的理解和认识,是信息的一部分。信息可以划分为正确信息和虚假信息、有用信息和无用信息;而知识则是在实践中获取,并经过实践检验的正确、有用的信息。

随着对知识内涵认识的加深,人类也从不同角度对知识进行了分类。德国哲学家马克斯·舍勒(Max Scheler)将知识划分为应用知识、学术知识和精神知识3大类;在此基础上,美籍著名经济学家弗里兹·马克卢普(Fritz Machlup)按照认识者的主观解释来分析知识的种类,认为知识包括实用知识、学术知识、闲谈和消遣知识、精神知识和不需要的知识5个方面的内容;按照经济合作与发展组织(Organization of Economic Cooperation and Development,OECD)的《以知识为基础的经济》报告,知识可以划分为事实知识(Know-what)、原理知识(Know-why)、技能知识(Know-how)和人力知识(Know-who)4种类型,这也是目前最具权威性和流行性的一种知识的分类。

3. 情报

情报(Intelligence)的概念在不同的历史时期有不同的含义。早期,人们认为情报是战时关于敌情的报告;20世纪70年代,人们认为情报是意志、决策、部署、规划、行动所需要的能指引方向的知识和智慧;20世纪80年代,人们认为情报是获得的他方有关情况以及对其分析研究的结果。

综合上述各家之说,可以看出,情报的定义大都与知识或信息有关,而且无论情报的内容与形式如何变化,其共同之处在于:认为情报是由以下基本要素构成的:

(1) 情报包含知识或信息。情报的本质是知识,知识和信息是构成情报的原料,但并非所有知识和信息都能构成情报,只有经过筛选、加工、为用户所需的新知识或新信息才能成为情报。

(2) 情报要经过传递。知识或信息必须经过交流传递,并为用户所接收或利用,才能转化为情报。

(3) 情报要经过用户使用并产生效益。情报以实现使用价值为目的,人们创造情报、传递情报的目的在于利用,在于提高其效益性,效益是情报的结果。

由此,情报的定义可以概括为:情报是人们用来解决特定问题所需要的,经过激活过程活化了的,具有使用价值的知识或信息。情报是特定的知识,是知识的一部分。

4. 文献

国家标准《文献著录总则》(GB/T3792.1-83)将文献定义成:"记录有知识的一切载体。"这是目前对文献(Document)的最简明的定义。《文献情报术语国际标准(草案)》(ISO/DIS5217)中的"文献"是指:"在存储、检索、利用或者传递记录信息的过程中,可作为一个单元处理的,在载体内、载体上或者依附载体而存储有信息或数据的载体。"《国际标准书目著录(总则)》(ISBD(G))将文献定义为:"以任何形式出现的,作为标准书目著录的书目文献实体。"

由此,可以认为文献是记录知识的一切载体,即用文字、图形、符号或声频等技术手段记录知识的物质载体,或固化在物质载体上的知识。文献具有3个基本属性,即文献的知识性、记录性和物质性。它具有存储知识、传递和交流信息的功能。

载体有两类:一类是通用载体,包括人脑、语言、文字、符号等;另一类是文献载体。随着科技的发展,文献载体已由古代的龟甲、竹简和帛书,到传统的图书、期刊,发展到机读资料、电子出版物、缩微制品等多种形式。各种载体的资料都属于文献的范畴。

5. 信息、知识、情报和文献的关系

信息、知识、情报和文献之间存在着一种内在的必然联系,是同一系统的不同层次,但也有明显的区别。它们之间的关系主要体现在:世界是物质的,信息是物质存在的方式、形态和运动规律的表征,人脑对物质属性的感知形成信息,信息是起源,是基础;知识是系统化了的信息,各种信息经过组织、系统化地加工处理、提高深化才能成为知识;情报是传递着的有特定效用的知识,知识包含情报,知识只有被用来解决特定问题和具有使用价值时才转化为情报。信息、知识、情报不仅存在包含关系,而且可以相互转化。而文献则是信息、知识、情报的存储载体和重要的传播工具,信息、知识和情报的内容只有记录在物质载体上才能构成文献;文献经过传递、应用于理论和实践又会产生新信息。当然,文献上记录的信息和知识不全是情报;信息、知识、情报也不全是以文献的形式记录的。

1.1.2 信息源的类型

信息源又称情报源,是用户获取信息的来源。联合国教科文组织(UNESCO)1976年出版的《文献术语》一书,从信息使用者的角度把信息源定义为:个人为满足其信息需要而获得信息的来源。从绝对意义上看,一切产生、生产、存储、加工和传播信息的"源头"都可以称作信息源。信息源内涵丰富,它不仅包括各种信息载体,也包括各种信息机构;不仅包括各种信息储存和信息传递机构,也包括各种信息生产机构。

按照传播形式来划分,信息源可分为体裁信息源、实物信息源、文献信息源3种类型。

1. 体裁信息源

体裁信息是指以人体为载体,通过口头语言和身体语言(体态)这些信息交流符号创造和传播,并能为他人所识别的信息。参与社会信息交流的每个人都是一个独立的信息源。体裁信息源的特点是及时、新颖、主观随意和瞬时性。由于主要的获取方式是口头交流和身体语言,所以体裁信息源又可以进一步划分为口头信息源和体语信息源。

2. 实物信息源

一切物质实体蕴含着的丰富信息均可视为实物信息,它给人们提供了充分认识事物的物质条件。实物信息源的特点是直观、真实和零散。依据实物的人工与天然特性,实物信息源又可以分为以自然物质为载体的天然实物信息源和以人工实物为载体的人工实物信息源。

3. 文献信息源

文献信息也称为文献资源,是用一定的记录手段将系统化的信息内容存储在各类载体上而形成的一类信息源。文献信息源是信息源的主体部分,是信息搜集、存储、检索和利用的主要对象。

1.1.3　文献信息源的类型

由于文献的种类繁多,各具特色,不同类型文献所记载的信息内容也各有侧重,因此,了解文献信息源的级别、类型、特点等知识,不仅有助于加深人们对文献内涵及其特征的认识,也有助于丰富人们的信息检索知识,有针对性地研究和利用各类文献信息。

1. 按照信息源的载体类型划分

文献信息源的分类方法多种多样,其中,最常采用的方法是按照文献信息源存在的载体形式来划分。此方法将文献信息源进一步划分成印刷型文献信息源、缩微型文献信息源、声像型文献信息源和电子型文献信息源。

1) 印刷型(Printed Form)

印刷型文献是以纸介质为载体,以手写或印刷技术为记录手段而形成的文献形式。它具有用途广,便于阅读、流传和收藏的优点;缺点在于存储密度小,体积大,占用存储空间,不易长期保存。印刷型文献是手工信息检索的主要对象。

2) 缩微型(Micro Form)

缩微型文献可以分为缩微胶卷(Microfilm)和缩微平片(Microfiche)两类,是以感光材料为载体,利用光学技术将文字、图形、影像等信息符号进行等比例缩放形成的文献形式。其优点是体积小、存储密度高、易于保存和流通、价格低、管理方便;缺点是需要专门的设备才能阅读,检索不便。

3) 声像型(Audio-Visual Form)

声像型文献是以磁性材料或感光材料为存储介质,以磁记录或光学技术为记录手段,直接记录声音、图像、动画、视频等信号,给人以直观、形象的感受,故又可称为视听型文献或直感型文献。声像型文献具有直观、生动、易于理解的优点;缺点是成本高、不易检索和更新。

4) 电子型(Electronic Form)

电子型文献实质上是一类机读型信息资源,也被称为机读型文献(Machine Readable Form)。它是以数字化的形式,把文字、图像、声音、动画等多种类型的信息存储在非印刷型载体上,形成多种类型的电子出版物,以电信号、光信号的形式传输,并通过计算机、通信设备和其他外部设备再现的一种信息资源。电子型文献不仅具有存储密度高、存取速度快、检索快捷灵活、使用方便等优点,而且具有电子加工、编辑、传送等功能,但是必须配备计算机等相应的设备才能阅读和使用。

电子型文献有磁带版(Magnetic Tape)、磁盘版(Floppy Disc)、光盘版(CD-ROM)、联机版(Online)以及最新的网络版(Network)等多种版本类型。

电子型文献是计算机信息检索的主要对象。它借助计算机被海量存储,又借助计算机网络被广泛传递,具有广阔的发展和应用前景。

2. 按照信息源的加工程度划分

按照信息源的加工程度来划分,文献信息源可以分为零次文献、一次文献、二次文献和三次文献。

1) 零次文献

零次文献是指尚未经过系统整理形成正式文献的零散资料或最原始的记录,如书信、手稿、笔记等。

零次文献的主要特点是内容新颖,具有原始性,但不成熟、分散,难于获得和检索。

2) 一次文献(Primary Literature)

一次文献又称为原始文献,是作者对自己研究成果或创造性活动成果的直接记录,一般是指公开出版的著作、期刊论文、科技报告、会议文献、学位论文、专利文献等。

一次文献记载的信息比较具体、详尽,具有新颖性、创造性、系统性和学术性等特征,是各层次文献中数量最大、种类最多、应用最广、影响最大的文献。

3) 二次文献(Secondary Literature)

二次文献是指将大量分散、无序的一次文献经过筛选、分析、整理,按其内容特征和外部特征进行提炼、浓缩,并按照一定的逻辑顺序和科学体系编制而成的系统化的文献。二次文献包括目录、文摘、索引等,它们是二次文献的核心。

二次文献的形成是从分散、无序到集中、有序化的书目控制过程,这种文献具有明显的浓缩性、汇集性、系统性和可检索性等特点,具有较高的参考和使用价值。

4) 三次文献(Tertiary Literature)

三次文献是通过二次文献提供的线索,对某一范围的一次文献进行分析、综合研究、归纳、整理等深加工所生成的文献,包括述评、百科全书、报告、年鉴、手册、字典等。

三次文献是对现有一次文献进行综合研究和分析、浓缩、提炼和系统组织而生成的文献,具有较高的资料性和实用性。

从零次文献、一次文献、二次文献到三次文献,是一个由分散到集中,由无序到有序,由博而精地对知识信息进行不同层次加工的过程。它们所含信息的质和量是不同的,对于改善人们的知识结构所起到的作用也是不同的。零次文献信息源是最原始的信息资源,它与一次文献的重大区别是没有正式发表和形成正式文献。但它虽未公开交流,却是生成一次文献信息的主要素材;一次文献信息源是最主要的信息资源,是人们检索和利用的主要对象;二次文献信息源是对一次文献信息的集中提炼和有序化,是检索一次文献信息的工具;三次文献信息源是按知识门类或专题将一次文献信息重新组织、高度浓缩而成,是人们查考数据信息和事实信息的主要信息源。

1.1.4 主要的一次文献信息源

一次文献是文献信息检索的主要对象。常用的一次文献主要包括图书、期刊(报纸)、会议文献、学位论文、专利文献、标准文献、科技报告、政府出版物、产品资料和档案,统称为 10 大文献信息源。其中,图书、期刊(报纸)也被称为普通文献或白色文献;会议文献、学位论文、专利文献、标准文献、科技报告、政府出版物、产品资料、档案 8 种类型文献是一种介于图书与期刊之间的文献类型,通常在出版发行方面或获取途径方面比较特殊,因而也被称为特种文献或灰色文献。

1. 科技图书

一般来讲,图书是指内容比较成熟,资料比较系统,有完整定型的装帧形式的出版物。其中,科技图书(Scientific & Technical Book)是对已有的研究成果、生产技术知识和经验或者某一知识体系的论述和概括。科技图书的范围较广,主要包括学术专著、参考工具书(手册、年鉴、百科全书、辞典、字典等)、教科书等等。

科技图书的内容比较成熟、系统、全面,提供综合性科学知识,既可以阅读,也可以作为经常性的参考工具;同时,科技图书有目次表和索引,查阅方便,是传播知识的重要工具。但是由于科技图书的出版周期较长,信息传递较慢,知识的新颖性不够。

2. 科技期刊、报纸

1) 科技期刊

期刊(Periodical)又称杂志(Journal 或 Magazine),是指定期或不定期出版的有固定名称的连续出版物。按出版周期,期刊可分为旬刊、半月刊、月刊、双月刊、季刊、年刊等;按内容,期刊可分为学术性期刊、报道性期刊、检索性期刊和大众性期刊等。

科技期刊(Scientific & Technical Periodical)具有较高的学术性,内容丰富新颖,出版周期短,报道速度快,数量大,能及时反映当代社会发展趋势和科技发展动向,是交流学术思想和进行科学研究的最基本的文献形式,也是利用率最高的文献类型。需要注意的是,科技期刊一般不属于 Magazine 的范畴,在英文科技期刊刊名中,只用 Periodical 或者

Journal 表示科技期刊。

2）报纸

报纸（Newspaper）是期刊的一种特殊类型，是以刊载新闻和事实评论为主，定期连续向公众发行的一种连续出版物。

报纸的基本特点是内容新、涉及面广，是读者最多、影响最广的文献信息源。及时性是报纸区别于其他类型文献的最主要特征。

3. 专利文献

专利文献（Patent Document）是实行专利制度的国家、地区和专利组织在审批专利过程中产生的官方文件及其出版物的总称。它通常包括专利说明书、专利公告、专利检索工具以及其他与专利有关的法律文件等，其中主体是专利说明书。

与其他类型文献相比较，专利文献涉及的学科领域广泛，具有及时性、新颖性、详尽性、系统性、实用性和可靠性等特征，它既是技术文件又是法律文件，是重要的技术经济信息来源。专利文献与科技图书、科技期刊被视为科技文献的 3 大支柱。

4. 会议文献

会议文献（Conference Literature）是指在国内外学术和非学术会议上形成的资料和出版物，包括会议论文、会议文件、会议报告、讨论稿等，其中，会议论文是最主要的会议文献。

由于会议都有特定的议题，因而会议文献的论题集中，内容新颖、专深，针对性强，质量较高，基本上反映了当前某学科或专业领域内的最新学术研究成果，是了解各学科或专业的学术水平、研究动态和发展趋势的重要文献信息源。

5. 科技报告

科技报告（Scientific & Technical Report）又称研究报告或技术报告，是对科技工作中某个研究课题所取得的科研成果的报告，或对某个科研过程的阶段性进展情况的记录。科技报告一般单独成册，有具体的篇名、机构名称和统一的连续编号（报告号），所报道成果一般需要经过主管部门组织有关单位审查鉴定。科技报告的种类有技术报告、札记、论文、备忘录、通报等。

科技报告的特点是反映新技术、新学科较快，内容新颖详尽，专业程度较高，数据翔实可靠，保密性较强，大部分属于保密和控制发行。科技报告在一定程度上反映了一个国家或某一个学科的科研水平，是不可多得的科技文献信息源。

目前，全球每年都有相当数量的科技报告产生，尤以美、英、法、德、日等国的科技报告为多。其中，以美国商务出版局的 PB 报告、美国军事国防部的 AD 报告、美国宇航部门的 NASA 报告和美国能源部的 DOE 报告最为著名。

6. 学位论文

学位论文（Dissertation/Thesis）是高等院校和科研机构的毕业生为获取学位资格在导师指导下撰写和提交的科学研究、科学试验的书面报告。学位论文一般是在学习和研究中参考大量文献,进行科学研究的基础上完成的。根据获取学位的不同,学位论文分为学士、硕士、博士3种。

学位论文所探讨的问题比较专门和系统,具有一定的独创性、新颖性、科学性和较强的专业性,其质量要经过学位或学术委员会的考核。此外,学位论文一般不公开发行,只由国家指定的专门机构进行收藏,因此需要通过专门的渠道才能获取原文。

7. 标准文献

标准文献(Standard Literature)是一种经权威机构批准的,记录人们在从事科学试验、工程设计、生产建设、商品流通、技术转让和组织管理时共同遵守的,具有规范性的技术文件,是技术标准、技术规格和技术规则等文献的总称。按批准机构和使用等级,标准文献可分为国际标准、区域性标准、国家标准、行业标准和企业标准等。

标准文献能够比较全面地反映标准制订国/单位的经济和技术政策,技术、生产及工艺水平,自然条件及资源情况等,提供许多其他文献不可能包含的特殊技术信息。标准文献具有严肃性、法律性、时效性和滞后性,需要随着技术发展不断地修订、补充或废除,更新比较频繁,是准确了解该国社会经济领域各方面技术信息的重要参考文献。

8. 政府出版物

政府出版物(Government Publication)是由政府部门及其所设立的专门机构发布、出版的文献信息资料。政府出版物大致上可分为行政性文件(如政策法令、规章制度、调查统计资料等)和科学技术文件(政府部门的科技研究报告、科技成果公告、科普资料和技术政策文件等)两大类。

政府出版物的主要特点是正式、权威,材料充实,数据可靠,是了解各国政治、经济、社会、科技等方面的方针政策、发展状况及其主要成果等的权威性信息来源。

9. 产品资料

产品资料(Product Literature)是各家厂商为推销其产品而印发的商业宣传品,包括产品样本、产品目录、说明书和厂商的情况介绍等。

产品资料一般图文并茂,形象直观,可靠性强,产品和技术信息比较完整,同时出版发行迅速,更新及时。

10. 档案文献

档案文献(Records Literature)是指中央和地方各级机关、企事业单位、社会团体等,在从事生产建设和各项活动时直接形成的,具有保存价值的,并经立卷归档的各种资料的总称。档案可分为技术档案、人事档案、文件档案及其他档案。其中,技术档案包括任务书、协议书、研究计划、研究方案、技术措施、调查材料、设计计算、数据、图纸和工艺卡等一系列文件。

档案文献是研究历史、了解现状的可靠资料,具有无可争辩的客观性和可靠性,同时,档案文献也具有一定的保密性,内部控制使用。

在以上所述的10种主要的文献类型中,图书、期刊、会议文献、学位论文、专利文献、科技报告、标准文献均有其相应的二次文献,即检索工具,查找起来比较方便;而政府出版物、产品资料、档案文献、报纸则多数没有相应的二次文献,所以查找起来极为不便。

1.2 信息资源检索

信息检索作为一个学科来发展始于 1949 年,莫尔斯(Calvin N. Mooers)在《把信息检索看作是时间性的通信》一文中首次提出"信息检索(Information Retrieval)"的概念。目前,随着信息检索理论和实践的更新发展,人们对信息检索的认识也在不断深入。

1.2.1 信息检索及其相关概念

1. 信息检索

信息检索有广义和狭义两重含义。广义上说,信息检索是指将信息按照一定的方式组织和存储起来,并根据信息用户的需求查找出相关信息的过程。它包含信息存储(Information Storage)和信息查找(Information Search)两个过程。信息存储是对信息进行收集、标引、描述和组织,并进行有序化编排,形成信息检索系统的过程;信息查找是指通过查询机制从各种检索系统中查找出用户所需要的特定信息的过程。信息的存储与查找存在着相辅相成、相互依存的辩证关系。存储是为了查找,没有存储就无法实现查找。狭义地讲,信息检索仅仅指信息查找的过程。

信息检索的实质就是将用户的检索提问标识与存储在信息检索系统中的信息特征标识进行比较、匹配,两者一致或者信息特征标识包含着检索提问标识,则具有该标识的信息就从检索系统中输出,输出的信息就是检索命中的信息。

信息检索和文献检索是两个不同的概念,它们既有区别,更有密切的联系。由于文献是情报、知识、信息的存储载体,情报、知识、信息一般都不能超越文献这种载体而存在,因此,信息检索一般也都超越不了作为信息载体的文献。信息检索主要是通过文献检索实现的,文献检索是信息检索的一个重要组成部分。

2. 著录

根据《国际标准书目著录(总则)》(ISBD(G))和我国国家标准《文献著录总则》的定义,著录是依据一定的规则,对文献的内容和形式特征进行分析、选择和记录的过程。

《文献著录总则》规定了九大著录项目,依次为题名与责任者项、版本项、文献特殊细节项、出版发行项、载体形态项、丛编项、附注项、文献标准编号及有关记载项、提要项,对各个项目著录的结果称为款目。

信息著录是组织信息检索系统的基础,是信息存储过程中的一个重要环节。

3. 标引

标引是在分析文献内容的基础上,将文献主题以及其他有意义的特征用某种检索语言标识出来,即赋予信息以检索标识,作为文献存储和检索依据的一种文献信息处理过程。

1) 按照标引的工作方式分类

按照标引的工作方式分类,标引可分为人工标引、计算机辅助标引和自动标引。人工标引是指文献标引人员根据自身的专业知识水平和信息处理能力,对文献进行主题内容分析,选定能够反映主题内容的检索标识并加以记录的过程;计算机辅助标引是指文献标引人员借助计算机对文献进行主题内容分析,选定能够反映主题内容的检索标识并加以记录的过程;自动标引是指由计算机代理人工完成文本的主题内容分析并赋予词语标识的技术,可分为自动抽词标引和自动赋词标引两种。其中,自动抽词标引是指利用计算机直接从文献全文、文摘或标题中抽出能够表达文献主题的关键词作为标引词,并自动生成关键词索引或倒排文档;自动赋词标引是指计算机根据某种特定的标准,从预选编制的词表中选取标引词来表达文本主题内容的标引过程。

2) 按照标引使用的语言分类

按照标引使用的语言分类,标引可分为主题标引和分类标引。主题标引是按照文献的主题内容,在主题词表中选取符合文献主题内容的主题词,作为文献的主题标识和查找依据的标引方法;分类标引是依据主题分析的结果,使用分类语言来表达文献主题内容的标引方法。目前,国内大多数机构主要采用《中国图书馆分类法》(简称《中图法》)作为分类标引的依据,采用《汉语主题词表》及其相关的专业词表进行主题标引。

标引具有十分重要的作用,它既是文献信息存入检索系统的依据,又是快速、准确地从检索系统中查找出文献信息的依据。

1.2.2 信息检索的类型

根据不同的标准,信息检索可以划分为不同的类型。

1. 按检索对象的内容划分

1) 文献检索

文献检索(Document Retrieval)是指以查找某一课题的相关文献为目标的检索。文献检索是相关性检索而非确定性检索,即检索系统不直接解答用户所提出的问题本身,只提供与之相关的文献或文献属性信息和来源指示,供用户参考和取舍,所以其检索对象是包含特定信息的各类文献。

文献检索包含全文信息检索和目录、题录、索引、文摘等二次文献信息检索。

2) 数据检索

数据检索(Numeric Retrieval)是指以特定的数值型数据为对象的检索。数值型数据多种多样,包括物理性能常数、调查统计数据、外汇收支等等。数据检索是一种确定性检索,即检索系统直接提供用户所需要的确切的数据,检索结果一般是确定性的。有些数据检索系统不仅能够查出数据,还提供一定的数据整理、运算和推导能力,从而为定量分析提供了依据。

3) 事实检索

事实检索(Fact Retrieval)是指以特定的事实为目标的检索。这里的事实也是一种数据，是非数值型数据，这是事实检索区别于数据检索的关键。事实检索也是一种确定性检索，这种检索既包含数值数据的检索、运算、推导，也包括事实、概念等的检索、比较和逻辑判断。

其实，用户所需要的数据或事实不能脱离文献而单独存在，因此，数据或事实检索也是以文献检索为依托的。它们之间有许多共同之处，文献检索用的大多数技术方法都适用于数据检索和事实检索。在信息服务过程中，二者也常常是相互配合、相辅相成的。

2. 按检索方式划分

1) 手工信息检索

手工信息检索(Manual Retrieval)是指利用印刷型检索工具书，以手工操作的方式进行信息检索。手工信息检索是信息检索的传统方式，已经历了一个多世纪的发展过程。其优点是直观、灵活，便于控制检索的准确性；缺点是查找过程较复杂，检索速度慢，查找工作量较大。

2) 计算机信息检索

计算机信息检索(Computer Information Retrieval)是把信息及其检索标识转换成计算机可以阅读和处理的二进制编码形式，存储在数据库系统中，由计算机按照设计好的程序对已经数字化的信息进行查找和输出的过程。计算机信息检索大大提高了检索效率和检索的全面性，拓宽了信息检索领域，丰富了信息检索的研究内容。

按照信息处理的方式分类，计算机信息检索可以进一步划分为脱机检索、联机检索、光盘检索和网络检索等多种方式。

手工信息检索和计算机信息检索的本质是相同的，都是从特定的检索系统中查找、匹配、输出所需要信息的过程；区别仅在于信息的载体形式、存储方式和匹配机制有所不同。

3. 按检索要求划分

1) 特性检索

特性检索也称为强相关检索，强调向用户提供高度对口的信息。这种检索强调检索的准确性，只要检索得到的文献信息能够满足用户的需求即可，通常对于检索结果的数量多少不做要求。

2) 族性检索

族性检索也称为弱相关检索，强调向用户提供系统、完整的信息。这种检索注重检索的全面性，要求检索出一段时间期限内有关特定主题的所有信息。为了尽可能避免漏检相关信息，对于检索的准确性相对要求较低。

族性检索和特性检索是两种要求比较极端的检索类型。实际上更多的时候，用户对于检索的要求介于两者之间，既要求查找准确的信息，又希望得到全面的信息。但在实际的信息检索过程中，查全和查准常常不能兼顾。

4. 按检索的时间跨度划分

1) 定题检索

定题检索(Selective Dissemination of Information,SDI)是根据用户的检索课题的内容和检索需要,制订检索提问式并将制订好的检索提问式预先存入检索系统中,并定期地对检索系统中的信息进行查询。定题检索通常在文献信息系统更新时运行,即每当文献信息库中加入新的文献信息时,就用预先存入检索系统的检索提问式检索一遍,查找出特定主题的最新信息,分析整理检索结果,并以一定的方式提供给用户。

定题检索的特点是只检索最新的信息,检索的时间跨度小。这种检索模式非常适合于信息跟踪,便于及时了解有关主题领域的最新发展动态。

2) 回溯检索

回溯检索(Retrospective Searching,RS)也称为追溯检索,是查找过去一段时期内有关特定主题信息的检索,并将检索结果一次性提供给用户,使用户一次检索就可以全面了解某一课题在某一段时间的发展情况。

回溯检索的特点是既可以查找过去某一段时间的特定主题信息,也可以查找最近的特定主题信息。与定题检索有所不同,每个回溯检索一般只运行一次。

5. 按检索对象的信息表现形式划分

1) 文本检索

文本检索(Text Retrieval)是查找含有特定信息的文本文献的检索,检索结果以文本形式反映特定信息的文献。这是一种传统的信息检索类型,在信息检索中至今依然占据着主要地位。

2) 多媒体检索

多媒体检索(Multimedia Retrieval)是根据用户的需求,对文字、声音、图形、图像等多种媒体信息进行组织、存储,从而识别、查找并获取有关信息的过程。多媒体信息检索包括两层含义:其一是对离散媒体的检索,如查找包含某种颜色和色彩组合的特定图像;其二是指对连续媒体的检索,如查找包含某一特定场景的视频资料。由于多媒体文献的信息组织和处理与传统的文本处理截然不同,检索需求及检索途径也别有特色,多媒体信息检索在技术的实现上亟待研究和发展。

3) 超文本检索(Hyper Text Retrieval)和超媒体检索(Hyper Media Retrieval)

超文本是将诸多文本信息通过超级链接联系起来而形成的一种非线性的文本结构。从组织结构上看,超文本的基本组成元素是节点(Nodes)和节点间的逻辑链接(Links),每个节点中所存储的信息以及信息链被联系在一起,构成相互交叉的信息网络。与传统文本的线性顺序检索不同,超文本检索强调中心节点之间的语义联系结构,靠系统提供的复杂工具做图示穿行和节点展示,提供浏览式查询;超媒体检索是对超文本检索的补充,其存储对象超出了文本范畴,融入了图形(像)以及声音等多种媒体信息,信息的存储结构从单维发展到多维,存储空间的范围也不断扩大。

1.2.3 信息检索系统

信息检索是通过信息检索系统来实施的。

信息检索系统是根据一定的社会需要,面向一定的用户群体,为达到特定信息检索需求目的而建立的一种有序化的信息资源集合体。它是一个拥有收集、整理、加工、存储和检索信息的设备与方法,能为用户提供信息服务的多功能开放系统。

按照不同的划分标准,信息检索系统可以划分为多种不同的类型。其中,按照信息检索的手段来划分,信息检索系统可以分为手工信息检索系统、机械式信息检索系统和计算机信息检索系统。

1. 手工信息检索系统

手工信息检索系统(Manual Retrieval System)是一种以印刷型检索工具为主体的系统,它主要是以纸质印刷载体为依托,以各类型文献信息资源为检索对象,采用手工方式进行查询就可完成检索过程并获取所需要的信息。

手工信息检索系统的特点是检索过程灵活,可以随时修改检索策略,检索结果较为准确;但这种系统检索速度慢、效率低、更新慢、查全率低。

印刷型检索工具是出现较早,使用时间较长的传统手工信息检索系统。印刷型检索工具主要以文献信息、事实和数据信息为检索对象,因此又可细分为文献检索工具和事实数据检索工具。

1) 文献检索工具

文献检索是以获取与检索课题相关的特定文献为目标的检索活动。其主要是以文献型信息为检索对象,用来对某一研究课题的相关文献进行查找,其结果是获得一批相关文献的线索,即所需信息的文献资料来源,然后通过文献源才能获得最终信息。根据文献著录特点、著录款目的内容和揭示文献深度的不同,文献检索工具可以进一步细分为目录、题录、文摘和索引4种检索工具。

(1) 目录(Catalog)。目录也称书目,多以一个完整的出版单位或收藏单位作为著录的基本单位,将一批著录款目(Item),如图书的书名、著者、版本、收藏处所等,按照一定的次序(如文献著者名称的字序、文献的主题词字序等)编排而成的一种揭示与报道文献的工具。它可供人们从已知的某种文献线索入手,查找到所需相关文献的款目及文献的获取线索。

目录型检索工具可以进一步细分为出版目录、馆藏目录和联合目录等多种类型。其中,出版目录是出版机构报道其文献出版情况的目录;馆藏目录是为报道一个图书馆所收藏的文献情况而编制的,能够揭示文献的馆藏地点、馆藏状况、可借阅情况等馆藏信息;联合目录是多个图书馆或信息中心合作出版的目录,反映了这些合作单位的收藏情况。

目录的载体形式多种多样,传统的书本型卡片目录正在被机读目录(Machine Readable Catalog,MARC)所取代。联机公共检索目录(Online Public Access Catalog,OPAC)是直接面向用户的网络版目录,它集机读目录、馆藏目录和联合目录于一身,通过网络将世界上许多图书馆连接起来,用户在联网的任何一个计算机终端登录,就能直接免费检索到这些图书馆的馆藏情况。

(2) 题录(Bibliography)。题录是在目录的基础上发展起来的一种检索工具。题录和目录的主要区别在于著录的对象不同。目录一般以一件独立完整的出版物为著录的基本单位,即以图书、期刊的自然出版形式为完整的单位来介绍;而题录通常以一个内容上独立的文献单位(篇目)为著录单元,揭示期刊、报纸、会议录中包含的论文的篇名、作者、来源出处及文种等。题录在揭示文献内容特征的描述上比目录做得深入一些。《全国报刊索引》就是一种按分类编排的题录型检索工具。

(3) 文摘(Abstract)。文摘是以简练的文字将文献的主要内容准确、扼要地摘录下来,按一定的著录规则与排列方式系统地编排起来的检索工具。

按照揭示文献信息含量的多少,文摘主要分为指示性文摘(Indicative Abstract)、报道性文摘(Informative Abstract)和评论性文摘(Critical Abstract)。指示性文摘主要揭示文献的研究对象、范围、方法等,一般不包含具体的数据、方法、结论等内容,也称为"简介";报道性文摘是原文内容的浓缩,详细揭示文献的研究范围、方法、结论,甚至原始数据及作者对此所做的解释,是检索期刊采用的主要的文摘形式;评论性文摘主要记录他人对文献内容的分析解释、补充和评价。

(4) 索引(Index)。索引也称辅助索引(Subsidiary Index),是将某一信息集合中的相关信息,按照某种可查顺序排列并系统地指引给读者的一种检索工具。

索引条目一般由索引标识和存储地址组成。索引标识是索引条目所指示的文献信息某方面的特征,如主题词、著者姓名、分类号等;存储地址是指明检索标识所表达的特定信息在信息集合中的地址,它通常是文献存取号(文摘号)。不同的标识系统构成不同的索引。

索引分为通用索引和专用索引。通用索引包括主题索引、分类索引、著者索引、引文索引等。其中,主题索引是以主题词(叙词或关键词)作为索引标识,按其字序排列形成的索引;分类索引是以分类号或类目名称作为索引标识,按照分类号排列形成的索引;著者索引是以文献上署名的著者、译者、编者等责任者的姓名或机关团体名称作为索引标识,按其字序排列形成的索引;引文索引是以引文著者和引文的其余题录部分作为标识编制成的索引。专用索引是以某些领域专用的名词术语或符号作为索引标识编排形成的索引,专用索引有分子式索引、专利号索引等。

目录型检索工具主要侧重于揭示出版单位和收藏单位;题录型检索工具针对的是文献的各种书目信息,以报道为主,检索为辅,既可以独立使用,又可以附有索引,独立性强;索引型检索工具用来报道和检索各类文献中的内容单元,主要的揭示对象是文献单元的某一特征信息,对文献内容的揭示程度要比题录要专、深、具体,所提供的检索途径也比较详尽、完善、系统。索引的主要功能是用来检索,通常从属于某种出版物或文档,自身独立性差。

2) 事实与数据检索工具

事实与数据检索工具主要是依靠各类参考性工具书完成各种事实或数据的查询,其检索目标和对象是获得特定的科学数据与事实说明。如查找某一词语的解释,某人、某时间、某地点等,所要查询的内容都具有相对的成熟性和稳定性,查询结果可以直接用于解答检索者的问题或提供直接的数据、资料,检索者无须再进一步查找其他信息源。

常见的事实与数据检索工具书包括百科全书(Encyclopedia)、年鉴(Almanac)、传记资料(Biography)、手册(Handbook)、地理资料(Geography)、机构指南(Directory)、统计资料(Statistics)、字词典(Dictionary)等多种类型。

目前,绝大多数印刷型检索工具都有计算机信息检索系统的数据库与之相对应,如与目录和题录工具相对应的是书目数据库,与文摘和索引工具相对应的是文摘与索引数据库,与事实、数据检索工具相对应的是数据与事实数据库等。

2. 机械式信息检索系统

机械式信息检索(Mechanical Retrieval System)是手工信息检索到计算机信息检索的过渡性阶段,发展于20世纪40—50年代。机械式信息检索系统包括穿孔卡片检索系统和缩微品检索系统两类系统。穿孔卡片检索系统是利用探针及其辅助设备,借助于穿孔卡片集合进行信息选取的系统;缩微品检索系统是以缩微胶片和缩微平片作为存储载体,利用相应的光学或电子技术设备处理和检索信息的系统。

机械式信息检索系统改进了信息的存储和检索方式,通过机械动作的控制,借助机械信息处理机的数据识别功能代替部分人脑,促进了信息检索的自动化。但它并没有发展信息检索语言,只是采用单一的方法对固定存储形式进行检索的系统。由于它过分依赖于设备,而且检索复杂,成本高,检索效率和质量不理想,因此,机械信息检索系统很快被计算机信息检索系统所取代。

3. 计算机信息检索系统

20世纪50年代初,美国海军兵器中心图书馆利用IBM701机开发了计算机信息检索系统,标志了计算机信息检索阶段的开始。

计算机信息检索系统(Computer Information Retrieval System)主要是由计算机硬件及软件系统、数据通信网络、数据库、检索终端设备和各类检索应用软件等组成的。从广义来讲,计算机信息检索系统是由计算机技术、电子技术、远程通信技术等构成的用于信息存储和检索的系统,它包括信息存储和信息检索两个环节。信息存储是按照既定的标准和原则,从信息源中选择合适的信息,提取这些信息的主题内容特征和外部特征,用系统的索引语言进行标引,形成信息的检索特征标识,将其整理和排序,构成可供检索的数据库;信息检索是将符合要求的检索提问式输入计算机检索系统,由计算机根据检索程序在选定的数据库中进行匹配运算,然后将符合检索提问要求的检索结果按照指定的格式输出。

计算机信息检索过程是在人机的协同作用下完成的。与手工信息检索系统相比较,计算机信息检索系统具有检索范围广、信息量大、检索速度快、效率高,检索不受时空限制,数据更新快,可以及时获得最新数据,查全率和查准率高,检索功能强,辅助功能完善,使用方便等特点。

根据检索者和计算机之间进行通信的方式的不同,计算机信息检索系统又可以具体分为脱机检索系统、联机检索系统、光盘检索系统和网络检索系统。

1) 脱机检索系统

脱机检索系统(Offline Retrieval System)通常使用单台计算机的输入输出装置,以磁带作为存储介质,由检索人员把众多的检索提问集中起来,以连续的顺序检索方式,定期成批地上机检索并将检索结果分发给用户,所以又称脱机批处理检索系统。脱机检索系统是直接在单独的计算机上执行检索任务,不使用远程终端设备和通信网络,系统的数据储存和处理能力都很有限,检索者必须制定完备的检索策略才能保证较好的检索效果,适用于大量检索而不必立即获取检索结果的用户。脱机检索系统于20世纪70年代被联机检索系统所取代。

2) 联机检索系统

联机检索系统(Online Retrieval System)是由通信网络将计算机检索终端与系统主机远程连接构成的主从结构式的信息检索系统,由联机存取中心、通信网络、检索终端设备组成。用户使用终端设备,按规定的指令输入检索词或检索式,借助通信网络同计算机的数据库系统进行问答式及时互动。联机检索系统采用实时操作技术,克服了脱机检索存在的时空限制,检索者可以随时调整检索策略,直至获取满意的检索结果,从而提高了检索效果。

联机检索的信息存储,即建立数据库,就是按照一定的要求、格式和结构存放各种信息。存储信息的这些数据库,一般需要经过代码和格式的转换才能成为联机检索用的联机数据库。围绕联机数据库形成数据库的顺排文档和建立倒排文档,满足用户按不同途径查询数据库的要求。联机信息检索是存储的逆过程,用户首先分析自己的检索需求,使其成为清楚明确的检索提问,然后通过系统词表将其转换为系统语言,结合制定的检索策略,由计算机在联机数据库中进行比较、匹配,凡是数据库中的文献特征与用户检索提问表达式及其逻辑组配关系一致的记录成为检索命中记录。

3) 光盘检索系统

光盘检索系统是采用计算机作为手段,以 CD-ROM 致密型光盘作为信息存储载体,利用计算机和光盘驱动器读取存储在光盘上的信息进行信息检索形成的一类信息检索系统。光盘检索系统由计算机软件和硬件系统、光盘驱动器、光盘数据库、检索软件和其他辅助设备构成。

光盘数据库种类繁多,所提供的检索途径和记录格式也各不相同,但是它们的检索原理都是相同的。在进行光盘检索时,检索人员首先要将存储在 CD-ROM 光盘上的数据传送到一个大容量硬盘上,以便进行数据转换和索引处理,建立数据索引,帮助检索者快速地获取信息。检索人员通过计算机终端设备运行检索软件,在检索软件的帮助下完成对数据索引的查询并输出检索结果。

光盘检索系统主要有单机光盘检索系统和网络光盘检索系统两类。20世纪80年代中期以来,光盘信息检索得以迅速发展,其作为联机检索、网络检索的有效补充手段,特别适用于开展专题检索和定题检索服务。

4) 网络检索系统

网络检索系统是以网络上的信息资源作为检索对象而形成的检索系统,由自动索引程序、网络数据库和检索代理软件3部分构成。系统采用客户机/服务器(Client/Server,

C/S)结构,彼此之间关系对等,这样就可以互相访问和利用对方的资源。

网络检索系统的工作原理是系统通过自动索引程序来广泛收集网络信息资源数据,经过判断、筛选、标引、分类、组织等处理后形成供检索用的数据库,创建目录索引,并大多以 Web 页面的形式向用户提供有关的资源导航、目录索引及检索界面。用户可根据自己的信息检索要求和检索工具的要求,通过检索界面输入检索表达式。系统检索软件按照检索用户输入的检索表达式在数据库中进行查询,并对检索结果进行评估和比较,按照与检索表达式的相关程度排序后提供给用户。

由于网络信息资源异常丰富,种类繁多,网络检索系统也呈现多样化。网络检索系统改变了计算机信息检索的传统方式和方法,彻底打破了信息检索的区域性和局限性,将计算机信息检索拓展到一个更广阔的领域。

5) 各类型检索系统的选择

计算机信息检索作为目前信息检索的主要方式,呈现出联机检索系统、光盘检索系统和网络检索系统多元并存的特点。不同类型的计算机信息检索系统各有特点,相互补充,满足用户不同类型的信息检索需求。选择不同类型的计算机信息检索系统,不仅要考虑各类型检索系统的特点和性能(检索速度和效率等),还要结合考虑检索系统收录的学科范围、文献类型、数据量,用户的信息检索需求,能够承担的检索费用、检索技术等方面的负担,检索操作和服务的便利性,以及用户对系统的熟悉程度、偏好等,各种因素综合加以考虑。

1.2.4 数据库

数据库(Database)是指在计算机的存储设备上按照一定方式存储的、相互关联的数据集合,通常由一组相关的文档组成。数据库是计算机信息检索系统的重要组成部分,是重要的电子信息资源管理工具,也是计算机信息检索操作的主要对象。

1. 数据库的结构

数据库主要由字段、记录、文档 3 个层次构成。对于一个数据库而言,数据库由若干个文档组成,一个文档由大量的记录组成,而每个记录中又包含有若干字段,这就是文献数据库的层次结构。

1) 字段

字段(Field)是数据库的基本数据单位,是记录的基本单元,是对某一实体的具体属性进行描述的结果。各类数据库中包含的字段都是不同的。一般来说,字段与文献信息的著录项目相对应。各字段拥有表明其特征的标识符,字段的内容称为字段值或者属性值。

文献数据库中的字段通常分为基本字段和辅助字段两类,基本字段表示文献的内容特征,有题名(TI)、摘要(AB)、叙词(DE)、自由标引词(ID)等;辅助字段表示文献的外部特征,有作者(AU)、作者单位(CS)、出版物名称(PN)、出版年份(PY)、语言(LA)等。

2) 记录

记录(Record)由若干字段构成,是文档的基本单元,也是计算机可存取的基本单位,是对某一实体的全部属性进行描述的结果。在全文数据库中,一个记录相当于一篇完整的文献;在书目数据库中,一个记录相当于一条文摘或题录,或者相当于目录中的一个款目。

记录有逻辑记录(Logical Record)和物理记录(Physical Record)之分。逻辑记录与存储环境无关,它是把一些在逻辑上相关的数据组织到一起的数据集合,是面向用户的记录,相对于印刷型检索工具中的一个条目;物理记录则是指硬件设备上的一个基本存储单位,是计算机内存与外存间进行数据交换的基本单位。

3) 文档

文档(File),即文件,是数据库内容的基本组成形式,是由若干个逻辑记录组成的信息集合。一般来说,一个数据库至少包括一个顺排文档和一个倒排文档。

(1) 顺排文档(Sequential File)。顺排文档也称主文档,是将数据库的全部记录按照记录号的大小排列而成的信息集合。顺序文档中的全部记录按录入的先后顺序存放,记录间的逻辑顺序(计算机处理记录的顺序)和物理顺序(记录在数据库中的实际存储顺序)一致。

(2) 倒排文档(Inverted File)。倒排文档是把数据库记录中的可检字段及其属性值提取出来,按照某种顺序重新组织后形成的一种可以用作索引的文档,所以,倒排文档也称为索引文档。选取不同的字段,组织得到不同的倒排文档。

顺排文档和倒排文档的主要区别在于:顺排文档以信息的完整记录作为处理和检索的单元;而倒排文档则以文献的属性作为处理和检索的单元,是索引文件。计算机进行检索时,先进入倒排文档查找有关信息的存取号,然后再进入顺排文档按存取号查找记录。

2. 数据库的分类

不同的数据库,其存储电子信息资源的内容、形式各有不同,检索途径和方法也有很大的差异。从信息检索角度,按照检索的数据库所包含电子信息资源的内容级别和内容的表现形式,可把数据库分成参考数据库和源数据库两大类。

1) 参考数据库

参考数据库(Reference Database)是指存放某一学科领域原始文献的来源和属性的一类数据库。数据库中的记录是通过对原始文献的来源和属性的再加工和过滤(如编目、索引、文摘等)而形成的,记录内容包括文献的题目、著者、原文出处、文摘、主题词等。它的作用是为用户指出了获取原始信息的线索,目的是引导用户能够快速、全面地鉴别和找到相关的信息。

参考数据库包括书目数据库、文摘数据库和索引数据库等。

(1) 书目数据库(Bibliographic Database)。书目数据库主要针对图书进行内容、属性和存储地址的揭示和报道,数据库内容除了描述题名、作者、出版项等书目信息外,还提供用户索取原始信息的馆藏信息。

(2) 文摘数据库(Abstract Database)和索引数据库(Index Database)。文摘和索引数据库针对期刊论文、会议论文、专利文献、学位论文等进行内容和属性的加工,它提供确定的文献来源信息供人们查阅和检索,但一般不提供原始文献的馆藏信息。

2) 源数据库

源数据库(Source Database)是能够直接为用户提供原始资料或具体数据的一类数据库。源数据库类型多样,结构各异,动态性强,检索方便,使用频繁,可以提供数值、事实和全文等多种数据信息,能够直接满足用户的信息需求,而不必转查其他信息源。

源数据库主要包括以下几种数据库类型:

(1) 数值型数据库(Numeric Database)。数值型数据库是指以各种调查和统计数据为存储对象,专门提供以数值方式表示的数据的一类数据库,数据库内容包括各种有价值的数值、有关的运算公式和规则等信息。数值型数据库是进行科学研究、定量分析、经济预测、管理决策等的重要工具。

(2) 事实型数据库(Fact Database)。事实型数据库是指主要以各种有检索和利用价值的事实信息为存储对象的一类数据库。事实型数据库种类繁多,存储的信息内容丰富,包括各种名词术语、有关学科、机构、名人等方面的信息,能够提供各种事实的直接信息。数据库信息来源于百科全书、字词典、人名录、机构名录等。

(3) 全文型数据库(Full-text Database)。全文型数据库是存储原始文献内容全文或其中主要部分的数据库。它主要以期刊论文、会议文献、学位论文、研究报告等为存储对象,是将一个完整的信息源的全部内容或主要部分转化为计算机可以识别、处理的信息单元而形成的数据集合。全文数据库可以向用户提供一步到位的查找原始文献的信息服务。

1.3 信息检索语言

1.3.1 信息检索语言概述

1. 信息检索语言及相关概念

信息检索语言(Information Retrieval Language),又称为标引语言、索引语言等,是应文献信息的加工、存储和检索的共同需要而发展起来的专门语言,是用于描述检索系统中信息的内容、外部特征及其相互关系和表达信息用户需求提问的概念标识体系。在信息存储过程中,可以用它来描述信息的内容和外部特征,形成信息特征标识,以便于将信息以一定的特征存储于检索系统中;在检索过程中,使用它来描述检索提问,形成检索提问标识,构造检索提问式,以便于准确、全面、迅速地从检索系统中获得所需要的信息。

2. 信息检索语言的功能

信息检索语言的实质是将信息存储与信息检索联系起来,在信息标引人员、检索人员和信息用户之间起着桥梁的作用。信息检索语言的主要功能体现在:

(1) 用于对信息内容及其外部特征加以规范化的标引,保证不同标引人员表征信息概念的一致性。

(2) 用于对检索系统中信息特征标识和检索提问标识的规范和控制,便于标引用语和检索用语进行相符性比较,将信息存储与信息检索联系起来。

(3) 用于对信息的组织和排序,将内容相同及相关的信息加以集中或解释其相关性,保证信息存储的集中化、系统化、组织化和有序化,便于检索者进行有序化检索。

（4）为检索系统提供多种检索途径，是各类检索系统的重要组成部分。

1.3.2 信息检索语言的类型

不同的信息检索系统，由于所覆盖的学科领域不同，包含的信息资源数量和类型也不同。信息用户通常采用不同的信息检索语言，以适应不同系统的检索特性要求。即使是同一信息检索系统，也往往同时采用多种检索语言，以形成多种不同的检索途径和角度。因此，在信息检索领域，随着检索技术手段和检索系统性能的不断更新发展，也由于在表达各种概念及其相互关系时所采用的方法不同，先后出现了多种信息检索语言。这些检索语言可以按照不同的标准划分为不同的类型。

1. 按照结构原理划分

按照结构原理，信息检索语言可以分为分类语言、主题语言、代码语言等多种类型。

1) 分类语言

分类语言（Classification Language）是以学科体系为基础，用分类号和相应的分类款目名称来表达信息的内容主题概念，并按学科体系的逻辑次序将信息资源系统地加以划分和组织的语言。分类语言能够反映事物之间的相关和从属派生等关系，便于用户按学科门类进行族性检索。

分类语言的使用和规范工具是分类表，它是由众多类目按照一定的知识分类和概念逻辑次序，并考虑分类不同信息资源的特定需要而构成的体系，是分类和组织文献资料以及用户检索文献的共同依据。国内常用的分类表有《中国图书馆图书分类法》（简称《中图法》）、《人民大学图书馆分类法》（简称《人大法》）和《中国科学院图书馆分类法》（简称《科图法》）。国外使用比较广泛的分类表有《国际十进分类法》（Universal Decimal Classification，UDC）、《杜威十进分类法》（Dewey Decimal Classification System，DDC）和《美国国会图书馆图书分类法》（Library of Congress Classification，LCC）。

2) 主题语言

主题语言（Subject Language）又称主题法，是直接运用名词性术语作为表达主题概念的标识，按字母顺序排列标识，并通过参照系统来间接表达各种概念之间的相互关系的检索语言。主题语言表达的概念比较准确，具有较好的灵活性和专指性。按照主题性质的不同，主题语言又分为标题词语言、单元词语言、叙词语言、关键词语言和引文语言。

（1）标题词语言（Heading Language）。标题词语言是一种先组式的规范词语言。它用描述文献主题内容的、经过规范化处理并具有固定组配关系的标题词，作为文献信息内容的标引和检索标识，并将全部标识按字母顺序排列。标题词的结构通常由主、副标题词组配构成。标题词语言具有较好的通用性、直接性和专指性，但灵活性较差。

标题词语言的规范工具是标题词表。常用的标题词表有《美国国会图书馆主题词表》（Library of Congress Subject）和《医学主题词表》（Medical Subject Headings）。

（2）单元词语言（Uniterm Language）。单元词亦称元词，是指从信息内容特征中抽取出来，经过规范且只表达唯一独立概念的最基本、不能再分的单位词语。单元词语言是后组式语言,它把单元词作为标引文献的单位,并将一些单元词在检索执行时组合起来使用。单元词语言强调单元词的组配,但仅限于字面组配,例如,"计算机"和"系统"分别是单元词,而"计算机系统"就不是单元词,而是由单元词组合而成的复合概念。

单元词语言的规范工具是单元词表。简单的单元词表只有一个字序表,较完备的单元词表则由字序表和分类词表组成。

(3) 叙词语言(Descriptor Language)。叙词是指从文献内容中抽取出来,能概括表达文献内容基本概念,经过规范化且具有组配功能,并可以显示词间关系的名词或名词性词组。叙词语言是以叙词作为信息标引和信息获取依据,对文献内容主题进行描述的一种规范化主题语言。叙词语言属于后组式检索语言,它可用复合词表达主题概念,在检索时可由多个叙词组成任意合乎逻辑的组配,形成多种检索方式。叙词语言是多种检索语言的综合应用,它的基本原理是概念组配。概念组配是概念的分析和综合,而不是简单地依据字面意义进行组词和拆词。例如,"通信对抗"可用"通信"和"电子对抗"两个概念进行有效组配,简单地将"通信"和"对抗"进行组配是不正确的方法。

叙词语言的规范工具是叙词表(Thesaurus),通常是由主表和辅表组成。

(4) 关键词语言(Keyword Language)。关键词就是从文献的题名、摘要或正文中直接抽取出来,未经过规范化处理,能够揭示信息内容特征的具有检索意义的关键性词汇。

关键词可分为单纯关键词、题内关键词(Keyword in Context,KWIC)和题外关键词(Keyword out of Context,KWOC)3种。单纯关键词是指从文献的正文、摘要和题名中分析出的一组关键词,没有修饰词;题内关键词是在每条款目中保留了非关键词,如冠词、连词、介词等,用于反映关键词之间的语义关系,使之成为一个具有完整意义的短语,从而准确地表达了文献的主题内容;题外关键词是上述两种关键词方法和原理的结合。

关键词语言是没有经过规范化处理的自然语言,属于非受控语言(Uncontrolled Language),而且关键词摆脱了词表的限制,用它能够直接、准确地表达事物概念。目前,关键词语言已经成为计算机检索系统广泛采用的检索语言。

(5) 引文语言。人们在进行科研活动时往往会参考他人的著作来为自己提供佐证和参考,并在其成果的后面列示出参考文献,这些参考文献就是"引文"(Citation),而利用引文的文献被称为"来源文献"(Source Item)。由于来源文献和引文之间在内容上存在某种程度的相关性,所以引文就完成了文献集中的功能。引文语言就是利用文献信息之间的相互引证关系作为文献内容主题标识,并以此标引和检索文献而建立的检索语言。

引文语言是一种自然语言,它没有固定的词表,标引词来自文献的主要著录款目。

3) 代码语言

代码语言是用某种符号代码系统来标引信息特征、排列组织和检索信息的语言。常见的符号代码有元素符号、化合物分子式、专利号、标准号、报告号、合同号等。这些符号代码在相应的专业领域内有显著的检索价值,人们往往利用它们作为标引和检索的标识,编制出不同的专用索引,如化学物质索引、分子式索引、专利号索引、标准号索引等。这些索引常常附在与之关系密切的检索工具中,给特定专业的行家提供一条简洁的检索途径。

以上这些检索语言又可以分成描述信息外部特征的检索语言和描述信息内容特征的检索语言两大类型。描述信息外部特征的检索语言一般不反映文献的实质意义,如题名、著者、出版者、代码语言、引文语言等就属于描述外部特征的语言;分类语言和主题语言则属于描述信息内容特征的检索语言。描述信息内容特征的检索语言与描述外部特征的检索语言相比较,在揭示信息特征与表达信息提问方面更具有深度。

2. 按照组配方式划分

1) 先组式语言

先组式语言(Pre-coordination Language)指在检索前检索词已被预先用固定关系组配好并编制在词表中,检索时,用户只能根据词表中固定好的组配去查找信息资源,而不能任意组配检索词,如分类语言中的各级分类款目、标题词语言中的标题词,都不能任意变更次序进行组配。

先组式语言有很好的直观性和专指性,但灵活度差。

2) 后组式语言

后组式语言(Post-coordination Language)指在检索前检索词在词表中没有被预先组配,而以单元词或概念因子等形式出现,检索时,用户可根据不同的检索需求对它们进行任意组配来表达不同的概念,单元词、叙词、关键词均属于这一类。

后组式语言提供了灵活的组配方式,在计算机检索中得到了广泛的应用。

3. 按照规范化程度划分

按照规范化程度,信息检索语言可以划分为自然语言和人工语言。

1) 自然语言

自然语言(Natural Language),又称非受控语言或非规范化语言,就是在检索系统中使用直接来自文献信息或用户提问的非规范词或称自由词的一类检索语言,其检索词一般是直接从文献篇名、正文或文摘中抽取的具有实际检索意义的词语。该语言对主题概念中的同义词、多义词等不加处理,取其自然状态,因此称自然语言。关键词语言就属于自然语言。

2) 人工语言

人工语言(Artificial Language),又称受控语言或规范化语言,是指检索词来自文献信息或用户提问并受到信息检索系统控制,人为地对检索语言的概念加以控制和规范的一类语言。人工语言把检索语言中各种同义词、多义词、同形异义词、缩略词等进行规范化处理,使每个检索词只能表达一个概念。分类体系语言中的分类款目,叙词语言、单元词语言、标题词语言以及代码语言都属于人工语言。

比较成熟的检索系统通常是自然语言和人工语言并用,两种检索语言互为补充,以保证较高的检索效率。目前,人工语言和自然语言正在不断融合,形成一种新的知识体系——NKOS(Networked Knowledge Organization Systems/Schemes/Services)。它融合了叙词表、标题词表、语义网络、分类体系的功能,开始在各类数据库、搜索引擎和知识管理方面得到广泛应用,例如Yahoo!、Google的主题分类指南以及很多门户网站的分类索引服务就是NKOS体系应用的雏形。

1.4 信息检索技术

手工信息检索采用的是人工匹配的方式,由检索人员对检索提问和表征文献信息特征的检索标识是否相符进行比较并做出选择;计算机信息检索则是由计算机将输入的检索提问与检索系统中存储的检索标识及其逻辑组配关系进行类比、匹配。信息检索技术主要是指计算机信息检索采用的技术。传统的信息检索技术主要有布尔逻辑检索、位置检索、截词检索、限制检索和加权检索等,随着网络检索的发展,还出现了许多新型的网络信息检索技术。

1.4.1 传统的信息检索技术

1. 布尔逻辑检索

布尔逻辑检索是一种开发较早、比较成熟、在信息检索系统中广泛应用的技术。它是采用布尔代数中的布尔逻辑关系运算符来表达检索词与检索词之间逻辑关系的检索方法。

1) 布尔逻辑运算符

布尔逻辑运算符用来表示两个检索词之间的逻辑关系,用以形成一个新的概念。常用的布尔逻辑运算符有3种,分别是逻辑"或"(OR)、逻辑"与"(AND)和逻辑"非"(NOT)。

(1) 逻辑"或"。逻辑"或"是用于表示并列关系的一种组配,用来表示相同概念的词之间的关系,用 OR 或"+"算符表示。例如,检索式"A OR B",表示检索的文献记录中只要含有 A 或者 B 中的任何一个即算命中。这种组配可用于扩大检索范围,增加命中文献数量,有利于提高检索结果的查全率。

(2) 逻辑"与"。逻辑"与"是用于表示交叉关系或限定关系的一种组配,用 AND 或"*"算符表示。例如,检索式"A AND B",表示检索的文献记录中必须同时含有 A 和 B 才算命中。这种组配可用于对检索词进行限定,从而缩小检索范围,有利于提高检索结果的查准率。

(3) 逻辑"非"。逻辑"非"是用于在检索范围中排除不需要的概念或排除影响检索结果的概念,用 NOT 或"−"算符表示。例如,检索式"A NOT B",表示检索记录中凡含有 A 不含 B 的记录被检出。这种组配能够缩小命中文献的范围,增强检索的准确性。

2) 布尔逻辑检索的注意事项

布尔逻辑检索在联机检索、光盘检索和网络检索中都有广泛的应用,但是不同的检索工具的布尔逻辑检索技术存在一定的差异,因此,使用布尔逻辑检索需要注意以下问题:

(1) 布尔逻辑检索的执行顺序。在不同的检索系统中,3种布尔逻辑检索运算符之间的运算顺序是不同的。较为常见的运算顺序是 NOT、AND、OR 的顺序,或者是按运算符出现的先后顺序。一般来讲,检索系统的"帮助"文件都会对此加以说明,只要注意查看即可。当运算式中含有括号时,先执行括号内的逻辑运算。

(2) 布尔逻辑检索的表现形式。不同检索工具表示布尔逻辑关系的符号不同,有的用"+"、"-"表示 AND、NOT,有的用 ANDNOT 代替 NOT(如 Excite 搜索引擎);有的要求运算符必须大写,有的要求为小写形式,有的则大小写均可。

(3) 布尔逻辑检索的使用规则。不同检索工具的布尔逻辑检索有不同的使用规则。首先,不同检索工具的检索词之间的默认布尔逻辑关系不同,有的检索工具检索词之间的默认关系是 AND,有的检索工具检索词之间的默认关系是 OR;其次,不同检索工具支持布尔逻辑的方式不同,有的检索工具使用符号来实现布尔逻辑关系,一些检索工具则完全省略了任何符号,直接用文字和表格来体现不同的逻辑关系,如用"All of these words"表示 AND,用"Any of these words"表示 OR,用"None of these words"表示 NOT;此外,不同检索工具支持布尔逻辑运算的程度不同,有的检索工具完全支持 3 种逻辑运算,有的检索工具则只支持部分逻辑运算。

2. 截词检索

截词检索是指在检索式中使用专门的符号(截词符号)表示检索词的某一部分允许有一定的词形变化,用检索词的词干或不完整的词形查找信息的一种检索方法,并认为凡满足这个词局部中的所有字符的文献都为命中的文献。在实际检索的过程中,为了减少检索词的输入量,同时又扩大检索范围,保证查全率,可以使用截词检索。

截词的方式有多种。按截断的位置来分,可分为后截断、中截断和前截断;按截断的字符数量来分,可分为有限截断和无限截断。有限截断是指说明具体截去字符的数量,通常用"?"表示;而无限截断是指不说明具体截去字符的数量,通常用"*"表示。

1) 后截断

后截断也称右截断,是最常用的截词检索技术,是将截词符号放置在一个字符串右方,以表示其右的有限或无限个字符将不影响该字符串的检索,是一种前方一致的检索。这种方法可以省略输入各种词尾有变化的检索词的麻烦,有助于提高查全率。

例如,输入"educat*",则前 6 个字符为 educat 的所有词均满足条件,因而能检索出含有 educator、educators、educated、education、educational 等词的文献;而输入"educat??",表示被截断的字符只有两个,可检索出含有 educator、educated 两词的文献。

2) 中截断

中截断是把截词符号放置在一个检索词的中间。一般地,中截断只允许有限截断。中截断主要解决一些英文单词拼写不同,单复数形式不同的词的输入。

例如,输入"b?t",可以检索出含有词 bit、but、bat 的文献;输入"mod?????ation"可以检索出含有词 moderation、modernization、modification 的文献。

3) 前截断

前截断是将截词符号放置在一个字符串左方,以表示其左方的有限或无限个字符不影响该字符串检索,是一种后方一致的检索。这种检索方法在各种词头有变化的复合词的检索中应用比较多,有助于提高查全率。

例如,输入"*economic",可以检索出含有 microeconomic、macroeconomic 等词的文献。

截词检索技术在计算机检索系统中有非常广泛的应用。利用截词检索技术可以减少检索词的输入量,简化检索,扩大检索范围,提高查全率。但是,使用截词检索要注意的是:不同的检索工具有不同的截词规则,使用的截词符号也没有统一的标准,如Dialog系统用"?",BRS系统用"$",ORBIT系统则用"#"作为截词符号,等等。

3. 位置检索

位置检索也称临近检索,主要是通过位置运算符来规定和限制检索词之间的相对位置,或者检索词在记录中的特定位置来实施检索的技术。位置检索主要有以下几个级别。

1) 词位置检索

词位置检索主要是利用位置逻辑运算符限定检索词之间的位置来反映要检索的信息概念。常用的词位置算符有(W)与(nW)、(N)与(nN)、(X)与(nX)3类。

(1) (W)算符与(nW)算符。(W)算符是"With"的缩写,它表示在此运算符两侧的检索词必须按输入时的前后顺序排列,词序不能颠倒,而且所连接的词之间除了可以有一个空格、一个标点符号或一个连接号外,不得夹有任何其他单词或者字母;(nW)算符的含义是允许在连接的两个检索词之间最多夹入 n 个其他单元词,包括冠词、介词和连接词,如 an、in、by、of、the、to、with 等,且两个检索词的顺序不允许改变。

例如,"VISUAL(W)FOXPRO"可以检出 VISUALFOXPRO 或 VISUAL FOXPRO;"control(1W)system"可以检出含有 control system、control of system 和 control in system 的文献。

(2) (N)算符与(nN)算符。(N)算符是"Near"的缩写,它表示在此运算符两侧的检索词必须紧密相连,所连接的检索词之间不允许插入任何其他单词或字母,但词序可以颠倒;(nN)算符表示在两个检索词之间最多可以插入 n 个单词,且这两个检索词的词序任意。

例如,"control(1N)system"不仅可以检出含有 control system、control of system 和 control in system 的文献,还可以检出含有 system of control、system without control 等的文献。

(3) (X)算符与(nX)算符。(X)算符要求其两侧的检索词完全一致,并以指定的顺序相邻,且中间不允许插入任何其他单词或字母。它常用来限定两个相同且必须相邻的词;(nX)算符要求其两侧的检索词完全一致,并以指定的顺序相邻,两个检索词之间最多可以插入 n 个单元词。

例如,"side(1X)side"可以检索到含有 side by side 的文献。

2) 同句检索

同句检索要求参加检索运算的两个词必须在同一自然句或者全文数据库的一个段落中出现,检索词的先后顺序和插入词的个数不受限制。同句检索中用到的位置算符主要是(S),是"Subfield"的缩写。

例如,"electronic(S)optical",可以检索到题名为 Cutting and Polishing Optical and Electronic Materials 的文献。

3) 同字段检索

同字段检索是对同句检索条件的进一步放宽,表示在此运算符两侧的检索词必须同时出现在文献记录的同一字段内,其运算符有两种:

(1) (F)算符。(F)算符是"Field"的缩写,它表示在此运算符两侧的检索词必须同时出现在数据库记录的同一个字段中,词序不限。字段类型可用后缀符限定。

例如,"information(F)retrieval/DE,TI"表示 information 和 retrieval 两个词必须同时出现在叙词字段或篇名字段内。

(2) (L)算符。(L)算符是"Link"的缩写,它要求运算符两侧的检索词必须同在数据库界定的同一规范词字段中出现,并且具有词表规定的等级关系,主要用来连接主标题词和副标题词。

例如,"information system(L)system design",表示 system design 是 information system 的下一级主题词。

除了上述介绍的词位置检索、同句检索和同字段检索 3 个级别的位置检索外,还有一级位置检索叫做同记录检索,使用的位置算符为(C)。(C)要求它两侧的检索词同在一条数据库记录中出现。

各种位置算符都隐含有 AND 功能,可以混合于一个检索式中。但是,由于不同的位置算符对两个词相对位置的要求不同,在同一个检索式中若有两种以上的位置算符时,应把要求严格的放在前面,从而提高查准率,节省查找时间。运算符按照检索精度排序为:(W)>(nW)>(N)>(nN)>(L)>(S)>(F)>(C)。位置检索对提高检索的查全和查准率有重要作用,但网络检索中基本只支持(W)和(N)运算符。

4. 限制检索

限制检索是通过限制检索范围从而达到约束和优化检索结果的一种方法。限制检索的方式有多种,常用的有字段限制检索和限制符限制检索。

1) 字段限制检索

数据库记录是由若干个字段组成的,字段限制检索是把检索词限定在数据库记录的特定字段中的检索方法,如果记录的相应字段中含有输入的检索词则为命中记录。字段限制检索可以缩小检索范围,提高查准率。

数据库中提供的可供检索的字段通常分为基本字段和辅助字段两大类。基本字段表示文献的内容特征,包括题名(TI)、文摘(AB)、叙词(DE)等字段;辅助字段表示文献的外部特征,包括作者(AU)、刊名(JN)、语种(LA)、专利号(PN)、年代(PY)等字段。在检索提问式中,可以利用后缀符"/"对基本字段进行限制,利用前缀符"="对辅助字段加以限制。

例如,检索式"(macroeconomic/DE,TI,AB) AND PY=2004 AND(LA=EN OR FR) AND DT=Serial"所表达的检索要求是:查找 2004 年出版的英文或者法文关于宏观经济学方面的期刊,并要求 macroeconomic 一词在命中文献的文摘(AB)、篇名(TI)或叙词(DE)字段中出现。

2) 限制符限制检索

限制符限制检索是使用 AU(作者)、CS(作者单位)、JN(刊物名称)、PY(出版年份)、LA(语言)等限制符号,从文献的外部特征方面限制检索范围和检索结果的一种方法。限制符的用法与后缀符相同,而它的作用则与前缀符相同。

例如,"aircraft/TI,PAT"表示检索结果只要 aircraft 这一主题的专利文献。

限制符还可以与前、后缀符同时使用,这时字段代码与限制符之间的关系是逻辑"与",即最终的检索结果应同时满足字段检索和限制符检索两方面的要求。

5. 加权检索

加权检索就是在检索时赋给每个检索词一个表示其重要程度的数值,即"权值",在检索过程中,对含有这些检索词的文献进行加权计算,权值之和在规定的数值(称为阈值)之上者才会作为检索结果输出,权值的大小可以反映出被检出文献的切题程度。

加权检索在信息检索系统中的应用还不很完善,不是所有的检索系统都提供这种定量检索技术,即使是能提供加权检索的系统,对权的定义、加权方式、权值计算和检索结果的判定也都有不同的技术规范。目前,主要存在词加权检索和词频加权检索两种基本的加权检索方法。

1)词加权检索

词加权检索是指在构造检索式时,检索者根据对检索需求的理解选定检索词,同时每一个检索词被赋予一个权重,表示其在本次检索中的重要程度。检索时,先判断检索词在文献记录中是否存在,然后计算存在检索词的记录所包含的检索词的权值之和,通过与预先给定的阈值进行比较,权值之和达到或超过阈值的记录视为命中记录,命中记录的输出按权值总和从大到小排列输出。这种给检索词加权来表达信息需求的方式称为词加权。

例如,以"计算机应用技术"为检索课题,给检索词"计算机"、"应用"、"技术"分别赋予权值30、30和40。检索时,在关键词文本框中输入"计算机/30 * 应用/30 * 技术/40",单击"查询",则按照所含关键词的权重检出相关记录,按权值之和递减排列如下:

$100=30+30+40$ 计算机应用技术
$70=30+40$ 计算机技术
$60=30+30$ 计算机应用

若规定阈值为70,权值之和大于或者等于70的为命中文献,则只有关于"计算机应用技术"和"计算机技术"方面的文献被输出。

2)词频加权检索

词频加权检索是根据检索词在文档记录中出现的频率来决定检索词的权值,而不是由检索者指定检索词的权值进行信息检索的方法。这种方法消除了人工干预因素,但这种方式必须建立在全文数据库或者文摘型数据库基础上,否则词频加权就没有意义了。

1.4.2 新型的网络信息检索技术

网络信息资源具有海量、异构、非结构化、动态和分散的特性,传统的计算机信息检索技术已经不能完全满足网络环境下信息检索的需求。借助于信息技术的发展,新的网络信息检索技术,如多媒体检索技术、人工智能检索技术、数据挖掘技术、自动标引和分类技术等,得以应用于网络信息检索中,极大地提高了网络信息资源检索的效率。

1. 全文检索

全文检索技术是以信息资料的内容,如文字、声音、图像等为主要的处理对象,而不是以其外部特征来实现信息检索的技术。全文检索技术通过提供快捷的数据管理工具和强大的数据查询手段,为人们快速方便地获取文献原文而非文献线索提供了一条有效途径。目前,全文检索技术已经从最初的字符串匹配层面演进到能对超大文本、语音、图像、视频影像等非结构化数据进行综合处理,成为全文数据库系统和搜索引擎的核心支撑技术。

2. 多媒体信息检索

多媒体信息检索技术是指根据用户的需求,对图像、音频、视频等多类媒体对象进行内容语义的分析和特征的提取,并基于这些特征进行相似性匹配的检索技术。多媒体信息检索的核心技术是对多媒体信息内容特征的识别和描述技术、对特征的相似性匹配技术。目前,多媒体技术按照检索内容可分为图像检索技术、视频检索技术和音频检索技术等。

3. 智能信息检索

智能信息检索技术就是采用人工智能计算机技术进行信息检索的技术。它可以模拟人脑的思维方式,以自然语言表达的检索分析用户的请求,自动形成检索策略进行智能、快速、高效的信息检索。智能信息检索技术包含了自然语言理解技术、智能代理技术、机器学习、知识发现技术等。

1) 自然语言理解技术

自然语言理解技术是通过对用户输入的自然语言进行句法分析、语义分析等多种处理,生成相应的用规范词形式表达的查询语句,避免了自然语言本身存在的语义模糊和不规范的缺点,使计算机能进行准确的信息传递和处理,提高了信息检索的效率。

2) 智能代理技术

智能代理技术具有智能性、代理性、学习性和主动性等特点,可在用户没有具体要求的情况下,根据用户的需要,代理用户进行各种复杂的工作。

4. 数据挖掘

数据挖掘技术是指从大型数据库或者数据仓库的大量、不完全、模糊、有噪声、随机的数据中提取隐含在其中、事先未知但又是潜在有用的信息和知识的数据处理技术。数据挖掘的任务主要包括关联分析、聚类分析、分类、预测、时序模式和偏差分析等。提取的知识一般可表示为概念、规则、规律、模式等形式,用于信息管理、查询优化、决策支持和过程控制等。

5. 自然语言检索

自然语言检索是指用户在检索时可输入用自然语言表达的检索要求,在检索过程中,检索工具收到用户的检索提问后,首先利用一个禁用词表从提问中剔出那些没有实质主题意义的词汇,然后将余下的词汇作为关键词进行检索。

6. 模糊检索

模糊检索也称概念检索,是指检索工具不仅能够检索出包含指定检索词的信息内容,还能检索出与检索词主题概念相同的信息。例如,输入 automobile,能够检索出包含 automobile、car、bus、van、tram、truck、train 等词汇的结果。

7. 相关检索

相关检索是目前大多数搜索引擎提供的一种检索技术,是指使用关键词检索时,除了得到相应的检索结果之外,在检索结果页面还会出现与该检索词相关的一些关键词,单击这些关键词,就可以得到相应的检索结果。相关检索可以避免重复输入关键词,并给出选择的范围,使用户更快速容易地找到需要的信息,大大提高检索效率。

需要注意的是,不同的计算机信息检索系统采用不同的检索技术来支持检索,有些检索技术是联机检索系统、光盘检索系统和网络检索系统都支持的,而有的检索技术则是网络检索系统所特有的。因此,用户在使用具体的检索系统时,需要对其采用的检索技术情况有所了解,然后才能有针对性地采用相关的技术实施检索。计算机信息检索技术的掌握是进行计算机信息检索的基础,也是提高检索效率的关键。

1.5 信息资源检索的方法、途径和步骤

1.5.1 信息资源检索方法

信息资源检索的方法是根据现有的条件,选用检索系统和工具,按照一定的顺序,从不同方面入手查找课题所需要的信息,获得最满意的检索效果的方法。

根据检索要求的不同,检索方法可分为常规法、追溯法和综合法。

1. 常规法

常规法也称工具法,是目前最为常用的一种信息资源检索方法。它是指利用文摘、题录、索引等各类检索工具或者各类计算机检索系统直接查找文献信息的方法。常规法在实际检索应用过程中,依据课题对时限的要求,又可分为顺查、倒查和抽查 3 种情况。

1) 顺查法

顺查法是一种依照时间顺序,按照检索课题涉及的起始年代,由远及近地查找信息的方法。顺查法适合于检索理论性或学术性的课题。

2) 倒查法

倒查法是一种依照时间顺序,由近及远地进行查找,直到满足信息检索的需要为止。此法多用于检索新课题或有新内容的老课题,或对某课题研究已有一定基础,需要了解其最新研究动态的检索课题。

3）抽查法

这种检索方法是针对检索课题的特点，选择与该课题有关的文献信息最可能出现或最多出现的时间段，进行重点检索的方法。它是一种花费较少时间获得较多文献的检索方法。需要注意的是，此方法必须以熟悉学科发展为前提，否则很难达到预想效果。

2. 回溯法

回溯法又称引文法，是指在已获得所需文献的基础上，再利用文献末尾所附的参考文献、相关书目、推荐文章和引文注释作为检索入口，依据文献之间的引证和被引证关系，揭示文献之间的某种内在联系，进而查找到更多的相关文献的方法。

回溯法是一种扩大信息线索的辅助方法，在检索工具不全或检索系统收录内容不完整的情况下，借助此种方法非常有效。但此种方法有明显的缺陷：一是费时、盲目性大；二是原文引用的参考文献的数量是有限的，信息查全效果差。

3. 综合法

综合法也称交替法或循环法，是将常规法和回溯法结合起来使用的检索方法，即在查找文献信息时，既利用一般的检索途径，又利用原始文献后所附的参考引用文献作为检索入口，分阶段、按周期地交替使用两种方法。综合法对检索效率的提高很有帮助。

1.5.2 信息资源检索途径

信息检索的实施必须依赖于检索前已经掌握的信息线索，现有的检索系统或者检索工具的情况，以及选择合适的检索途径。

检索途径（Retrieval Approach）也称为检索点（Access Point），主要是指信息检索的角度和渠道。选择检索途径的依据有两点：一是检索者已经掌握的信息线索；二是选用检索系统可以提供的检索途径。根据检索系统对文献特征的揭示主要分文献外部特征和文献内容特征两种，信息检索途径可以相应地分为内容特征检索途径和外部特征检索途径两大类。

1. 内容特征检索途径

文献的内容特征包括文献所论及的事物、提出的问题、涉及的基本概念（主题）以及文献内容所属的学科范围。反映文献内容特征的检索途径有分类途径和主题途径。

1）分类途径

分类途径是按信息内容，利用分类检索语言实施检索的途径。分类检索是从文献内容所属的学科类别来检索，它依据的是一个可参照的分类体系。分类体系按文献内容特征的相互关系加以组织，并以一定的标记（类号）作排序工具，能反映类目之间的内在联系。

实施分类途径的基本过程为：首先分析提问的主题概念，选择能够表达这些概念的分类类目（包括类名和类号），然后按照分类类目的类号或字顺从分类体系中进行查找，进而得到所需的文献信息。

分类途径一般是以学科体系为入口进行检索,能够体现学科的系统性,使同一学科有关内容集中在一起,使相邻学科的内容相对集中,能较好地满足族性检索的需要,泛指性强,查全率较高,但一般只能满足单维概念的检索。

2) 主题途径

主题途径是按信息内容,利用主题检索语言实施检索的途径。主题途径的实施需要使用各种主题词索引,如主题索引、关键词索引、叙词索引等。

实施主题途径的基本过程为:首先分析提问的主题概念,选择能够表达这些概念的主题词,然后按照主题词的字顺从主题词索引中进行查找,进而得到所需要的文献信息。

主题途径以词语(叙词或关键词)作为检索标识,表达概念直接、准确、灵活,并可根据科学技术的发展随时增加新的检索标识,反映学科发展的新概念,具有动态性特征。所以,主题途径具有特性检索的特点,专指性强,查准率较高,能满足多维概念的检索,并能及时反映新兴学科、交叉学科和边缘学科的发展。

2. 外部特征检索途径

文献的外部特征是指文献载体外表上标记的可见特征,如题名、作者、序号等。按照采用的外部特征的不同,外部特征检索途径又可分为以下几种。

1) 题名途径

题名途径是按照已知的文献题名进行文献信息检索的途径。文献题名主要是指书名、篇名、刊名、出版物名称、会议名称等。题名检索途径符合读者的检索习惯,对已确知名称的文献使用题名途径直接查找最为便捷,可以快速、准确地获得所需文献。题名途径在计算机检索中应用较多。

2) 作者途径

作者途径是按照已知的文献责任者的名称检索文献信息的途径。文献责任者包括个人作者责任者、团体责任者、编者、译者、主办者、专利权人等。作者途径可以系统地发现和掌握同一作者名称下的学科内容相近或有内在联系的文献,有利于系统研究某一方面的问题或者某一著者的全部著作和学术思想,在一定程度上满足了族性检索的要求。

3) 号码途径

号码途径是指利用有些文献所具有的独特的编序号码或标识代码,如专利号、标准号、索书号等,来查找文献相关信息的检索途径。利用号码途径检索文献信息简便、快捷;但人们难以准确理解号码的含义和具体文献的编码特点,此方法的局限性很大。

国际标准书号(International Standard Book Number,ISBN)和国际标准刊号(International Standard Serial Number,ISSN)是检索图书和期刊时常用到的两个号码,它们分别是一本图书和一种期刊的唯一标识号码。

4) 引文途径

使用引文途径进行信息检索采用两种操作方法:一是通过被引用文献,即来源文献,来查找引用文献;二是通过引用文献,直接利用文献结尾所附的参考文献查找被引用文献。

1.5.3 信息检索策略的制定与实施

信息检索策略是针对用户的信息需求,运用一定的检索技术和方法而设计的信息检索方案。信息检索策略是影响检索效果的关键因素。一个好的信息检索策略,不仅可以优化检索过程,从整体上节省检索时间和检索费用,而且还可以获得较高的查全率和查准率,取得最佳的检索效果。

1. 信息检索策略

狭义上的信息检索策略是指检索提问表达式的构造,即运用检索系统特定的检索技术,确定检索词之间的逻辑关系,形成表达用户信息需求的检索提问表达式。

广义上的信息检索策略是指在分析检索课题的实质内容、明确检索目标的基础上,选择检索系统和检索工具,明确检索途径和检索方法,确定检索词之间的逻辑关系以及查找步骤最佳方案的一系列科学安排。

2. 手工信息检索策略

手工检索通常使用的是印刷型检索工具书,检索过程是通过手翻、眼看、大脑判断来完成的。因此,手工信息检索策略的制定一般包括分析检索课题,选择检索工具,确定检索标识,选择检索途径,确定检索方法,实施检索以及索取原始信息等过程。

3. 计算机信息检索策略的制定与实施

计算机信息检索策略的构造涉及多方面的知识和技术。检索者只有了解各个检索系统的特性和功能,熟悉系统数据库的结构和内容、特定的文献标引规则、检索方法和检索技术,才能制定一个科学合理的检索策略。

计算机信息检索策略的制定与实施一般经过以下 6 个步骤。

1) 分析检索课题

检索课题的分析,即主题分析,是制定检索策略的根本出发点,也是检索效率高低或检索成败的关键。分析检索课题要明确以下几个方面的问题:

(1) 明确检索课题的主要内容。

(2) 明确检索课题所涉及的学科、专业范围。

(3) 明确所需文献的类型、语种、年代及数量的要求。

(4) 明确用户对查新、查全、查准的指标要求及其侧重。

2) 选择检索系统和数据库

选择计算机检索系统的关键是选择数据库。因为数据库的类型和所包含内容的学科范围的不同,直接决定了它的不同的适用对象和不同的检索需求。一般来说,数据库的选择应考虑以下几个因素:

(1) 数据库的内容(Content)。内容涉及数据库收录的学科专业范围、语种、年份、文献类型等。数据库内容与用户需求的符合程度是提高检索效率的前提和基础。

（2）数据库的覆盖范围（Coverage）。覆盖范围涉及收录的时间范围、覆盖的地理范围、文献来源机构和文献量等。

（3）数据库的及时性（Currency）。及时性涉及数据库文献著录的完整性和准确性，提供索引的种类和数量，数据库信息的准确性、可靠性和及时性，以及数据库更新的频率和周期等。

（4）数据库的成本（Cost）。成本涉及数据库的收费标准，使用的难易程度等要求。

3）确定检索词

检索词是表达信息需求和检索课题内容的基本单元，也是系统中相关数据库进行匹配运算的基本单元。计算机检索系统的检索词可以分为 3 类：控制词汇、非控制词汇和人工代码。

（1）控制词汇。控制词汇来源于特定的受控检索语言，因此，选择检索词时必须使用检索系统数据库中相应的词表，根据词表规定的词间关系、词表的使用规则、版本等进行选择。受控检索语言主要有分类语言和主题语言，检索词相应地是分类号和主题词。

（2）非控制词汇。非控制词汇主要是关键词。关键词的选择应尽可能多地使用同义词，避免使用多义词；需要使用多个关键词时，应考虑关键词间的位置关系。

（3）人工代码。人工代码是一种人为规定的符号体系，计算机检索中的代码主要有分类代码、国家地区代码、产品代码等。代码的使用应参照相应的代码表，代码的输入格式一定要符合检索系统的要求。

4）构造检索提问表达式

检索提问表达式（简称为检索表达式或检索提问式）是检索策略的具体体现。在计算机检索过程中，检索提问和存储标识之间的匹配是由计算机完成的，因此，构造一个既能表达检索课题要求，又能为计算机系统识别的检索提问表达式成为计算机检索的关键。

检索提问表达式由检索词和运算符组成，运算符主要有布尔逻辑算符、位置算符、截词算符、限制算符等。运算符的功能是将检索词进行组配，表达各种复杂的概念关系，以准确表达课题需求的内容。

检索提问表达式的构造应注意以下几点：

（1）根据检索系统和数据库的特性和要求编制检索提问表达式。

（2）应遵守概念组配的原则，避免使组配结果产生多重含义。

（3）检索提问表达式应尽量简洁、清楚地表达逻辑关系，尽可能地提高计算机的检索速度和检索效率。

5）试验性检索和修改检索策略

由于检索课题千差万别，计算机检索系统的情况各不相同，检索人员对系统的熟悉程度和检索水平也不一样，因此检索策略很有可能出现失误，甚至错误。这就要求检索人员在正式实施检索前，应先进行快速少量的试验性检索以检验检索策略是否有效，并充分利用计算机检索的实时性和人机交互功能，不断了解反馈信息，反复分析，消除不确定因素，及时调整检索策略。

6) 实施检索

计算机信息检索的实施主要是将构造好的检索提问表达式输入计算机检索系统,使用检索系统认可的检索指令进行匹配运算并输出检索结果。信息用户对检索结果进行整理、选择,并获取原始信息。

1.6 信息资源检索效果的评价

1.6.1 检索效果的评价

检索效果(Retrieval Effectiveness)是指检索服务的有效程度。它包括技术效果和经济效果两个方面,技术效果由检索系统完成其功能的能力确定,主要指检索系统的性能和服务质量;经济效果由完成这些功能的价值决定,主要指检索系统服务的成本和时间。

评价检索系统的检索效果,目的是为了准确地掌握系统的性能和水平,找出影响检索效果的因素,以便有的放矢地改进系统的性能,提高系统的服务质量,更好地满足用户的信息检索需求。

1. 检索效果的评价指标

克兰弗登(Cranfield)在分析用户需求基础上提出了6项检索效果评价指标,它们分别是:收录范围、查全率、查准率、响应时间、用户负担和输出形式。在检索实践中,评价检索效率的指标有以下几种,指标间的关系可以如表1-1所示进行描述。

表1-1 检索效果量化评价指标

系统\用户	相关文献	非相关文献	总计
被检出文献	a	b	$a+b$
未检出文献	c	d	$c+d$
合计	$a+c$	$b+d$	$a+b+c+d$

(1) 查全率(Recall Factor,R)。查全率是对所需信息被检出程度的量化,用来表示信息系统能满足用户需求的完备程度,可以用检出文献中合乎需要的文献数量占检索系统中存在的合乎需要的文献总量的比率来表示。

$$查全率(R) = \frac{被检出相关文献量}{系统中相关文献总量} = \frac{a}{a+c} \times 100\%$$

(2) 查准率(Pertinency Factor,P)。查准率是衡量信息系统拒绝非相关信息的能力的量度,可以用检出文献中合乎需要的文献数量占被检出文献总量的比率来表示。

$$查准率(P) = \frac{被检出相关文献量}{被检出文献总量} = \frac{a}{a+b} \times 100\%$$

(3) 漏检率(Omission Factor, O)。查全率的误差是漏检率,可以用未被检出但合乎需要的文献数量占检索系统中存在的合乎需要的文献总量的比率来表示。

$$漏检率(O) = \frac{未检出相关文献量}{系统中相关文献总量} = \frac{c}{a+c} \times 100\%$$

(4) 误检率(Noise Factor, N)。查准率的误差是误检率,可以用检出文献中不合乎需要的文献数量占被检出文献总量的比率来表示。

$$误检率(N) = \frac{被检出非相关文献量}{被检出文献总量} = \frac{b}{a+b} \times 100\%$$

查全率和查准率是评价检索效果的两个重要指标,既可以用来评价检索系统的质量,又可以用来衡量具体课题的检索效果。一般来说,查全率和查准率之间存在互逆关系,即当某一系统的查全率与查准率处于最佳比例关系时,如果继续提高查全率,会导致查准率降低;如果继续提高查准率,就会造成查全率降低。而且,由于检索系统中与检索课题相关的文献信息数量和检出文献的"相关性"判断不可能十分准确,因此,查全率和查准率在很大程度上是一种有意义的理论性指标,在实际的检索工作中,查全率和查准率是不可能达到100%的。

2. 影响查全率和查准率的主要因素

对于信息检索系统来说,系统内信息存储不全面,收录遗漏严重;词表结构不完善,词间关系模糊或不正确,索引词汇缺乏控制;标引不详尽或者标引的专指度缺乏深度,不能精确描述信息主题;组配规则不严密,容易产生歧义等,都是影响查全率和查准率的因素。

对于信息用户来说,检索课题要求不明确或者不能全面、完整地描述检索要求;检索系统选择不恰当;检索途径和检索方法单一;检索词使用不当或者检索词缺乏专指性;组配关系错误等也都影响检索效果。

3. 提高检索效果的措施和主要方法

从理论上讲,理想的检索效果应当是全面而又精确的检索。要提高检索效果,可以参考使用以下措施和方法:

1) 提高检索系统的质量

(1) 扩大检索系统数据库中信息资源的收录范围,提高信息资源的质量。

(2) 检索课题要符合数据库的收录内容。

(3) 数据库的著录内容要详尽、准确,辅助索引完备,具有良好的索引语言专指性和较高的标引质量等。

2) 提高用户利用检索系统的能力

(1) 用户要具备一定的检索语言知识,能够正确选取检索词和合理使用运算符来完整、准确表达信息需求的主题。

(2) 灵活运用各种检索技术、检索方法和检索途径。

(3) 能够结合使用综合性检索系统和专业性检索系统实施跨库检索。

(4) 制定优化的检索策略,准确地表达检索要求,尝试多次检索,并随着背景知识的增加不断调整检索策略。

（5）采用严谨的科学态度，认真遵循检索操作步骤，预防操作失误，最大限度地发挥检索系统的作用。

（6）根据不同检索课题的需要，合理兼顾和调整对查全率和查准率的要求。

1.6.2 信息检索的意义

在社会信息化和经济全球化的21世纪，无论是素质教育的实施、创新人才的培养、科学研究、信息资源开发，还是科学决策，都离不开信息检索知识。通过信息检索知识的系统学习，明确潜在的信息需求，才能对特定信息具有敏感的心理反应。只有提高信息的查询、获取效率及信息的分析和应用能力，才能自如地对信息进行去伪存真、去粗取精，才能较好地解决知识的无限性与个人能力的有限性、教育的时滞性与社会发展的多变性、书本的陈迹性与生活的现实性之间的矛盾。信息检索知识已经构成现代人知识体系中一个不可缺少的重要组成部分，信息检索的作用及意义在社会生活中日益显现。

1. 信息检索是信息素质教育的重要手段

信息素质(Information Literacy)这一概念最早是由美国信息产业协会的波尔(Paul Zurkowski)于1974年提出的，并被概括为"利用大量的信息工具及主要信息源使问题得到解答的技术和技能"。美国信息学家霍顿(Horton,1983)认为，教育部门应开展信息素质教育，以提高人们对联机数据库、通信服务、电子邮件、数据分析以及图书馆网络的运用能力。随着信息技术的广泛应用和由此引起的人类生存方式、工作方式和学习方式的改变，人们对信息素质的认识与重视不断提高，因而其内涵与外延进一步丰富和扩大。1998年，美国图书馆协会(American Library Association,ALA)和美国教育传播与技术协会(Association for Educational Communications and Technology,AECT)在其出版的《信息能力：创建学习的伙伴》一书中制定了九大信息素质标准，进一步明确和丰富了信息素质在技能、态度、品德等方面的要求。

信息素质既是一种基础素质，更是一种能力素质，是每个社会成员的基本生存能力，同批判性思考问题、解决问题的能力一起构成了知识创新和学习的基础。

在高校，对大学生进行信息素质教育的内容包括以下几个方面：

（1）信息意识教育——信息检索的关键。信息意识既是信息主体对信息的认识过程，也是其对外界信息环境变化的一种能动反应，包括信息主体意识、信息创新意识、信息传播意识等。信息主体意识教育是信息意识教育的重点，其倡导与培养社会个体成员在信息活动中的独立性、自主性，以培养他们作为信息主体的主人翁精神，在专业学习和科研方面取得主动权。

（2）信息观念教育——信息检索的前提。信息观念是指人们对信息的看法，对待信息的态度，对信息的本质特征和对信息价值的认识等。信息观念教育的核心是信息价值教育，目的是在整个社会中形成"信息是资源"、"信息是财富"和"信息是商品"的信息价值观念，使人们充分了解信息的社会功能，了解信息资源及信息技术对人类社会变革、社会经济发展所起的巨大作用。

（3）信息能力教育——信息检索的核心。信息能力包括信息的获取和评价能力、组织和保持能力、交流传递能力、使用计算机处理信息的能力、创造性利用信息的能力等等。检索、评价和利用信息的能力是信息素质的核心，表现为能够高效地获取信息，客观地评价信息和精确、创造性地使用信息。相应地，信息能力教育也是信息素质教育的主要方面。

（4）信息道德教育——信息检索的保障。信息道德教育的目的是促使社会个体遵循一定的信息伦理与道德准则来规范自身的信息行为与活动，包括尊重知识产权、遵守信息法律、保守信息秘密和尊重个人信息隐私等内容。

2. 信息检索是创新人才必备的基本技能

创新就是创新主体运用新思维、新方法进行开拓性劳动并取得成果的过程。科学技术发展的大量事实证明，一个人的知识既来源于个人对客观世界的观察和探索，又来自于其他个体的知识。没有知识就无法创新，没有继承和借鉴就没有提高。为此，必须阅读科学文献，掌握有关的思想、事实、理论和方法等信息，在此基础上进一步分析、综合和研究，才能在前人不曾涉及的领域有所建树和突破。而高效获取大量有价值信息的前提是必须掌握信息检索的技术与方法。

3. 信息检索是科学研究的重要环节

科研工作者在科学研究中，从选题、立项、试验、撰写研究报告、研究成果鉴定到申报奖项，每一个环节都离不开信息检索。研究人员只有大量收集、整理、分析与利用信息，才能有效地发现重要的信息，从而才能产生新的创见与发现，把自己的研究工作建立在一个比较高的起点上。高效地获取信息，避免重复劳动，能为科研工作赢得大量宝贵时间，缩短科研周期，加速科研进程，创造出更多有高附加值的成果。

4. 信息检索是开发信息资源的有效途径

随着人类进入信息经济时代，社会信息量急剧递增，信息越来越成为社会生产所需要的中心资源。只有掌握信息检索技术、方法和途径，才能有效地开发和利用信息资源。

5. 信息检索是科学决策的前提

管理工作的成败取决于能否做出有效的决策，而决策的有效性在很大程度上取决于信息的质和量。另一方面，正确的决策受多种因素的影响和制约，其决定因素在于决策者对决策对象是否有确切的了解和把握，对未来的行动和后果是否有正确的判断。正确、及时、适量的信息是减少不确定性因素的根本所在，因此，如何快速、准确地获取所需要的信息显得尤为重要，信息检索则是科学决策的必要前提。

习 题 1

1.1 思考题

1. 试说明信息、知识、情报和文献之间的关系。
2. 什么是文献信息源？有哪几种主要的文献信息源？有哪些主要的一次文献信息源，它们各自有什么特点？
3. 简述计算机信息检索系统的主要类型，各类型系统的组成结构和工作原理。
4. 什么是信息检索语言？信息检索语言有哪些主要的分类标准？
5. 简述计算机信息检索数据库的结构和主要类型。
6. 试说明计算机信息检索技术的种类及其应用方法。
7. 简述计算机信息检索的主要途径。
8. 简述计算机信息检索策略的制定过程及注意事项。
9. 简述有哪些信息检索效果的量化评价指标以及它们之间的关系。

1.2 上机练习题

1. 在任课教师的指导下，登录某高校图书馆 OPAC 系统，查询该图书馆共收藏了哪些类型的文献信息资源以及提供哪些检索途径来检索其收藏的中文图书。
2. 登录某高校图书馆网站，了解其订购的一个中文数据库的收录范围和特点。
3. 请确定检索课题"检索英国作家狄更斯的小说双城记"使用的检索字段和检索词。
4. 请分别使用布尔逻辑算符 NOT、AND 和 OR 编制检索提问式，并观察运用不同的检索式实施检索后的结果有什么不同。
5. 请为检索课题"航空或航天发动机的设计和制造"编制检索策略。
6. 在一个具有 1000 篇文献的试验性计算机检索系统中检索某课题，使用某一特定检索策略查询该课题时输出文献 60 篇。经分析评估，发现该系统中共有与该课题相关的文献 50 篇，检出文献中实际相关文献只有 30 篇。请根据上述数据，分别计算出查全率、查准率、误检率和漏检率。

第 2 章

网络信息资源检索概述

Internet 是世界上规模最大、覆盖范围最广、信息资源最丰富的网络互联系统,为全球范围内快速传递信息提供了有效手段,也为信息检索提供了广阔的发展平台。但是,Internet 的开放性不可避免地引发网络信息资源呈现异构、分散和动态的特性,阻碍了人们对信息资源的开发和利用,从而使得网络环境下的信息资源检索面临新的挑战。为了有效地利用网络信息资源,一种新的计算机信息检索模式——网络信息资源检索应运而生,出现了新的检索工具、检索方法和检索技术,信息资源检索进入一个新的发展阶段。

2.1 网络信息资源概述

作为一种新的资源类型,网络信息资源既继承了一些传统的信息组织方式,又在网络技术的支撑下呈现出许多与传统信息资源显著不同的独特之处。因此,了解网络信息资源的特点、类型、组织形式等方面的信息,对于有效利用网络信息资源检索工具,实施网络信息资源检索具有重要的作用。

2.1.1 网络信息资源的概念及特点

1. 网络信息资源

网络信息资源(Network Information Resources)是指通过计算机网络可以利用的各种信息资源的总和。它是以数字化形式记录,以多媒体形式表达,分布式存储在网络计算机的存储介质以及各类通信介质上,并通过计算机网络通信方式进行传递的、具有使用价值的信息内容的集合。

网络信息资源是通过网络生产和传播的一类电子型信息资源,在 Internet 这个信息媒体和交流渠道的支持下,网络信息资源日益成为人们获取信息的首选。

2. 网络信息资源的特点

由于依托于 Internet 平台,与印刷型、联机型和光盘电子型信息资源相比较,网络信息资源在数量、结构、分布、控制机制、传递手段等方面都呈现出许多新特点。

1) 信息量大,传播广泛

Internet 是在自愿的基础上,通过 TCP/IP 协议将不同网络连接起来组成的,对网络信息资源本身的组织管理并无统一的规范和标准。由于 Internet 结构的开放性和信息发布的自由性,网络信息呈爆炸式增长和全球化分布结构,从而使得网络用户通过 Internet 可以利用分布于世界各地的信息资源,远远突破了联机检索系统和光盘检索系统所能提供的信息资源范围。广泛的可获取性成为网络信息资源的首要特点。

2) 信息内容丰富,形式多样

网络信息资源内容包罗万象,覆盖了不同学科和专业、不同领域、不同地域、不同语言的信息资源。从信息的类型来看,有文本、图表、图像以及多媒体等信息类型;从存在的形式来看,有文件、数据库、超文本和超媒体等存在形式,是多类型、多媒体、集成式的信息混合体,从而能够满足网络用户的各种信息需求。

3) 信息时效性强,具有动态性和不稳定性

网络信息资源出版周期短、更新快、时效性很强,由此也带来了信息的变化和更迭的加快,信息地址、信息链接、信息内容处于经常性变动之中,信息资源的更迭、消亡无法预测,进而导致网络信息资源不稳定、动态性和不确定性高,难以有效控制,增加了信息资源管理和检索的难度。

4) 存在状态分散无序,但关联程度高

网络信息资源分散存储在联网的计算机上,因此导致了信息资源的分布相对无序和分散;但是,网络信息资源又是借助于 Internet 特有的超文本和超媒体链接技术组织在一起的,内容之间具有较高的关联程度。

5) 信息价值差异大,难于管理

网络信息资源没有统一的发布标准,也没有统一的管理机构,这就使得网络信息资源的发布具有很大的随意性和自由度,缺乏必要的过滤、监督和质量控制,难以规范管理,使得大量垃圾信息混于高质量信息中,为用户选择和利用网络信息资源带来了诸多不便,影响了检索效率。

2.1.2 网络信息资源的类型

网络信息资源包罗万象,从不同角度可将其划分为多种类型。由于网络检索工具都有各自的资源收录范围,因此了解网络信息资源的类型有助于进行检索工具的定位和使用。

1. 按照采用的网络传输协议划分

1) WWW 或 Web 信息资源

WWW(World Wide Web)信息资源也称为 Web 信息资源,是一种典型的基于超文本传输协议(Hyper Text Transfer Protocol,HTTP)的网络信息资源。它是建立在超文本、超媒体技术基础上,集文字、图形、图像、声音等为一体,采用 HTTP 协议进行传输,以直观的图形用户界面展现和提供信息的一类信息资源形式。

20世纪90年代以来,WWW信息资源得到了迅速发展,现已成为Internet信息资源的最主要、最常见的形式,是网络信息资源的主流,也是Internet上发展最快、规模最大、资源最丰富的一种网络信息资源形式。这类信息资源一般通过搜索引擎进行检索。

2) FTP信息资源

文件传输协议(File Transfer Protocol,FTP)的主要功能是利用网络在本地与远程计算机之间建立连接,从而实现运行不同操作系统的计算机之间的文件传送。FTP不仅允许从远程计算机获取和下载文件(Download),也可将文件从本地机复制到远程计算机(Upload)。FTP协议是获取免费软件、共享软件资源不可缺少的工具。

FTP信息资源是指借助于FTP协议访问Internet上各种FTP服务器,以文件方式在联网计算机之间传输的信息资源。FTP信息资源的类型非常广泛,目前以应用软件和多媒体信息资源为主。

FTP服务器有"注册用户"登录和"匿名"登录两种服务方式。"注册用户"登录是指用户使用FTP服务时,需要输入远程主机的用户名和口令才能允许登录;"匿名"登录是指允许用户以Anonymous作为用户名,以E-mail地址或Guest作为口令登录。

获取FTP资源的一般操作步骤是:

(1) 登录FTP服务器。用户首先要在浏览器的地址栏中输入要登录的FTP服务器的主机地址ftp<ftp主机地址>,实现与FTP主机的连接后输入用户名和口令。若访问的是匿名FTP服务器,可以采用匿名方式登录。

(2) 浏览并保存资源。浏览服务器中的资源目录,寻找需要下载的文件,设置文件传输参数,选择文件传输模式和文件的保存位置,将文件从源地址拖动到目标地址,完成文件的复制(下载)。

3) Telnet信息资源

Telnet信息资源是指在远程登录协议(Telecommunication Network Protocol,Telnet)的支持下,用户计算机经由Internet连接并登录远程计算机,使自己的本地计算机暂时成为远程计算机的一个终端,进而可以实时访问,并在权限允许的范围内实时使用远程计算机系统中的各种硬件资源和软件资源。

通过Telnet方式提供的信息资源主要是一些政府部门、研究机构对外开放的数据库和商用联机信息检索系统等。如Dialog和OCLC等,目前仍然提供Telnet形式的联机检索服务,付费取得账号和口令后可以检索其数据库资源。

使用Telnet信息资源的一般步骤是:

(1) 连接和登录。在Telnet命令中给出远程计算机的域名或IP地址,在远程呼叫成功后输入用户名和口令。若某些提供开放式远程登录服务的计算机不需要事先取得用户名和口令,可以通用用户名"Public"或"Guest"进行公开登录。

(2) 访问相关资源。用户在登录成功、建立连接后,就可以按照给定的访问权限访问远程计算机的软件、硬件资源,数据库资源,或者使用其他信息服务,如E-mail、FTP、Archie、WWW、BBS等。

4) Usenet Newsgroup信息资源

新闻组(Usenet Newsgroup)是一种利用网络环境提供专题讨论服务的应用软件,是

Internet 服务体系的一部分。在此体系中,有众多的新闻组服务器,它们接收和存储有关主题的消息供用户查阅。新闻组实质上是由一组对某一特定主题有共同兴趣的网络用户组成的电子论坛,用户在自己的主机上运行新闻组阅读程序(Newsreader),申请加入某个自己感兴趣的新闻组,便可以从服务器中读取新闻组信息,同时也可以将自己的见解发送到新闻组中,供其他用户参考。

新闻组信息资源是一种最丰富、自由、最具开放性的信息资源。目前网上已有上万个新闻组,并有一套命名规则来区分各自的主题范围。

5) E-mail 信息资源

电子邮件(Electronic Mail,E-mail)是借助网络彼此传递信息的快速、高效、廉价的现代化通信方式。用户只要知道收件人的邮箱地址,利用计算机网络就可以将信件发送给对方,也可以接收来自世界各地的邮件。利用电子邮件可以发送或接收文字、图像、声音、动画等各种形式的信息。用户可以向提供电子邮件服务的机构提出申请,以免费或付费的方式拥有自己的电子邮箱,通过自己拥有的电子邮箱来利用该类信息资源。

Internet 有多种电子邮件服务程序用于邮件传递、电子交谈、电子会议、专题讨论及查询信息等。其中,电子邮件群(LISTSERV)是目前功能最强的通信讨论组管理软件;而用户邮件列表(Mailing List)则可使用任何一种电子邮件系统来阅读新闻和邮件,并允许向能够做出响应的人发送邮件。当用户使用任何一种电子邮件系统将信息发给一个 LISTSERV 或 Mailing List 时,它就被发送到该组的所有成员处,是一对多的交流工具。

6) Gopher 信息资源

Gopher 是一种基于菜单的网络服务程序,能为用户提供广泛、丰富的信息,并允许用户以一种简单、一致的方式快速找到并访问所需的网络资源。用户的全部操作是在各级菜单的指引下,逐层展开菜单,在菜单中选择项目和浏览相关内容,就完成了对 Internet 上远程联机计算机信息系统的访问,而无须知道信息的存放位置和掌握相关的操作命令。这反映了 Gopher 的另一优势,即它可以跨越多个计算机系统,运行本地计算机的 Gopher 客户程序就可以与世界各地任何一个 Gopher 服务器连接并共享信息。此外,Gopher 还设有工具转换接口,可直接调用其他的信息资源检索工具或转入其他的服务器,如 WWW、FTP、Telnet、WAIS、Archie 服务器等。

Gopher 曾经以其简单、统一的界面,方便易用的特点和丰富的资源构成 Internet 上的一种重要的资源类型,然而随着网络技术的发展,只能提供文本信息的 Gopher 服务器已大多被 Web 服务器所取代。

7) WAIS 信息资源

广域信息服务器(Wide Area Information Servers,WAIS)是 Internet 上的一种双层客户机/服务器结构的全文本网络信息资源检索系统。在这个系统中,需要在多个服务器上创建专用主题数据库,该系统可以通过服务器目录对各个服务器进行跟踪,并允许用户通过 WAIS 客户端程序对信息进行查找。WAIS 用户可以获得一系列的分布式数据库,当用户输入一个对某一个数据库进行查询的信息时,客户端就会访问所有与该数据库相关的服务器,访问的结果提供给用户的是满足要求的所有文本的描述,此时用户就可以根据这些信息得到整个文本文件了。

网上有数百个免费的 WAIS 数据库可供检索,可以通过访问 WAIS 匿名服务器了解所需信息存放的 WAIS 服务器后,再通过相应的 WAIS 服务器查询所需的数据库。

2. 按照网络信息资源的组织形式划分

信息组织是将无序状态的特定信息,按照一定的原则和方法,使其成为有序状态的过程,方便人们有效利用和传递信息。目前,使用较为普遍的网络信息组织方式主要有:

1) 文件

以文件方式组织网络信息资源比较简单、方便,除文本信息外,还适合存储图形、图像、音频、视频等非结构化信息。在 Web 中,网页就属于超文本文件,FTP 类检索工具就是用来帮助用户利用那些以文件形式组织和保存的信息资源。

但是文件方式对结构化信息的管理能力非常有限,文件系统只能涉及信息的简单逻辑结构,当信息结构较为复杂时,就难以实现有效的控制和管理;而且,随着网络信息量的不断增长和用户对网络信息资源利用的普及,以文件为单位进行信息资源共享和传输会使网络负载加大。因此,文件本身只能是海量信息资源管理的辅助形式,或者作为信息单位成为其他信息组织方式的管理对象。

2) 超文本/超媒体

超文本/超媒体方式是将网络信息资源按照相互关系非线性存储在许多的节点(Nodes)上,节点间以链路(Links)相连,形成一个可任意连接的、有层次的、复杂的网状结构。其中,超文本方式以线性和静态的文本信息为处理对象;超媒体方式是超文本和多媒体技术的结合,它将文字、图表、声音、图像、视频等多种媒体信息以超文本方式组织。

超文本/超媒体方式体现了信息间的层次关系,用户既可以根据链路的指向进行检索,也可以根据自己的需要任意选择链路进行信息检索。正是由于上述优点,超文本/超媒体方式已成为 Internet 上占主流地位的信息组织与检索方式。但是,对于一些大型的超文本/超媒体检索系统,由于涉及的节点和链路太多,用户很容易出现信息迷航和知识认知过载的问题,很难迅速而准确地定位到真正需要的信息节点上。为了避免这些检索瓶颈,需要设立导航工具,并实施辅助搜索、查询机制,以便用户在任何位置都能到达想要去的节点。

3) 数据库

数据库是对大量的规范化数据进行存储和管理的技术。它将要处理的数据经合理分类和规范化处理后,以记录的形式存储于计算机中,用户通过关键词及其组配查询就可以找到所需要的信息或其线索。

利用数据库技术进行网络信息资源的组织,可以很大程度地提高信息的有序性、完整性、可理解性和安全性,提高对大量的结构化数据的处理效率;此外,集 Web 技术和数据库技术于一体的 Web 数据库已经成为 Web 信息资源的重要组成部分,所存储的都是经过人工严格收集、整理加工和组织的具有较高的学术价值、科研价值的信息。但是,由于各个数据库后台的异构性和复杂性以及对其使用的限制,利用一般性的网络信息资源检索工具,如搜索引擎等,无法检索出其中的信息资源,因此必须利用各个数据库的专用检索系统进行信息资源的检索。

4) 网站

网站由一个主页和若干个从属网页构成,将相关的信息集合组织在一起,是网络信息资源的重要组成部分。它既是信息资源开发活动中的要素,又是网络中的实体。从网络的组织结构可以看出,信息资源主要分布在网站上,网站作为网络信息资源与网络用户之间的中介,集网络信息提供、网络信息组织和网络信息服务于一体,其最终目的是将网络信息序化、整合,向用户提供优质的信息服务。

网站一般综合采用文件方式、超文本/超媒体方式和数据库方式来组织网络信息资源和提供网络信息资源的检索。Yahoo!和 Open Directory Project 之类的网络资源指南就是获取网站信息的检索工具。

2.2 网络信息资源检索

随着 Internet 的迅速发展,网络信息资源呈现出爆炸式增长的态势。面对浩如烟海的数字化、多媒体、非规范的信息资源,用户迫切需要高效的网络信息资源检索技术和检索工具,于是,网络信息检索应运而生,并成为网络环境下发展起来的一种新型的检索模式。

2.2.1 网络信息资源检索的概念和特点

1. 网络信息资源检索

正如信息资源检索的概念有广义和狭义之分,网络信息资源检索的概念也可分为广义和狭义两种。广义的网络信息资源检索包括网络信息资源整序和网络信息资源查找两个环节。网络信息资源整序是将与 Internet 相连的信息按一定的规则进行搜集、分析和标引,并以数据库方式或其他方式组织、排序和存储,形成检索工具或检索系统的过程;网络信息资源查找是指以 Internet 为检索平台,利用相应的网络信息检索工具,运用一定的网络信息检索技术与策略,从网络信息资源集合中查找出所需信息的过程。网络信息资源整序是网络信息查找的基础和前提。狭义的网络信息资源检索仅指广义概念中的查找环节。

2. 网络信息资源检索的特点

由于网络信息资源检索借助于网络通信技术、信息处理技术等的发展,因此,网络信息检索呈现出许多与其他信息检索方式不同的特点。

1) 检索范围大

网络信息资源检索可以检索 Internet 上所有领域、各种类型、各种媒体的信息资源,远远超过了联机检索、光盘检索等信息检索方式可利用的信息源。

2) 用户界面友好

网络信息资源检索工具直接以用户为服务对象,操作简单方便。它一般采用图形窗口界面,并提供多种导航功能和多种检索途径,检索者无须掌握复杂的检索指令,只要在检索界面上按照提示和规则输入检索式就可获得检索结果。

3) 交互式作业方式

网络信息资源检索工具具有交互式作业的特点,能够及时响应用户的要求,从用户的命令中获取相应的指令,并根据指令执行相应的操作,最后将执行结果反馈给用户。在检索过程中,用户可以根据需要及时调整检索策略以获得最好的检索结果;在遇到问题时,用户还可以利用系统提供的功能获得联机帮助和指导。

4) 传统检索技术和网络检索技术相融合

网络信息检索既沿用了许多传统的检索方法和技术,又借助于网络信息技术的发展,采用了超文本/超媒体、全文检索、智能检索等新的检索技术。但是这些新的检索技术在不同的检索工具中的实现方式存在很多差异,需要用户在检索前详细了解其具体的检索规则。

5) 检索效率高

通过超级链接技术,网络信息资源的检索过程和信息的浏览过程都在同一界面内进行,用户只要简单地单击鼠标,即可以随意浏览和获取可以直接阅读和利用的 Web 页面文献全文。检索结果中不但有文字、图片,还有声音、动画、影视等形式的信息内容。

6) 信息冗余大

网络信息资源缺乏统一规范的管理和控制,动态性强,且目前的网络信息检索工具在信息搜集、标引等方面存在一定的不足,信息检索过程会产生大量的无用甚至垃圾信息,信息检索的准确性、完整性和权威性难以保证。不过,随着数据挖掘、智能代理、自然语言检索等技术的发展以及在网络信息检索中的应用,网络信息资源检索的查全率和查准率将不断提高。

2.2.2 网络信息资源检索方法

网络信息资源的检索方法主要有以下几种。

1. 浏览

浏览一般是指超文本文件结构的信息浏览,即用户在阅读超文本文档时,利用文档中的超链接从一个网页转到另一个相关网页。

浏览是在 Internet 上发现和检索信息的原始方法。这种检索方法的特点是不依靠任何检索工具,检索的目的性不强,检索的结果具有不可预见性。

2. 利用目录型网络资源检索工具

目录型网络资源检索工具是专业人员基于对网络信息资源的产生、传递与利用机制的广泛了解和对网络信息资源分布状况的熟悉,以及对网络信息资源进行采集、评价、组织、过滤和控制等手段的全面把握,而开发出的可供用户浏览和检索的多级主题分类体系。用户通过浏览其分类目录索引数据库,通常称为目录(Catalog),在目录体系上下位类的从属、并列等关系引导下层层递进,不断深入,随着目录类范围的缩小,查询的专指度逐步提高,最终使用户发现、检索到自己所需要的相关信息。

目录型网络资源检索工具所采用的分类法主要有主题分类法、学科分类法和图书分类法。

使用目录型网络资源检索工具进行检索的基本步骤是:

(1) 在 Web 浏览器中,根据 URL 地址打开目录型检索工具的主页。

(2) 在计算机屏幕上根据分类目录的结构从顶层逐步向下查询子目录。

(3) 选择需要的类目,单击进入选定目录的下一级子目录或者进入一组站点列表。

(4) 选择需要的站点,单击站点名称实现链接。

(5) 选择和显示检索结果。

目录型网络资源检索工具由于人工的干预提高了检索结果的相关性,但其数据库规模较小,检索到的信息资源数量有限,而且其更新、维护的速度和周期受系统人员工作效率的制约,数据库更新周期较长。

目录型网络资源检索工具主要适用于以下两种情况的检索:

(1) 当用户进行较为笼统的主题浏览和检索时,它允许用户从等级目录中任意选择检索范围,对这些不同深度的主题类目进行浏览和检索。

(2) 当用户对某一类型的信息资源的描述不确定或者尚未形成精确的检索概念时,通过浏览目录型网络资源检索工具的分类体系,就可获取较为全面、系统的相关信息。

Yahoo!就是一个综合性的目录型网络资源检索工具,其特点是根据网络信息的主题内容进行分类,并以等级目录的形式组织和表现。Yahoo!分类目录页面如图 2-1 所示。此外,还有很多专业性的目录型网络资源检索工具,供用户获取特定学科领域的信息。

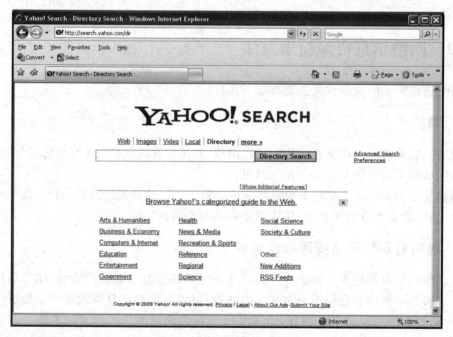

图 2-1 Yahoo!分类目录页面

3. 利用索引型网络资源检索工具

利用索引型网络资源检索工具是最常规、最普遍的网络信息资源检索方式。索引型网络资源检索工具中的自动跟踪索引软件自动在网络上漫游,收集各种网络信息并形成索引数据库;而索引型网络资源检索工具中的检索代理软件则根据用户提出的检索要求,代替用户在数据库中进行检索,并将检索结果提供给用户。索引型网络资源检索工具支持布尔逻辑检索、词组检索、截词检索等功能,可以方便、快速地获取广泛、及时的信息。

利用索引型网络资源检索工具进行检索的主要步骤是:

(1) 根据 URL 地址调用该检索工具的主页。

(2) 在计算机屏幕上的信息检索输入框中输入关键词或查询短语。

(3) 提交查询后,搜索索引立即进行实时交互式的信息查询。

(4) 显示搜索结果。结果页面通常包括一系列资源标题和相应的资源描述以及指向这些资源的链接。通过资源标题和 URL 地址链接,可以进一步搜索希望得到的信息。

索引型网络资源检索工具向用户提供按关键词、短语或自然语言进行检索,也被称为基于关键词的网络资源检索工具。它具有简单易用,检索到的信息时效性强,可以获得较高的查全率等特点,适用于主题较为专指、狭窄的查询。但是,由于索引型网络资源检索工具采用计算机软件自动进行信息的加工和处理,且检索软件的智能化程度不同,检索的准确性和检索效率还有待进一步提高。

Google 就是一个典型的索引型网络资源检索工具,其特点是会定时地对所收录网站的网页进行检索和更新,以确保其索引数据库信息的新颖、有效和相对完整;还能根据用户输入的查询关键词并遵从多个查询关键词的相对位置,对网页关键词的接近度进行分析,按照关键词的接近度区分搜索结果的优先次序,筛选与关键词较为接近的结果提交给用户。中文 Google 检索工具主页及关键词输入页面如图 2-2 所示。

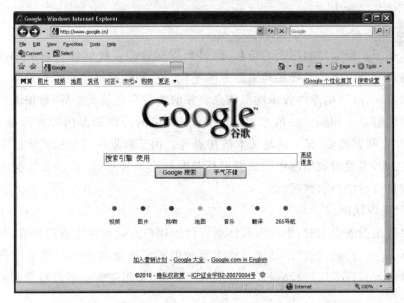

图 2-2 中文 Google 关键词输入页面

2.2.3　网络信息资源检索工具

网络信息资源检索工具是指在 Internet 上提供信息资源检索服务的计算机系统,其检索对象是存在于 Internet 信息空间中各种类型的网络信息资源。网络信息资源类型不同,需要使用不同类型的网络信息资源检索工具实施检索。

1. 网络信息资源检索工具的构成

网络信息资源检索工具一般由信息采集子系统、数据库和检索代理软件组成。

1) 信息采集子系统

网络信息资源检索工具的信息采集包括人工采集和自动采集两种方式。人工采集是由专门的信息人员来跟踪和选择有价值的网络信息资源,并按一定的方式对采集的信息资源进行分类、组织、标引,组建成索引数据库;自动采集则是通过采用一种被称为 Robot(也被称为 Spider、Crawler 等)的网络自动跟踪索引程序来完成信息采集,由 Robot 在网络上检索文件并自动跟踪该文件的超文本结构,并循环检索被参照的所有文件。它穿行于网络信息空间,访问网络中公共区域的各个站点和网页,记录其网址,标引其内容,组织建立索引文档,形成供检索的数据库,同时还继续跟踪该网页内链接的其他网页,确认链接的合法性。

自动采集能够自动搜索、采集和标引网络中的众多站点和网页,保证了对网络信息资源跟踪和检索的有效性和及时性。但是,不同的自动采集软件采用的标引、搜索策略不同,这对信息检索的质量有直接的影响;而人工采集基于专业性的自愿选择和分析标引,保证了资源的采集质量和标引质量。目前,许多网络信息资源检索工具都采取自动和人工相结合的信息采集方式。

2) 数据库

信息采集子系统采集和标引的信息,通过数据库管理系统软件的组织,形成数据库,作为网络信息资源检索工具提供检索服务的基础。不同的网络信息资源检索工具的数据库收录范围不一样,数据库中收录网络信息资源的数量存在很大差异,数据库中记录的网络信息资源内容也不相同。一般来说,数据库中提供的网络资源内容有网站名称、关键词、网页 URL、网页摘要、相关的超文本链接点等。由于数据库的规模和质量直接影响检索的效果,因此,需要对数据库中的数据进行及时的更新和处理,以保证数据库能准确地反映网络信息资源的当前状况。

3) 检索代理软件

当用户提出检索要求时,由检索软件负责代理用户在数据库中进行检索,并对检索结果进行计算、评估、比较,按检索结果与检索要求的相关程度排序后提供给用户。不同的网络资源检索工具所采用的检索机制、算法有所不同,布尔逻辑检索是较普遍采用的一种检索机制。

2. 网络信息资源检索工具的工作原理

网络信息资源检索工具的工作原理是通过数据采集子系统的人工采集或自动跟踪索引程序来广泛收集各类网络信息资源,经过一系列的判断、选择、标引、加工、分类、组织等处理,利用数据库管理系统来组织并形成供检索使用的数据库,创建目录索引,并大多以Web页面的形式向用户提供有关的资源导航、目录索引及检索界面。用户根据自己的检索要求,按照检索工具的语法要求构造检索提问,并通过检索界面输入检索提问。检索软件对用户的检索提问进行识别和判断后,根据用户的检索提问,代理用户在数据库中进行检索,并对检索结果进行评估、比较和按相关度排序后提交给用户。

3. 网络信息资源检索工具的类型

1) 按检索内容分类

按照检索的内容,网络信息资源检索工具可分为综合型、专科型和特殊型3类。

(1) 综合型。综合型网络资源检索工具,也称为通用型网络资源检索工具,是指在采集信息资源时不限定资源的学科、主题范围和数据类型,可以利用它们检索到几乎各个方面的网络信息资源,如 Yahoo!、AltaVista、Excite 等就属于此类工具。

(2) 专科型。专科型网络资源检索工具是指专门采集某一学科、主题范围的信息资源,并提供适合其专业资源和检索需求特点的更细致的分类、深度标引和描述,如 SOSIG、CSTR、Healthcare 和 Medical World Search 等就属于此类工具。

(3) 特殊型。特殊型网络信息资源检索工具是指专门为某种特殊类型的信息资源提供检索服务的工具,如检索电话号码的 555-1212;查询地图的 MapBlast;查询图形图像的 Yahoo!Gallery 和 WebSEEK 等。

2) 按检索的信息资源类型分类

根据检索的信息资源类型来划分,网络资源检索工具可分为非 Web 资源检索工具和 Web 资源检索工具两大类。

(1) 非 Web 资源检索工具。非 Web 检索工具主要以非 Web 资源,如 FTP 信息资源、Gopher 信息资源、Telnet 信息资源和 Usenet 信息资源等特殊类型的信息资源为检索对象的一类检索工具。这类检索工具包括的主要工具有:针对 FTP 资源的 Archie 和 FileZ;针对 Telnet 资源的 Hytelnet;针对 Usenet 资源的 DejaNews、CataList、Topica;针对 Gopher 资源的 Veronica 和 Jughead 以及针对 WAIS 资源的 WAIS Search Directory 等等。随着 WWW 的发展,非 Web 资源检索工具的作用有所减弱。

(2) Web 资源检索工具。Web 资源检索工具是以超文本技术在 Internet 上建立的一种提供网上信息资源导航、检索服务的专门的 Web 服务器或 Web 网站。它是一类既以 Web 资源作为主要检索对象,又以 Web 形式提供服务的检索工具。

目前,由于以超文本技术建立起来的 Web 资源已成为 Internet 信息资源的主流形式,而且 Web 资源检索工具既以 Web 形式提供服务,又以 Web 资源作为主要的检索对象,检索范围还涉及其他网络信息资源形式,如 Usenet、FTP、Gopher 资源等,因此,Web 资源检索工具已经成为能够检索多种类型网络信息资源的集成化工具,是获取 Internet

信息资源的主要检索工具和手段,是网络信息资源检索工具的主流。

搜索引擎(Search Engine)是 Web 资源检索工具的总称,泛指网络上提供信息检索服务的工具和系统。现在,越来越多的 Web 资源搜索引擎具备了检索非 Web 资源的功能,成为最常用的网络资源检索工具。

4. 网络信息资源检索工具的评价

对于网络信息资源检索工具的评价研究主要集中在系统功能设置、用户界面、数据库内容、结构与更新,以及对检索结果的处理、检索效果的分析、比较等方面。

1) 收录范围

每种网络信息资源检索工具都有特定的收录对象与收录方针,因此,选择检索工具必须首先对检索工具收录的数据资源范围、资源类型、数据量的大小、索引深度、数据更新频率、处理语言等进行了解。一般来说,数据量大,检索结果可能会较完整;收录的资源类型越多,使用同一套检索指令就可以检索多种数据库,检索就越方便;索引的深度越深,获得的检索结果就能越详尽;数据更新频率越快,用户获得的检索结果就越具新颖性。

2) 检索功能

检索功能直接影响信息检索的查全率、查准率和检索的灵活性、方便性以及检索速度。选择和评价检索工具的功能可以从以下几个方面进行。

(1) 判断检索方式是单一还是多样。包括是否既提供分类目录浏览查询,又提供关键词查询;是否既提供简单查询或简易查询模式,供一般用户使用,又提供各种形式的高级或复杂检索模式,以方便用户进行组配检索和精确检索;是否既提供自然语言检索,又提供受控语言(主题词、叙词)检索,以弥补自然语言检索效率不高的缺陷。

(2) 判断采用的检索技术是否先进、多样。包括是否支持利用各种运算符进行布尔逻辑检索、截词检索、组配检索和精确检索;可否采用自动标引、自动聚类、数据挖掘、人工智能等相关技术和功能,为用户扩大检索范围、提高查全率和查准率创造条件。

(3) 判断是否对检索的信息资源拥有选择和限定的权利。包括可否对检索的数据库、文档、可检字段(题名、著者、文摘、全文等)、时间范围、文献类型等进行限定和选择。可检字段越多,检索途径就越多,检索就越方便,越有助于提高查全率和查准率。

3) 检索效率

目前,衡量检索工具检索效率的指标是以查全率和查准率为主,此外还有响应时间、联机容易程度等因素。

4) 用户界面设计

用户界面的设计直接影响人机交互的效率和效果。一般情况下,判断用户界面是否优良主要从这几个方面着手,如:直观判断其是否容易使用;是否提供在线辅助说明和提供 FAQ 之类的文件;检索界面的功能键和工具条的设置是否清晰、明确、完备;检索界面是否简单,切换是否灵活;检索步骤是否简捷、紧凑等。

5) 检索结果处理和显示

检索结果的显示方式直接影响用户的浏览效果。目前,大多数检索工具采用按数据资源的权威性、检索内容和网站的相关性来排序,越相关的结果就会越靠前;同时,大多数检索工具还允许用户自定义显示检索结果的数量和详细程度,不仅节省了用户的浏览时间,也提高了检索结果的参考价值;此外,检索工具在显示检索结果时,都会以超链接的方式展现,方便了用户链接和获取原始文献。

习 题 2

1. 什么是网络信息资源?按照传输协议来划分,网络信息资源可以分为哪几种主要的类型?
2. 作为网络信息资源的组织形式之一,"网站"具有什么特点?
3. 简述网络信息资源检索的主要方法。
4. 按照检索的信息资源类型来划分,网络信息资源检索工具可以划分为哪几种主要类型?它们各自有什么样的发展特点?
5. 简述目录型网络信息资源检索工具的检索步骤和适用条件。
6. 简述网络信息资源检索工具的构成。
7. 简述网络信息资源检索工具的主要工作原理。
8. 试说明如何评鉴网络信息资源检索工具。

第 3 章

基于搜索引擎的网络信息资源检索

3.1 搜索引擎概述

在 Internet 发展初期,网络信息资源数量较少,对信息资源的组织和查找相对比较容易。随着 Internet 信息资源尤其是 Web 信息资源的爆炸式增长,对庞大的网络信息资源进行有效的组织并提供快捷、方便的检索利用就显得尤为重要。搜索引擎就是为了解决这个问题而出现的一种网络信息资源检索工具。如果说 Internet 上的信息资源犹如浩瀚的海洋中星罗棋布的小岛,网页链接就是这些小岛之间纵横交错的桥梁,而搜索引擎则为网络用户绘制了一幅一目了然的信息导航图。

目前,搜索引擎已经成为 Internet 用户最主要的网络应用之一,搜索引擎技术也成为计算机工业界和学术界争相研究、开发的对象,并处于快速地发展变化中。下面就对基于搜索引擎的网络信息资源检索技术以及网络信息资源检索方法进行简要介绍。

3.1.1 搜索引擎的概念及其功能

1. 搜索引擎的概念

在网络检索工具发展的初期,基于分类目录的信息服务网站非常流行,但人们一般只是把基于关键词检索类型的网站称为搜索引擎。后来,随着网络技术的飞速发展和搜索技术的日臻完善,出现了一批为网络用户所广泛熟知和习惯使用的,既具有分类目录查询功能,又具有关键词检索功能的优秀中外通用搜索引擎。但是,任何搜索引擎的设计均有其特定的信息索引范围、独特的功能、使用方法和预期的用户群指向,一种搜索引擎不可能满足所有人或某一个人所有的检索需求。在某些情况下,为满足深度检索信息的需要,人们往往需要使用多种搜索引擎对搜索结果进行比较、筛选和相互印证。为解决逐一登录各搜索引擎以及在各搜索引擎中分别、多次输入同一检索请求等烦琐操作问题,又出现了集合搜索引擎和元搜索引擎。现在人们已经将搜索引擎包括的范围放宽了很多。

搜索引擎(Search Engine)泛指网络上以一定的策略搜集信息,对信息进行组织和处理,并为用户提供信息检索服务的工具和系统,是网络资源检索工具的总称。从使用者的角度看,搜索引擎为用户提供了一个查找 Internet 上信息内容的接口,查找的信息内容包括网页、图片以及其他类型的文档。

2. 搜索引擎的功能

搜索引擎是高效获取网络信息资源的有力工具,网络用户可以通过搜索引擎查找新闻、网页、图片、音乐、人物、视频等信息,而各种功能新颖的搜索引擎产品也不断开发出来,因此搜索引擎的实际应用功能是无法尽数的。下面仅从 3 个方面概括介绍一下搜索引擎应该具备的最基本的功能:

1) 及时、全面地搜索网络信息

迅速、及时地查找到尽可能多的网络信息,并将新出现的信息收录到自己的索引数据库中是搜索引擎技术的首要功能。

2) 搜索有效的、有价值的网络信息

搜索引擎应该提供当前有效的、有价值的网站或网页信息。无效的信息不但没用,还可能造成错误和损害。

3) 有针对性地搜索网络信息

所谓网络信息搜索的针对性就是指搜索引擎能够通过名词的关联性等技术满足人们对主题内容的深度查找。

由于目前的搜索引擎在技术上存在一定的局限性,无论是在信息搜集的及时性、有效性甄别、信息价值的合理评判,还是主题针对性的识别上,都不能达到人们的要求,因此,虽然现有的搜索引擎的基本工作原理已经相当成熟,但在其质量、性能、服务功能和服务方式上依然存在较大的提升空间。

3.1.2 搜索引擎的类型

按照不同的分类原则,搜索引擎可以有多种分类方式。其中,按工作方式或者检索机制来分类是最常见的一种分类方式,它将搜索引擎分为目录型搜索引擎、索引型搜索引擎和元搜索引擎 3 种类型。

1. 目录型搜索引擎

目录型搜索引擎也被称为分类索引(Search Index)或网络资源指南(Directory),是一种网站级的浏览式搜索引擎。它是由专业信息人员以人工或半自动的方式搜集网络资源站点信息,且采取人工方式对搜集到的网站加以描述,并按照一定的主题分类体系编制成一种可供浏览、检索的等级结构式目录(网站链接列表)。用户通过逐层浏览该目录,在目录体系的从属、并列等关系引导下,逐步细化来寻找合适的类别直至具体的信息资源。这类检索工具往往根据资源采集的范围设计详细的目录体系,检索结果是网站的名称、网址链接和每个网站的内容简介。

目录型搜索引擎所收录的网络信息资源都经过专业信息人员的鉴别、筛选和组织,并且层次结构清晰、易于查找、导航质量高,确保了检索工具的质量和检索的准确性。但目录型搜索引擎的数据库规模相对较小,对新兴学科、交叉学科和某些分类主题的内容收录不够全面,同时只在保存的对网站的描述中进行检索,检索范围非常有限,且其系统更新、维护的速度受系统人员工作时间的制约,更新不及时可能导致检索内容的查全率不高。

目录型搜索引擎比较适合于查找综合性、概括性的主题概念,或对检索的准确度要求较高的课题。

2. 索引型搜索引擎

基于关键词检索的索引型搜索引擎是名副其实的搜索引擎。

索引型搜索引擎也被称为机器人搜索引擎或关键词搜索引擎,是一种网页级搜索引擎。它主要使用一个叫"网络机器人"(Robot)、"网络蜘蛛"(Spider)或"网络爬虫"(Crawlers)的自动跟踪索引软件,通过自动的方式分析网页的超链接,依靠超链接和HTML代码分析获取网页信息内容,并采用自动搜索、自动标引、自动文摘等事先设计好的规则和方式来建立和维护其索引数据库,以Web形式提供给用户一个检索界面,供用户输入检索关键词、词组或逻辑组配的检索式,其后台的检索代理软件代替用户在索引数据库中查找出与检索提问匹配的记录,并将检索结果反馈给用户。索引式搜索引擎实际上是一个WWW网站,与普通网站不同的是,索引型搜索引擎网站的主要资源是它的索引数据库,索引数据库的信息资源以WWW资源为主,还包括电子邮件地址、用户新闻组、FTP、Gopher等资源。

索引型搜索引擎由自动跟踪索引软件生成索引数据库,数据库的容量非常庞大,收录、加工的信息范围广、速度快,能向用户及时提供最新信息。但由于标引过程缺乏人工干预,准确性较差,加之检索代理软件的智能化程度不是很高,导致检索结果的误差较大。

索引型搜索引擎比较适合于检索特定的信息及较为专深、具体或类属不明确的课题。

从搜索结果来源的角度,索引型搜索引擎又可进一步细分为两种,一种是拥有自己的检索程序(Indexer),俗称"蜘蛛"程序或"机器人"程序,并自建索引数据库,搜索结果直接从自身的数据库中调用;另一种则是租用其他引擎的数据库,并按自定格式排列搜索结果。

目录型搜索引擎与索引型搜索引擎在使用上各有长短。目前,目录型搜索引擎和索引型搜索引擎呈现出相互融合渗透的趋势,很多的搜索引擎网站也都同时提供目录和基于自动搜索软件的搜索服务,以便于尽可能地为用户提供全面的检索服务和检索结果。如Google索引型搜索引擎就借用Open Directory目录型搜索引擎提供分类查询;而Yahoo!目录型搜索引擎则首先通过与Google等搜索引擎合作,而后又通过收购推出了自己的雅虎全能搜来提升搜索功能和扩大搜索范围。在默认搜索模式下,目录型搜索引擎首先返回的是自己分类目录中匹配的网站;而索引型搜索引擎则默认进行的是网页搜索,因此,用户一般把索引型搜索引擎的查询称为搜索"所有网站"或"全部网站",把目录型搜索引擎的查询称为搜索"分类目录"或搜索"分类网站"。

3. 元搜索引擎

元搜索引擎(Meta Search Engine,MSE)是一种将多个独立的搜索引擎集成到一起,提供统一的用户查询界面,将用户的检索提问转换成其共享的各个独立搜索引擎能够接受的查询语法,同时提交给多个独立搜索引擎并检索多个独立搜索引擎的资源库,然后将获得的反馈结果经过聚合、去掉重复信息和综合相关度排序等处理,再将最终检索结果一并返回给用户的网络检索工具。元搜索引擎是对搜索引擎进行搜索的搜索引擎,是对多个独立搜索引擎的整合、调用、控制和优化利用。相对于元搜索引擎,可被利用的独立搜索引擎称为"源搜索引擎"(Source Search Engine)或"成员搜索引擎"(Component Search Engine)。

元搜索引擎主要由检索请求预处理、检索接口代理和检索结果处理3个部分构成。其中,检索请求预处理部分负责实现用户个性化的检索设置要求,包括调用哪些搜索引擎、检索时间限制、结果数量限制等;检索接口代理部分负责将用户的检索请求翻译成满足不同搜索引擎本地化要求的格式;检索结果处理部分负责所有源搜索引擎检索结果的去重、合并、输出处理等。与独立搜索引擎相比较,元搜索引擎一般都没有自己的网络机器人及数据库,但在检索请求预处理、检索接口代理和检索结果处理等方面,通常都有自己研发的特色元搜索技术。

集合式搜索引擎(All-in-One Search Page)是元搜索引擎发展进程中的一种初级形态。它是通过网络技术,在一个网页上链接很多个独立搜索引擎,检索时需点选或指定搜索引擎,一次输入,多个搜索引擎同时查询,搜索结果由各搜索引擎分别以不同的页面显示。集合式搜索引擎无自建数据库,不需研发支持技术,也不能控制和优化检索结果,其实质是利用网站链接技术形成的搜索引擎集合,而并非真正意义上的搜索引擎。

3.1.3 搜索引擎的工作方式

用户在使用搜索引擎进行查询时,搜索引擎并不是直接去搜索互联网,它实际上搜索的是已经预先整理好的索引数据库。搜索引擎会预先收集因特网上的网络信息资源,并对收集的信息资源进行索引,建立索引数据库。当用户查找某项内容的时候,所有在数据库中保存的相关的网络信息资源都将被搜索出来,再按照某种算法进行排序后,将相关链接作为搜索结果呈现给用户。

一个典型的搜索引擎的系统架构基本上由信息采集、信息组织和信息查询服务3个模块组成。其工作流程如图3-1所示。

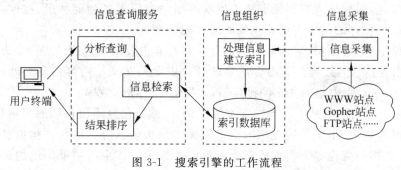

图 3-1 搜索引擎的工作流程

1. 信息采集模块

信息采集模块的主要功能是搜索、采集和标引网络中的网站或网页信息。信息采集有人工采集和自动采集两种方式。

1) 人工采集

人工采集是由专门信息人员跟踪和选择有价值的网络信息资源,并按一定的方式进行分类、组织、标引并组建成索引数据库。

2) 自动采集

自动采集是通过采用一种被称为 Robot(也被称为 Spider、Crawler 等)的网络自动跟踪索引程序来完成信息采集,由 Robot 在网络上检索文件并自动跟踪该文件的超文本结构以及循环检索被参照的所有文件。它穿行于网络信息空间,访问网络中公共区域的各个站点和网页,记录其网址,标引其内容,并组织建立索引文档,形成供检索的数据库,同时还继续跟踪该网页内链接的其他网页,确认链接的合法性。

不同的信息采集方式和不同的自动采集软件采用的标引、搜索策略各不相同,这对信息检索的质量有着直接的影响。自动采集能够自动搜索、采集和标引网络中的众多站点和网页,保证了对网络信息资源跟踪和检索的有效性和及时性;而人工采集基于专业性的自愿选择和分析标引,保证了资源的采集质量和标引质量。因此,目前的许多网络信息资源检索工具都采取自动和人工相结合的信息采集方式。

2. 信息组织模块

搜索引擎信息组织和整理的过程称为"建立索引",将纷繁复杂的网站或者网页数据整理成可以被检索系统高效、可靠、方便使用的格式是这一模块的重要工作。搜索引擎不仅要保存搜集起来的信息,还要将它们按照一定的规则进行编排。

通过数据库管理系统来组织所采集的网络信息资源并建立相应的索引数据库是搜索引擎提供检索服务的基础。不同搜索引擎的数据库的收录范围不一样,数据库中收录的网络信息资源数量存在很大差异,数据库中记录的网络信息资源内容也各不相同。索引数据库中的一条记录既可以对应于一个网站,记录的内容包括网站名称、网址、网站的内容简介等,也可以对应于一个网页,记录的内容包括网页标题、关键词网页摘要及 URL 等信息。由于数据库的规模和质量直接影响检索的效果,因此,需要对数据库数据进行及时的更新和处理,以保证数据库能准确地反映网络信息资源的当前状况,这样,搜索引擎就能从数据库已保存的信息中迅速找到所需要的资料。

信息的组织和处理包括对内容信息的处理和对非内容信息进行处理两个方面。

(1) 对内容信息的处理。对内容信息的处理主要是对文本内容信息的处理,目的是建立以词项(Term)为中心的文本倒排索引,以提高系统检索效率。

(2) 对非内容信息的处理。与纯文本数据相比,网络信息不仅包括内容信息,也包括一定程度的结构信息,主要是链接结构信息和文本结构信息等。这些结构信息在评价数据质量、挖掘数据相关性等方面发挥着十分重要的作用。其中应用最广泛的是利用超链接结构分析方法的网络数据质量评价技术。

3. 信息查询服务模块

信息查询服务模块是指搜索引擎与用户查询需求直接交互的部分。搜索引擎每时每刻都要接到来自大量用户的几乎是同时发出的查询,它按照每个用户的要求检查自己的索引,在极短时间内找到用户需要的资料并返回给用户。这个模块主要完成以下 3 个方面的任务。

1) 分析查询

分析查询负责收集用户查询并分析用户查询的主题、意图、关键词间的关系等。

2) 信息检索

信息检索是根据对用户查询意图的分析,在已建立好的索引数据库中进行检索,对查询进行优化,并通过缓存机制提高检索的效率。

3) 结果排序

目录型搜索引擎的返回结果是网站信息,检索结果的排序方法是基于网站所属类目名称、网站名称、网站描述以及网址的匹配来显示的。收录的分类目录越多,网站在搜索结果中的表现就越好;索引型搜索引擎的返回结果是以网页链接的形式提供的,通过使用超链接分析技术,除了分析索引网页本身的内容,还分析和索引所有指向该网页的链接的 URL、锚文本(Anchor Text),甚至链接周围的文字,所得到的结果是基于相关性,也就是按照搜索的关键字在页面中出现的次数来排序,相关度越高,排序也会越靠前。

3.1.4 搜索引擎的使用方法和技巧

搜索引擎为 Internet 用户查找和利用网络信息资源提供了极大的方便,用户只需输入几个关键词,任何想要的资料都会从世界各个角落汇集到计算机前。因为搜索引擎会预先抓取到网上所有的数字化内容,相当于建立了一个无所不包的大百科信息库。当然,如果操作不当,搜索效率也会大打折扣。例如用户本想查询某方面的资料,可搜索引擎返回的却是大量无关的信息。这种情况的发生,责任通常不在搜索引擎,而是因为查询者没有掌握提高搜索精度的技巧。

下面简要介绍一些提高检索效率的方法和技巧。

1. 选用适当的搜索引擎

搜索引擎有很多种,工作方式也各不相同,因而导致了信息覆盖范围方面的差异。进行任何搜索都仅使用某一个搜索引擎是不明智的,每种搜索引擎都有不同的特点,也有其局限性,只有选择合适的搜索工具才能得到最佳的结果。因此,使用搜索引擎的合理方式应该是根据具体的查询要求而选择不同的引擎。最常见的选择是使用基于关键词的索引型搜索引擎还是使用目录型搜索引擎的分类目录。一般的选择规则是:

(1) 如果要查找特殊性的内容或文件,可以使用索引型搜索引擎,如 Google 和 Baidu 等,它们是通过网页的完全索引来搜索信息的。

(2) 如果想从总体上或比较全面地了解一个主题,可以使用网站分类目录,如

Yahoo!和Sina等,分类目录中提供的是由人工编辑整理的网站的链接。

(3) 如果想要查找一些特殊类型的信息,可以考虑使用特殊的搜索工具,例如要查找人物或地点,可以使用专业的寻人引擎或者地图、位置搜索网站,一般称之为垂直搜索引擎。目前,几乎每种主题都有与之相对应的特殊的搜索工具。

2. 认真分析和思考

搜索之前最好先花几秒钟想一下,在网上是否可能存在自己所要寻找的信息内容以及含有这些内容的网页中应该含有哪些关键字(词)。即使当用户确认所要查找的信息适合通过搜索引擎来查找,如果没有为每次搜索分别选择正确的搜索工具,也会浪费用户大量的时间。同时,面对大量的搜索结果,在单击任何一条搜索结果之前,快速分析一下搜索结果的排序位置、标题、文字说明和来源网址,也会帮助用户节省大量的时间。当然,能否快速高效地找到高质量和权威性的内容,取决于用户具体寻找的内容,也取决于用户的搜索经验。

3. 准确提炼搜索关键词

使用正确的搜索关键词是进行查询的开始。首先要避免写错别字,而不要总寄希望于某些搜索引擎提供的容错查询支持;此外要尽量使用大家比较常用的词语,例如,用户想要查找有关鼠标的信息,但输入的搜索关键词是"滑鼠"(港台地区用语),就会漏掉很多有用的资料。

通常情况下,单一关键词的搜索效果总是不太令人满意,而使用多个关键词时搜索返回的结果会更精确些。当然,也不是关键词的数量越多越好,应该有效、合理地确定出关键词的数量和内容。一般而言,需要所有关键词有一定的语义联系,但是又不要有太明显的语义联系,这样,不同的关键词才有区分能力。另外,一般同时输入关键词和想要查询文章所在的主题类目名称,查询效果会更好一些。

学会从复杂搜索意图中提炼出最具代表性和指示性的关键词对提高信息查询效率至关重要,这方面的技巧(或者说经验)是所有搜索技巧的根本。

4. 小心使用逻辑运算符

大多数搜索引擎允许搜索用户使用布尔逻辑运算符 AND、OR、NOT(有些是 AND NOT)及与之对应的"+"(限定搜索结果中必须包含的词汇)、"-"(限定搜索结果不能包含的词汇)等逻辑符号来使搜索范围更精确,从而达到事半功倍的效果。但是,除非搜索用户有着丰富的布尔逻辑运算符使用经验,否则最好不要轻易使用它,理由如下:

(1) 布尔逻辑运算符在不同的搜索引擎中的使用是略有不同的。除非用户明确知道运算符在某个搜索引擎中是如何使用的,否则可能会错用运算符,从而影响最后的搜索结果。

(2) 用户在使用布尔逻辑运算符时,可能错过了许多其他的影响因素,例如搜索引擎在决定搜索结果的相关性方面会受到一定的干扰,从而影响搜索结果的范围和排序。

5. 掌握一些小的搜索技巧

(1) 使用双引号("")进行名词、词组、短语等的精确查找。

(2) 区分字母大小写。许多搜索引擎都区分字母的大小写,应该正确使用它们的大小写字母形式,例如：使用大写的人名、地名或者其他专用的名词,能得到更好的检索结果。

(3) 限制查询范围。限制查询范围的能力越强,就越能准确地找到所需要的信息。

(4) 尽量少地使用空格。输入汉字作关键词的时候,不要在汉字后追加不必要的空格,因为在有的搜索引擎中,空格被认作是特殊操作符,其作用与 AND 一样。

6. 培养有效的搜索习惯

网络信息资源检索是一种需要通过大量实践才能发展的技能。真正的搜索者不会一搜索到满意的结果就离开搜索引擎,他们会思考、会回顾,并通过不断练习、不断总结来培养自己快速有效地找到所需内容的良好搜索习惯。

同样,也不要因为没有搜索到自己想要的结果就轻易放弃搜索。即使一次搜索后不能很准确地查到自己想要的东西,但是只要返回的结果当中有一点相关的内容,就可以用来启发自己,组成一个新的提问去继续搜索。通过这种环环相扣的递进搜索,总是会找到所需要的结果的。另外,如果输入一个搜索关键词,返回结果上万项,而前两页都没有自己想要的内容,这个时候最好是增加或改变关键词重新进行搜索,而不是继续向下去翻页,这样往往搜索效率会更高。

7. 搜索主题要明确,不要迷失

网上的图文信息中充满了诱惑的内容,因此当用户在查找网上信息的时候,很容易就迷失在信息的海洋中而忘记当初的出发点。所以,上网查询信息的时候需要时刻提醒自己,不要偏离主题太远。在搜索之前有个大概的计划,然后只搜索和查看跟自己的主题最相关的内容。要学会对与搜索主题无关的内容视而不见,以保证搜索工作的计划性和工作效率。

3.2 目录型搜索引擎

3.2.1 目录型搜索引擎的工作原理

目录型搜索引擎的工作流程同样由信息采集、信息组织和信息查询服务 3 个模块组成,只不过目录型搜索引擎的信息采集和信息组织两部分主要依靠人工来完成。

1. 信息采集

目录型搜索引擎的数据库建立在人工编辑的基础上,一般都由专门的编辑人员以人工方式或半自动方式采集网站的信息,所有这些采集的网站信息同样被存放在一个"索引数据库"中。随着收录网站数量的增多,目前都是由网站管理者提交自己的网站信息给分类目录,然后由分类目录的编辑人员根据一套自定的评判标准甚至编辑人员的主观印象,对提交的网站进行审核,以决定是否收录该网站。目录型搜索引擎对网站的收录要求很高,一些网站即使多次申请也不一定收录成功。

2. 信息组织

目录型搜索引擎的信息组织同样主要依靠人工来完成。如果网站获得审核通过,分类目录的编辑人员还需要分析该网站的内容,人工形成网站信息摘要,并将网站信息置于事先确定的分类框架中,合理地将不同学科、专业、行业或区域的网络信息按照分类或主题目录的形式组织起来,编制成为等级式的主题指南或主题目录,供用户浏览和查找。

需要特别注意的是,与索引型搜索引擎直接从用户网页中自动提取网站信息不同,目录型搜索引擎中各网站的有关信息不是从用户网页中自动提取的,而是由专业编辑人员分析网站内容,手工填写网站信息,同时还会附加其他各种各样的限制。编辑人员甚至还可能按自己的标准随时调整数据库中不合适网站的目录、网站信息,而不事先和网站的提供者商量。另外,收录网站时必须将网站放在一个最合适的目录分类中,分类是否合理对后期的检索效果影响很大。

3. 信息查询服务

目录型搜索引擎的索引数据库中的信息大多面向网站,将网站分门别类地存放在相应的目录分类中,向用户提供分类目录逐层浏览服务和关键词查询服务。

(1) 分类目录浏览。分类目录就像一个电话号码簿一样,按照各个网站的性质把其网址分门别类地排列在一起,大类下面套着小类,一直到各个网站的详细地址,一般还会提供各个网站的内容简介。用户只要找到相关目录,就完全可以找到相关的网站。某一目录中网站的排名一般是按照网站标题字母的先后顺序或者网站收录的时间顺序。需要注意的是,结果显示的只是相关的网站,而不是这个网站上某个网页的内容。

(2) 关键词查询。目录型搜索引擎的关键词查询同样只能在网站名称、网址、网站简介等内容中进行,返回的查询结果跟索引型搜索引擎一样,也是根据信息的关联程度排列的网站,只不过不同的是,目录型搜索引擎的关键词查询结果只是被收录网站首页的 URL 地址,而不是具体的页面。

3.2.2 常用的目录型搜索引擎及其检索方法

著名的目录型搜索引擎有 Yahoo!、Galaxy、搜狐、新浪、Open Directory、Infoseek、The WWW Vitual Library、BUBL LINK、AOL Search、蓝帆等。

1. Yahoo! 分类目录

1) 概述

Yahoo!(http://search.yahoo.com/dir)是全球第一家提供 Internet 导航服务的网

站。最初的 Yahoo!网站建立于 1994 年 4 月,是由美国斯坦福大学电子工程系的 Jerry Yang 和 David Filo 将他们感兴趣的 Internet 站点编制而成的一个站点目录。1995 年,Yahoo 公司成立。同年,Netscape Navigator 引用 Yahoo!作为浏览器的 Internet 搜索引擎。目前,Yahoo!在全球共有 24 个站点,12 种语言版本。雅虎中国网站(http://cn.yahoo.com)于 1999 年 9 月开通,是 Yahoo!在全球的第 20 个网站。

Yahoo!的分类目录是最早的网络资源目录,也是目录型搜索引擎的典型代表。Yahoo!主要采用人工方式采集和处理网络信息资源,由信息专家编制主题目录,按主题目录对网络资源进行筛选、归类和组织,并编制索引数据库。利用人的智力进行网络信息资源的分类和组织,克服了单纯由搜索软件自动分类所带来的缺陷,增强了分类的合理性,提高了检索的准确性,从而保证了目录编制的质量。Yahoo!以其精心挑选的站点,广泛的内容成为广大用户网上查询的首选工具。

Yahoo!的收录范围包括网站、Web 页、新闻组资源和 FTP 资源等,并将这些资源按内容分成 14 大类,分别是:艺术与人文(Arts & Humanities)、商业与经济(Business & Economy)、计算机与因特网(Computers & Internet)、教育(Education)、娱乐(Entertainment)、政府(Government)、健康(Health)、新闻与媒体(News & Media)、休闲与运动(Recreation & Sports)、参考资源(Reference)、地区性信息(Regional)、科学(Science)、社会科学(Social Science)和社会与文化(Society & Culture)。Yahoo!的分类目录页面如图 3-2 所示。

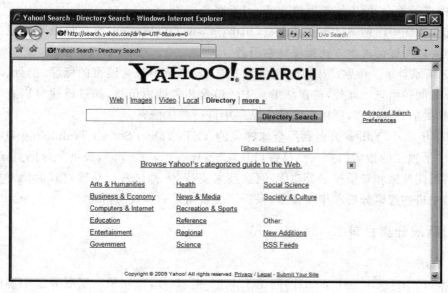

图 3-2 Yahoo!分类目录

2) 检索功能

Yahoo!主要提供主题分类目录浏览检索和关键词检索两种检索方式。

(1) 主题分类目录浏览检索。Yahoo!主题分类的信息组织方式是一种按层次逐级分类的类目体系。在 14 个基本大类之下又将每一基本大类细分成不同层次的子类目,层次越深,主题专指性越强,逐级链接,最后与其他的网站、Web页、新闻组资源、FTP站点等相链接,从而形成了一个由类目、子类目构成的可供浏览的详尽的目录等级结构,既可以逐层进入进行检索,也可以直接录入关键词对"分类网站"进行搜索。Yahoo!的这种目录模式成为后来其他网络资源目录效仿的范例。

(2) 关键词检索。关键词检索是采用Web索引程序Yahoo!Slurp从Internet上采集文档而建立的一个可搜索的网页索引系统,可以检索网页、图片、新闻、音乐、类目等信息。

关键词检索分为两种方式:类目下的检索(Directory Search)和高级检索(Advanced Search)。

类目下的检索是直接在Yahoo!分类目录页面的检索词输入框中输入检索关键词,然后单击"Directory Search"按钮实施检索。检索结果显示的是包含检索词内容的网站链接列表。

单击Yahoo!分类目录页面的"Advanced Search"链接,可以进入高级检索页面。在高级检索页面中,既可以通过在匹配所有关键词(All of These Words)、精确匹配(The Exact Phrase)、匹配其中任意一个关键词(Any of These Words)和排除所有关键词(None of These Words)输入框中输入关键词的方法对检索结果加以限制,还可以从更新(Updated)、学科分类(Category)、搜索过滤(Safe Search Filter)、检索结果数目(Number of Results)等方面对检索结果进行限定。此外,Yahoo!还具备检索词的自动换库检索功能,即当某个检索式在Yahoo!中检索不到相关内容时,它会自动转换到其他搜索引擎的数据库中进行检索,检索结果通过Yahoo!返回。

目前,雅虎中国网站已不在其主页(http://www.yahoo.cn)上提供分类目录浏览检索,而主要以关键词检索方式提供检索服务。

(3) 结果显示。检索结果以记录的形式显示,记录中包含网页的标题、出处、发布网站、发布时间等信息。此外,检索结果页中还包含相关搜索链接,通过链接可以查看与网页内容相关的其他内容,还可以在检索结果中进行二次搜索。

2004年6月,Yahoo公司利用全球领先的YST(Yahoo Search Technology)技术,在中国推出了独立的搜索门户——易搜(http://www.yisou.com),提供全球网页搜索、图片搜索、新闻搜索和音乐搜索等功能,网页搜索支持38种语言。易搜以其简洁方便的检索界面,先进的搜索分析和排序技术,保证了搜索结果的客观与精确。

2. 新浪分类目录

1) 概述

新浪(http://dir.iask.com)网创建于1998年12月,现在是一家服务于中国内地及全球华人社群的领先在线媒体及增值资讯服务提供商。新浪可以提供包括地区性门户网站、移动增值服务、搜索引擎及目录索引、兴趣分类与社区建设型频道、免费及收费邮箱、博客、影音流媒体、网络游戏、分类信息、收费服务、电子商务和企业电子解决方案等在内的一系列服务。

新浪搜索引擎收录各类中英文网络资源,资源十分丰富。新浪的分类目录将所有资源分成了娱乐休闲、求职与招聘、艺术、生活服务、文学、计算机与互联网、教育就业、体育健身、医疗健康、社会文化、科学技术、社会科学、政法军事、新闻媒体、参考资料、个人主页、商业经济、少儿搜索等 18 个大类，1 万多细目。其采用主题和学科相结合的立类原则，采用字顺和频率相结合的类目排序体系，提供数十万个网站的网址、网页、新闻、图片、音乐、地图等资源的查询服务。新浪的分类目录页面如图 3-3 所示。

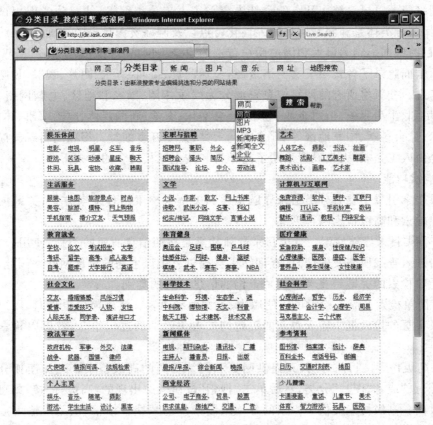

图 3-3　新浪分类目录页面

2）检索功能

新浪网提供分类目录检索和关键词检索两种检索方式，检索时支持使用逻辑运算符。

（1）分类检索。分类检索是从分类目录首页，按照树状的主题分类逐层单击来查找所需的信息资源的一种方法。

（2）关键词检索。关键词检索是利用所需要信息的主题（关键词）进行查询的方法。使用关键词方法进行检索时，只要在新浪分类目录页面中的检索框中输入关键词，然后在资源列表中选择查询的资源类型（网页、图片、MP3、新闻标题、新闻全文、企业）并单击"搜索"按钮即可。

（3）检索结果。新浪的检索结果页面能够返回网页、新闻、视频、音乐、图片、地图、网址等多种形式的检索结果。可以按照需要单击各检索形式的超级链接，进入任意一种检索形式并查看相应形式的检索结果。如果要在检索结果页面中继续查找信息，可以选择"在结果中再查"选项。

3. 搜狐分类目录

1) 概述

搜狐（http：/dir.sohu.com）公司成立于1996年，1998年2月推出了我国第一个大型的中文网络资源目录系统。站点的全部内容采用人工分类编辑，并充分考虑用户的查询习惯，确保了分类体系和网站信息的人性化特点以及网络资源目录的准确性、系统性和科学性，是目前中国影响力最大和国内用户首选的目录型网络资源检索工具。

搜狐全面收录了各式中英文网络资源，包括网页、新闻、音乐、图片、视频、说吧和地图等各类信息。搜狐将所有的网络信息资源分为娱乐休闲、国家和地区、电脑网络、工商经济、教育培训、生活服务、公司企业、艺术、社会文化、文学、新闻媒体、政治军事、体育健身、科学技术、社会科学、国家地区等16个主题大类，共5万多细类。搜狐的目录导航式搜索引擎完全由人工完成，大类设置采用了按学科和按主题相结合的方式。

2) 检索功能

搜狐搜索引擎主要有分类目录导航检索和关键词检索两种检索方式，关键词检索又分为简单检索和高级检索两种形式。

(1) 分类目录导航检索。分类目录导航检索是按照信息所属的类别，使用分类目录，层层单击进入查找所需要的信息，查询结果会提供有关该主题的全部网站。因此，使用分类目录导航检索的关键是要考虑清楚查询的信息所属的类别。

(2) 简单检索。简单检索可以使用中、英文两种语言。实施简单检索时，用户只要在分类目录主页的检索框中输入查询的关键词或者关键词的逻辑组合，就可以检索到相关的信息。

(3) 高级检索。目前，搜狐只提供网页和图片资源的高级检索。选择搜狐分类目录页面中"网页"或者"图片"分类，然后单击"搜索"按钮旁边出现的"高级"链接，即可进入高级检索页面。高级检索提供了检索的各项限制条件，如"搜索结果"供用户输入或排除查找的关键词；"呈现方式"用来限制搜索结果的显示顺序和指定查询关键词出现的位置；"准确定位"用来指定搜索的范围和搜索的文件类型。此外，还可以通过"搜索特定网页"中的"链接查询"，将检索结果限制在指定网址的网页中；通过"类似网页查询"，将搜索结果限制在有类似域名的网页中；通过"site查询"，将搜索结果限制在某域名下包含的所有网页中。

(4) 结果显示。搜狐搜索引擎会根据分类类目及网站信息与关键词（组）的相关程度来排列出相关的类目和网站，相关程度越高，排列位置越靠前。此外，检索结果页中还有"相关搜索"链接；单击"在结果中搜索"按钮，还可以对检索结果进行二次搜索。

3) 搜狗搜索引擎

2004年8月，搜狐推出了第三代互动式搜索引擎——搜狗（http://www.sogou.com）。它采用人工智能新算法来分析和理解用户可能的查询意图，对不同的搜索结果进行分类，对相同的搜索结果进行聚类，在用户查询和搜索引擎返回结果的人机交互过程中，引导用户更快速、准确地定位自己所关注的内容。该技术全面应用到了搜狗网页搜索、音乐搜索、图片搜索、新闻搜索、地图搜索等服务中，能够帮助用户快速找到所需要的搜索结果。这一技术也使得搜狗的问世标志了全球首个第三代互动式中文搜索引擎诞生,是搜索技术发展史上的重要里程碑。

此外,基于搜索技术,搜狗还推出了若干桌面应用产品,其中颇具代表性的有:

(1) 搜狗工具条。搜狗工具条是用户快速执行搜索的入口,同时集成了 RSS 订阅、文件下载加速、广告拦截、网页评级显示等丰富的功能。

(2) 拼音输入法。搜狗拼音输入法利用先进的搜索引擎技术,通过对海量互联网页面的统计和对互联网上新词热词的分析,使得首选词准确率(即候选的第一个词就是要输入的词的比例)领先于其他输入法。

(3) PXP 加速引擎。PXP 加速引擎是一套基于 PXP 技术的互联网音视频直播/点播解决方案,能够支持内容和服务提供方以很少的带宽同时为上万用户提供流畅的视频服务。

4. Galaxy

1) 概述

1994 年 1 月,为了用于电子商务的大型目录指南服务,美国得克萨斯大学推出了一个可供检索的网络分类目录——EINet Galaxy(http://www.galaxy.com)。1995 年 4 月,Galaxy 由一个研究项目演变为商业实体,并先后于 1997 年和 1999 年被 CyberGuard 公司和 Fox/News 公司收购。2000 年 5 月,几经变故的 Galaxy 终于成为自主独立的公司,并对外开展分类目录检索服务。

Galaxy 是 Internet 上较早按专题检索 WWW 信息资源,提供全球信息服务的目录型网络信息资源检索工具之一。它允许用户通过在线填写表单的方式递交增补 Internet 网络资源的建议,并允许任何一个用户为任何一个信息源、产品或服务提供简单的说明信息。由于 Galaxy 采用人工的方式编制目录,每个递交的 URL 地址均需要经过信息专家的分析、评审和提炼才会被纳入其检索系统,因此,目录分类细致、规范,保证了收录资源的质量,能够高效而快捷地满足用户的需求。但是,一个站点被 Galaxy 数据库收录往往需要花费较长的时间。

Galaxy 将收录的网络信息资源划分为网站目录(Website Directory)、社区(Community)、讨论(Discussion)、事件(Events)、销售(For Sale)、帮助(Help Wanted)、个人(Personals)、项目(Projects/Engagements)、房地产(Real Estate)、简历(Resumes)和服务(Services)等 11 大类,每个大类又细分为若干二级类。例如,网站目录(Website Directory)大类细分为 16 个二级类,包括商业(Business)、社区(Community)、政府(Government)、健康(Health)、家居(Home)、人文学科(Humanities)、医学(Medicine)、休闲娱乐(Recreation)、参考(Reference)、宗教(Religion)、科学(Science)、购物(Shopping)、社会科学(Social Sciences)、体育(Sports)、技术(Technology)和旅行(Travel)。Galaxy 主页如图 3-4 所示。

2) 检索功能

Galaxy 提供分类目录浏览、关键词的简单检索和高级检索 3 种检索方式。

(1) 分类目录浏览。Galaxy 以等级式分类目录的形式链接至 Internet 上的各类站

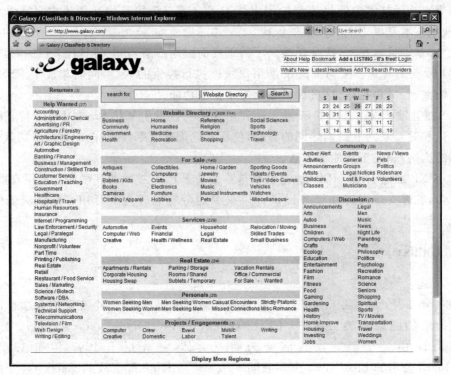

图 3-4　Galaxy 主页

点,其主页面就是一个分类总目,如图 3-4 所示。在主页面上单击各个大类的名称链接,进入二级分类目录页面。也可以直接单击主页上的二级类目名称链接,进入二级分类目录页面。从二级类目开始,同时显示子类列表和链接列表,可以直接单击各式链接查看进一步的文本信息。

(2) 简单检索。在 Galaxy 主页中的文本输入框中输入检索关键词,并在其后的资源列表中选择查找的资源类型,单击 Search 按钮,即在指定的资源类型中进行检索。

(3) 高级检索。直接单击 Galaxy 主页上的 Search 按钮,进入检索页面,进一步单击检索页面中的 options 链接,打开如图 3-5 所示的高级检索页面。高级检索页面提供一个检索表格,其中的 Keys 文本框供用户输入检索关键词,关键词可以是词语、组配形成的词组或检索式。关键词可以利用前方一致检索,也可以使用截词符检索关键词的各种变形;Search Within 下拉列表供用户选择查询的数据资源范围,默认的是 Galaxy 收集的所有页面;Match、Order By 和 Return 下拉列表供用户选择关键词的匹配方式、排序和每页检索结果的显示个数等。

(4) 结果显示。Galaxy 的检索结果按内容的相关度排序,每条结果记录的内容包括资源的分类名称链接、简介、URL 地址等。

5. 其他目录型搜索引擎网址介绍

(1) Go.com,网址是 http://go.com。
(2) BUBL LINK,网址是 http://bubl.ac.uk。

(3) Dmoz Open Directory Project,网址是 http://dmoz.org。

(4) AOL Search,网址是 http://search.aol.com。

(5) Open Dictionary,网址是 http://w3k.org。

(6) Cmasia.com,网址是 http://www.cmasia.com。

(7) About.com,网址是 http://about.com。

(8) The WWW Virtual Library,网址是 http://www.vlib.org。

(9) 网易,网址是 http://www.163.com。

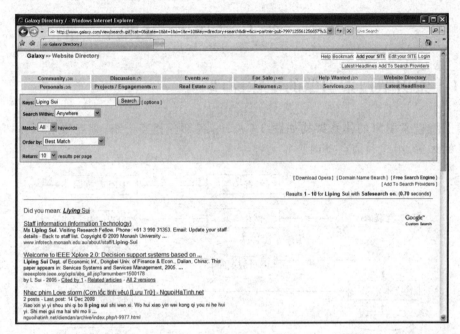

图 3-5　Galaxy 高级检索页面

3.2.3　检索示例

【例 3-1】　利用新浪分类目录,查找提供高考数学模拟试题的网站。

具体检索步骤为:

(1) 通过新浪分类目录的网址(http://dir.iask.com)进入新浪分类目录页面。

(2) 在分类目录中选择并依次进入各级类目,依次为:"教育就业|考试与招生|高考|高考题库|高考模拟题库|数学"。

(3) 本次检索共获得 15 个相关记录,都是与检索课题相关的网站链接,单击其中任一记录中的网站名称链接,可以进入该网站并浏览网站的详细信息。

【例 3-2】　利用 Galaxy 网站的分类目录,查找提供 Linux 计算机操作系统软件产品和服务的网站。

具体检索步骤为:

(1) 通过网址 http://www.galaxy.com 进入 Galaxy 网站主页,在主页面上单击

Website Directory 链接,进入网站信息的分类目录页面。

(2) 在分类目录中依次选择 Business and Commerce|General Products and Services|Computer|Software|Operating Systems|Linux。

(3) 本次检索共获得 31 个检索结果记录,都是有关提供 Linux 操作系统软件产品和服务的网站,检索结果记录内容包括网站名称、主办单位、网址等信息。单击其中任一记录中的网站名称链接,可以链接进入该网站并查看网站的详细信息。

3.3 索引型搜索引擎

3.3.1 索引型搜索引擎的工作原理

索引型搜索引擎的体系架构如图 3-6 所示,各部分相互交织、相互依附,共同完成网络信息的采集、组织和信息查询服务。

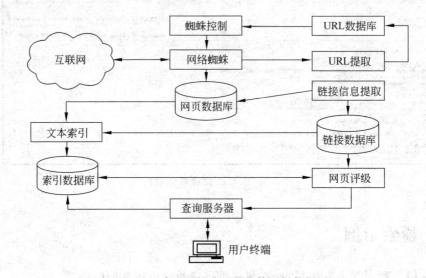

图 3-6 索引型搜索引擎的体系架构图

索引型搜索引擎的具体运行方式为：

首先,搜索引擎系统根据站点/网页的 URL 信息和网页之间的链接关系,利用"网络蜘蛛"程序在 Internet 抓取网页,并把抓取的网页送入"网页数据库",同时,"网络蜘蛛"程序从抓取的网页中"提取 URL",并把 URL 送入"URL 数据库";"蜘蛛控制"得到网页的 URL,控制"网络蜘蛛"继续抓取其他网页,反复循环,直到把所有的网页抓取完成。

然后,搜索引擎系统从"网页数据库"中得到网页的文本信息,并将其送入"文本索引"模块建立索引,形成"索引数据库"。同时,"链接信息提取"模块从"索引数据库"中提取链接信息,并把链接信息(包括锚文本、链接本身等信息)送入"链接数据库",为"网页评级"提供依据。

最后,"用户"向"查询服务器"提交查询请求,"查询服务器"在"索引数据库"中进行相关网页的查找,同时"网页评级"把用户的查询请求和链接信息结合起来对搜索结果进行相关度的评价,通过"查询服务器"按照相关度进行排序,并提取关键词的内容摘要,组织最后的页面返回给"用户"。

下面进一步通过搜索器、分析器、索引器、检索器和用户接口等几个部分对索引型搜索引擎的信息采集、信息组织和信息查询服务工作过程进行详细介绍。

1. 搜索器和分析器

搜索器和分析器共同完成搜索引擎的信息采集工作。

搜索器是一个常常采用分布式和并行处理技术来提高信息发现和更新效率的计算机程序,它包括"网络蜘蛛"程序和"蜘蛛控制"程序两部分。"网络蜘蛛"程序的功能是在Internet中漫游,发现并采集网页信息。"网络蜘蛛"程序从种子网页出发,读取网页内容,并通过自动查询网页上的超级链接和从网页文档中寻找未曾见过的URL来寻找下一个网页,达到访问其他网页得以遍历Web的目的;"蜘蛛控制"程序在得到网页的URL后,控制"网络蜘蛛"继续抓取其他网页,反复循环,直到把所有的网页抓取完成。

分析器主要是对搜集器采集的网页信息或者下载的文档进行分析,以用于建立索引。文档分析技术一般包括:分词技术(从文档中抽取词汇)、过滤技术(使用停用词表Stoplist)、转换技术(对词条进行单复数转换、词缀去除、同义词转换等工作)等,这些技术往往与具体的语言以及系统的索引模型密切相关。

搜索器和分析器的信息采集工作主要包括以下几个环节。

1) 网页抓取

网络蜘蛛的网页抓取工作一般采取累积式抓取(Cumulative Crawling)和增量式抓取(Incremental Crawling)两种策略。

(1) 累积式抓取。累积式抓取是指从某一个时间点开始,通过遍历的方式抓取系统所能允许存储和处理的所有网页。在理想的软硬件环境下,经过足够的运行时间,累积式抓取策略可以保证抓取到相当规模的网页集合。但由于Web数据的动态特性,集合中网页的被抓取时间点是不同的,页面被更新的情况也是不同的,因此累积式抓取到的网页集合事实上并无法与真实环境中的网络数据保持一致。

(2) 增量式抓取。增量式抓取是指在具有一定数量规模的网页集合的基础上,采用更新数据的方式选取已有集合中的过时网页进行抓取,以保证所抓取到的数据与真实网络数据足够接近。进行增量式抓取的前提是,系统已经抓取了足够数量的网页,并具有这些网页被抓取的时间信息。

两种网页抓取策略并不是相互排斥的,实际的网络蜘蛛的设计通常既包括累积式抓取策略,也包括增量式抓取策略。累积式抓取一般用于数据集合的整体建立或大规模更新阶段;而增量式抓取则主要针对数据集合的日常维护与即时更新。

2) 新的URL链接的获取

网络蜘蛛一般通过一个URL列表进行网页的自动分析与采集。起初的URL并不多,但当网络蜘蛛分析到网页有新的链接时,就会把新的URL添加到URL列表中以便采集,列表队列中记录所有将被访问的 URL 及访问顺序。网络蜘蛛从队列中抽取一个 URL,下载页面,记录该 URL 所指 HTML 文件中所有新的 URL,并将这些新的 URL 加入到列表队列中,然后再以这些新的 URL 为起始点重复上述过程,直到没有满足条件的新 URL 为止。

网络蜘蛛设计是否合理将直接影响它访问 Web 的效率,影响搜索数据库的质量。当然网络蜘蛛搜索网页的核心在于 HTML 分析,因此严谨的、结构化的、可读性强、错误少的 HTML 代码,更容易被网络蜘蛛所分析和采集。这也是需要推广 Web 标准的原因之一,按照 Web 标准制作的网页更容易被搜索引擎检索和收录。

3) 网页数据更新

搜索引擎的网络蜘蛛一般要定期重新访问所有网页(各搜索引擎的访问周期不同,可能是几天、几周或几个月,也可能对不同重要性的网页有不同的更新频率),更新网页索引数据库,以反映出网页内容的更新情况,增加新的网页信息,去除死链接。搜索引擎的网页自动更新策略分定期搜索和提交网站搜索两种。

(1) 定期搜索。定期搜索是每隔一段时间(例如 Google 一般是 28 天),搜索引擎主动派出网络蜘蛛程序对一定 IP 地址范围内的网站进行检索,一旦发现新的网站,它会自动抓取网站中的网页信息并将网址加入自己的数据库。

(2) 提交网站搜索。提交网站搜索即网站拥有者主动向搜索引擎提交网址。它是在一定时间内(2 天到数月不等),搜索引擎定向向目标网站派出网络蜘蛛程序,扫描目标网站并将有关信息存入数据库,以备用户查询。由于近年来搜索引擎索引规则发生了很大变化,主动提交网址并不保证自己的网站能进入搜索引擎数据库,因此目前最好的提交网址的办法是使网站多获得一些外部链接,让搜索引擎有更多机会找到自己的网站并自动将其收录。

2. 索引器

搜索引擎不仅要保存搜集起来的网页信息,为了快速查找到特定的信息,搜索引擎还要将搜集的网页信息按照一定的规则进行分类整理,建立网页索引数据库,即将网页文档表示为一种便于检索的方式并存储在索引数据库中。索引型搜索引擎的信息组织及建立网页索引数据库的过程主要由索引器来完成。

1) 抽取索引项

索引器的功能是由分析索引程序对搜索器采集回来的网页进行分析,从中抽取出索引项,用于表示网页文档和生成文档数据库的索引表。索引项有元数据索引项和内容索引项两种,元数据索引项与网页文档的语意内容无关,如作者名、网页所在 URL、网页生成时间、更新时间、编码类型、大小、与其他网页的链接关系等;内容索引项用来反映网页文档的内容,如页面内容包含的所有关键词、关键词位置、权重等。内容索引项还可以进一步分为单索引项(单词索引项)和多索引项(短语索引项)两种。

2) 建立网页索引数据库

在搜索引擎中,一般要给单索引项赋予一个权值,以表示该索引项对网页文档的区分度,同时用来根据一定的相关度算法进行大量复杂计算,得到每一个网页针对页面文字中及超级链接中每一个关键词的相关度(或重要性),然后用这些相关信息建立网页索引数据库。索引数据库的格式是一种依赖于索引机制和算法的特殊数据存储格式。索引算法对索引器的性能有很大的影响。索引器可以使用的算法有集中式索引算法、分布式索引算法等。

索引(索引表)是网页索引数据库的核心,它一般以倒排的形式记录索引项以及索引项在网页文档中的出现位置,供用户由索引项查找相应的网页文档。

索引的建立方法对搜索引擎来说具有很大的影响,一个好的索引能提高搜索引擎系统运行的效率以及检索结果的质量。可以说索引技术是搜索引擎中的核心技术,是搜索技术高低的集中体现,涉及文本分析、网页结构分析、分词、排序等技术,其中,文本分析技术是索引器的主要支撑技术,它所研究的内容包括提取索引项、自动摘要、自动分类器、文本聚类等。文本分析所依据的主要是文本中所包含的词汇、超文本标记和超链接。

3. 检索器

检索器的功能是根据用户的查询请求在索引数据库中快速检索出网页文档,进行文档与用户查询的相关度评价,对将要输出的查询结果按照某种方法进行排序,并将排序结果返回给用户以实现某种用户相关性反馈机制。检索器常用的信息检索模型有集合理论模型、代数模型、概率模型和混合模型等多种,可以查询到文本信息中的任意字词,无论这些字词出现在标题还是正文中。

索引型搜索引擎通过程序收集并索引的信息资源量极其庞大,而用户的查询请求却大多由几个词组成,这种情况会导致获得的检索结果数量过于庞大,用户无法快速获取所需要的信息,因此,建立高效的排序方法意义重大。不同的搜索引擎,网页索引数据库不同,排序规则也不尽相同。下面列出其中两种排序算法,以供参考。

(1) 基于词频统计和词位置加权的排序算法。基于词频统计和词位置加权的排序算法是搜索引擎早期采用的排序技术,其技术发展最为成熟,应用也非常广泛,至今仍是许多搜索引擎的核心排序技术。其基本原理是:关键词在文档中的词频越高,出现的位置越重要,则被认为和检索词的相关性越好。

词频统计是指查询关键词在文档中出现的频率。关键词词频越高,其相关度越大。

词位置加权排序算法是把关键词在 Web 页面中出现的位置考虑进来,通过对检索关键词在 Web 页面中不同位置和版式,给予不同的权值,例如在标题中出现的词比在正文中的词权值高,进而根据权值来确定搜索结果与检索关键词相关程度。因此,对于词位置加权排序算法来说,页面版式信息的分析至关重要。可以考虑的版式信息有是否是标题,是否为关键词,是否是正文,字体大小,是否加粗,等等。

(2) 基于超链接分析的排序算法。传统情报检索理论中的引文分析方法是确定学术文献权威性的重要方法之一,即根据引文的数量来确定文献的权威性。因此可以利用页面中的链接来对文档的重要性进行判断,例如 Page Rank 方法和 Authority and Hub 方法。Google 所采用的 Page Rank 即借鉴了这一思想。Page Rank 的发明者把引文分析思想借鉴到网络文档重要性的计算中来,利用网络自身的超链接结构给所有的网页确定一个重要性的等级数,以此来帮助实现排序算法的优化。但这种算法存在着偏重旧网页和偏重综合站点的缺陷。

4. 用户接口

用户接口的作用是为用户提供可视化的查询输入和结果输出界面,方便用户输入查询条件、显示查询结果、提供用户相关性反馈机制等,其主要的目的是方便用户使用搜索引擎,高效率、多方式地从搜索引擎中得到有效、及时的信息。用户接口的设计和实现必须基于人机交互的理论和方法,以充分适应人类的思维和使用习惯。

1)查询输入

一般搜索引擎都提供基本检索接口和高级检索接口两个查询输入接口。基本检索接口只提供用户输入查询字符串的文本框;高级检索接口可以让用户对查询条件进行限制,如逻辑运算(与、或、非)、相近关系(相邻、NEAR)、域名范围(如.edu、.com)、出现位置(如标题、内容)、信息时间、长度等,以便于用户进行更深入、精确地查询。

2)查询输出

在查询输出界面中,搜索引擎将检索结果展现为一个线性的文档列表,其中包含了网页文档的标题、摘要、快照和超级链接等信息。由于检索结果中相关文档和不相关文档相互混杂,用户需要逐个浏览以找出所需的网页文档。另外,由于不同搜索引擎的网页索引数据库不同,排序规则也不尽相同,因此,以同一查询请求使用不同的搜索引擎进行查询时,查询结果也各不相同。

3.3.2 常用的索引型搜索引擎及其检索方法

常见的索引型搜索引擎有 Google、百度、AltaVista、Excite、AlltheWeb、LYCOS、Inktomi、Hotbot、LookSmart、天网搜索等。

1. Google

1)概述

Google 公司是由斯坦福大学的博士生 Larry Page 和 Sergey Brin 于 1998 年 9 月组建的。Google 来自于"Googol",是一个数学名词,表示一个 1 后面跟着 100 个零。使用这一术语体现了 Google 公司整合网上海量信息的远大目标。

Google 公司的核心业务是通过其公共站点 www.google.com 提供基于搜索引擎的网络信息资源查询服务,同时还为信息内容供应商提供联合品牌的网络搜索解决方案。自 2000 年开始商业运作以来,通过几年时间的发展,Google(http://www.google.com)搜索引擎以其先进的技术、全面的检索功能和简单有效的服务,在全球范围内拥有了大量的用户,目前已经发展成为世界范围内规模最大的搜索引擎和最优秀的搜索引擎之一。

Google 拥有世界上最大的搜索引擎数据库,收录的资源类型包括网页、图像、多媒体数据、新闻组资源、FTP 资源和其他各类资源等。除了 HTML 文件外,支持 13 种非 HTML 文件的搜索,如 PDF、DOC、PPT、XLS、RTF、SWF、PS 等。Google 数据库现存超过 81 亿个 Web 文件,每天处理超过 10 亿次的搜索请求,而且这一数字还在不断增长。

2）特点

Google 搜索引擎的成功得益于其强大的功能和独到的特点。

（1）先进的搜索技术。Google 搜索引擎采用超文本链接结构分析技术和大规模的数据挖掘技术，能根据 Internet 本身的链接结构，对相关网站用自动方法进行分类，提供最便捷的网上信息查询方法，并为查询提供快速、准确的结果。此外，Google 采用的网页排序（Page Rank TM）技术，通过对由超过 50 000 万个变量和 20 亿个词汇组成的方程进行计算，能够对网页的重要性做出客观的评价。

（2）简单的网站登录功能。Google 具有十分简单、方便的新网站登录功能，除了接受网站自行提交的申请外，Google 自身也经常在 Internet 上漫游搜寻新网站。对于新网站的登录，Google 只需要该网站提交其最上层的网页，其余的由 Google 自行查找。Google 会定时地对所收录的网站的网页进行检索和更新，以确保数据库信息的新颖、有效，这些都更好地保证了整个搜索引擎网站资料的更新速度和其资料库的相对完整。

（3）多语言和多功能服务。Google 支持使用包括简体中文和繁体中文在内的中、英、德、日、法等 45 种语言，并将多国语言的搜索引擎整合到同一个界面供用户选择。Google 还支持新闻组的 Web 方式浏览和张贴、目录服务、PDF 文档搜索、地图搜索、工具条、搜索结果翻译、搜索结果过滤等功能。

（4）较高的查询结果精准度。Google 不仅能够搜索出包含用户输入的所有关键词的网页，而且还能遵从多个查询关键词的相对位置，对网页关键词的接近度进行分析，按照关键词的接近度区分搜索结果的优先次序，筛选与关键词较为接近的结果。而且，在显示的结果中，Google 只摘录包含用户查询字符串的内容作为网页简介，且查询字符串被醒目地高亮显示，这使用户尽可能地不受其他无关结果的烦扰，从而节省了查阅时间，也大大提高了查询结果的精准度。

Google 不仅拥有自身的独立搜索引擎网站，还将其搜索引擎技术出售给世界上许多公司，目前，包括美国在线（AOL）在内的全球 150 多家公司采用了 Google 搜索引擎技术。

3）检索功能

在 IE 地址栏中输入"http://www.google.com"打开 Google 首页，它会根据国内的用户所使用的浏览器（如 IE、Netscape 等）自动呈现 Google 的简体中文版界面。国内用户也可以在 IE 地址栏中直接输入"http://www.google.cn"来打开 Google 中文版首页。Google 有基本查询和高级搜索两种查询方式，还提供多样的检索功能和多元化的服务。

（1）基本查询。在 Google 主页的检索框内输入需要查询的内容，单击"Google 搜索"按钮进行检索。Google 具有自己独特的语法结构，它不支持 AND、OR 和"﹡"等符号的使用，而是自动带有 AND 功能，当需要使用类似功能时，只需在两个关键词之间加空格即可。由于不支持 OR 查找，用户如需获取两种不同的信息，则需分开检索。Google 不支持词干法和通配符，不区分英文字母大小写，它要求所输入的关键词完整、准确，才能得到最准确的资料。要获得最实用的资料并逐步缩小检索范围，则需要增加关键词的数量，词与词之间加空格表示逻辑"与"，"－"号表示逻辑"非"。在检索词组上加标""号表示该检索词组是一个完整的检索单元。此外，Google 有 9 个禁用词，如 to、by、with、the 等助词或冠词,通常这些词无助于检索,却降低了检索的效率,Google在搜索过程中会自动忽略这些词。

(2) 高级搜索。单击Google中文主页中的"高级"链接,进入高级搜索页面,页面如图3-7所示。在高级搜索方式下,用户可以通过检索文本框和下拉列表来确定搜索条件,除了可对关键词的内容和匹配方式进行限制外,还可以从语言、区域、文件格式、日期、字词位置、网站、使用权限、搜索特定网页和特定主题等方面进行检索条件和检索范围的限定。

图3-7 Google高级搜索页面

(3) 搜索范围限制功能。除了高级搜索提供的多种搜索条件选择外,Google还提供按链接和网站等进行搜索范围的限制,如用"site:"表示搜索结果局限于某个具体网站;用"link:"表示搜索在某一特定网址的网页中进行;用"filetype:"表示搜索的关键字包含在某一类文件中;用"inurl:"表示搜索的关键字包含在指定的URL链接中;用"intitle:"表示搜索的关键字包含在特定的网页标题中。例如:要查找斯坦福大学(Stanford University)网站上的入学(Admission)信息,只要在检索框中输入"admission site:www.stanford.edu"就可以了。

此外,还可以通过设置"数字范围"来搜索包含指定范围内的数字的结果,只需在检索框内输入两个数字表示的数字范围,并将其用两个英文句号分开(无空格)即可。可以使用"数字范围"搜索从日期到重量的各种范围,不过,请务必指定度量单位或其他一些说明数字范围含义的指示符,例如,要搜索价格在US＄50与US＄100之间的DVD播放器,可以在检索框中输入"DVD播放器＄50..＄100";

（4）查询结果。用户提交查询后，系统根据用户的检索词和查询选项返回查询结果。在结果页面的右上方显示查询结果命中记录的数量和耗时，每个查询结果记录包括网页标题、网页摘要、URL、网页大小、更新时间、类似网页等内容。Google 将检索关键词用红色字体突出显示，单击这些词可以进入其他有用的资源链接。Google 不仅可以自定义每页显示的结果数量（10、20、30、50 或 100），还能根据网页级别对结果网页排列优先次序。

（5）特色查询功能。Google 还提供一些特色的查询功能，如"手气不错"、集成化工具条、网页快照、网页翻译、单词英文解释和搜索结果过滤功能以及具有帮助用户找寻性质相似网页和推荐网页的功能等。

① 手气不错。Google 和一家名为 Realnames（简称 RN）的网络关键词管理公司有合作关系，其网络关键词可以链接到网站的商标、产品、服务或者公司名称，起到在网络中注册商标的作用。当关键词与 Google 推荐的网站匹配时，在搜索结果中就会显示"RN"标记。如果在输入关键词后选择"手气不错"按钮，Google 将跳转到所推荐的网页，即第一个搜索结果的网页，无须查看其他结果，省时方便。

② 网页快照。网页快照是 Google 为网页作的一份索引快照，用户通过"网页快照"功能可以直接查看数据库缓存中该网页的存档文件，而无须链接到网页所在的网站。

③ 类似网页。如果用户对某一网站的内容很感兴趣，但网页资源却有限，可以单击"类似网页"，Google 会帮助找寻并获取与这一网页相关的网页和资料。

④ 集成化工具条。为了方便检索者，Google 提供了工具条，集成在 IE 浏览器中，用户无须打开 Google 主页就可以在工具条内输入关键字进行检索。此外，利用 Google 工具条，用户可以快捷地在 Google 主页、目录服务、新闻组搜索、字典、高级搜索和搜索设定之间进行切换。可以访问 http://www.toolbar.google.com，按页面提示来自动下载并安装 Google 工具条。

⑤ 多元化服务。除了提供 Web 信息资源的检索外，Google 还推出了许多服务，如计算器、天气查询、股票查询、邮编区号、电子邮件等。

2. 百度

1）概述

百度（http://www.baidu.com）是国内最早的商业化全文搜索引擎，1999 年由李彦宏和徐勇在美国硅谷创建，2000 年开始在中国发展。2000 年 5 月，百度首次为门户网站——硅谷动力提供搜索技术服务，之后迅速占领中国搜索引擎市场，成为最主要的搜索技术提供商。2001 年 8 月，百度发布 Baidu.com 搜索引擎 Beta 版，从后台服务转向独立提供搜索服务，并且在中国首创了竞价排名商业模式。2001 年 10 月正式发布 Baidu 搜索引擎。2005 年 8 月，百度在美国纳斯达克上市。目前，百度已成长为全球最大的中文搜索引擎。百度主页如图 3-8 所示。

百度搜索引擎把先进的超级链接分析技术、内容相关度评价技术结合起来，运用多线程技术、高效的搜索算法、稳定的 UNIX 平台和本地化的服务器，在查找的准确性、查全率、更新时间、响应时间等方面具有优势。同时，超过 3 万个搜索联盟会员，通过各种方式

图 3-8 百度主页

将百度搜索结合到自己的网站,使用户不必访问百度主页,在上网的任何时候都能进行百度搜索。百度还提供 WAP 与 PDA 搜索服务,即使身边没有 PC,用户也可以通过手机或掌上电脑等无线平台进行百度搜索。

百度运用了中文智能语言的处理方法,支持主流的中文编码标准,包括汉字内码扩展规范(GBK)、简体(GB2312)、繁体(BIG5)等,并且能够在不同的编码之间转换,极大地方便了来自全球各个国家的中文搜索请求。百度每天响应来自 138 个国家超过数亿次的搜索请求,用户可以通过百度主页在瞬间找到相关的搜索结果。

百度搜索结果来自于超过 10 亿的中文网页数据库,并且这些网页的数量正以每天千万级的速度在增长。除网页搜索外,百度还提供 MP3 音乐、新闻、地图、影视等多样化的搜索服务,创造了以"贴吧"、"知道"、"空间"为代表的搜索社区。2009 年 4 月 9 日,百度还正式发布了专门为中老年人群量身定制的搜索产品——百度老年搜索频道(http://123.baidu.com),旨在通过为老年用户群体提供体贴细致的个性化搜索服务,帮助更多中老年人享受 Internet 和搜索引擎所带来的精彩与便利。此外,百度还为各类企业提供竞价排名推广业务以及关联广告服务。

2) 检索功能

百度提供基于关键词的简单检索和高级搜索两种检索方式。

(1) 简单检索。只要在百度主页的检索框中输入关键词,并单击"百度一下"按钮,百度就会自动找出相关的网站和资料,并将网站和资料按照相关度排序输出,最相关的网站和资料排在最前列。简单检索除了支持运用"+"(AND)、"-"(OR)、"|"(NOT)进行布尔逻辑组配和用括号来构成检索式,也支持使用多种高级检索语法,使用户的查询效率更高,检索结果更精准。如用"link:"表示到某个 URL 地址指定的网页内检索;用"site:"表示在指定的网站内检索;用"intitle:"表示在指定的网页标题中检索;用"inurl"表示在指定的 URL 中检索。

（2）高级搜索。单击百度主页中的"高级"链接，进入百度的高级搜索页面，如图3-9所示。百度高级搜索提供相关检索和限定检索功能，能从关键词匹配方式、结果显示条数、时间、语言、文档格式、地区、关键词位置和特定网站等方面对检索结果进行限定。

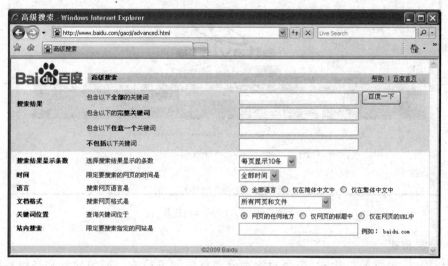

图3-9　百度高级搜索页面

（3）结果显示。百度根据用户的查询关键词和查询选项返回检索结果，结果标示出网页标题、网址、时间、大小、文摘等各种网页属性，并采用网页动态摘要显示技术，突出显示用户的查询关键词，便于用户判断是否阅读原文。同时，百度提供"百度快照"链接，供用户来快速查看网页副本。百度检索结果的输出支持内容聚类、网站聚类、内容聚类＋网站聚类等多种方式。此外，百度还支持相关检索智能推荐技术，即在用户每次检索后会提示相关的搜索，帮助用户查找更相关的结果以及允许用户在检索结果中进行二次检索。

3. AltaVista

1）概述

AltaVista(http://www.altavista.com)由美国数字装备公司(Digital Equipment Corporation,DEC)于1995年12月开发。它是搜索引擎的元老，也是Yahoo!最早的搜索引擎技术的提供者。2003年，AltaVista被Overture公司收购。目前，Overture为Yahoo公司的子公司。AltaVista主页如图3-10所示。

AltaVista是第一个支持使用自然语言进行检索的，具备了基于网页内容分析的智能处理技术，能提供全文检索功能。AltaVista是第一个实现高级搜索语法（如NOT、AND、OR），同时最早提供新闻组、图片、音视、视频文件的检索。AltaVista检索速度快，用户界面友好，具有优秀的过滤功能和强大的高级搜索功能，被认为是世界上功能最完善、搜索精度较高的优秀搜索引擎之一。

AltaVista搜索的资源包括文本内容、Web页、新闻(News)、图像(Images)等信息，其中，网页资源最为丰富，有英、中、日等25种文字的网页。

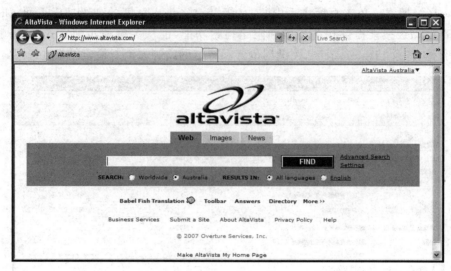

图 3-10　AltaVista 主页

2）检索功能

AltaVista 提供简单检索、高级检索和分类目录浏览检索。简单检索和高级检索均针对网页标题（Title）、网页地址（URL）或特定的域名（Domain）进行搜索。AltaVista 允许用户用 25 种不同语言进行检索，并提供英、法、德、意、葡萄牙、西班牙语的双向翻译。

（1）简单检索。简单检索可以进行检索词和词组检索（用双引号），词间缺省关系是 OR；还可以利用通配符"*"进行截词检索和使用自然语言进行检索；若要求特定检索词包含在索引文档中，要在该检索词前面加一个"＋"号，若要排除含有特定检索词的文档，则要在检索词前面加一个"－"号。

（2）高级检索。单击 AltaVista 主页中的 Advanced Search 链接，进入高级检索页面，如图 3-11 所示。高级检索除了可以采用简单检索定义的相关规则，还必须使用大写的 AND、OR、NOT、NEAR、通配符"*"号以及"( )"等操作符来连接检索词或检索式。AltaVista 的高级检索提供日期限制、语言限制、字段限制等扩展功能，可以从查询关键词（Build a query with）、日期和时间范围（Date）、文件类型（File type）、域名或 URL 地址（Location）和结果显示（Display）等方面限制检索结果的范围、数量和显示方式，用户可以在这些字段的输入框中输入相应的内容，对检索要求进行明确的限制来进一步提高查准率。

（3）分类目录浏览检索。在 AltaVista 主页中单击 Directory 链接，进入分类目录页面。分类目录依据 Yahoo! Directory 的类目体系构建，共分商业与经济（Business & Economy）、新闻与媒体（News & Media）、计算机与因特网（Computers & Internet）、艺术与人文（Arts & Humanities）、科学（Science）、社会科学（Social Science）、参考资源（Reference）、本地商业（Local Business）、娱乐（Entertainment）、休闲与运动（Recreation & Sport）、教育（Education）、社会与文化（Society & Culture）、健康（Health）、政府（Government）和区域性信息（Regional）等 15 大类，供用户按主题实施浏览检索。

（4）结果显示。AltaVista 的检索结果排列整齐，包括篇名、文件内容的前两行和

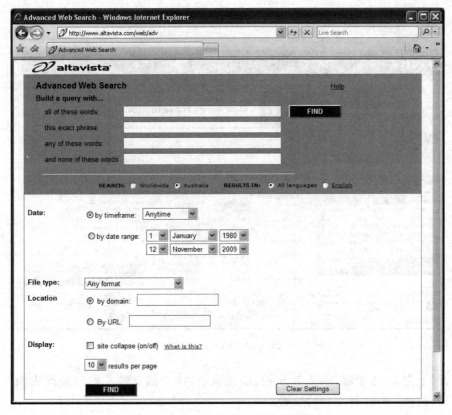

图 3-11 AltaVista 高级检索页面

URL 等信息，所有带下划线的内容指向具体查询内容的超链接，用鼠标单击可进入相应的页面。

4. Excite

1) 概述

1993 年 2 月，6 位斯坦福大学的学生创立了 Architext Software Corporation，决定开发一种能在大型数据库中进行快速概念搜索的软件。1995 年，他们开发出了集超文本检索技术与自动提取文摘技术为一体的 Excite Web Search 和 Excite for Web Servers 软件，该软件通过分析字词关系来有效检索 Internet 上的信息资源。1995 年 10 月，Excite 公司成立，并先后收购了著名的搜索引擎 Magellan 和 WebCrawler，成为网上著名的搜索引擎之一。Excite(http://www.excite.com)主页如图 3-12 所示。

Excite 是一个基于概念的搜索引擎，它在搜索时不仅搜索用户输入的关键词，还将关键词按字意进行自动扩展和加以限定，并且"智能性"地推断用户要查找的相关内容并进行搜索，而不只是简单的关键词匹配。此外，Excite 的个性化定制服务功能极佳，任何用户都可以根据自己的需求向 Excite 定制个性化主页。

Excite 收录了 100 多家信息提供商的丰富资源，内容包括网页、图像、新闻、音频、视频、黄页、白页、股票、电子邮件地址、航班信息等。除了提供网络信息检索服务外，还提供

图 3-12　Excite 主页

电话簿、网上交流、电子邮件、天气预报、股票指数、体育信息等专题信息检索服务,支持英、中、日、法、德等 11 种文字的检索。

2) 检索功能

Excite 提供主题目录浏览检索、基本检索和高级检索 3 种检索方式。

(1) 主题目录浏览检索。Excite 主页中检索框的下方是 Excite 分类目录,Excite 将资源分成汽车(Autos)、时尚(Fashion)、职业(Careers)、娱乐(Entertainment)、新闻(News)、计算机(Computers)、游戏(Games)、房地产(Real Estate)、健康(Health)、技术(Technology)、视频(Video)等 33 大类,供用户通过逐层单击的方式进行浏览和检索。

(2) 基本检索。用户可以利用 Excite 主页上方的检索框进行基本检索,或者直接单击 Excite 主页中的 Search 按钮,打开单独的基本检索页面进行基本检索。Excite 基本检索支持关键词、词组和自然语言检索,用户只要在检索框中输入检索词,按 Enter 键或单击"Search"按钮即可。Excite 使用"+"号表示添加,使用"-"号表示排除,允许使用 NOT、AND、OR、AND NOT 布尔逻辑运算符,也支持使用括号来构成检索式。

(3) 高级检索。单击 Excite 基本检索页面中的 Advanced Web Search 链接,进入 Excite 高级检索页面。高级检索以表格的方式供用户设置检索条件,用户既可以利用定义搜索选项(Qualify Your Search)来输入、选择或排除检索词(组),还可以利用语言过滤(Language Filter)、结果显示方式(Result Display)、日期(Date)、域名过滤(Domain Filter)、成人过滤(Adult Filter)等选项对检索范围和检索结果进行限制。

(4) 结果显示。Excite 的检索结果可以分成 Web、Images、Video、News 4 项,单击检索结果页面上方或者下方的分项链接,可以显示相应项目下的检索结果。例如,单击

Web 分项链接,显示与检索词匹配的 Web 页记录,每条 Web 记录包括网页标题、摘要和 URL 地址等信息;单击 News 分项链接,显示与检索词匹配的相关新闻,记录内容包括新闻标题、时间、来源、简介等信息。此外,还可以通过 Excite 检索结果页中的 Are you looking for?、Recent Searches 和 Popular Searches 获取检索建议和进行相关性检索。

5. 其他索引型搜索引擎网址介绍

(1) LYCOS,网址是 http://www.lycos.com。

(2) AlltheWeb,网址是 http://www.alltheweb.com。

(3) LookSmart,网址是 http://www.looksmart.com。

(4) ASK,网址是 http://www.ask.com。

(5) Hotbot,网址是 http://www.hotbot.com。

(6) 天网搜索,网址是 http://www.tianwang.com。

(7) 中国搜索,网址是 http://www.zhongsou.com。

(8) 有道搜索,网址是 http://www.yodao.com。

3.3.3 检索示例

【例 3-3】 利用 Google 搜索引擎,检索教育与科研类网站(edu.cn)上发布的有关"搜索引擎使用"方面的中文 PPT 文档。

Google 高级搜索的具体步骤如下:

(1) 在 Google 搜索引擎的中文主页(http://www.google.cn)上单击"高级"链接,进入 Google 中文版高级搜索页面。

(2) 在高级搜索页面中的"包含全部字词"文本输入框中输入"搜索引擎使用",并在其后的检索结果数量列表中选择"20 项结果";在语言列表中选择"简体中文";在文件格式列表中选择 Microsoft PowerPoint(.ppt);在字词位置列表中选择"网页的标题";在网站文本输入框中输入"edu.cn",页面如图 3-7 所示。

(3) 单击"Google 搜索"按钮,进入搜索结果页面,共获得 4 条结果记录。

上述搜索结果还可以通过以下方式来实现,即进入 Google 的搜索主页,通过 Google 主页中的"语言"链接选择"中文(简体)"单选项,同时在 Google 搜索主页面中的检索词输入框中直接输入检索式"allintitle:搜索引擎使用 site:edu.cn filetype:ppt",然后单击"Google 搜索"按钮,即可获得与高级检索完全相同的检索结果。

【例 3-4】 利用百度搜索引擎,查找涉及"郎咸平和金融超限战"方面内容的 Word 文档,同时查找《郎咸平:金融超限战》一书的封面图片,要求图片格式是 JPG 格式。

检索的具体步骤如下:

(1) 通过网址 http://www.baidu.com,进入中文百度搜索引擎主页。

(2) 百度支持对 Office 文档(包括 Word、Excel、PowerPoint 等)、Adobe PDF 文档、RTF 文档进行全文搜索。查询时,在普通的查询词后面加一个"filetype:"文档类型限定,"filetype:"后可以跟 DOC、XLS、PPT、PDF、RTF、ALL 等文件格式。因此,实施本例要求的检索,可以直接在百度主页的搜索框中输入"郎咸平 金融超限战 filetype:doc",然后单击"百度一下"按钮进行查询。检索结果共返回 15 个相关网页,网页均为 DOC 格式文档。可以单击对应文档结果的标题链接,直接下载文档;也可以单击标题后的"HTML版"链接,快速查看该文档的网页格式内容,再决定是否下载。

上述检索过程,也可以直接通过百度搜索引擎的文档搜索界面(http://file.baidu.com)来完成。利用百度搜索引擎的专业文档搜索功能可以查找网页、DOC 格式文档以及课件、研究报告、论文等其他多种类型的文件。

(3)回到百度搜索引擎主页(http://www.baidu.com),单击主页中的"图片"链接,进入百度图片检索页面,进一步单击页面中的"高级"链接,进入图片的高级检索页面。在页面中搜索结果后的文本框中输入检索关键词"郎咸平:金融超限战",在搜索结果类型中选择"图片",并在图片格式列表中选择 jpg,然后单击"百度一下"按钮,即可获得《郎咸平:金融超限战》一书的封面图片。

3.4 元搜索引擎

3.4.1 元搜索引擎的工作原理

元搜索引擎建立在多个独立搜索引擎的功能基础上,能够为用户提供更多的检索帮助,近年来获得了较为广泛的应用。元搜索引擎主要由检索请求预处理、检索接口代理和检索结果处理等构成,具体包括 Web 服务器、结果数据库、检索式处理、Web 处理接口、结果生成等部分,各部分的工作流程如图 3-13 所示。

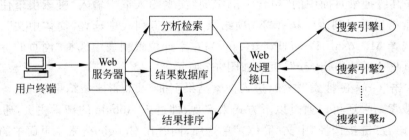

图 3-13 元搜索引擎的工作流程

用户通过 WWW 服务访问元搜索引擎,向 Web 服务器提交查询请求。当 Web 服务器收到查询请求时,先访问结果数据库,查看近期是否有相同的检索,如果有则直接返回保存的结果,完成查询;如果没有相同的检索,就分析用户的查询请求并将其转化成与所要查找的各搜索引擎相应的查询请求,然后送至 Web 处理接口模块。Web 处理接口模块根据成员搜索引擎调度机制,选择若干成员搜索引擎,再根据选择的成员搜索引擎的查询格式,对原始查询申请进行本地化处理,转换为各成员搜索引擎要求的查询格式串,通过并行的方式同时向各个成员搜索引擎发送经过格式化的查询请求,等待返回结果,并把所有的结果集中到一起,根据各搜索引擎的重要性以及所得结果的相关度,对结果进行综合处理(消除重复链接、死链接等)和排序,并生成最终结果返回给用户,同时把结果保存到自己的数据库里,以备下次查询参考使用。

以上所述的元搜索引擎工作流程只是一种概念性的描述,实际上,目前对元搜索引擎的研究、开发十分活跃。产生这一结果的原因主要有两个,原因之一是:元搜索引擎的研究和开发要用到信息检索、人工智能、数据库、数据挖掘、自然语言理解等领域的理论和技术,具有综合性和挑战性;原因之二是:搜索引擎拥有大量的用户,由此衍射出许多商机,具有很好的经济价值。据估计现在已有几十亿美元的全球市场,引起了世界各国计算机科学界、信息产业界和商界的高度关注,已投入了不少的人力、物力,也取得了不俗的成绩。

目前运营的元搜索引擎各具特色,功能各有侧重,但完全理想的尚不多见。这是由于元搜索引擎的功能受着源搜索引擎和元搜索技术的双重制约:一方面,源搜索引擎的各具特色的强大功能在元搜索引擎中受到限制而不能充分体现;另一方面,任何一种元搜索技术都不能发掘和利用源搜索引擎的全部功能。一个更为理想的元搜索引擎应该具备以下功能要求:

(1)涵盖较多的搜索资源,不仅可以随意选择和调用多个独立搜索引擎,还可以根据一定的调度策略自动调度多个独立搜索引擎。

(2)具备尽可能多的可选择功能,如资源类型选择、等待时间控制、返回结果数量控制、结果时段选择、过滤功能选择、结果显示方式选择等。

(3)强大的检索请求处理功能(如支持逻辑匹配检索、短语检索、自然语言检索等)和不同搜索引擎间检索语法规则、字符的转换功能(如对不支持 NEAR 算符的搜索引擎,可自动实现由 NEAR 向 AND 算符的转换等)。

(4)详尽全面的检索结果信息描述,如网页名称、URL、文摘、源搜索引擎、结果与用户检索需求的相关度等。

(5)支持多种语言检索,例如提供中英文搜索等。

(6)可对检索结果进行自动分类,如按照域名、国别、资源类型、区域等对检索结果进行分类整理。

(7)可以针对不同用户提供个性化服务。

3.4.2 常用的元搜索引擎及其检索方法

常见的元搜索引擎有 Ixquick、Vivisimo、Dogpile、MetaCrawler、WebCrawler 和万纬搜索等。

1. Ixquick

1)概述

Ixquick(http://www.ixquick.com)自称是"世界最强大的搜索转移引擎",1998 年由荷兰 Surfboard Holding BV 公司建立。他们提出了一种所谓"后搜索引擎"的概念,其实就是利用 Ixquick 进行搜索时,用户实际上是在同时利用多个流行的搜索引擎展开搜索,这些搜索引擎相互结合所涵盖的网络范围是任何一个引擎远远不能企及的。同时,Ixquick 也是首个得到欧盟正式认可的搜索引擎。2008 年 4 月,Ixquick 获得了由 EuroPriSe 颁发的欧盟隐私标志,该标志意味着 Ixquick 产品和服务符合欧盟有关隐私和数据安全的严格法律法规。Ixquick 的中文检索主页如图 3-14 所示。

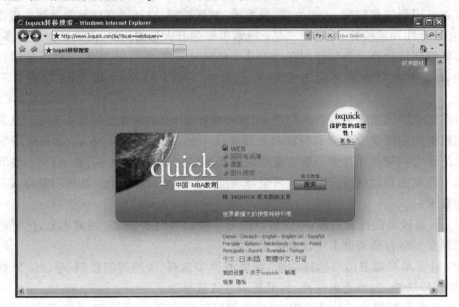

图 3-14 Ixquick 中文检索主页

2) 检索功能

Ixquick 提供 Web 搜索、图片搜索、视频搜索等常规检索功能以及强力搜索、国际电话簿等特色检索功能,提供的检索结果也更全面、更精确。

(1) 强力搜索。不同的搜索引擎支持不同的专业搜索操作方法,并且要求用户以不同的方式访问这些方法。但在 Ixquick 中,用户可以使用简单的语法输入任何搜索要求,Ixquick 会将用户的查询要求发送到那些能够处理该特定搜索的搜索引擎,并将查询转换成每个搜索引擎各自所需的语法格式。

(2) 全球搜索。Ixquick 的全球搜索功能体现在 3 个方面:Ixquick 支持用户使用英语、中文、日文和朝鲜语等 18 种语言进行检索;利用 Ixquick 的国际电话簿功能,能够帮助用户实现在全世界范围内查找某个人或某家企业的名称、电话号码、相关地址等信息;利用 Ixquick 的最低价格搜索功能,可以比较全球 5000 多家商店出售的商品,帮助用户在全世界搜索最低价格。

(3) 全面精确的检索结果。结果界面如图 3-15 所示。Ixquick 使用一种"星级系统"来对搜索结果进行排序,每条结果如果在一个搜索引擎中出现就加一个星(★),因此,五星级搜索结果表示有 5 个搜索引擎同意这一结果,这样收录在多个不同搜索引擎中的结果就会排在前面的位置上。由于每个搜索引擎选择结果的方法各不相同,并且每种方法各有所长,而星级较高的结果是根据许多不同的原因挑选出来的,是众多搜索引擎的共同选择。

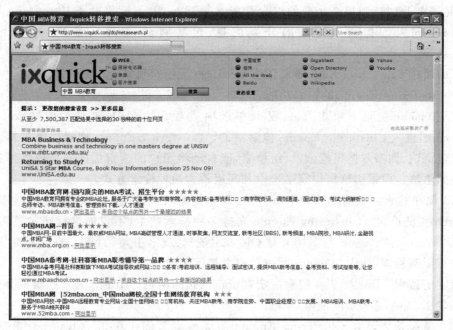

图 3-15 Ixquick 检索结果页面

（4）强力精选。强力精选是借助 Ixquick 的删除重复结果功能，让随后的搜索只显示新结果而不显示已经阅读过或拒绝过的结果。使用 Ixquick 的搜索结果强力精选功能可以精确查找所需的结果，具体操作是：单击一些检索结果旁边显示的"√"号，查找相似的结果；单击"×"号，删除与之相近的条目。这一原则又被称为主题分类合并。

2. Vivisimo

1）概述

Vivisimo(http://vivisimo.com)源自 1998 年由美国国家科学基金会资助、Carnegie Mellon 大学计算机科学系科学家实施的一个实验项目，该项目主要是为了解决信息超载问题，基于对该问题的研究，研究者提出了新的文献聚类方法。2000 年 6 月，Vivisimo 公司将上述项目的成果开发为一种稳定的商业产品，并定名为 Vivisimo。

Vivisimo 是一个很有特色的元搜索引擎，它采用了一种专门开发的启发式算法来集合或聚类原文文献。这种算法汲取了传统人工智能思想，强调对检索结果拥有更好的描述和聚类。它的文献聚类技术能对搜索结果进行自动分类，并快速地将不同类型的分类整理结果呈现在用户面前，而不需要人工干预和维护。

Vivisimo 能够调用多种搜索引擎，既包括 AltaVista、MSN、Netscape、LYCOS、Open Directory、LookSmart、FindWhat 等综合型搜索引擎，也包括 BBC、CBC、CNN、Times 等新闻搜索引擎和 eBay 购物搜索服务，对它们的结果进行自动聚类后返回给用户。

Vivisimo 主页上提供 Our Site 和 The Web 两个检索入口。Our Site 主要借助于 Vivisimo Velocity Enterprise Search Platform 搜索平台、Velocity for OEM 技术和

Search Done Right Blog 交流平台，自动按要求发布企业分类信息，以增强企业员工间的合作，促进企业创新和提高企业的综合智能水平；The Web 则借助于 Clustering Engine 搜索引擎，向人们提供所需要的分类信息，包括网页（Web）、新闻（News）、图像（Images）等。

下面通过 Clustering Engine 来介绍 Vivisimo 元搜索引擎的检索功能。

2）Clustering Engine 的检索功能

在 Vivisimo 主页上单击 The Web 单选项或者直接在 IE 地址栏中输入 http://clusty.com，进入 Clustering Engine 检索页面。Clustering Engine 搜索引擎支持多种常用的检索语法，如布尔逻辑检索、词组检索，能自动将用户的检索提问转换成各源搜索引擎支持的语法。搜索引擎提供简单检索和高级检索两种检索方式。

（1）简单检索。在简单检索中，用户可以直接输入关键词、词组或组合的检索式，单击 Search 实施检索。Clustering Engine 支持多种检索技术，不仅能进行布尔逻辑检索，如用大写 AND 表示逻辑"与"，用大写 OR 表示逻辑"或"，用大写 NOT 表示逻辑"非"；还可以进行限制检索，如用"domain："表示检索提问要出现在域名字段里，"host："表示主机字段限定搜索，"link："表示搜索限定在指定网站的网页，"title："表示检索词要出现在题名字段里，"url："表示网址限定等。

（2）高级检索。在 Clustering Engine 简单检索页面中单击 Advanced 链接，进入 Clustering Engine 的高级检索页面。在高级检索界面，用户不仅可以在 Query 中输入检索词或检索式，还可以通过 Host、Language、File Type、Cluster、Adult Filter 等限定条件来设定返回检索结果的网站、语言、文件类型、结果条数以及是否进行成人内容的过滤等。

（3）结果显示。Clustering Engine 以聚类的方式显示检索结果，检索结果页面如图 3-16 所示，分为左、右两部分。左边页面显示的是分类类目以及各个类目下的结果记录数量。Clustering Engine 将一组文献组成树状的等级，允许用户逐层单击来查询相关主题类目的信息。这个等级式目录是 Clustering Engine 对检索结果自动分类的结果，是 Vivisimo 核心技术的直接体现；结果页面的右边是具体检索结果记录的显示，记录的格式比较规范，每条记录包括网页题名链接、摘要、URL、来源搜索引擎等，单击记录中的网页题名链接可以查看网页的详细内容。此外，Clustering Engine 还提供检索结果的预览功能，可以通过选择每条检索结果记录中的"new window"、"preview"或者"show in clusters"图标，将检索结果在新窗口、预览窗口或聚类窗口中打开。

3. Dogpile

1）概述

Dogpile 创建于 1996 年 1 月。早期的 Dogpile 只提供晨报新闻检索，后来逐步发展成为网络上最受欢迎的元搜索引擎之一，也是唯一一个与所有主要搜索站点签署搜索服务协议的搜索引擎。目前，Dogpile 与 MetaCrawler、WebCrawler、WebFetch 搜索引擎都同属于 InfoSpace 公司，并与它们一起提供网络信息资源搜索服务。

Dogpile（http://www.dogpile.com）是目前性能较好的元搜索引擎之一，可以调用包括 Google、Yahoo!、AskJeeves、About、LookSmart、Teoma、Overture 和 FindWhat 等

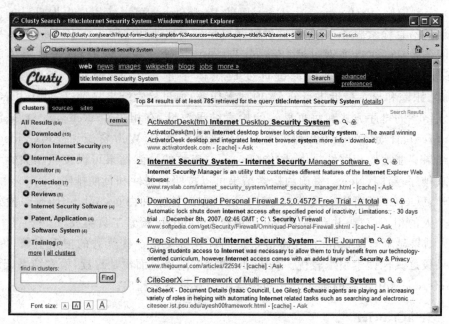

图 3-16　Clustering Engine 检索结果页面

在内的 26 个主流 Web 搜索引擎、Usenet 搜索引擎和 FTP 搜索引擎,其中,Web 搜索引擎 14 个。Dogpile 采用独特的并行和串行相结合的查询方式,首先并行地调用 3 个搜索引擎,如果没有得到 10 个以上的结果,则并行地调用另外 3 个搜索引擎,如此重复,直到获得至少 10 条结果为止。Dogpile 可检索的资源类型包括网页(Web)、图像(Images)、视频(Video)、新闻(News)、黄页(Yellow Pages)和白页(White Pages)信息以及各种社会信息。

2) 检索功能

Dogpile 的搜索技术十分先进,即使是高级运算符和连接符,它也能将其转换为符合每个搜索引擎的语法。既可以使用"*"作为通配符,也支持逻辑运算符 NOT、AND、OR 和括号。Dogpile 具有智能化的检索程序和易用界面,支持关键词检索和主题目录浏览检索,关键词检索还提供基本检索和高级检索两种具体的检索方式。

(1) 简单检索。Dogpile 主页即 Dogpile 简单检索页面,页面中有资源类型选择链接及检索词输入框,用户只需选择查找的资源类型并输入检索词,然后单击 Go Fetch! 即可。

(2) 高级检索。目前,Dogpile 只提供网页(Web)资源和图像(Images)资源的高级检索。单击 Dogpile 主页上的 Advanced Search,进入高级检索页面。与简单检索一样,高级检索页面上方也提供资源类型的选择链接。选择检索的资源类型不同,高级检索页面中提供的检索选项也不同。高级检索的检索功能比较全面,既可以通过逻辑与(All of these words)、逻辑或(Any of these words)、逻辑非(None of these words)、精确短语(The exact phrase)输入检索词或者经过逻辑组配最终形成的检索式,还可以从语言(Language)、域名(Domain)等方面进一步限制检索的语种和范围,以达到精确检索的目的。

（3）定制偏好(Preferences)。Dogpile 的 Preferences 可以使用户根据自己的爱好定制个性化的信息检索服务,并保留这种定制直至下一次改变定制。在 Preferences 中可以定制的服务包括:通过搜索过滤(Search Filter),排除一些色情内容;通过黑体关键词(Bold Search Terms),将查询关键词变成黑体字重点显示;通过最近搜索(Recent Searches),跟踪和显示最近进行的 15 项搜索任务;通过检索结果显示(Results Display),设置检索结果的排序方式和每页显示的检索结果数量,有相关性(Relevance)、来源搜索引擎(Source)、日期(Date)等几种排序方式供选择。其中,Web 资源和视频(Video)资源的检索结果只能按照相关性排序;图像(Images)资源的检索结果可以按照相关性和来源搜索引擎排序;新闻(News)资源的检索结果可以按照相关性和日期排序。

此外,Dogpile 还可以通过黄页(Yellow Pages)检索和白页(White Pages)检索搜索企业和个人的相关信息,并允许用户下载免费的 Dogpile 检索工具集成条。

（4）结果显示。Dogpile 往往将检索提问优先提交给一些优秀的搜索引擎,因此,其检索结果较之其他搜索引擎较优。Dogpile 的检索结果页面清楚易读,检索结果记录将按照在 Preferences 中定制的排序方式和检索结果数量显示输出。

4. MetaCrawler

1) 概述

MetaCrawler(http://www.metacrawler.com)是最早的一个多元型搜索引擎,1994 年由华盛顿大学的 Erik Selberg 和 Oren Etzioni 开发,曾被评为综合性能最优良的多元搜索引擎。2000 年,MetaCrawler 加入 InfoSpace Network 服务,隶属于 InfoSpace 公司。

MetaCrawler 除了支持调用 Google、Yahoo!、Ask Jeeves、About、FindWhat、LookSmart、AltaVista、Overture 和 Teoma 等 12 个独立的搜索引擎外,本身还提供涵盖近 20 个主题的目录检索服务。MetaCrawler 提供的资源包括网页(Web)、图像(Images)、视频(Video)、新闻(News)、黄页(Yellow Pages)、白页(White Pages)等多种类型。

2) 检索功能

MetaCrawler 有基本检索和高级检索两种检索方式,主要检索功能包括:允许用户选择检索工具;将用户的检索请求转换成成员搜索引擎的检索指令;对检索结果进行转换、查重和排序等。MetaCrawler 的检索界面简洁、直观,操作简便。

（1）简单检索。简单检索无法构造复杂的检索式,不支持布尔逻辑运算符、精确检索算符("")、通配符(＊)等。

（2）高级检索。单击 MetaCrawler 主页中的 Advanced Search 链接,进入 MetaCrawler 的高级检索页面。高级检索页面提供了 All of these words、The exact phrase、Any of these words 和 None of these words 输入框以及 Language 列表,Include Domain 和 Exclude Domain 限制检索条件选项,用来进行基于语种和域名的检索结果过滤。以上内容还可作为定制个性化检索(Preferences)的选项并予以保存。

（3）结果显示。MetaCrawler 检索结果比较全面,准确率高,包括资源题名链接、摘要、资源所在数据库的 URL 地址和源搜索引擎的注释等。检索结果页面右侧的"Are you looking for?"具有关键词提示功能,它是按照一定规则从检索结果中抽取的部分关键词,用户可以选择这些关键词加入到检索式中,进一步缩小检索结果的范围。

5. 万纬搜索

1) 概述

万纬搜索(http://www.widewaysearch.com)是上海万纬信息技术有限公司依托上海交通大学的技术力量自主开发的一个比较优秀的中文元搜索引擎。这是一个含中国自主版权的Web基础应用系统,其架构和功能已达到美国同类产品的水平。

万纬搜索不仅集成了中文Yahoo!、中文Google、百度、北大天网、新浪和搜狐等目前最权威的中文搜索引擎,而且还收录了目前位于世界技术前沿的Google和Yahoo!英文搜索引擎,用户可以根据需要自由选择其中多个搜索引擎进行同步检索。

2) 检索功能

万纬搜索的检索界面友好,简单明了,用户能够很容易地学会利用万纬搜索来检索信息。万纬搜索提供简单检索和高级搜索两种检索方式。

(1) 简单检索。简单检索不支持包含AND和OR算符的布尔逻辑检索。用户只需在主页中的检索框中输入中、英文关键词,选择好检索结果的显示数量(引擎默认显示20个查询结果),单击"万纬搜索"按钮,搜索引擎就会开始实施简单检索。

(2) 高级搜索。在高级搜索页面,用户可以自由选择采用的源搜索引擎(中文的源搜索引擎、英文的源搜索引擎或者全部源搜索引擎),还可以选择检索结果的排序方式、显示的查询结果数量和最大的等待结果时间等。这些选择能够帮助用户根据自己的检索习惯和网络特性个性化地设置适合自己的方式,提高用户查询信息的查全率、查准率以及查询效率。

万纬高级搜索页面为用户提供了相关度、时间、域名分类、引擎等多种检索结果的排序方式。"相关度"方式指检索结果按与关键字的相关程度排列;"时间"方式指检索结果按信息返回的时间长短排列;"域名分类"方式指检索结果按信息所属的站点排列,共分商业(.com)、教育(.edu)、政府(.gov)、组织(.org)、ISP(.net)等几类站点,每类站点中再按相关度排列;"引擎"方式指检索结果按信息所属引擎分类后,再按相关度排列。

(3) 结果显示。万纬搜索的结果相对比较准确,但结果信息的显示不够全面。检索结果记录中只包含网页标题、内容摘要、URL、相关度、信息返回时间、采用的来源搜索引擎标志、检索结果来源搜索引擎等信息,不包含网页更新日期和网页大小等信息,不利于用户更好地判断结果的准确性。同时,万纬搜索也不支持网页结果收藏功能,如果结果网页更新了,用户再次查询就无法找到相关网页了。

在获得初步检索结果的基础上,用户还可以进行进一步的"精确查找"。"精确查找"是指在最短的时间内使用网页智能分析和精确网络环境模拟技术,为用户提供最符合关键词的10条结果,这在一定程度上节省了用户筛选检索结果的时间。

6. 其他多元型搜索引擎网址介绍

(1) Mamma,网址是http://www.mamma.com。

(2) WebCrawler,网址是http://www.webcrawler.com。

(3) SurfWax，网址是 http://www.surfwax.com。

(4) ArborSearch，网址是 http://www.arborsearch.com。

(5) InfoGrid，网址是 http://www.infogrid.com。

(6) O2S.COM，网址是 http://one2seek.com。

(7) Kartoo，网址是 http://www.kartoo.com。

(8) Easy Search，网址是 http://www.easysearcher.com。

(9) Allonesearch.com，网址是 http://www.allonesearch.com。

(10) 索天下，网址是 http://www.suotianxia.com。

(11) 一网搜（上海招聘网），网址是 http://1soso.com。

(12) 圣博牛搜，网址是 http://www.seekle.cn。

3.4.3 检索示例

【例 3-5】 利用 Dogpile 搜索引擎，查找与"2008 奥运吉祥物"（2008 Olympic Mascot）有关的图片信息，要求搜索结果图片为 JEPG 格式并按来源搜索引擎排序显示。

具体操作步骤如下：

(1) 通过 http://www.dogpile.com 登录 Dogpile，单击 Dogpile 主页上的 Preferences 链接，进入 Preferences 偏好定制页面，在页面的 Results Display 选项中选择 Source，即按来源搜索引擎对检索结果进行排序，然后单击 Save Settings 按钮，保存定制并回到 Dogpile 主页。

(2) Dogpile 提供多种类型资源的检索。本例要求查找 JEPG 格式的图片信息，所以在 Dogpile 主页中选择 Images 资源类型，然后单击页面中 Advanced Search 链接，进入图像资源的高级检索页面。在页面中的 All of these words 检索框中输入检索关键词"2008 Olympic Mascot"，并在 Image Format 列表中选择 JEPG 格式。

如果是将多个词汇作为一个统一的概念，则应该在图像高级检索页面的 The exact phrase 框中输入检索词"2008 Olympics Mascot"。

(3) 单击 Go Fetch! 按钮，Dogpile 开始进行检索并显示按来源搜索引擎分类的检索结果，结果记录包括图片链接、图片名称、尺寸、URL 等信息。单击其中的图片链接，可以查看放大的图片；或者在图片链接上右击，对图片进行保存、打印等其他操作。

3.5 其他类型网络信息资源检索工具

3.5.1 FTP 资源搜索引擎

FTP 搜索引擎的功能是搜集匿名 FTP 服务器提供的目录列表以及向用户提供文件信息的查询服务。由于 FTP 搜索引擎专门针对各种文件，因而相对 WWW 搜索引擎，寻找软件、图像等文件资源时使用 FTP 搜索引擎更加便捷。

　　FTP 搜索引擎可以分为基于文本的 FTP 搜索引擎和基于 Web 的 FTP 搜索引擎两大类。基于文本的 FTP 搜索引擎是指针对 Web 出现之前就已经以 PostScript 或者纯文本文件方式分散存储在各种允许匿名访问的 FTP 服务器中，用于对共享的信息资源进行查找而使用的一类 FTP 搜索引擎。Archie 软件就是最早的基于文本显示的 FTP 资源搜索引擎；基于 Web 的 FTP 搜索引擎和 Archie 一样，其功能都是搜集匿名 FTP 服务器提供的目录列表以及向用户提供文件信息的查询服务。但是，基于 Web 的 FTP 搜索引擎采用了很多 WWW 搜索引擎的策略，如自动数据采集、倒排索引、智能链接技术等，使得基于 Web 的 FTP 搜索引擎呈现出许多不同于基于文本的 FTP 搜索引擎的独特功能。

1. Archie

　　1991 年由加拿大 McGill 大学计算机系开发的 Archie 软件是最早的基于文本显示的 FTP 资源搜索引擎。Archie 的主要功能是通过文件名检索网上匿名 FTP 服务器中的信息资源，帮助用户了解所需信息资源的 FTP 地址及目录清单列表。Archie 的信息收集是通过 Internet 上的 Archie 服务器，依靠脚本程序定期自动搜索自己负责范围内的 FTP 服务器，将站点中的 FTP 资源收集起来并对其进行索引标目，编制成一个可供用户检索的数据库；Archie 的信息检索是根据用户提供的 Archie 服务器地址和要查找的检索词，Archie 就会返回一组主机名、目录名和文件名的列表，用户可以通过匿名访问这些主机来获取所需要的文件。

　　Archie 实际上是一个大型的数据库以及与数据库相关联的一套检索方法。该数据库中包括大量可通过 FTP 下载的文件资源的有关信息，包括这些资源的文件名、文件长度、存放该文件的计算机名及目录名等。与一般检索工具不同的是，Archie 不能通过主题来实现相应的检索，而只能从文件名、文件目录以及文件描述等方面进行查询。

　　使用 Archie 服务器主要有两种方法：

　　(1) 直接进入 Archie 服务器。和访问 WWW 站点一样，直接在浏览器的地址栏中输入 Archie 服务器站点的地址，进入站点并填写检索要求。

　　(2) 使用 Telnet 链接到 Archie 服务器。首先利用 Telnet 链接到某个 Archie 服务器，当出现 Login 提示符后，使用用户名 Archie 登录。若登录成功，一个 Archie 程序将自动执行，用户的终端显示器上会显示＜Archie＞提示符，这时一次输入一条命令，告诉 Archie 想要查询的内容，Archie 将检索自己的数据库并显示检索的结果。输入 Help 命令，Archie 服务器就会为用户显示出它所支持的命令。如果用户对自己想要查找的内容并不很清楚，Archie 还提供 whatis 服务，该服务提供成千上万个程序、数据文件和文档的简短说明。

2. FileZ

　　Rapidshare 是世界上最大和最流行的一键式网络文件寄存服务网站，储存有超过

4 Petabytes（相当于 400 万 GB）容量的文件资源，其中包括大量的免费电子书、视频、软件等等，支持文件资源的上传和下载服务。但是为了保护其中有版权的文件，Rapidshare 不提供站内搜索功能。要获取 Rapidshare 丰富的文件资源，除了使用 Google 这类通用搜索引擎之外，通常还可以使用一些专门面向 Rapidshare 的搜索引擎。这种引擎基于自己的文件数据库，通常它会保持更新数据库与 Rapidshare 直接连接，以方便进入 Rapidshare 下载。Rapidshare 搜索引擎的优势在于基本能够保证数据文件的可用性和较好的针对性。

FileZ 是一个重要的 Rapiashare 文件搜索引擎，它拥有 130 多万个 Rapidshare 文件链接，没有中间环节，可以直接进入 Rapidshare 下载页。同时，FileZ 是一个以 Web 界面查找 FTP 资源的检索工具，每周定期检索分布在世界各地的 7000 多个 FTP 服务器中的 FTP 资源并更新自己的数据库，供用户检索。此外，FileZ 还可以检索 Web 站点等资源。FileZ 的网址是 http://www.filez.com，主页如图 3-17 所示。

图 3-17　FileZ 检索主页

【例 3-6】　利用 FileZ 检索各 FTP 站点的 Realplayer 软件。具体步骤如下：

（1）通过 http://www.filez.com，进入 FileZ 检索系统。

（2）在检索系统主页的检索输入框中输入关键词"Realplayer"，单击 Search Filez.com 按钮，系统开始进行检索。

（3）检索结果首先以题名列表的形式显示出来，如图 3-18 所示，结果记录内容包括记录号、文件大小、文件名称链接。单击其中的一个文件名称链接，会链接到相应的 FTP 资源站点，在站点中按照提示进行操作，就可以下载获取所需要的文件了。

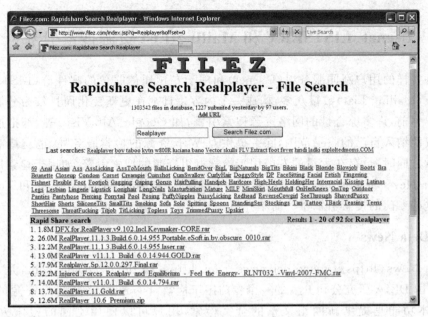

图 3-18　FileZ 检索结果页面

3. 天网 FTP 搜索引擎

1）概述

天网 FTP 搜索引擎由北京大学计算机系网络与分布式系统实验室开发，是目前国内规模最大的 FTP 资源搜索引擎，搜索文件数据量超过 1000 万，日访问量超过 40 万次。天网 FTP 搜索引擎通过 http://www.tianwang.com 提供服务。

2）检索功能

利用天网 FTP 搜索引擎进行搜索时，用户需要在检索框中输入要查询的文件名，文件名可以包含"＊"号（通配任意多个字符）、"？"号（通配一个字符）和空格（表示查询的检索词间是逻辑"与"关系），单击检索输入框后面的资源列表（包括全部、电影、音乐、图片、文档、其他等资源类型），从中选择一种资源类型，然后单击"天网搜索"按钮，天网 FTP 搜索引擎就会在指定的资源类型中搜索与检索词相匹配的文件并返回查询结果。

天网 FTP 搜索引擎的搜索结果包括文件类型图标、文件名、资源大小、日期、资源位置、资源类型等信息。单击文件名链接或者资源位置链接，可以获取 FTP 服务器上相应的文件信息。

4. 其他常用的 FTP 资源搜索引擎

（1）TILE.NET，网址是 http://tile.net。

（2）Philes.com，网址是 http://www.philes.com。

（3）FileSearching，网址是 http://www.filesearching.com。

（4）星空搜索，网址是 http://sheenk.com。

（5）天狼（Tooooold）中英文 FTP 搜索引擎，网址是 http://search.ustc.edu.cn。

3.5.2 Usenet、LISTSERV 和 Mailing List 资源搜索引擎

各种各样的用户新闻服务组(Usenet)和用于专题通信服务的邮件群(LISTSERV)、邮件列表(Mailing List)数量众多，构成一个内容每日都在更新变化而且较为分散的巨大信息库。目前，许多综合性的网络资源搜索引擎，如 Google、AltaVista 等，都把这部分用户群组资源纳入自己的收录范围，除了提供对 Web 资源的检索服务外，也支持对群组资源的检索。同时，也存在大量的专门用于检索群组资源的搜索引擎，如用于检索用户新闻组的 Deja News 和 Tile.net，用于检索邮件群和邮件列表资源的 CataList 和 Topica 等。下面对这些专门的搜索引擎做一简单介绍。

1. Deja News

Deja News(http://www.dejanews.com，http://groups.google.com)是 1995 年 5 月由美国 DEJA 研究公司开发的一个专门用于检索 Usenet 网络新闻组资源的搜索引擎，其基本功能是提供新闻组文章的全文检索，用户可以使用不同的检索方法查询 1996 年 3 月以来发表在新闻组上的所有文章。Deja News 不仅拥有庞大的新闻组文章数据库，还提供帮助用户迅速获取所需讨论组的新闻组查询功能(Interest Finder)，帮助不熟悉 Deja News 检索方法的用户通过层次递进的方法阅读最新、最快网络新闻的新闻组浏览功能(Browse Groups)，为用户提供免费个人新闻订阅服务功能(My Deja News)以及允许用户就某一主题随时向讨论组发送见解的发送功能(Post a Message)。Deja News 以其所蕴含的丰富新闻组资源、快捷的检索方法以及特色的检索功能等优势，成为 Internet 上最大和最有效的 Usenet 搜索引擎。

2001 年，Google 将 DEJA 收购，并通过其 Google 网上论坛(http://groups.google.com)提供所有 Deja News 的功能和服务。

2. Google 网上论坛

Google 网上论坛(http://groups.google.com)支持 Usenet 网络新闻组的 Web 方式浏览和张贴功能，能够帮助用户从任何地点阅读和传递新闻组信息。Google 网上论坛包含有自 1981 年以来超过 10 亿的新闻组发帖存档文件，用户既可以搜索这些存档文件进行浏览，也可以利用 Google 网上论坛上现有的 Usenet 新闻组或者创立新的新闻组来发表评论，获取信息，进行有效地沟通。Google 网上论坛的网址是 http://groups.google.com/grphp？hl=zh-En；Google 中文(简体)网上论坛的网址是 http://groups.google.com/grphp？hl=zh-CN。

1) 新闻组的建立

新闻组的建立通常包括建立一个 Google 账户(Create an account)、建立用户自己的新闻组(Setup your group)和邀请他人加入(Invite people)3 个步骤。

2) 新闻组的查找

新闻组的主题查找功能可以帮助用户直接找到相关主题的新闻组，而无须创建新主

题并等待别人来回答,有助于减少重复主题新闻组的建立,使得新闻组里的信息更加集中。

Google 网上论坛提供两种查找新闻组信息的方式:

(1) 浏览查找。浏览查找是通过逐层单击 Google 网上论坛首页(如图 3-19 所示)的新闻组主题分类链接,或单击 Browse group categories 链接,进入特定主题的新闻组进行讨论。

图 3-19　Google 论坛检索页面

(2) 关键词查找。关键词查找是利用 Google 网上论坛首页提供的关键词输入框,通过关键词来查找相关的新闻组。由于 Google 新闻组数量众多,要想快速找到适当的新闻组,通常使用 Google 网上论坛首页的 Advanced Groups Search 链接,进入新闻组高级搜索界面,以其提供的留言内容(Find web pages that have…)、发布日期(Message Dates)、分类主题(Subject)、语言(Language)、留言者(Author)和留言代码(Message ID)等作为条件进行搜索。其中,留言者(Author)是指作者发帖所用的唯一识别号电子邮件。

【例 3-7】　利用 Google 网上论坛检索关于"儿童健康与过度肥胖"方面的英文新闻组。

具体步骤如下:

(1) 分析检索课题,确定"儿童健康与过度肥胖"主题的英文检索关键词为"Children Health"和"Childhood Obesity"。

(2) 通过 http://groups.google.com 登录 Google 论坛检索页面,页面如图 3-19 所示。

(3) 在论坛检索首页的检索框中输入关键词"Children Health Childhood Obesity",并单击 Search Groups 按钮,即检索出包括上述关键词的新闻组。

(4) Google 网上论坛初步检索结果是新闻组名称列表页面,页面如图 3-20 所示,包括新闻组的名称链接、新闻组简介、语种、成员数量等信息。单击某个新闻组的名称链接，进入该新闻组文章标题列表页面，页面如图 3-21 所示，显示出该新闻组中发布的所有文章的标题链接列表、发布者、发布时间、相关文件链接等信息。进一步单击某篇文章的标题链接，可以查看该文章的详细内容以及大家围绕文章内容展开的讨论。

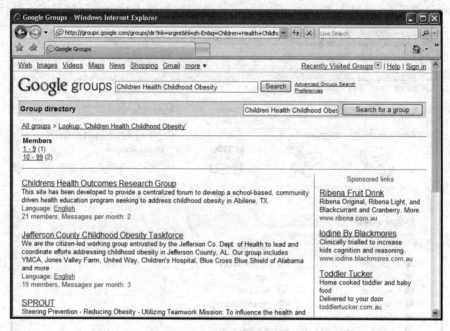

图 3-20　Google 网上论坛的新闻组名称列表页面

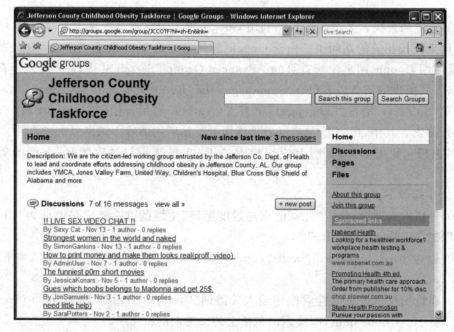

图 3-21　新闻组文章的标题列表页面

3. Topica

Topica 公司是一个提供网络新闻快报（Newsletters）出版与发行的服务商，接受其专业服务的编辑出版者达 7 万多名，新闻快报的发行单位有 10 万家。由于大部分的网络新闻快报是以讨论组（Discussion Groups）、邮件列表（Mailing List）等形式存在的，因此可以通过其检索平台查询各主题专业的 Discussion Groups 和 Mailing List 等，其主题丰富多样，涉及便宜商品搜寻、父母家教指南等。目前已有 1200 多万的用户订阅 Topica 主办的新闻快报，并通过免费的 My Topica 来管理订阅事宜，Topica 的平台提供各种方便易用的订阅选择，如订阅、取消订阅、假期暂停等，按照其目录指南的导引，用户可以发现数以万计的新闻快报，甚至可以创建一个自己的新闻快报。

Topica（http://www.topica.com）的专业服务是收费的，普通用户可经过注册使用其免费服务。Topica 的 E-mail Newsletters and Discussions 浏览检索页面（http://lists.topica.com）如图 3-22 所示。

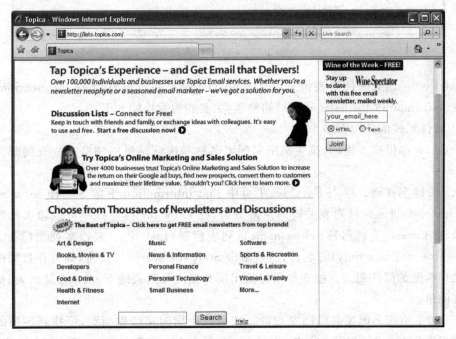

图 3-22　Topica 的 E-mail Newsletters and Discussions 浏览检索页面

4. CataList

CataList（http://www.lsoft.com/lists/listref.html）创建于 1986 年，是由 L-Soft 公司负责制作和维护的"自动化分布式邮件系统"（LISTSERV）的官方目录搜索引擎。目前，其数据库中包含了 6 万多公开的 LISTSERV 列表，用户可根据需要浏览和查询感兴趣的 LISTSERV 列表，得到任意一个 LISTSERV 主机节点的信息。CataList 主页如图 3-23 所示。

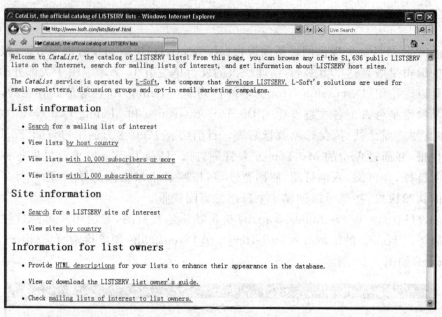

图 3-23 CataList 主页

CataList 提供对邮件列表信息（List information）、站点信息（Site information）和版主信息（Information for list owners）的检索，主要的检索功能如下：

1）邮件列表信息检索

CataList 提供按关键词、按主机所属国家名称和按订阅量的浏览方式查询邮件列表信息。

（1）关键字查询。单击 CataList 主页中 List information 下的 Search for a mailing list of interest，进入邮件列表关键词检索页面，在 Look for 检索框中可以输入邮件列表名称（List name）、主机名称（Host name）、列表标题（List title）或档案列表（Lists with web archive interface only）的名称，然后单击 Start the search! 按钮，即可在数据库中查询与之相匹配的邮件列表。检索结果将给出所有相匹配列表的 E-mail 地址列表、标题列表和订阅量。

（2）按主机所属国家名称浏览查询。按主机所属国家名称浏览，可找到各国的大部分邮件列表信息。可以通过单击 CataList 主页中 List information 下的 View lists by host country 进入并实施查询。

（3）按订阅量浏览查询。CataList 主页上提供订阅量在 1 万以上（View lists with 10000 subscribers or more）和订阅量在 1000 以上（View lists with 1000 subscribers or more）两个链接点，用户可以根据所掌握的订阅量信息选择查询，进而获得有关列表的信息。

2）站点信息检索

CataList 主页的 Site information 提供按关键词来查询感兴趣的邮件群站点信息（Search for a LISTSERV site of interest）和按国家浏览邮件群站点信息（View sites by country）。

3) 版主信息检索

CataList 主页的 Information for list owners 为用户提供数据库中邮件列表信息的 HTML 文本描述,以增加用户对数据库内容的了解(Provide HTML descriptions for your lists to enhance their appearance in the database),查看和下载邮件群版主操作指南文件(View or download the LISTSERV list owner's guide),以及查询版主的电子邮件列表(Check mailing lists of interest to list owners)信息。

5. 其他的用户组资源相关搜索引擎

(1) TILE. NET 的 Email Newsletters & Ezines,网址是 http://www.tile.net/lists。

(2) Usenet II,网址是 http://www.usenet2.org。

(3) SuperNews,网址是 http://www.supernews.com。

(4) ListServe.com,网址是 http://www.listserve.com。

(5) Debian Mailing Lists,网址是 http://lists.debian.org。

3.5.3　多媒体资源搜索引擎

多媒体信息资源主要指视频(如图像、图形、位图、动画、影像等)和音频(如音乐曲目、旋律等)信息。多媒体信息资源检索工具是指专门以多媒体信息资源作为检索对象的检索工具。

目前应用于 Internet 的多媒体信息资源检索技术可以分为基于文本的检索技术和基于内容的检索技术两类。基于文本的多媒体信息检索技术主要是对多媒体信息进行人工分析,对其物理特征和内容特征进行文字著录或标引,建立类似于文本文献的标引著录数据库,并通过检索这些数据库中的多媒体文件记录获得该多媒体文件的存储地址(编号或链接地址),进而获取该文件;基于内容的多媒体信息检索技术(Content Based Retrieval,CBR)是一种新兴的多媒体数据库查询与检索技术,指对多媒体信息数据进行语义分析、特征抽取、表达和索引,并根据媒体对象的语义和上下文联系进行检索。

以基于内容的图像检索(Content Based Image Retrieval,CBIR)为例,它通过分析图像的媒体属性,依靠计算机自动抽取图像特征和编制特征索引并存储在特征库中;检索时,用户只需把自己对图像的模糊印象描述出来,系统就可以依据用户输入图像的某一特征(如绘制的草图、轮廓图或调用的相似图像等)自动比较特征索引数据库中对应的特征信息,从而在大容量图像库中找到最佳匹配结果和相关信息并输出。采用该检索方法,用户不需要对检索的媒体对象进行精确描述,比较适合实际应用,具有很强的交互性。

CBIR 的检索内容主要有:

(1) 颜色。颜色包括图像颜色分布、相互关系、组成等。

(2) 纹理。纹理包括图像的纹理结构、方向、组成及对称关系等。

(3) 形状。形状包括图像的轮廓组成、形状、大小等。

(4) 对象。对象包括图像中子对象的关系、数量、属性、旋转等。

CBIR 的常见检索方式如下：

（1）选择颜色的比例、层次以及纹理图案的图样进行查询。

（2）使用画图工具生成表示物体和物体间空间关系的符号图像或样本图像进行查询。

（3）浏览检索界面所陈列的全部图像，从中选择接近自己意愿的图像进行基于某项图像特征的检索，反复多次直至找到满意的图像为止。

下面分别介绍几种基于文本的多媒体信息搜索引擎，如 Google 图片搜索引擎和 AlltheWeb 搜索引擎，以及几种基于内容的多媒体信息搜索引擎，如 QBIC 和 WebSEEK 等。

1. Google 图片搜索引擎

Google 图片搜索引擎（http://images.google.com）自称为"因特网上最好用的图片搜索工具"，使用起来十分方便，具有较高的搜索速度和很好的中文支持度，搜索结果的准确度也比较高。

到目前为止，Google 共收录了近 10 亿幅图片，支持使用英文或中文关键词进行图片搜索。不管是英文图片搜索（http://images.google.com）还是中文图片搜索（http://images.google.cn），Google 都提供一般搜索和高级搜索两种图片查询方式。

1）一般搜索

对于一般的搜索，只需在图片搜索主页的搜索框中输入查询关键词，然后单击"搜索图片"（Search Images）按钮即可。一般搜索支持布尔逻辑运算，用户可以使用布尔逻辑运算符 AND、OR 和 NOT 组配查询关键词实施检索。

2）高级搜索

单击 Google 图片搜索主页中的"高级"（Advanced Image Search）链接，进入 Google 高级图片搜索页面。页面中给出了详尽而具体的提示，用户只需根据检索需要和相关提示，定义和填写搜索关键词（Find results），指定搜索目标的内容类型（Content types）、大小（Size）、文件类型（File types）、图片颜色（Coloration）等限定条件，填写限定搜索范围的网络域名（Domain）等，Google 就可以有针对性地进行搜索。

3）搜索结果和评价

Google 图片搜索的搜索结果首先以缩略图的方式给出。单击缩略图能够看到放大的图片以及打开原始图片所在的网页页面，网页一般是以框架方式提供图片供用户浏览。通过框架页面中的"移除栏框"（Remove frame）链接和"返回图片结果"（Back to image results）链接，可以去掉当前页面的框架，以大屏幕方式浏览该网页，或者返回缩略图页面，重新选择图片。

2. AlltheWeb 图片搜索

AlltheWeb 搜索引擎（http://www.alltheweb.com）除了提供 Web 信息检索外，还提供新闻（News）和图片（Pictures）信息的检索。AlltheWeb 有一般搜索和高级搜索两种图片检索方式，可以检索 JPEG、GIF 和 BMP 格式的图片。

在一般搜索方式下，直接在 AlltheWeb 图片检索主页的检索框中输入关键词，即可得到返回结果。如果希望提高搜索的准确性，可以采用高级搜索模式，它除了能逐一定义搜索的文件格式（File Format），还可以通过定义图片类型（Image Type）、背景（Background）、内容过滤（Offensive content filter）等详细选项限制要搜索的图像。支持布尔逻辑检索和网页排名。

AlltheWeb 图片搜索结果一般以缩略图的方式给出，同时提供一些尺寸数据、格式大小信息。单击缩略图能够看到放大的图像。

3. QBIC

QBIC（Query by Image Content）（http://wwwqbic.almaden.ibm.com）是由 IBM 公司于 20 世纪 90 年代开发制作的一个基于内容的商业化的图像检索系统。它的系统框架和技术对后来的图像检索系统具有深远的影响。QBIC 提供的检索方式有：

（1）利用系统的标准范图检索，标准范图的特征信息存储在特征索引库中。

（2）输入自绘简图或扫描输入图片检索，同时可选择色彩或结构查询方式。

（3）输入动态影像片断和前景中运动的对象进行检索。

在用户输入图片、简图或影像片断时，QBIC 即分析和抽取所输入对象的色彩、纹理、运动变化等特征，然后根据用户选择的查询方式分别处理。查询方式不同，不同的特征分析抽取的结果不同，用户得到的查询结果也各不相同。QBIC 中使用的颜色特征有色彩百分比、色彩位置分布等；使用的纹理特征是根据 Tamura 提出的纹理表示的一种改进，即结合了粗糙度、对比度和方向性的特性；使用的形状特征有面积、圆形度、偏心度、主轴偏向和一组代数局部变量。

QBIC 除了支持基于颜色、纹理等内容特性的查询，还辅以文本查询手段。在新的 QBIC 系统中，基于文本的关键词查询与基于内容的相似性查询是结合在一起的。

在 QBIC 主页上单击 Hermitage Website 链接，可以看到 QBIC 的应用实例。其中，QBIC 颜色检索（QBIC COLOR SEARCH）页面如图 3-24 所示。

3.5.4 专业搜索引擎

专业搜索引擎是为了满足各学科、专业的信息查找需求而开发的网络信息资源检索工具。它们大多是由专业性信息机构或网络资源专家在广泛收集、整理、组织本专业网络信息资源的基础上编制的主题分类树状导航系统或检索网站。专业搜索引擎只搜索专门领域及特定主题的信息，大大降低了收集信息的难度，提高了信息的质量，有效地弥补了综合性检索工具对专门领域及特定主题信息覆盖率较低的问题。

下面分别介绍几种专业搜索引擎，如检索社会科学信息资源的 SOSIG，检索教育学信息资源的 ERIC 数据库和 The Education's Reference Desk 网站，以及检索经济学信息资源的 EconWPA 等。

1. SOSIG

社会科学是研究并阐述各种社会现象及其发展规律的科学，内容涉及政治、军事、经济、历史、地理、文学、艺术、教育和体育等各个领域，是全球信息资源的重要组成部分。

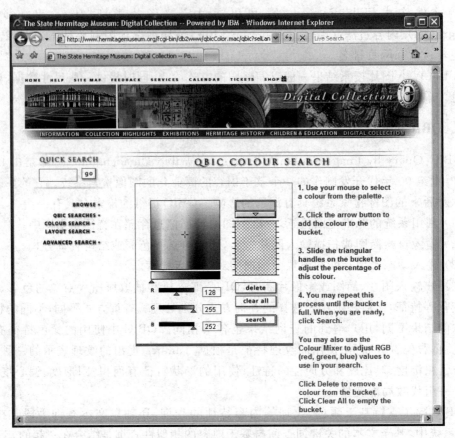

图 3-24　QBIC 颜色检索页面

社会科学信息网关（Social Science Information Gateway，SOSIG）是由 ESRC（Economic and Social Research Council）、JISC（Joint Information System Committee）和 European Union 共同投资组织创建的一个有关社会科学信息资源的搜索引擎，收录的资源范围包括经济学、哲学、教育、政治、环境科学、心理学、人类学、社会福利、法律、政府、管理和妇女研究等。SOSIG 聘请各学科领域的专家对网络信息资源进行筛选，从而保证了该搜索引擎的高质量、高品位。SOSIG 致力于提供社会科学领域的免费网络信息资源，并通过文献信息服务将社会科学领域的新思想、新方法汇集在一起，成为一个不断产生创新的信息服务平台。SOSIG 的网址是 http://www.intute.ac.uk/socialsciences。

SOSIG 的主要检索功能如下：

1）按主题浏览（Browse by subject）

单击 SOSIG 主页导航区的 Web resources 链接，进入按主题浏览页面，页面如图 3-25 所示。

SOSIG 将所有资源按内容分为农业食品林业（Agriculture，food and forestry）、建筑计划（Architecture and planning）、生物科学（Biological sciences）、商业管理（Business and management）、通信与媒体（Communication and media studies）、创造性与行为艺术（Creative and performance arts）、教育与研究方法（Education and research methods）、工

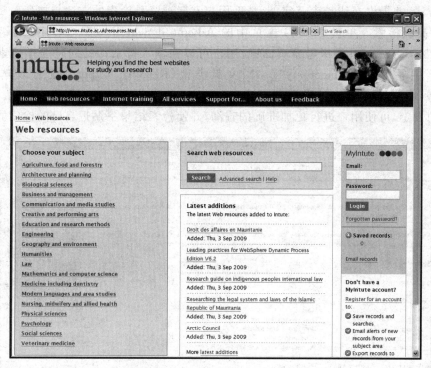

图 3-25　SOSIG 主题浏览页面

程(Engineering)、地理与环境(Geography and environment)、人类学(Humanities)、法律(Law)、数学与计算机科学(Mathematics and computer science)、医药(Medicine including dentistry)、现代语言与区域研究(Modern languages and area studies)、护理(Nursing,midwifery and allied health)、物理学(Physical sciences)、心理学(Psychology)、社会科学(Social sciences)、兽药(Veterinary medicine)等主题,每个主题之下又细分为若干个子专题。单击子专题可以看到其中包含的资源及其概述,单击资源的题名链接,可直接链接到资源所在地查看资源的详细信息。

2) 信息检索(Search)

SOSIG 提供简单检索(Simple Search)和高级检索(Advanced Search)两种检索方式。

(1) 简单检索。用户只要在 SOSIG 主页的检索框中以单词或短语形式输入所要检索的内容,再单击 Search 按钮确认即可。简单检索支持 AND、NOT、OR 算符,还支持使用双引号("")进行短语检索。

(2) 新资源检索(New Resources)。在 SOSIG 主页和按主题浏览页面(如图 3-25 所示)中都提供 Latest additions 区域,列示出了数据库中最近添加的 5 条最新资源的题名链接和日期信息。用户既可以通过单击资源的题名链接,进入资源所在地查看资源的详细信息,也可以按主题查询不同主题下的新增资源,或通过单击页面中 More latest additions 链接,查看更多新增资源的题名、URL、文摘、日期等详细著录信息。

在使用上述检索功能的过程中,如果遇到什么问题,可以单击主页检索框下方的 Help 按钮,进入帮助功能页面。帮助功能向用户全面具体地介绍了 SOSIG 的主要用途及使用方法,并提供在线指南及实例,帮助用户掌握浏览和检索的方法与技巧。

(3) 高级检索。单击 SOSIG 主页中的 Advanced Search,进入 SOSIG 高级检索页面,如图 3-26 所示。在高级检索页面中,用户可以在输入检索词的同时选择检索的字段(Fields)、主题范围(Subject area(s))、文献类型(Resource types),还可以选择语种(Country of origin)、检索结果排序(Order by)和显示内容(Display)等检索限制。通过这一系列的设定,可使用户进行更加准确的查询,并使检索结果更贴近自己的检索需求。

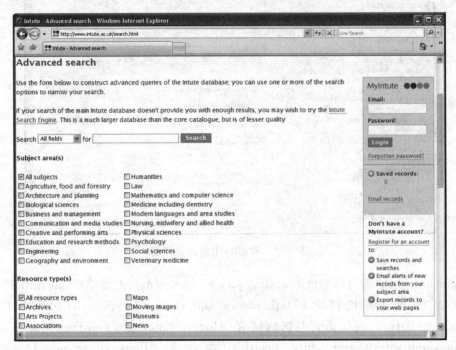

图 3-26　SOSIG 高级检索页面

对于输出的检索结果,用户可根据不同需要选择按字母顺序(Alphabetical)或按相关性(Relevance)排序。

2. 美国 ERIC 数据库及检索网站

教育信息资源一般包括政府的教育信息,有关教育学科研究的期刊论文、报告、统计等,通过众多的教育信息资源检索工具提供服务。

1) ERIC 数据库

美国教育资源信息中心(The Educational Resource Information Center,ERIC)于 1966 年创建,其资源核心 ERIC 数据库收录了 1966 年至今的 100 多万条与教育理论和实践相关的文献摘要和期刊文章,是世界上最大、使用最广泛的教育文献资源数据库。其中,RIE(Research in Education)是 ERIC 的一个书目数据库,收录了 950000 多篇会议论文、报告、指导资料、研究文章等;CIJE(Current Index to Journals in Education)是 ERIC 的期刊索引数据库,收录了发表在 980 多种主要教育及教育相关期刊中的期刊文章,此外还有 CIJE Source Journal Database 及 Full Text ERIC Digest Database 等数据库。数据库每月更新。

目前,ERIC 的数据资源主要通过以下 4 个网站来进行检索,分别是 The Educator's Reference Desk 网站(http://www.eduref.org)、The Gateway Educational Materials (GEM)网站(http://www.thegateway.org)、美国教育部教育资源信息中心网站(http://www.eric.ed.gov)和 Search ERIC 网站(http://searcheric.org)。

2) The Educator's Reference Desk 网站

The Educator's Reference Desk(http://www.eduref.org)是由 Syracuse 大学信息研究院创建的,网站主页如图 3-27 所示。

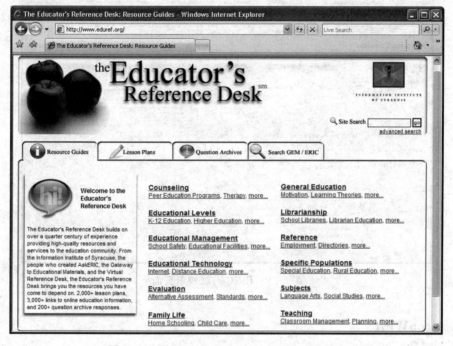

图 3-27　The Educator's Reference Desk 主页

该网站提供的服务有 4 项,分别是资源指南(Resource Guides)、课程计划(Lesson Plans)、问答检索(Question Archives)、ERIC 数据资源的检索(Search GEM/ERIC)。

(1) 资源指南。网站所有资源被分为咨询服务(Counseling)、教育水平(Educational Levels)、教育管理(Educational Management)、教育技术(Educational Technology)、评估(Evaluation)、家庭生活(Family Life)、普通教育(General Education)、馆员联盟(Librarianship)、参考(Reference)、特殊人群(Specific Populations)、专题(Subjects)、教学(Teaching)等 12 大类,大类下面细分出许多小类。单击小类标题,出现与小类标题相关的一些资源,包括专家回答用户提问的存档、网络站点、在线团体、组织机构。

(2) 课程计划。课程计划包括 2000 多个由美国各地的教师撰写和提交的课程计划,并能提供相应的检索服务。

(3) 问答服务。问答服务收集了 200 多个与 ERIC 服务相关的常见问题的答案,问题涉及 ERIC 数据库引用情况、网络站点、讨论组、资源打印等方面。

（4）ERIC 数据资源的检索。ERIC 的数据资源通过美国教育部教育资源信息中心网站（http://www.eric.ed.gov）提供检索服务,有简单检索（Basic Search）和高级检索（Advanced Search）两种检索方式,可以对 CIJE、RIE 和 ERIC Digest 等数据库实施查询。检索时支持逻辑组配查询,还可限制检索字段、检索范围及时间段等。检索结果可以根据相关度、日期进行排序,还可以对检索结果进行相关查询（Find Similar）和二次查询（Search these Results）。ERIC 数据库高级检索页面如图 3-28 所示。

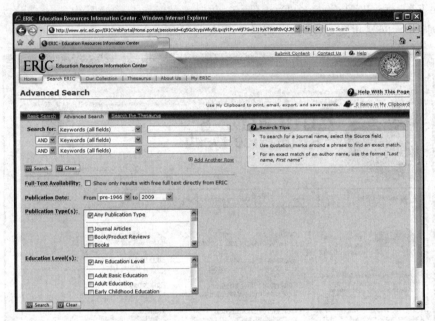

图 3-28　ERIC 高级检索页面

3. EconWPA

著名的经济学信息资源搜索引擎有 IDEAS、EDIRC、EconPapers、EconWPA、WoPEc、RePEc 和 BibEc 等,EconWPA 是其中较为常用的一个。

经济学论文档案（Economics Working Papers Archive,EconWPA）是由华盛顿大学经济学院组织创建的一个经济学资源网络搜索引擎。EconWPA 致力于为用户提供免费发布和检索经济学领域的学术资源的平台,其最大特色是除了可以进行信息的检索,还可以接受个人或组织上传信息,并在上传之前对该信息的格式进行标准化,这就确保了数据的不断更新,从而也保证了信息的查全率。此外,EconWPA 的 JEL（Journal of Economic Literature）分类检索方式操作比较简单,用户只需要通过 JEL 列表逐项选择就可得到所需信息。EconWPA 的网址是 http://econwpa.wustl.edu。

1）分类体系

EconWPA 按照经济学期刊文献分类系统（JEL Category System）将所有文章分成 24 大类,作者上传文章时需按照 EconWPA 要求的格式进行提交,并根据文章的内容将其分类。

2) 检索功能

通过 JEL Category System 进行检索是 EconWPA 的主要检索方法,用户只需单击要搜索文章的类型链接,EconWPA 接着就会根据文章的发布时间进行检索。用户可以通过 EconWPA 检索到经济学方面的 30 多万条书目信息。

3) 检索结果

EconWPA 检索结果只包括文章的序号、标题链接、作者等信息而无法直接获得文章全文。单击标题链接,可以获得文章的摘要、作者 E-mail 地址、JEL-Code、日期、下载地址等详细信息。EconWPA 对作者上传文章的相关信息进行了详细的介绍,所以当用户想得到全文信息时,可通过 URL 下载地址链接获得或直接通过 E-mail 向作者索取。

EconWPA 还提供了许多个性化服务功能,如单击检索结果页面中的号码链接,可以跳转到号码所在的页面查看文章信息;单击检索结果页面中的 Access and download statistics 链接,可以查看文章的下载情况、阅览情况以及其他统计信息。此外,EconWPA 的检索结果排列形式简单易懂,还可以对检索结果反馈的条目数量进行设置。

4. 其他的专业搜索引擎

1) 社会科学信息搜索引擎

(1) Research Connect,网址是 http://www.researchconnect.com。

(2) 社会科学空间(The Center for Spatially Integrated Social Science,CSSS),网址是 http://www.csiss.org。

(3) 社会科学研究网(Social Science Research Network,SSRN),网址是 http://www.ssrn.com。

2) 教育信息搜索引擎

(1) Education World,网址是 http://www.educationworld.com。

(2) Peterson,网址是 http://www.petersons.com。

(3) College NET,网址是 http://www.collegenet.com。

3) 经济信息搜索引擎

(1) RePEc(Research Papers in Economics),网址是 http://repec.org。

(2) IDEAS,网址是 http://ideas.repec.org。

(3) EconPapers,网址是 http://econpapers.hhs.se。

(4) EDIRC,网址是 http://edirc.repec.org。

(5) WebEc(WWW Resources in Economics),网址是 http://www.helsinki.fi/WebEc。

习 题 3

3.1 思考题

1. 按工作方式来划分,搜索引擎可以分为几类?请简述各类搜索引擎的特点。

2. 简述索引型搜索引擎的一般工作过程。
3. 试列举几种常见的索引型搜索引擎,并说出其检索特色。
4. 试分析目录型搜索引擎、索引型搜索引擎与元搜索引擎3者的差异。
5. 什么是元搜索引擎?较之其他搜索引擎,元搜索引擎有哪些优势和劣势?
6. 常用的FTP资源检索工具有哪些?
7. 试列举百度的特色检索功能。
8. 收集当前国内外搜索引擎发展状况的资料,说明搜索引擎技术的发展方向以及对国内搜索引擎发展方向的见解。

3.2 上机练习题

1. 利用搜狐分类目录,查找提供"信息管理"类报刊/杂志的网站有哪些。
2. 利用Galaxy网站的分类目录,查找有关假肢(Prosthesis)生产和销售的网站信息。
3. 利用Google搜索引擎,查找RSVP都表示哪些含义。
4. 利用百度搜索引擎,查找"易建联"所在的雄鹿队所在城市的情况。
5. 分别利用Dogpile和万纬搜索引擎,查找澳大利亚东部海滨城市"黄金海岸"(Gold Coast)的机场和酒店信息以及特色风景名胜和主要旅游景点(Scenic Resorts and Touristy Sites)信息。
6. 利用天网FTP搜索引擎,查找并下载名为"WPS Office 2003"的软件。
7. 利用Google或者Yahoo!搜索引擎的图片搜索功能,查找"Kangaroo"的图片和文字资料。
8. 在网络上寻找一个感兴趣的邮件列表(Mailing List),试向其申请邮件订购服务。
9. 分别利用Peterson(http://www.petersons.com)和College NET(http://www.collegenet.com)专业搜索引擎,查找美国南加州大学(University of Southern California,USC)的英文名称、地址、电话以及研究生专业设置、入学要求等信息。

第4章 中文网络数据库的检索

中文数据库的建设和发展已有近30年的历史,其发展过程大致可分为3个阶段:

一是起步阶段(1975年至1979年),主要是引进、学习和借鉴国外数据库的理论成果;

二是发展阶段(1980年至1993年),主要是研究和自建中文数据库;

三是成熟、使用和飞速发展阶段(1993年至今),不但数据库数量急剧增加,数据库类型也发生了深刻的变化,由最初的书目型数据库发展到全文数据库、数值型数据库和事实型数据库;从载体形态上看,则由光盘数据库发展到网络数据库。数据库类型的不断转化,有力地推进了中文数据库产业的发展,网络数据库的开发与建设成为我国Internet网络信息资源建设的核心问题。

网络数据库是随着网络技术的发展而发展起来的,是数据库技术与网络技术相结合的产物,是继联机数据库和光盘数据库之后出现的一种新的信息资源组织方式。它是以后台数据库为基础,加上一定的前台程序,通过浏览器完成数据存储、查询等操作的信息集合。

本章将对国内几大主要的中文网络数据库检索系统及其检索技术做一介绍。

4.1 CNKI与中国期刊全文数据库

4.1.1 CNKI概述

1. CNKI概况

中国知识基础设施工程(China National Knowledge Infrastructure,CNKI)是以实现全社会知识信息资源共享与增值利用为目标的国家信息化重点工程,被国家科技部等五部委确定为"国家级重点新产品重中之重"项目。该工程由清华大学于1995年发起立项,由同方知网技术产业集团于1999年6月开始承担建设并开展服务。CNKI的网址是http://www.cnki.net。

CNKI工程的具体目标:一是大规模集成整合知识信息资源,整体提高资源的综合和增值利用价值;二是建设知识资源互联网传播扩散与增值服务平台,为全社会提供资源共享、数字化学习、知识创新的信息化条件;三是建设知识资源的深度开发利用平台,为社会各方面提供知识管理与知识服务的信息化手段;四是为知识资源生产出版部门创造互联网出版发行的市场环境与商业机制,大力促进文化出版事业、产业的现代化建设与跨越式发展。

中国期刊网,也称为中国知网或知识创新网,是 CNKI 工程的一个重要组成部分,是一个集期刊论文、专利和报纸信息于一体的信息资源系统。用户可以通过中国期刊网来使用 CNKI 的数据库产品。中国期刊网的网址是 http://ckrd.cnki.net/grid20/index.aspx。

2. CNKI 数据库资源

CNKI 已推出的主要中文系列源数据库产品有中国期刊全文数据库(世纪期刊)、中国博士学位论文全文数据库、中国优秀硕士学位论文全文数据库、中国重要报纸全文数据库、中国重要会议论文全文数据库、中国工具书网络出版总库、中国图书全文数据库、中国引文数据库、中国专利数据库、中国年鉴全文数据库、国家科技成果数据库、中国标准数据库等大型数据库。目前,CNKI 系列数据库已经被海内外 17000 多个机构采用。网上数据每日更新。

CNKI 数据库有网上包库、镜像站点、全文光盘 3 种用户服务模式,并采用 IP 身份认证方式确认合法用户。高校校园网用户可直接通过高校图书馆提供的镜像网址进入 CNKI,其他用户需要购卡使用。由于 CNKI 数据库资源为 CAJ 和 PDF 格式,因此,需下载并安装 CAJViewer 全文阅读器软件或者 Adobe Reader 阅读软件才能使用 CNKI 的数据库资源。

3. CAJViewer 全文阅读器

CAJViewer 是中国期刊网数据库资源的全文格式阅读器,支持中国期刊网的 CAJ、KDH、NH 和 PDF 格式文件。它既可以配合网上原文阅读,也可以阅读下载后的中国期刊网全文。

CAJViewer 全文阅读器的主要功能有:

(1) 页面显示和旋转功能。可以通过"首页"、"末页"、"放大"、"缩小"、"实际大小"、"适合宽度"、"适合页面"等功能实现页面跳转和改变文章原版显示的效果,还可以通过"连续显示"、"对开显示"及"连续对开"等方式显示页面以及设置对开显示时的起始页、对开显示时是否显示页间空隙等。此外,页面旋转功能可以实现全部或单独某一页面的旋转,并能将旋转结果加以保存。

(2) 查找功能。对于非扫描文章,提供全文字符串查询功能、在多个文件夹搜索功能和用户自定义搜索引擎功能。

(3) 多语言功能。提供简体中文、繁体中文、英文多种语言文献,方便海内外用户使用。

(4) 文本处理功能和图像处理功能。CAJViewer 的各式文本工具能够实现对文本的摘录、编辑和保存。在屏幕取词软件的支持下,还可以使用第三方翻译软件进行即时翻译;图像工具则可以快速摘取、保存文件中原始图片以及对图片进行打印、E-mail、文字识别、发送到 Word 等多种操作。另外,图像处理引擎提高了图像处理速度,减少了内存占用。

(5) 知识元链接及释义功能。可以对每篇文章的专业术语和词汇做出标示,并给出这些专业术语和词汇在各种专业工具书中的权威释义;

(6) 保存和打印功能。不仅可以将文章以﹡.CAJ/KDH/NH/PDF 格式保存,并按原版显示效果打印,还提供浏览状态保存功能,保存用户的浏览信息,在下次打开文件时可以快速定位到上次的阅读状态。此外,还可以实现双面打印和以讲义的方法打印,以及根据打印机性能进行优化。

此外,CAJViewer 还提供屏幕页面自动滚动方式,可以使用鼠标中键进行自动滚动及调整滚动速度;标注功能,不仅能够显示标注类型,还能对标注属性进行修改;动态帮助功能,帮助用户随机地从服务器上取得最新帮助信息;缩放功能,实现页面从 25% 到 6400% 的缩放,等等。

4.1.2 中国期刊全文数据库

中国期刊全文数据库(CJFD)是在《中国学术期刊(光盘版)》(CAJ-CD)的基础上开发的一个基于 Internet 的大规模、集成化、多功能、连续动态更新的期刊全文数据库,是 CNKI 最具特色的一个文献数据库。

1. 数据库资源

中国期刊全文数据库全文收录了 1994 年至今(部分回溯至创刊)国内正式出版的 8200 多种综合期刊和专业特色期刊的全文,以学术、技术、政策指导、高等科普及教育类为主,同时收录部分基础教育、大众科普、大众文化和文艺作品类刊物,内容覆盖自然科学、工程技术、农业、哲学、医学、人文社会科学等各个领域,全文文献总量 2200 多万篇。该数据库将收录的论文按学科分为理工 A(数学物理力学天地生)、理工 B(化学化工冶金环境矿业)、理工 C(机电航空交通水利建筑能源)、农业、医药卫生、文史哲、政治军事与法律、教育与社会科学综合、电子技术及信息科学、经济与管理共 10 大专辑,10 大专辑下分为 168 个专题数据库和近 3600 个子栏目。

数据库产品形式包括 Web 版(网上包库)、镜像站版、光盘版。CNKI 中心网站及数据库交换服务中心每日更新 5000~7000 篇文献;各镜像站点通过互联网或卫星传送数据可实现每日更新;专辑光盘每月更新,专题光盘年度更新。

2. 数据库的特点

中国期刊全文数据库的主要特点有:

(1) 集题录、文摘、全文信息于一体,实现了海量数据的高度整合和一站式(One-stop Access)文献信息检索。

(2) 参照国内外通行的知识分类体系组织知识内容,数据库具有知识分类导航功能。

(3) 设有多个检索入口,用户既可以通过单个检索入口进行初级检索,还可以利用布尔逻辑运算符等灵活组织检索提问式进行高级检索。

(4) 具有引文检索及链接功能,除了可以构建相关的知识网络外,还可以用于个人、机构、论文、期刊等方面的计量与评价。

(5) 全文信息完全的数字化,通过免费下载最先进的阅读器软件,可以实现期刊论文原始版面结构与样式不失真的显示和打印。

(6) 多样化的产品形式,及时的数据更新,可满足不同类型、不同行业、不同规模用户个性化的信息需求。

(7) 数据库内的每篇论文都获得了清晰的电子出版授权。

(8) 遍布全国和海外的数据库交换服务中心,配上常年的用户培训与高效的技术支持。

4.1.3 数据库的检索

可以通过 CNKI 中国期刊网的网址 http://ckrd.cnki.net/grid20/index.aspx,或者通过各高校图书馆的镜像网址登录中国期刊网,在其主页的数据库名称列表中选中"中国期刊全文数据库"前的复选框,并单击"中国期刊全文数据库"名称链接,即可进入中国期刊全文数据库并实施检索。

中国期刊全文数据库提供初级检索、高级检索和专业检索 3 种检索方式,数据库检索首页及初级检索页面如图 4-1 所示。

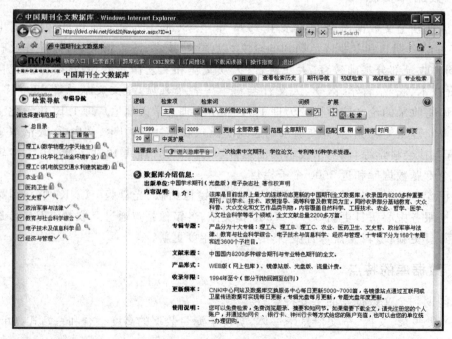

图 4-1 中国期刊全文数据库检索首页

1. 初级检索

从 CNKI 中国期刊网进入中国期刊全文数据库后,系统默认的检索方式就是初级检索方式,页面左侧为导航区,用来帮助确定检索的专辑范围。

初级检索的具体实施步骤如下:

1) 选取类目范围

在导航区的各专辑名称上单击可以打开某专辑并查看其下一级的类目,直到找到需要的类目并在类目范围前的复选框中打"√";或者单击"全选"按钮,选择所有的类目范围。

2) 选取检索字段

在"检索项"下拉列表中选取要进行检索的限定字段,这些字段有主题、篇名、关键词、摘要、作者、第一作者、单位、刊名、参考文献、全文、年、期、基金、中图分类号、ISSN 和统一刊号等。完成字段选择后,下一步的检索工作将在选中的字段中进行。

3) 输入检索词

在检索词文本框中输入关键词,关键词为检索字段中出现的关键单词。

4) 选择各项检索限制条件

(1) 时间跨度。选择检索的时间跨度是将检索限定在一段时间内。时间跨度以年为单位。

(2) 更新。更新用来限定数据的更新时间,有全部数据、最近一周、最近一月、最近三月和最近半年 5 种更新时间。

(3) 范围。范围用来限定检索的期刊范围,有全部期刊、EI 来源期刊、SCI 来源期刊和核心期刊 4 种范围供选择。

(4) 匹配。匹配用来指定检索词和数据库记录的匹配方式,有模糊和精确两种方式。

(5) 排序。排序是指检索结果的排列方式,有时间、无、相关度 3 个选项。相关度是指检索词在检索字段内容里出现的命中次数,出现的检索词次数越多的文献排列越靠前。

(6) 每页。每页用来限定每个页面显示的检索结果数量,默认数量为 20。

2. 高级检索

利用高级检索能实现快速有效的组合查询,查询结果冗余少,命中率高。

单击图 4-1 页面右上方页面转换工具条中的"高级检索"链接,进入高级检索页面,页面如图 4-2 所示。高级检索页面默认列出 3 个检索词输入框和 3 个检索项下拉列表,还可以通过页面中的"田"和"曰"来添加或者减少检索项。检索项之间可以进行并且(AND)、或者(OR)、不包含(NOT)、同句、同段 5 种布尔关系的逻辑组配,以实现复杂概念的检索,提高检索的效率。系统默认的逻辑关系是"并且"。高级检索同样可以进行检索的时间跨度、更新、范围、匹配和检索结果的排序方式选择。

3. 专业检索

专业检索是比高级检索功能更强大、更精确的检索方式,但专业检索更适用于熟练掌

图 4-2 中国期刊全文数据库高级检索页面

握检索技术的专业检索人员,供检索人员根据系统的检索语法编制符合自己的信息需求的检索式进行检索。

例如,若想检索"清华大学"的"陈佐一"发表的题名中包含"流体"和"力学"的文章,可以单击简单检索页面或者高级检索页面中的"专业检索"链接,进入如图 4-3 所示的专业检索页面,在页面中的检索框中直接输入检索式"题名='流体 # 力学' and (作者=陈佐一 and 机构=清华大学)"来实施检索。

4. 检索结果

检索结果页面分题录页面和详细信息页面。

1) 题录页面

检索结果首先以题录列表(如图 4-4 所示)的形式显示出来,题录页面包含文献序号、篇名链接、作者、刊名和年/期等信息。单击所选文献的篇名链接,进入该篇文献的详细信息页面。

如果希望进一步缩小检索结果的范围,可以选中题录页面中的"在结果中检索"复选框,重新执行检索过程,即可在前次检索结果的基础上进行缩小检索结果范围的检索。

2) 详细信息页面

在详细信息页面,可以得到该篇名文献的篇名、作者、作者单位、中英文关键词链接、刊名链接、中英文摘要、文献出处链接、共引文献链接、相似文献链接、相关文献作者链接、文献分类导航链接等详细信息。单击页面中的"下载阅读 CAJ 格式全文"链接或"下载阅读 PDF 格式全文"链接,还可以下载得到 CAJ 格式或 PDF 格式的文章原文。

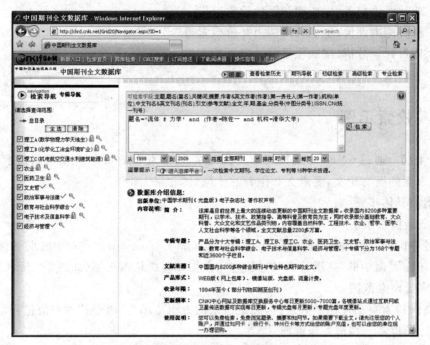

图 4-3 中国期刊全文数据库专业检索页面

图 4-4 中国期刊全文数据库题录检索结果页面

中国期刊全文数据库除了可用于信息检索、信息咨询、原文传递等常规服务外,还可用于开展一些专项服务,如:

(1) 引文服务,生成引文检索报告。
(2) 查新服务,生成查新检索报告。

第 4 章 中文网络数据库的检索

（3）期刊评价服务，生成期刊评价检索报告。

（4）科研能力评价，生成科研能力评价检索报告。

（5）项目背景分析，生成项目背景分析检索报告。

（6）定题服务，生成CNKI快讯。

4.1.4 检索示例

【例4-1】 通过CNKI中国期刊全文数据库，检索发表于2005年的信息技术领域"信息检索"方面的所有论文，要求文章作者的单位是"北京大学"。

检索的具体步骤是：

1）登录检索系统

通过中国期刊网（http://ckrd.cnki.net/grid20/index.aspx）登录中国期刊全文数据库，通过单击页面中的"高级检索"链接，进入数据库高级检索页面（如图4-2所示）。

2）确定检索范围

在高级检索页面左侧的导航区，确定检索的专辑范围为"电子技术与信息科学"。

3）选择检索项和输入检索词

在高级检索页面右侧第一个检索项下拉列表中选择"主题"检索项，检索词文本框中输入"信息检索"；在第二个检索项下拉列表中选择"单位"检索项，检索词文本框中输入"北京大学"；两个检索项之间的逻辑组配关系是"并且"。

4）确定检索的各项限制条件

本例涉及的检索限制条件是检索时间，要求检索发表于"2005"年的文献，因此应该在时间跨度列表中选择起、止时间均为"2005"，然后单击"检索"按钮，进入检索结果页面。

5）检索结果显示

在检索结果的题名列表页面中（如图4-4所示），单击"上页"、"下页"链接，或者通过输入页码后单击"转页"按钮，可跳转到相应的页面。若单击所选论文的篇名链接，可得到该论文的摘要、作者、作者单位、刊名、参考文献等其他详细信息。单击详细信息页面中的"下载阅读CAJ格式全文"或"下载阅读PDF格式全文"链接，可以得到CAJ或PDF格式的文章原文。

4.2 维普资讯系统与中文科技期刊数据库

4.2.1 维普资讯系统概述

重庆维普资讯有限公司是科技部西南信息中心下属的一家大型专业化数据公司，自1989年以来，一直致力于报刊等信息资源的深层次开发和推广应用。公司的业务范围涉及数据库出版发行、知识网络传播、期刊分销、电子期刊制作发行、网络广告、文献资料数字化工程以及基于电子信息资源的多种个性化服务。

公司 2000 年开发建成的维普资讯网(也称天元数据网),经过多年的商业运营,已经发展成为全球著名的中文信息服务网站和中国最大的综合性文献服务网,并成为 Google 搜索的重要战略合作伙伴和 Google Scholar 最大的中文内容合作网站。网站的注册用户数超过 300 余万。维普资讯网的网址是 http://www.cqvip.com。

维普资讯网上的 3 个重要数据库是中文科技期刊数据库、中文科技期刊引文数据库和外文科技期刊文摘数据库,此外还有中国科技经济新闻库、维普医药信息资源系统库和维普石油化工信息系统库等多个数据库。

4.2.2 中文科技期刊数据库

中文科技期刊数据库始建于 1989 年,是国内最大的综合性文献全文数据库。1992 年出版了光盘版数据库,1999 年开始提供网络版数据库服务。

1. 数据库资源

中文科技期刊数据库收录了 1989 年以来至今的 9000 余种期刊刊载的 1300 余万篇文献,并以每年 250 余万篇的速度递增。所有文献被分为社会科学、自然科学、工程技术、农业科学、医药卫生、经济管理、教育科学和图书情报 8 大专辑,8 大专辑又细分为 36 个专题。期刊全文采用扫描方式加工成 PDF 数据格式,保持了全文原貌。用户第一次使用中文科技期刊数据库需下载并安装 Adobe Reader 5.0 以上版本的 PDF 阅读器软件。

2. 数据库的特点

(1) 是收录国内期刊最多、年限最长、专业文献量最大的中文期刊数据库。

(2) 引用《中图法》等通用规则进行分类标引、主题标引,并执行 ISO9001 国际质量管理体系,是具有更高品质保证的标准化数据库。

(3) 采用国内一流全文检索内核和国际标准的 PDF 全文数据格式,实施更快、更稳定、更清晰的数据库检索服务。

(4) 独有的同义词库和同名作者库,能够更精准地定位于用户的检索请求。

(5) 个性化的"我的数据库"服务功能,能保存用户的检索历史、收藏的全文文献、定制的各种检索方案(如分类定制、期刊定制、关键词定制等)。

4.2.3 数据库的检索

维普资讯网(http://www.cqvip.com)提供注册用户登录和 IP 登录两种方式进入系统。普通用户需要遵照"注册—充值—登录—下载"的网站内容服务基本流程,完成免费注册和账户充值后,在登录区输入取得的用户名和密码,才能登录系统并获取数据库服务;镜像站用户则可以直接通过网站主页提供的"IP 登录"链接登录系统。

中文科技期刊数据库提供快速检索、高级检索、传统检索、分类检索和期刊导航 5 种检索方式。它通过学科类别和数据年限来限定检索范围,使用逻辑运算符 AND(＊)、OR(＋)、NOT(－)来构造检索式或表示逻辑组配关系。

1. 快速检索

快速检索是中文科技期刊数据库的默认检索方式,检索页面如图4-5所示。在数据库检索页面直接选择检索字段并在其后的文本框中输入相应的检索词,单击"搜索"按钮,即可以完成快速检索过程。数据库为快速检索提供的检索字段有题名/关键词、题名、关键词、作者、文摘、机构、刊名、参考文献、作者简介、基金资助、栏目信息、任意字段等。

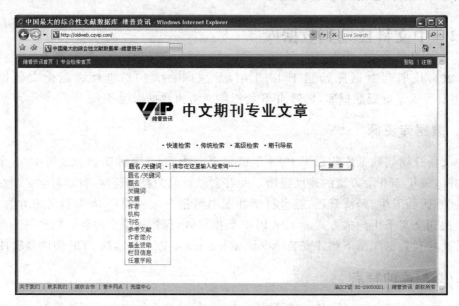

图4-5 中文科技期刊数据库快速检索页面

2. 高级检索

用户登录维普资讯网首页,在检索方式选择区选择"高级检索",进入高级检索页面,页面如图4-6所示。高级检索提供向导式检索和直接输入式检索两种检索方式供读者选择。

【例4-2】 查找文献或文摘中含有"机械",并且关键词含有"CAD"或"CAM",或者题名含有"雷达",但关键词不包含"模具"的文献。

1) 向导式检索

向导式检索为读者提供分栏式检索词输入方法。除了可选择逻辑运算、检索项、匹配度外,还可以通过"查看同义词"、"同名/合著作者"、"查看分类表"、"查看相关机构"、"期刊导航"等扩展功能,或者通过"扩展检索条件"来扩展信息的限定,从时间、专业限制、期刊范围等方面缩小检索范围,获得更符合要求的检索结果,最大限度地提高了查准率。

上例的向导式检索的实现过程是:在第一个检索项中选择"K＝关键词",检索词输入框中输入"CAD＋CAM";在第二个检索项中选择"T＝题名",检索词输入框中输入"雷

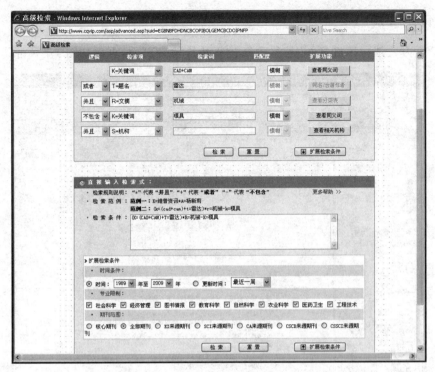

图 4-6 中文科技期刊数据库高级检索页面

达",检索项之间的逻辑组配关系选择"或者";在第三个检索项中选择"R=文摘",检索词输入框中输入"机械",逻辑组配关系选择"并且";在第四个检索项中选择"K=关键词",检索词输入框中输入"模具",逻辑组配关系选择"不包含",再单击"检索"按钮即可。

在向导式检索中,提供了"同名/合著作者"和"查看相关机构"的功能,这两项功能中都限制了选中的最大数目(5个),如果碰巧需要选择的数量又超过了5个,此时可以考虑采用模糊检索的方式来实现检全检准。

2) 直接输入检索式检索

直接输入检索式检索是在高级检索页面下方的"检索条件"输入框中,直接利用逻辑运算符("*"代表逻辑与,"+"代表逻辑或,"-"代表逻辑非)构造符合检索要求的检索式并输入来实施检索的一种方式。

符合例题要求的检索式为:(K=(CAD+CAM)+T=雷达)*R=机械-K=模具,单击"检索"按钮即可以完成检索过程。还可以通过"扩展检索条件"按钮,进一步缩小检索范围。

上述检索式还可以写成:((K=(CAD+CAM)*R=机械)+(T=雷达*R=机械))-K=模具,或者(K=(CAD+CAM)*R=机械)+(T=雷达*R=机械)-K=模具。

在检索式中,逻辑运算符和括号( )不能作为检索词进行检索,如果读者的检索需求中包含逻辑运算符,可用多字段或多检索词的限制条件来替换逻辑运算符号。

第 4 章 中文网络数据库的检索

3. 传统检索

在检索方式选择区选择"传统检索",进入传统检索页面,页面如图 4-7 所示。

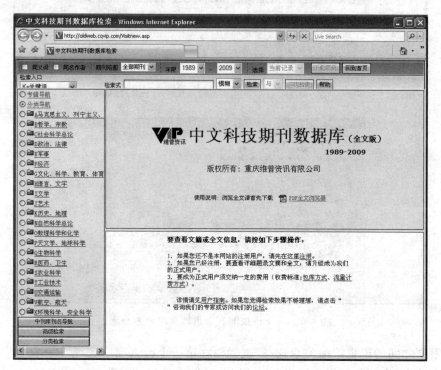

图 4-7　中文科技期刊数据库传统检索页面

利用传统检索页面进行检索时,首先要在检索页面上方对同义词、同名作者、期刊范围、年限、检索入口和检索式等进行选择,然后在检索页面左侧的导航区中,根据"专辑导航"或者"分类导航"的类目划分,选择要查找的学科类目,进而实施检索。

1)"同义词"选项和"同名作者"选项

选中"同义词"选项,如果同义词表中有该检索词的同义词,执行检索后系统就会显示出同义的关键词,让用户决定是否也用这些同义词检索,以扩大检索范围,从而提高检索的查全率;选中"同名作者"选项,输入作者姓名,系统会显示不同机构的同姓名作者的索引,用户挑选后选择想要的单位,单击"确定"即可检出该单位的该姓名作者的文章,这样可将检索结果的范围缩小到具体单位的作者。

2)"模糊"检索和"精确"检索

在检索词输入框的右侧提供了"模糊"和"精确"两种检索匹配方式供选择,以便用户进行更精确的检索。需要注意的是:"精确"检索匹配方式只有在选择"关键词"、"作者"、"第一作者"和"分类号"几个字段进行检索时才生效。系统默认"模糊"检索匹配方式。

3)二次检索

二次检索是在一次检索的检索结果基础上运用"与"、"或"、"非"进行再限制检索,以得到更加理想的检索结果。其中,"在结果中检索"选项相当于布尔逻辑"与",表示在检索结果中必须出现所有的检索词;"在结果中添加"选项相当于布尔逻辑"或",表示在检索结果中至少出现任一检索词;"在结果中去除"选项相当于布尔逻辑"非",表示在检索结果中排除出现某一检索词的文章。

4. 分类检索

在检索方式选择区选择"分类检索",进入分类检索页面,页面如图 4-8 所示。

图 4-8　中文科技期刊数据库分类检索页面

分类检索相当于传统检索的分类导航限制检索,是由专业标引人员根据《中国图书馆分类法》,对每条中刊数据进行分类标引,用户可以根据检索课题的需要,选择要查找的学科分类,然后将选中的某学科分类通过">>"按钮移入到"所选分类"中,任何检索都将仅局限于此类别的数据。分类检索能够满足用户对分类细化的不同要求。

进行分类检索时,除了对检索范围进行学科类别的限定以外,还可以从检索年限、匹配方式等方面进行限定。

5. 期刊导航

在首页的检索方式选择区选择"期刊导航",进入期刊导航页面,如图 4-9 所示。期刊导航提供按字母顺序查找、期刊学科分类导航、国外数据库收录导航 3 种查找方式。用户可以通过期刊名称的字母顺序、学科类别、刊名或 ISSN 号对收录的期刊进行浏览或查找某一特定期刊,并可按期查看该刊的收录文章,同时实现题录文摘或全文的下载功能。

1) 字母检索

按期刊名称的首字母顺序对收录的期刊进行浏览或查找。

图 4-9 中文科技期刊数据库期刊导航页面

2）期刊学科分类导航

单击如图 4-9 所示页面中的某学科分类，会以刊名链接列表方式显示该学科分类下的所有期刊，进一步单击某期刊的刊名链接，可以查看该期刊的期刊简介、ISSN、CN 和期刊评价等期刊信息以及某一期期刊包含的具体文章等。

3）国外数据库收录导航

"国外数据库收录导航"是以列表的方式显示国外数据库所属国家、数据库名称链接、数据库英文名称缩写等，页面如图 4-10 所示。单击其中的数据库名称链接，显示该数据库中收录期刊的刊名链接，通过刊名链接可以进一步查看刊期、ISSN、CN 和期刊评价等信息。

6. 检索结果显示、输出和全文浏览

1）检索结果显示

数据库的检索结果记录有简单记录和详细记录两种显示格式。

（1）简单记录格式。检索完成后，首先显示的是简单记录，简单记录格式包括记录序号、标题链接、作者、出处和以 PDF 图标形式表示的全文下载链接。单击简单格式的标题链接，即可进入该记录的详细格式。

（2）详细记录格式。详细记录格式包括记录标题、作者链接、摘要、单位链接、刊名链接、ISSN 号、CN 号、关键词链接、分类号链接和相关主题链接等。单击详细记录格式的各式链接，可链接到相关内容。

2）输出

无论是在简单记录格式或者是在详细记录格式中，单击页面中的"下载"链接，可以将

图 4-10　国外数据库收录导航页面

文章以 PDF 格式保存后离线阅读；或者单击 E-mail 链接，以电子邮件的形式发送记录；以及单击 Print 链接，打印当前页面的内容。

3）按刊名浏览

在检索结果的详细记录格式页面，单击期刊名称链接，可以看到这种期刊在本数据库中的收录年限，进一步单击其中的一个年限选项，就可以查看这种期刊在某一特定年度中的所有各期以及各期期刊中包含的主要文章信息。

7. 文献关联功能

在检索结果的详细记录格式页面上有"相关文献"的聚类功能，提供了文章的"主题相关"、"参考文献"和"引用本文"3 个方向的文献关联。其中，利用"主题相关"链接，可以检索到与该篇文章具有相同主题意义的所有文献；"参考文献"链接，可以检索到该篇文章所参考引用的文献；"引用本文"链接，可以检索到有哪些文献引用了该篇文章。

知识线索的导航可以提高用户获取知识的效率，解决单纯依赖检索获取方式的不足。通过不断查看引用文献的引用文献，实现对知识后续利用情况的追踪。

4.2.4　检索示例

【例 4-3】　利用中文科技期刊全文数据库的"分类检索"方式，检索 2003—2009 年间文摘中含有"模糊"和"算法"的文章，并下载保存文章的原文。

检索步骤如下：

1）选择检索字段、输入检索词

通过维普资讯网的网址 http://www.cqvip.com，登录中文科技期刊数据库检索系统。进入系统的分类检索页面(如图 4-8 所示),将检索年限限定为 2000~2009,在字段列表中选择"R=文摘",在检索词输入框中输入"模糊*算法"。

2) 选择分类类目

在分类检索页面的"分类表"中选择目标类目,即在"自然科学总论"类的复选框中打"√",然后通过单击">>"按钮将选中的分类项添加到页面右侧的"所选分类"框中作为检索的目标类目,检索将在选定的"自然科学总论"类目中进行。

3) 检索结果的显示和下载

在检索结果显示中,得到命中记录的简单记录格式信息。单击每条记录的"阅读"链接,可以在线阅读 PDF 格式的原文;单击"下载"链接,可以将各记录的原文下载保存到本地机上。

4.3 万方数据知识服务平台

4.3.1 万方数据知识服务平台概述

万方数据股份有限公司是国内第一家以信息服务为核心的股份制高新技术企业,是在互联网领域集信息资源产品、信息增值服务和信息处理方案为一体的综合信息服务商。

万方数据资源系统是由北京万方数据股份有限公司在中国科技信息研究所数十年积累的全部信息服务资源的基础上开发建立的大型科技、商务信息平台,是一个以收录科技信息为主,集经济、社会、人文等相关信息为一体,实现网络化服务的信息资源系统。该系统自 1997 年 8 月开始对外提供服务,网址是 http://old.wanfangdata.com.cn。

2009 年 6 月,万方数据资源系统全面升级为万方数据知识服务平台。作为全国最大的综合性知识信息服务平台,其数据资源完备化、检索方式个性化、知识网络扩展多元化、文献管理科学化,能够为用户提供全面的在线信息服务。万方数据库资源大多实行有偿服务,用户通过"注册—登录—检索—付费—下载"的流程来获取全面的信息解决方案。万方数据知识服务平台的网址是 http://www.wanfangdata.com.cn。

4.3.2 数据库资源

万方数据知识服务平台的数据库资源通过学术论文、学术期刊、学位论文、会议论文、专利技术、中外标准、科技成果、政策法规和机构等几个资源版块的 100 多个数据库为读者提供信息检索服务。

1) 学术期刊

期刊论文是万方数据知识服务平台的重要组成部分,集纳了多种科技、人文和社会科学期刊的全文内容,其中的绝大部分期刊是进入科技部科技论文统计源的核心期刊。内容包括论文标题、论文作者、来源刊名、论文的年/卷/期、中图分类法的分类号、关键字、所属基金项目(DOI)、摘要等信息,并提供全文下载。数据库每周更新两次。

2) 学位论文

学位论文收录了中国科技信息研究所提供的自1980年以来我国自然科学领域各高等院校、研究生院及研究所的硕士研究生、博士及博士后论文,内容包括论文题名、作者、专业、授予学位、导师姓名、授予学位单位、馆藏号、分类号、论文页数、出版时间、主题词、文摘等信息,总计约270余万篇。

3) 会议论文

会议论文收录了中国科技信息研究所提供的国家级学会、协会、研究会组织召开的各种学术会议论文,每年涉及1000余个重要的学术会议,涵盖自然科学、工程技术、农林、医学等多个领域,为用户提供最全面、详尽的会议信息,是了解国内学术会议动态和科学技术水平,进行科学研究必不可少的工具。内容包括数据库名、文献题名、文献类型、馆藏信息、分类号、作者、出版地、出版单位、出版日期、会议名称、主办单位、会议地点、会议时间、会议届次、母体文献、卷期、主题词、文摘、馆藏单位等,总计230余万篇。

4) 专利技术

收录了国内外3400余万项发明专利、实用新型专利及外观设计专利,内容涉及自然科学各个学科领域,是科技机构、大中型企业、科研院所、大专院校和个人在专利信息咨询、专利申请、科学研究、技术开发和科技教育培训中不可多得的信息资源。

5) 外文文献

外文文献包括外文期刊论文和外文会议论文。外文期刊论文是全文资源,收录了1995年以来世界各国出版的2万余种重要学术期刊,每年增加论文百万余篇,每月更新;外文会议论文是全文资源,收录了1985年以来世界各主要学协会、出版机构出版的学术会议论文,每年增加论文20余万篇,每月更新。

6) 中外标准

综合了由国家技术监督局、建设部情报所、建材研究院等单位提供的相关行业的各类标准题录,包括中国标准、国际标准以及各国标准等30多万条记录,是广大企业及科技工作者从事生产经营、科研工作不可或缺的宝贵信息资源。

7) 科技成果

内容由《中国科技成果数据库》等十几个数据库组成,主要收录了70余万项国内科技成果及国家级科技计划项目,内容涉及自然科学的各个学科领域。

8) 政策法规

收录由国家信息中心提供的自1949年新中国成立以来50余万条全国各种法律法规,内容不但包括国家法律法规、行政法规、地方法规,还包括国际条约及惯例、司法解释、案例分析等,关注社会发展热点,更具实用价值,被认为是国内最权威、全面、实用的法律法规信息来源,对把握国家政策有着不可替代的参考价值。

9) 机构

该数据库始建于1988年,由万方数据公司联合国内近百家信息机构共同开发,收录了国内外企业机构、科研机构、教育机构、信息机构的各类信息,是国内外工商界了解中国市场的一条捷径,用户遍及北美、西欧、东南亚等50多个国家与地区,不仅成为图书情报机构的经典电子馆藏资源,还被Dialog联机系统认定为中国的首选经济信息数据库,并面向全球数百万用户提供联机检索服务。其中,企业机构信息包括企业名称、负责人姓名、注册资金、固定资产、营业额、利税、行业SIC、行业GBM等19余万条基本信息,详细介绍了企业经营信息,包括商标、经营项目、产品信息、产品SIC、产品GBM以及企业排名;科技机构信息包括机构名称、曾用名、简称、负责人姓名、学科分类、研究范围、拥有专利、推广的项目、产品信息等;教育机构信息包括机构名称、负责人姓名、专业设置、重点学科、院系设置、学校名人等信息;信息机构信息包括机构名称、负责人姓名、机构面积、馆藏数量、馆藏电子资源种类等信息。数据库还全面收录了以上机构的联系信息,包括行政区代号、地址、电话、传真、电子邮件、网址等。

4.3.3 数据库的检索

万方数据知识服务平台的检索功能由简单检索和高级检索构成,高级检索又可以细分为高级检索、专业检索和经典检索等几种具体的检索方式。

1. 简单检索

简单检索是万方数据知识服务平台的默认检索方式。直接利用知识服务平台主页中提供的检索词输入框,输入恰当的检索词,选择检索的数据资源版块,就可以实施简单检索了。

2. 高级检索

单击万方数据知识服务平台主页中的"高级检索"链接,进入如图4-11所示的高级检索页面。在高级检索页面,用户不仅可以在标题中包含、作者中包含、关键词中包含、摘要中包含、发表日期等字段的输入框中输入检索词,还可以通过对文献类型、被引用次数、有无全文、排序、每页显示数量等字段中的选项做出选择,进而对检索结果加以限制。

3. 专业检索

专业检索是供专业用户使用通用查询语言(Common Query Language,CQL)构造能够表达用户信息需求的检索式来实施检索的一种方式。CQL是一种正式的检索语言,它可以向检索系统发出检索请求,其检索表达式可以映射到具体的检索系统中去。同时,CQL也是一种非常直观的检索语言,其设计目的是使人易读、易写。万方数据知识服务平台的专业检索页面如图4-12所示。

专业检索页面的"请输入CQL表达式"输入框用来输入表达用户检索提问的检索式,通常由检索词和逻辑运算符、截词符及系统规定的其他符号组成。常用的符号有:

(1)精确检索符号("")。如果检索词中含有空格、括号和其他特殊符号(﹡、+、^、$),或者以数字符号开始的检索词,必须用双引号("")括起来,以免产生错误。例如:检索词为:中国$,其中"$"为截词符,输入时必须加入引号"中国$",否则会出现语法错误。

图 4-11　万方数据知识服务平台高级检索页面

图 4-12　万方数据知识服务平台专业检索页面

（2）布尔逻辑算符。多个检索词之间根据逻辑关系使用逻辑或（OR）、逻辑与（AND）或者逻辑非（NOT）连接。

（3）字段限制符。系统提供的检索字段限制符有 Title、Creator、Source、KeyWords 和 Abstract 等；还提供排序字段限制符，如 CoreRank、CitedCount、Date 和 Relevance 等。

（4）关系运算符和关系修饰符。

① 关系运算符（＝）。"＝"既相当于模糊匹配，用于查找匹配一定条件的记录，也可以精确等于某个值。

第 4 章　中文网络数据库的检索　127

② 关系运算符（Exact）。"Exact"能够精确匹配一串字符串，例如：作者 exact "王明"，是指查找作者是王明的记录。

③ 关系运算符（All）。"All"表示当检索词中包含多重分类时，它们可以被扩展成布尔运算符"AND"的表达式，例如：论文题名 all "北京 上海 广州"，可扩展为：论文题名＝"北京"and 论文题名＝"上海"and 论文题名＝"广州"，表示查找论文题名中同时包括北京、上海和广州的记录。

④ 关系运算符（Any）。"Any"表示当检索词中包含有多重分类时，它们分别可以被扩展成布尔运算符"OR"的表达式，例如：论文题名 any "北京 上海 广州"，可扩展为：论文题名＝"北京"or 论文题名＝"上海"or 论文题名＝"广州"，表示查找论文题名中包括北京、上海、广州或其中之一的记录。

⑤ 关系修饰符（*）。"*"表示匹配任意 0 个或多个字符；如果表示单个字符，可以用转义字符"*"来表示，例如：计算机*研究，表示查找包括计算机研究、计算机软件研究、计算机辅助设计研究等的记录。

4. 经典检索

万方数据知识服务平台的经典检索是从标题、作者、作者单位、中图分类、关键词和摘要等方面实施多个字段的逻辑组配检索，经典检索页面如图 4-13 所示。

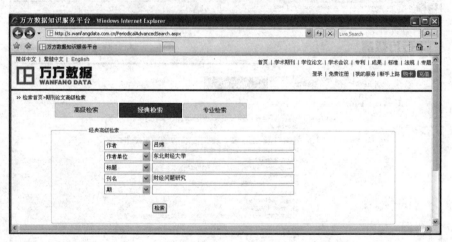

图 4-13　万方数据知识服务平台经典检索页面

5. 检索结果

万方数据知识服务平台的检索结果页面分左右两部分，如图 4-14 所示。左侧页面反映出不同的文献类型、学科分类、期刊分类中获得的检索结果数量、浏览历史等信息，在此部分页面中还可以进行缩小搜索范围的二次检索；右侧页面则反映出检索结果的著录内容，有简单格式（如图 4-14 所示）和详细格式（如图 4-15 所示）两种著录内容显示形式。简单格式是以列表的形式显示所有检索结果记录的序号、文献题名链接、作者、数据来源、年期以及简单文摘等信息；单击某一文献的题名链接，可以进入该文献的详细格式页面，查看文献的中英文题名、文摘、作者、作者单位、数据来源、年期等详细著录信息。

图 4-14　检索结果简单格式页面

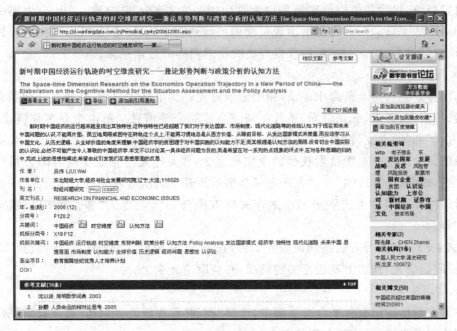

图 4-15　检索结果详细格式页面

简单格式和详细格式页面都提供"查看全文"和"下载全文"链接,通过这些链接能够查看或下载该文献的全文内容。两种页面中也都列示出与本次检索相关的一些检索关键词链接,利用这些关键词链接可以进行相关检索。此外,详细格式页面还提供"导出"和

"添加到引用通知"链接,既可以将该文献以参考文献、文本、XML、NoteExpress、Refworks 和 EndNote 形式导出,还可以通过"添加到引用通知"链接,随时了解文献的被引用情况。

4.3.4 检索示例

【例 4-4】 利用万方数据知识服务平台,查询 1994—1999 年间大连成立了哪些房地产企业,并记录下企业的负责人和企业的成立时间。

检索的具体步骤如下:

1) 进入检索系统并选择检索方式

通过网址 http://www.wanfangdata.com.cn 进入万方数据知识服务平台,在其首页中选择"机构"版块,然后单击"高级检索"链接,进入机构信息高级检索页面。

2) 选择检索途径并输入检索词

在机构信息高级检索页面中的"名称"字段后的文本框中输入"大连房地产";在"省"列表中选择"辽宁";在"成立时间"字段后的输入框中分别输入"1994"和"1999",在"机构类别"中选择"企业",然后单击"检索"按钮,进入检索结果页面。

上述过程也可以通过简单检索来实现,即在万方数据知识服务平台的主页中首先选择"机构"版块,然后在机构信息简单检索页面中的文本输入框中输入"title:大连房地产 founddate:1994-1999",并在随后出现页面的机构列表中选择"企业机构",在地区列表中选择"辽宁",单击"检索"按钮,即获得与高级检索同样的检索结果。

3) 获取检索结果

本次检索共获得 3 条命中记录,命中记录首先以简单格式显示,简单格式包括企业名称链接、负责人、省市、成立时间、年营业额和企业简介等信息。单击企业名称链接,进入"购买方式"和"网上支付"页面,选择购买方式和完成网上支付后,可以查看、下载检索结果记录的详细信息。本次检索获得的事实信息为:"大连光伸企业集团有限公司",负责人"宋君",成立时间"1994"年;"大连金弘基房地产开发集团有限公司",负责人"王成满",成立时间"1997"年;"大连新纪元房地产开发有限公司",负责人"张总经理",成立时间"1995"年。

【例 4-5】 利用万方数据知识服务平台,查询"东北财经大学"的"吕炜"教授 2006 年在《财经问题研究》刊物上发表论文的情况,并获取论文全文。

1) 高级检索

在万方数据知识服务平台主页面中,选择"期刊"资源版块并单击"高级检索"链接,进入期刊论文高级检索页面,页面如图 4-11 所示。

高级检索的基本步骤是:

(1) 选择检索字段和输入检索词。分析检索课题,本次检索选择"作者中包含"、"刊名"和"发表日期"作为检索字段,并在各字段后的输入框中分别输入检索词"吕炜"、"财经问题研究"和"2006",3 个检索项之间默认的逻辑关系是逻辑"与"。

(2) 选择检索结果的排序和数量。选择检索页面下方的"相关度优先"排序方式,选中"有全文"复选项,并通过下拉列表将每页显示的结果数量选择成"10",然后单击"检索"按钮,即可完成检索过程。

2) 专业检索

在高级检索页面中单击"专业检索"链接,进入如图 4-12 所示专业检索页面。

根据页面中提供的检索字段和可排序字段说明,构造检索式"Creator＝"吕炜"and Source＝"财经问题研究"sortby Date/weight＝4",并将检索式填入专业检索页面中的 CQL 表达式输入框中,然后单击"检索"按钮即可。需要注意的是,检索式中所有符号的输入一定要采用英文半角格式。

由于一些检索条件无法用检索式来表达,例如"2006 年"这个检索条件就没有在检索式中体现出来,因此需要在通过上述检索式完成的检索结果页面中,利用页面左侧的"缩小搜索范围"区域,输入"2006"以限定检索的时间范围,并选中"有全文(期刊)"复选项,进行二次检索并获取检索结果(如图 4-14 所示)。

3) 经典检索

在万方数据知识服务平台主页面中,选择"期刊"版块并单击"高级检索"链接,进入期刊论文高级检索页面,在页面中单击"经典检索"链接进入如图 4-13 所示的页面。

经典检索的实现步骤是:

(1) 选择检索字段和输入检索词。在经典检索页面的字段选择列表中分别选择"作者"、"作者单位"和"刊名"字段,并在各字段后相应的文本框中分别输入检索词"吕炜"、"东北财经大学"和"财经问题研究",然后单击"检索"按钮,进入初步检索结果页面。

(2) 二次检索。在初步检索结果页面左侧的"缩小搜索范围"区域中,选择检索的起、止年度为"2006"年,同时选中"有全文(期刊)"复选项,然后单击"检索"按钮,获得如图 4-14 所示的检索结果记录。

4) 检索结果

本次检索共获得一条命中记录,即发表在《财经问题研究》2006 年第 12 期,论文题目为"新时期中国经济运行轨迹的时空维度研究——兼论形势判断与政策分析的认知方法"的论文。在检索结果简单格式页面(如图 4-14 所示)中不仅包含结果记录的论文标题、刊名、作者和年/卷/期等信息,还可以进一步查看记录的详细摘要信息(如图 4-15 所示)和论文全文。

(1) 查看详细摘要信息。单击论文的标题链接,可以查看论文的英文标题、作者、刊名、英文刊名、年/卷/期、分类号、关键词、摘要、基金项目数据库名和参考文献等详细信息。

(2) 查看和下载全文。单击检索结果页面中的"查看全文"和"下载全文"链接,可以查看论文全文或者下载论文。查看和下载前需要完成用户的网上注册和付费。

4.4 中国高等教育文献保障系统

4.4.1 CALIS 概述

中国高等教育文献保障系统(China Academic Library and Information System，CALIS)是经国务院批准的中国高等教育公共服务体系之一。CALIS 的宗旨是在教育部的领导下，把国家投资、现代图书馆理念、先进的技术手段、高校丰富的文献资源和人力资源整合起来，建设以中国高等教育数字图书馆(China Academic Digital Library and Information System，CADLIS)为核心的教育文献联合保障体系，实现信息资源的共建、共知、共享，以发挥最大的社会效益和经济效益，为中国的高等教育服务。

CALIS 管理中心设在北京大学，下设文理、工程、农学、医学 4 个全国文献信息服务中心，华东北、华东南、华中、华南、西北、西南、东北 7 个地区文献信息服务中心和东北地区国防文献信息服务中心。

自 1998 年开始建设以来，CALIS 管理中心引进和共建了一系列国内外二次文献数据库和全文数据库，并采用独立开发与引用消化相结合的道路，主持开发了联机合作编目系统、文献传递与馆际互借系统、统一检索平台、资源注册与调度系统，形成了较为完整的 CALIS 文献信息服务网络。在"十五"期间，CALIS 管理中心继续组织全国高校共同建设以高等教育数字图书馆(CADLIS)为核心的文献保障体系，CADLIS 由 CALIS 和 CADAL 两个专题项目组成，开展各个省级文献服务中心和高校数字图书馆基地的建设，进一步巩固和完善 CALIS 三级文献保障体系，为图书馆提供"自定义、积木式、个性化"的数字图书馆解决方案，扩大 CALIS 服务范围，提高 CALIS 综合服务水平，为高等教育事业和经济文化科技事业的发展发挥更大的作用。迄今为止，参加 CALIS 项目建设和获取 CALIS 服务的成员单位已经超过 500 家。CALIS 的网址是 http://www.calis.edu.cn，主页如图 4-16 所示。

4.4.2 数据库资源

CALIS 的数据资源主要有外文数据资源和中文数据资源两大类。

1. 外文数据资源

CALIS 引进的外文数据资源有全文数据库、文摘数据库和事实数据库，主要分为外文全文电子书数据库、外文博硕士学位论文全文数据库、OCLC FirstSearch 数据库系统、特种资源数据库和其他引进数据库等几大类，具体包括 ABI/INFORM 商业信息数据库、ACM Digital Library 全文数据库、ACS 美国化学学会、Academic Press 美国学术出版社、Academic Search Premier 学术期刊集成全文数据库、American Physical Society 美国物理学会、BIOSIS Preview 生物学文献数据库、Blackwell 电子期刊数据库、CSA 剑桥科学文摘、Ebrary 电子图书数据库、Elsevier SDOS、EI、SCI、INSPEC、Lexis-Nexis 等 60 余个数据库。

国外数据库的成功引进缓解了我国高校外文文献长期短缺、无从获取或迟缓的问题，使更多的学校加入集团的行列，引进成本越来越低，覆盖面也越来越大，为高校科研和教学创造了优异的支持环境，对高校科研和教学起到了极大地推动作用。但是，引进的外文资源数据库只限于集团购买这些数据库的学校校园网用户使用。

图 4-16　CALIS 主页

2. 中文数据资源

CALIS 系统的中文数据资源已建有联合目录子项目、高校学位论文库子项目、专题特色数据库子项目、重点学科导航库子项目、虚拟参考咨询子项目、教学参考信息子项目、资源评估子项目（正在建设中）和标准规范建设等。

1）联合目录子项目

CALIS 联合目录数据库始建于 1997 年，到 2004 年 10 月为止已经积累了 160 余万条书目记录，馆藏信息达 600 余万条。数据库涵盖了中文、西文和日文等语种的印刷型图书、连续出版物、电子期刊和古籍等多种文献类型，书目内容囊括了教育部颁发的关于高校学科建设的全部 71 个二级学科，226 个三级学科。数据库查询网址是 http://opac.calis.edu.cn。

2）高校学位论文库子项目

CALIS 高校学位论文库子项目是在"九五"期间建设的博硕士学位论文文摘数据库

第 4 章　中文网络数据库的检索

基础上建成的一个集中检索、分布式全文获取的CALIS高校博硕士学位论文文摘与全文数据库。中文学位论文通过网上直接采集电子文本的方式,逐年累积,截至2005年已收集论文10万篇;或者通过集团采购补贴的方式,与高校图书馆与公共馆、情报所等合作,按篇选择购买国外电子版博硕士学位论文,集中存放在CALIS的全文服务器中,计划可共享全文论文6万篇。该子项目与CADAL专题下的学位论文子项目分工合作,前者负责所有论文的目次报导任务;CADAL专题则负责非原生电子版论文的数字化加工,并在得到版权赠予,许可公开无限制利用后纳入百万书库。

目前,该项目已与83家大学签订了参加项目建设的协议,有70多家建立了本地学位论文提交和发布系统,收录了大约42万条学位论文文摘索引。子项目网站由清华大学承建,网址是http://etd.calis.edu.cn/ipvalidator.do。

3) 专题特色数据库子项目

该项目遵循"分散建设、统一检索、资源共享"的原则,采取重点支持和择优奖励相结合的资助方式,鼓励具有学科优势和文献资源特色的学校积极参加专题特色数据库的建设,建成一批具有中国特色、地方特色、高等教育特色和资源特色,服务于高校教学、科研和国民经济建设,方便实用、技术先进的专题文献数据库。特色库中心网址是http://tsk.cadlis.edu.cn/tskopac。

4) 教学参考信息子项目

教学参考信息子项目是在CALIS管理中心的统一领导下,采用最新技术成果,将各校教学信息以及经过各校教师精选的教学参考书数字化,建设基本覆盖我国高等教育文、理、工、医、农、林重点学科的教学需要、技术领先、解决版权问题的教学参考信息库和教学参考书全文数据库及其管理与服务系统,提供师生在网上检索和浏览阅读,并不断地丰富和持续发展,对高等院校的教学工作产生深远的影响和推动作用。

该项目的建设包括教学参考信息库和教学参考书电子全文书库两部分。目前教学参考信息库中的教参信息5万余条。解决版权并完成电子书制作的图书一万多种;由出版社推荐、子项目管理小组组织精心挑选的具有电子版的教参书近一万种。经全面整理归并,总共完成授权加工入库并安装在全文电子教学参考书库中的电子图书2万多种以及出版社推荐的电子教学参考书6万多种。子项目网址是http://202.120.227.57/cm/main.jsp。

5) 重点学科导航库子项目

该项目以教育部正式颁布的学科分类系统作为构建导航库的学科分类基础,建设一个集中服务的全球网络资源导航数据库,提供重要学术网站的导航和免费学术资源的导航。

该项目的建设由CALIS西北地区中心(西安交通大学图书馆)牵头,52所高校参建。导航库建设的学科范围涉及除军事学(大类)、民族学(无重点学科)之外的其余78个学科。子项目网址是http://202.117.24.24/html/CALIS/daohangku/dhk.htm。

6) 虚拟参考咨询子项目

虚拟参考咨询子项目旨在构建一个中国高等教育分布式联合虚拟参考咨询平台,建立有多馆参加的、具有实际服务能力的、可持续发展的分布式联合虚拟参考咨询服务体系,以本地运作为主,结合分布式和合作式运作,实现知识库、学习中心共享共建的目的。

中国高等教育分布式联合虚拟参考咨询平台是沟通咨询馆员与读者的桥梁,通过此平台,咨询员可不受时间、地点的限制,能真正实时地解答读者在使用数字图书馆中第一时间所发生的问题,从而为实现"24/7"的理想服务模式,解决了技术上的问题。

运行初期的虚拟参考咨询系统的中心知识库有 20000 条以上经过组织整理的问答记录。子项目网址是 http://www.lib.sjtu.edu.cn/chinese/virtual_reference_desk/cvrs.htm。

7) 标准规范建设

中国高等教育数字图书馆(CADLIS)的建设是一项技术要求极为复杂的系统工程,涉及众多参建馆的参与和众多应用系统的集成,在这种情况下,技术规范与接口的标准化是项目建设成败的关键所在。为此,CADLIS 管理中心十分重视标准规范的制定,并从 2002 年开始进行数字图书馆方面的国际标准和关键技术的研究,并于 2003 年底组织人员正式编制"CADLIS 子项目建设技术标准与规范"。CADLIS 各子项目组也根据自身需求,结合 CADLIS 制定的技术标准与规范,陆续制定了这些子项目必须遵循的专用技术标准与规范。2004 年 8 月至 10 月间,CADLIS 管理中心对上述各类标准规范重新进行了修订和增补,并将这些规范编撰成册,定名为《中国高等教育数字图书馆技术标准与规范》(简称《CADLIS 技术标准与规范》),以期与广大数字图书馆建设者分享。

《CADLIS 技术标准与规范》包括 CADLIS 总体架构和基本技术标准与规范、各个子项目专用的技术标准与规范、有关产品认证和项目管理等几个方面的内容。

4.4.3 CALIS 中文数据资源的检索

CALIS 中文数据资源中各数据库的检索界面和检索方法基本相同,只是各数据库提供的可供检索的字段有所不同。下面以 CALIS 的自建数据库"高校学位论文数据库"为例,来说明 CALIS 系统的检索方法。

1. 高等学校论文数据库概述

CALIS 高校学位论文数据库收录有包括北京大学、清华大学等全国著名大学在内的 83 个 CALIS 成员馆的 70000 余篇博士、硕士学位论文。高校学位论文数据库网址是 http://etd.calis.edu.cn/ipvalidator.do。

2. 数据库检索

单击 CALIS 主页上的"高校学位论文库子项目"链接,进入"高校学位论文库子项目"网页,在网页中单击高校学位论文数据库的网址链接,进入数据库检索页面;也可以通过在浏览器的地址栏中直接输入高等学校论文数据库的网址,或者利用 CALIS 的中文资源导航功能链接,进入数据库检索页面。数据库提供简单检索和复杂检索两种检索方式。

1) 简单检索

简单检索提供一个检索词输入框和论文摘要、作者、中文题名、外文题名、导师、论文关键词、学校等检索字段,还提供检索限制和检索结果的显示设置选项。简单检索页面如

图 4-17 所示。

图 4-17　CALIS"高校论文库"简单检索页面

2）复杂检索

复杂检索页面如图 4-18 所示，提供 4 个检索词输入框和论文摘要、作者、中文题名、外文题名、导师、论文关键词、学校等检索字段，供用户输入检索词和选择检索词出现的形式、组配方式等来完成复杂检索。复杂检索也提供检索限制和检索结果的显示设置。此外，复杂检索页面中还提供一个学科类别列表框，包含工学、军事学、管理学、农学、医学、哲学、经济学、历史学、理学、法学、教育学、文学等学科分类。检索前选择其中的一个学科类别，检索过程将在指定的学科分类中进行。

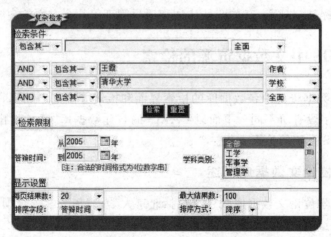

图 4-18　CALIS"高校论文库"复杂检索页面

3）检索结果显示

（1）基本信息和摘要信息。执行检索后，如果有命中的记录，检索结果首先以"基本信息"的形式显示，页面如图 4-19 所示，包括学位论文的中文题名、英文题名、作者、答辩日期等信息。若要查看检索结果记录的摘要信息，可选中中文题名前的复选框并单击该记录下方的"摘要信息"链接，或者在检索结果管理选项中选中"摘要信息"单选项并单击"查看选项"按钮，可进入检索结果的"摘要信息"显示格式，查看检索结果记录的基本信息以及中、英文摘要信息。

（2）详细信息。在基本信息页面，选中欲查看详细信息的中文题名前的复选框并单

图 4-19 CALIS"高校论文库"检索结果页面

击该记录下方的"详细信息"链接,或者在检索结果管理选项中选中"详细信息"单选项并单击"查看选项"按钮,可进入检索结果的"详细信息"显示形式,查看检索结果记录的基本信息、中英文摘要、作者单位、著者专业、语种、导师、答辩日期和关键词等信息。

(3) 全文。部分检索结果记录还提供查看"论文 16 页信息"链接和"论文全文信息"链接。单击详细信息页面中的"论文 16 页信息"链接,即可以 PDF 格式将论文的前 16 页下载、保存到读者本地机,使用 Adobe Reader 软件来阅读。但"论文全文信息"链接只提供论文全文的馆藏信息,不能直接查看和获取全文。因为 CALIS 采取学位论文分散在各成员馆保存,由各成员馆提供全文服务,因此要获取学位论文的全文需要通过文献传递的方式。目前文献传递是以图书馆对图书馆的方式提供服务,读者需要进行文献传递时可咨询学校图书馆的馆际互借中心。

4.4.4 检索示例

【例 4-6】 利用 CALIS"高校学位论文数据库",检索 2005 年于"清华大学"毕业的"王霞"同学的博士学位论文题目、答辩日期、导师等信息。

检索的具体步骤如下:

1) 选择数据库并进入检索页面

单击 CALIS(http://www.calis.edu.cn)主页上的"高校论文库子项目"链接,进入"高校论文库子项目"网页,在网页中单击 http://etd.calis.edu.cn/ipvalidator.do 网址链接,或者直接在浏览器的地址栏中输入上述网址,进入高校学位论文数据库复杂检索页面

第 4 章 中文网络数据库的检索

（系统默认的检索页面）。在复杂检索页面中，单击"简单检索"链接，可以进入简单检索页面。本例选择进入复杂检索页面。

2）选择检索字段和输入检索词

在复杂检索页面的"检索条件"框中选择"作者"和"学校"字段，在这两个字段对应的检索词输入框中分别输入"王霞"、"清华大学"，在"检索限制"框中将答辩时间项的起止时间分别选择成"2005"年，单击"检索"按钮，进入检索结果的基本信息页面。

3）获取检索结果

检索结果共获得3条命中记录。首先，选中第一条记录的中文题名前的复选框，并单击记录下方的"详细信息"链接，进入该记录的详细信息页面，获知该记录的中文题名是"中国上市公司财务报表重新表述的实证研究"，学位级别是"管理学博士"，答辩日期是"2005年6月13日"，导师是"张为国"。重复上述过程，获知第二条记录的中文题名是"顾客满意对价格容忍度的影响研究"，学位级别是"管理学博士"，答辩日期是"2005年6月8日"，导师是"赵平"。在选中第三条记录并查看其详细信息时，发现论文的学位级别为"工商管理硕士"，不符合"博士论文"这一查找要求，因此排除了第三条记录。最终，符合本例题查找要求的结果记录只有两条。

4.5 人大复印报刊资料全文数据库

4.5.1 概述

中国人民大学书报资料中心（简称书报资料中心）成立于1958年，是中国从事人文科学、社会科学信息资源收集、整理、编辑、集成、发布的权威机构。经过50多年的发展，书报资料中心目前已发展成为兼营期刊出版、网络电子出版、信息咨询等业务的综合性、跨媒体的现代出版机构和信息资源服务机构。书报资料中心网址是 http://www.zlzx.org。

书报资料中心选编的印刷版《复印报刊资料》以其覆盖面广、信息量大、分类科学、筛选严格、结构合理完备，成为国内最有影响力的社会科学文献资料库。它按学科内容、性质及特点集中收录了国内哲学、人文社会科学的4500多种报刊，将一次文献与二次文献融为一体，从1978年至今共设142个专题，各专题下设全文复印内容和题录索引内容，分索引、文摘、全文分别出版。

从1995年开始，书报资料中心在印刷版《复印报刊资料》的基础上开始制作、发行光盘数据库，每年按专题出版4张盘。自2002年起，每年按季度汇集所有专题的内容于一张光盘内，全年共4张光盘。

自2001年开始，由北京博立群公司制作并发行人大复印报刊资料网络版数据库，它的内容与印刷版《复印报刊资料》和光盘版数据库一致。人大复印报刊资料网络版数据库包括全文数据库、数字期刊库、报刊索引库、报刊数据库、目录数据库和专题研究库等部分。

4.5.2 数据库资源

1. 数据库资源概述

人大复印报刊资料全文数据库(网络版)收录了1995年以来印刷版《复印报刊资料》中的文献全文,约30万篇,分政治学与社会学类、法律类、哲学类、教育类、文学与艺术类、经济学与经济管理类、历史类、文化信息传播类、其他类等九大类,110多个专题,每个专题下的内容按年代排列,内容涵盖人文与社会科学各个领域。该数据库同时还包括中国共产党(1949—2000)、法学(1979—1995)、妇女研究(1980—1994)、情报资料工作(1980—1994)、语言文字学(1978—1994)、红楼梦研究(1979—1993)、中国现代近代文学研究(1978—1994)、鲁迅研究(1979—1993)、中国近代史(1978—1994)和中国现代史(1978—1994)等20余个回溯数据库。数据库每季度更新。

2. 数据库的特点

1) 具有查全功能

该数据库精选中央和地方报刊、大专院校学报等文献资料,既收载独立成篇的论文,也编制未选印文章索引,篇名、目录并举,涵盖了社会科学的众多领域。

2) 具有学术性和权威性

该数据库偏重选取各种学术理论方面的信息,特别关注人文社科领域的热点问题。该数据库的转载率已成为学术界评定期刊质量和学术论文质量的主要指标之一。

3) 具有新颖性和创新性

该数据库收录人文社科领域中最新的专题文献,及时反映新理论、新动向,不仅密切关注信息时代科学发展的动向,同时还努力追踪社会科学、人文科学的新发展。

4.5.3 数据库的检索

人大复印报刊资料全文数据库可以通过人大书报资料中心信息发布系统(http://ipub.zlzx.org 或者 http://book.zlzx.org)实现跨库、跨年代的全文信息检索。

人大复印报刊资料全文数据库检索主页面如图4-20所示,提供简单查询、二次查询和高级查询等检索方式。

1. 简单查询

简单查询(页面如图4-20所示)是为跨库检索而设置的,可以选择一个或多个数据库进行检索,检索的字段包括任意词、关键词、标题字段、副标题、作者、作者简介、正文字段、分类号、摘要、参考文献、原文出处等。

1) 选择资源

检索时首先要在检索页面左侧的数据库资源目录列表中,通过单击展开各专题,并通

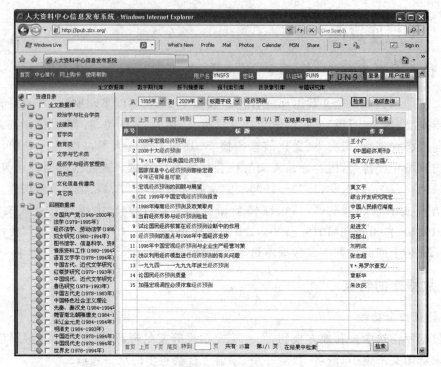

图 4-20　人大复印资料全文数据库（Web 版）检索主页

过在各专题数据库名称前的复选框中打"√"，选择需要的专题数据库资源。可以同时选择多个资源。

2）选择检索字段、输入检索词

在页面上方的时间范围列表中选择检索的时间范围，在"任意词"下拉列表中选择检索字段，并在其后的检索词输入框内输入与检索字段相应的检索词，允许输入字、词和使用截词符，单击"检索"按钮，检索结果显示在页面右下方的检索结果显示区内。

3）显示检索结果

检索获得的检索结果最初以题录列表的形式显示在页面的右下方，包括序号、文献标题链接和作者链接等信息，如图 4-20 所示。在此页面中，读者既可以进行翻页浏览，又可以利用"在结果中检索"功能进行二次检索并获取二次查询后的结果。

单击题录列表页面中的文献标题链接，进入 HTML 格式的全文浏览页面，页面如图 4-21 所示。在全文浏览页面中，利用"控制面板"中的"上一篇"、"下一篇"、"顶部"、"底部"、"打印"、"下载"等按钮，可以查看更多内容和对文章进行打印、下载、定制等操作。

2. 高级查询

高级检索提供单个条件或多个条件的复合查询。单击图 4-20 页面中的"高级查询"按钮，打开"高级查询"页面，如图 4-22 所示。页面左边显示的是可以使用的所有资源；页面右侧列示出供检索的字段，有任意词、标题、作者、分类名、分类号、关键词等。单击页面中的"完全展开"链接会显示更多的检索字段。

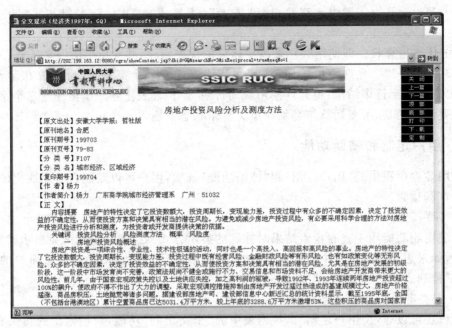

图 4-21　人大复印资料全文数据库（Web 版）全文浏览页面

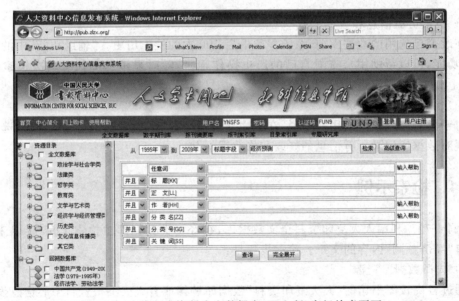

图 4-22　人大复印资料全文数据库（Web 版）高级检索页面

用户只需要在页面左侧的资源列表中选择检索需要使用的数据库资源，然后选择检索字段并在字段的输入框中输入相应的检索词，单击"查询"按钮，即可显示查询结果。有些字段输入域后面有"输入帮助"按钮，可以帮助检索者获得更多的信息。

高级检索支持检索者使用逻辑组配的方法进行组配查询。进行逻辑组配的运算符包括：

(1) 逻辑运算符。逻辑运算符包括"或者"（逻辑或）、"并且"（逻辑与）、"除了"（逻辑非）。

(2) 优先运算符。即使用"()"来改变运算的优先顺序，并支持多层嵌套运算。

(3) 截词算符。允许使用截词符"?"，"?"代表任意一个字符，既可以放在字符串中间，也可以放在字符串结尾；也允许使用截词符"!"，"!"代表任意一个至任意 9 个字符。

需要注意的是，所有运算符必须在英文半角状态下输入。

3. 用户定制和辅助功能

利用数据库提供的"用户定制"和"辅助功能"选项，用户可以定制自己个性化的界面，辅助浏览和检索。

1) 标题定制

标题定制功能用于查看检索结果时标题的显示方式。一般系统默认只显示检索结果的标题，如果想要让显示区中显示更详细的内容，可以通过检索结果显示页面中的"用户定制"下拉列表中的"标题定制"功能完成。

2) 全文定制和排序

用户还可以通过"用户定制"下拉列表中的"全文定制"功能，对检索出的每一篇文献都进行个性化的设置；通过"排序"功能，对检索结果进行排序和对查看库中的记录进行排序。

3) 检索历史信息和数据上载

在改变已选用的数据库前，系统保留最后 100 次的检索历史。"辅助功能"中的"检索历史"功能，可以帮助用户查看自己的历史操作记录，随时显示前面任意一次检索结果；"数据上载"功能可以进行数据上载。

(4) 修改数据库记录

对于具有修改权限的用户来说，在全文显示页面的"控制面板"中多了"修改"选项，能够实现对数据库记录所有信息的修改和修改后上载。

4.5.4 检索示例

【例 4-7】 利用人大复印资料全文数据库，在经济类数据库中检索 1995 年以来标题中含有"经济预测"内容的文章。检索步骤是：

1) 选择数据库资源

通过各高校图书馆的"人大复印资料"数据库链接或者人大书报资料中心信息发布系统 http://ipub.zlzx.org，进入如图 4-20 所示的人大复印资料全文数据库检索主界面。首先查看数据库资源列表区中的可用资源，可以层层展开并根据需要选择相应的数据库资源。本例选择"经济学与经济管理类"数据库资源。

2) 数据库检索

首先在时间范围下拉列表中选择检索的起止时间为"1995"年和"2009"年，然后在"任意词"下拉列表中选择"标题字段"检索字段，并在其后的检索框中输入检索词"经济预测"，再单击"查询"按钮，系统就会获得数据库检索结果，共有 15 条记录被命中。

3) 检索结果的处理

在检索结果记录的标题列表中选择想要浏览的一篇文章并单击其标题链接,可以进行单篇文章的浏览。此外,在全文浏览页面中,利用"控制面板"中的各式按钮,可以查看更多内容和对文章进行定制、下载、打印等操作。

4.6 四大中文期刊全文数据库的比较

CNKI 中国期刊全文数据库、维普中文科技期刊数据库、万方知识服务平台学术期刊数据库和人大复印资料全文数据库是国内影响力和利用率都很高的综合性电子期刊全文数据库。这些数据库是中文学术信息的重要代表,体现了我国现有中文电子文献数据库的建设水平,成为各高等院校、公共图书馆和科研机构文献信息保障系统的重要组成部分。

下面就从收录范围和数量、检索功能、检索结果、用户界面和服务方式等方面(如表 4-1 所示)对各个数据库做一比较。

1. 收录范围和数量

从收录范围来看,这几个数据库基本覆盖了科学技术和社会科学的各个领域。其中,维普中文科技期刊数据库的收藏量最大,收录年限最长,其收录的自然科学和工程技术方面的期刊量比 CNKI 中国期刊全文数据库多出近 50%,但在文史哲类则几乎是空白,因此更适合用户进行科技文献的回溯性检索;CNKI 中国期刊全文数据库收录教育与社会科学、政治经济与法律方面的期刊量较大,综合性很好。CNKI 中国期刊全文数据库和维普中文科技期刊数据库期刊收录重复率在 50% 左右,这说明两个数据库互补性很强,相互不可替代;万方知识服务平台学术期刊数据库与 CNKI 中国期刊全文数据库、维普中文科技期刊数据库的收录重复率较高,在 80% 以上。

从核心期刊收录数量来看,虽然各数据库的核心期刊收录量相差不大,但从核心期刊收录量分别占收录期刊总数的百分比来看,人大复印资料全文数据库核心期刊收录比率最高,收录文献质量也最好,万方知识服务平台学术期刊数据库次之。

2. 检索功能

1) 检索途径

各个数据库都提供关键词、篇名、刊名、作者、机构、文摘等检索途径,但各数据库又都分别拥有各自的特点。如 CNKI 中国期刊全文数据库的检索途径最多,提供引文、基金、全文、ISSN、主题词、年、期等特有的检索途径;维普中文科技期刊数据库则提供第一作者、分类号、任意字段等 3 个特有途径;万方知识服务平台学术期刊数据库提供 DOI 途径检索;人大复印资料数据库则提供针对所有数据库字段的检索。此外,通过同一检索字段对相同的检索词进行检索时,CNKI 中国期刊全文数据库的命中率较高,在一定程度上弥补了主题标引缺乏规范化所带来的漏查,有利于提高查全率,对于检索前沿性课题或文献量较少的冷门课题较为适用;而维普中文科技期刊数据库的检出率相对较低,但命中结果相对比较实用。

表 4-1 四大中文期刊全文数据库的比较

		CNKI 中国期刊全文数据库	维普科技期刊全文数据库	万方知识服务平台学术期刊数据库	人大复印资料全文数据库
基本状况	收录年限	1994 年至今	1989 年至今	1998 年至今	1995 年至今
	期刊种类	8200 余种	9000 余种	6000 余种	3000 余种
	学科范围	收录内容分为理工A(数学物理力学天地生)、理工B(化学化工冶金环境矿业)、理工C(机电航空交通水利建筑能源)、农业、医药卫生、文史哲、政治军事与社会科学综合、电子技术及信息科学、经济与管理 10 大专辑,168 个专题	收录内容分为社会科学、自然科学、工程技术、农业科学、医药卫生、经济管理、教育科学和图书情报 8 个专辑,36 个专题	收录内容涉及科技、人文社会科学领域,范围包括基础科学、工业技术、农业科学、医药技术、人文科学等五大类	收录内容分为政治学与社会学类、法律类、哲学类、教育类、文学与艺术类、经济与经济管理类、历史文化类、文化信息传播类、其他类等九大类,110 多个专题
检索功能	更新频率	每日更新	半月更新	每周更新两次	每季度更新
	检索方式	初级检索、高级检索、专业检索、二次检索	快速检索、传统检索、高级检索、分类检索、期刊导航、二次检索	简单检索、高级检索、经典检索和专业检索	简单查询、高级查询和二次查询
	检索途径	主题、篇名、关键词、摘要、作者、作者单位、刊名、年、期、基金、中图分类号、ISSN 和统一刊号	题名或关键词、题名、刊名、关键词、作者、机构、文摘、分类号、参考文献、任意字段、基金资助、参考文献	论文标题、作者、作者单位、关键字、发表日期、刊名、期、分类号、DOI 和摘要	任意词、关键词、标题、副标题、作者、作者简介、正文、分类号、摘要、参考文献、原文出处等
	检索限制	出版日期、期刊范围、数据更新时间、专辑限制、指定词频	出版日期、期刊范围	文献类型、被引用次数、有无全文、排序、每页显示数量等	学科范围、时间范围
	检索模式	精确匹配、模糊匹配	精确匹配、模糊匹配	精确匹配、模糊匹配	精确匹配、模糊检索
	检索技术	与或非、同句、同段、全文、词频、词距、词序,(),*,?	与或非	与或非,(),*,$,?	与或非,(),?,!

续表

		CNKI中国期刊全文数据库	维普科技期刊全文数据库	万方知识服务平台学术期刊数据库	人大复印资料全文数据库
检索结果	显示方式	题录、文摘、全记录	题录、文摘、全记录	题录、文摘、全记录	题录和全文
	排序方式	时间(默认)、无、相关度	只能按时间排序(默认)	相关度(默认)、经典论文、最新论文	文献加载时间(默认)、指定字段
	输出方式	下载全文、打印题录	下载全文和下载、打印、E-mail发送题录信息	下载全文、打印题录	全文下载和打印
	全文格式	CAJ和PDF格式	PDF格式	PDF格式	HTML格式
	在线帮助	有	有	有	有
其他		具有知识分类导航功能和引文检索功能及链接功能	具有相关文献的聚类功能和知识分类导航功能	具有知识分类导航功能	具有知识分类导航功能,并提供用户定制和辅助功能

2）检索方式

各个数据库均提供导航检索、简单检索和高级检索功能，但在功能的实现上略存差异。例如对于简单检索功能，CNKI 中国期刊全文数据库、万方知识服务平台学术期刊数据库和人大复印资料数据库的简单检索都只提供一个检索框，一次只能输入一个检索词，不支持多个运算符组配的词；维普中文科技期刊数据库的简单检索则支持同一检索框内同时输入多个运算符组配的词。对于高级检索功能，CNKI 中国期刊全文数据库提供 4 个检索框，支持多个检索项目进行逻辑组配，并支持检索结果排序、检索年限设定和检索专辑选择；维普中文科技期刊数据库提供 4 个检索框，可以实现检索条件的组配，还可以限定检索期刊范围和设定检索年限；万方知识服务平台学术期刊数据库提供两个检索框，提供多个检索项目的组配，可以限定检索内容和检索期刊所在地区。

3）特殊检索功能

CNKI 中国期刊全文数据库为每个检索途径提供了检索词字典，通过它可以规范所输入的检索词，有利于更全面准确地检索文献信息；维普中文科技期刊数据库在主题标引用词的基础上，编制了同义词库，有助于相关文献的检索，提高文献查全率。在进行作者字段检索时，可以通过调用同名作者库实现作者单位的限定，提高查准率。同时，维普中文科技期刊数据库还提供了中图法分类号的检索功能，对于关键词不规范的学科和领域，通过分类号检索能够提高某一学科文献的查准率；利用万方知识服务平台学术期刊数据库进行检索时，可以对分布地域进行限定；人大复印资料全文数据库提供多个字段检索词的输入帮助，能从匹配词、拼音、笔画、匹配方式和逻辑关系等方面选取出符合条件的帮助词。

3. 检索结果

1）全文输出格式

几个数据库中的文献都可以浏览原版的图像全文，也可以用文献阅读器上提供的 OCR 识别系统进行文字识别处理。其中，CNKI 中国期刊全文数据库要使用 CAJ 全文阅读器或者 Acrobat Reader 阅读器浏览文献全文；维普中文科技期刊数据库和万方知识服务平台学术期刊数据库使用的是全球通用的 Acrobat Reader 阅读器，对 PDF 格式全文进行浏览和下载，便于文献交流；人大复印资料全文数据库的 HTML 格式全文可以在 IE 中直接打开阅读。

2）排序和去重功能

CNKI 中国期刊全文数据库的检索结果按照主题的相关度或文献的日期排序输出，可以设定每页文献的显示数量；维普中文科技期刊数据库的检索结果按照时间的倒序排列，同时间段结果再按照期刊顺序排列，用户不需要翻页就可以浏览最新文献；万方知识服务平台学术期刊数据库可以按照相关度、经典论文或最新论文排序；人大复印资料全文数据库的排序方式最为灵活多样，既可以按照文献加载时间排序，也可以按照任意指定字段排序。

4. 用户界面

一个数据库的特点和优越性可以通过其检索界面表达出来。界面友好、使用简单的数据库容易被用户掌握和接受；反之，一个检索界面复杂、缺乏人性化的数据库，即使收录了很多优秀的文献信息，数字化水平很高，也会使数据库的使用和广泛应用大打折扣。

CNKI中国期刊全文数据库和人大复印资料全文数据库操作界面简单，检索方法简单、灵活，人大复印资料全文数据库还提供更多的输入帮助信息，即使不具有专业知识的用户也可以掌握；维普中文科技期刊数据库通过分类和导航实现文献浏览，还能通过初级和高级检索方式进行检索，检索页面之间衔接的比较清楚，一目了然；万方知识服务平台学术期刊数据库通过多种检索途径检索文献，但是页面过于复杂、烦琐，很难让初次使用者顺利掌握并达到很高的查全率和查准率，同时在页面的组织、导航的实现上也需要完善。此外，和外文全文数据库相比较，国内的几大数据库都还没有开发出很多个性化的检索功能，智能化程度也不高，有待于进一步的改进和完善。

5. 服务方式

在服务方式上，几个数据库都提供检索服务卡、光盘、局域网、建立镜像站点、包库和流量计费等服务方式。

从订购价格上看，CNKI中国期刊全文数据库和维普中文科技期刊数据库相对比较便宜，且使用和维护比较方便，万方知识服务平台学术期刊数据库则价格相对较高。

从用户角度上看，在选择数据库时可根据本单位具体特点及需求进行选择。对一些大型综合性图书馆，在经费允许的前提下，可考虑购置以上几种全文数据库或根据需要选择相应专辑进行补充选购；对一些专业性图书馆，可采用购置本专业的光盘、包库、流量计价等方式来降低费用；对于检索量较小的单位，可通过建立镜像站点方式来满足有限数量用户的需要；对个人读者，则可以考虑购买阅读卡，通过互联网进行检索。

另外，从网上获取全文时，CNKI中国期刊全文数据库、万方知识服务平台学术期刊数据库和人大复印资料全文数据库的每一篇文献都能从题录直接链接到全文进行下载，而维普中文科技期刊数据库中的一些文献则要通过E-mail方式才能获得。

4.7 联机书目检索系统

书目，即图书的目录，是指通过著录独立出版单元文献的各个特征，并按照一定的可检顺序编排而成的一种揭示和报道文献的工具。书目一般只描述、著录文献的外部特征和简单的内容特征，如书名、作者、分类号、主题词、内容摘要等。一种出版物经过这样的描述、著录就形成一个款目，将许多个款目按某种方式编排起来，就形成了供检索的目录。

4.7.1 联机图书馆公共检索目录概述

联机图书馆公共检索目录(Online Public Access Catalog,OPAC)由开放的公共查询目录(Open Public Access Catalogue,OPAC)演化而来,是20世纪70年代末由美国一些大学图书馆和公共图书馆共同开发的,供读者查询馆藏数据的联机书目检索系统。OPAC是图书馆自动化的基础,是未来电子图书馆的有机组成部分。

1. 现行的 OPAC 的特征

1) 数据资源更加丰富

现行的 OPAC 系统在提供书目数据的基础上,增加了索引、人名录、机构名录、地图、手稿等数据源,同时与全文数据库链接,适合于用户远距离获取文献全文。

2) 用户界面更加友好

OPAC 的设计宗旨是规范、简洁、生动,适合于未经专门训练的普通最终用户。系统不仅提示指导用户正确、快捷地进行操作,用人机对话反馈信息,还提供详尽的出错信息和符合用户习惯的显示格式。有的 OPAC 还尝试采用词频加权、判断相似度等方式对检索结果进行排序。

3) 检索技术灵活多样

OPAC 采用关键词检索、自然语言检索和布尔逻辑检索等多种检索技术。

4) 联机服务更加周到

OPAC 是一个基于网络的书目检索系统,提供全方位的联机信息检索服务。网络用户只需知道所要访问的图书馆主页的 URL 地址,然后采用相应的网络工具,如 Web 浏览器等,就可以通过自己的网络终端进行访问并获取相关的书目信息,这样就消除了用户信息检索的时间和空间限制。另外,OPAC 还提供远程传递服务,可以通过 E-mail 传递检索结果。

2. 我国 OPAC 的发展

OPAC 是图书馆自动化系统的一个组成部分。图书馆自动化一般有两种发展模式:一是建立规模庞大的书目中心,通过联机网络实现资源共享(如 OCLC),这需要庞大的计算机系统和现代化的通信条件,我国短期内无法实现;另一种是建立分布式数据库,逐渐形成地区、全国乃至全球范围的数据系统。我国比较适合于采用第二种模式。

目前,国内的 OPAC 系统缺乏规模化的资源共享,用户界面、数据库建设等方面尚需进一步完善,需要解决的主要问题包括:

1) 标准化和规范化

Z39.50 是一种在客户机/服务器(C/S)环境下计算机之间进行检索与查询的通信协议,其基本原则之一是用户可以通过同样的检索界面去访问任何遵循该协议的目标数据库。目前我国开发的系统,还没有一个采用 Z39.50 或类似的协议标准。

2) 网络化

只有网络才能使 OPAC 面向全社会,真正实现其公共服务的职能。我国公共数据分组交换网(Chinapac)、全国数字数据网(DDV)、中国教育科研网(CERNET)和有线电视网络(CATV)的建成,为网络化提供了良好的条件。

4.7.2 OPAC 的检索

OPAC 是一个基于网络的书目检索系统,网络用户只需要知道所要访问的图书馆主页的 URL 地址,就可以通过自己的网络终端进行访问并获取相关的书目信息。虽然每个图书馆的书目检索系统各不相同,但在检索方法上还是基本一致的。

OPAC 书目信息的检索一般有外部特征途径和内容特征途径两种检索途径。外部特征途径包括题名、责任者(著者、编者、译者、机关团体等)、号码(国际标准书号 ISBN、国内标准书号 CN、专利号等)、出版单位等;内容特征途径包括分类号和关键词等。这几种途径还可以进行逻辑组配检索。

下面以上海外国语大学图书馆的 OPAC 为例,来介绍 OPAC 系统的书目检索过程和步骤。上海外国语大学 OPAC 系统的网址是 http://202.121.96.31:8080/opac。该书目检索系统包含简单检索和多字段检索两种检索方式,默认采用的是简单检索方式。

1. 简单检索

简单检索页面如图 4-23 所示,提供题名、责任者、主题词、ISBN/ISSN 号、订购号、分类号、索书号、出版社、丛书名、题名拼音和责任者拼音等书目检索字段。用户可以从中选择一个字段,并利用页面中提供的唯一检索词输入框来实施单一途径检索。在简单检索页面中,还可以对检索模式、结果排序方式、结果显示方式等进行选择以进一步限制检索结果的范围和数量。

【例 4-8】 检索索书号为"G252.7/27"的图书在上海外国语大学图书馆的收藏情况。

简单检索的具体实施步骤:

1) 选择检索途径、输入检索词

由于检索条件中给出的是具体图书的索书号,因此本例选择"中文图书"作为文献类型,选择"索书号"作为检索的字段类型,并在检索词输入框中输入"G252.7/27",如图 4-23 所示。

2) 限制检索结果

由于对检索课题没有更多的限制和要求,因此本例采用系统的默认设置,选择"前方一致"检索模式,以"入藏日期"和"降序"作为检索结果的排序方式,以"详细显示"作为检索结果显示方式,然后单击"检索"按钮,进入检索结果页面并获取检索结果。

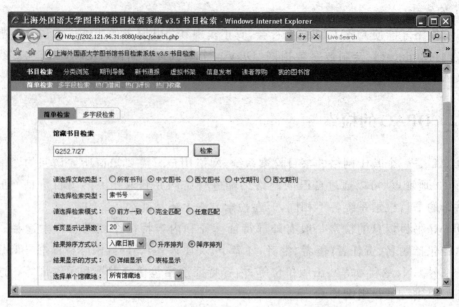

图 4-23　上海外国语大学 OPAC 简单检索页面

2. 多字段检索

多字段检索页面如图 4-24 所示，它在简单检索的基础上，增加了检索字段的组配功能。

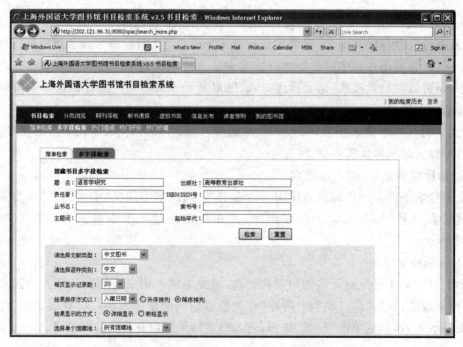

图 4-24　上海外国语大学 OPAC 多字段检索页面

【例4-9】 检索上海外国语大学图书馆收藏的,由"高等教育出版社"出版的所有"语言学研究"方面的中文书籍。

多字段检索的具体实施步骤:

1) 选择检索途径、输入检索词

在多字段检索界面(页面如图4-24所示),用户根据检索课题的要求,首先确定采用"题名"和"出版社"作为检索字段,检索字段之间的默认逻辑组配关系是逻辑"与";在检索字段后面相应的检索词输入框中分别输入检索词"语言学研究"和"高等教育出版社"。

2) 检索结果限制

在多字段检索页面下方选择"中文图书"文献类型,选择"中文"作为语种类别,其他的结果排序方式、结果显示方式、每页显示记录数等选项采用默认值,单击"检索"按钮,即获得5条相关书目信息。对检索结果还可以进行二次检索。

3. 检索结果

1) 简单书目信息

检索结果简单书目信息页面显示出符合检索要求的所有书目的题名链接、图书分类号、出版信息和复本量等信息,利用页面中的"在结果中检索"和"重新检索",可以在检索结果中进行二次检索,以进一步缩小检索结果的范围或者重新开始一次新的检索。简单书目信息页面如图4-25所示。

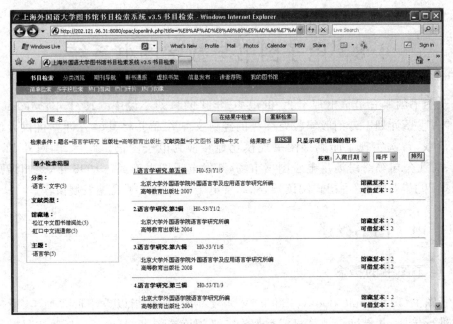

图4-25 OPAC简单书目信息页面

2) 详细书目信息

单击简单书目信息页面中命中记录的书目题名链接,可以进一步查看该书目的中图法分类号、ISBN等详细著录信息,和馆藏地址、借阅状态等详细馆藏信息,以及其他附加信息。详细书目信息页面如图 4-26 所示。

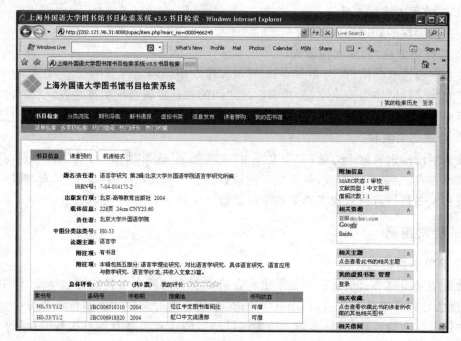

图 4-26 OPAC 详细书目信息页面

4.8 电子图书与数字图书系统

电子图书的概念最早出现于 20 世纪 40 年代的科幻小说中。1971 年，Michael Hart 提出了"古腾堡计划"，专门收录没有版权的经典文学作品并将其输入计算机供人们网上阅读和下载，首次实现了印刷型图书规模化地转换为电子图书。此后，国内外 IT 公司、出版社、商业公司等纷纷涉足电子图书市场，开发电子图书产品。1998 年，美国诺瓦梅地亚公司推出了"火箭书"手持式阅读器，标志着电子图书进入了高速发展阶段。

4.8.1 电子图书概述

1. 电子图书的概念

电子图书(Electronic Book，e-Book)又称数字图书，是指以数字形式加工，通过计算机网络进行传播，并借助于计算机或类似设备来阅读的图书，是电子出版物中最常见的文献形式。

电子图书不只是印刷型图书的数字化，它还是图书的一种更新形态，是继印刷型图书之后出现的一种全新的图书类型。首先，其主要以磁盘、CD-ROM 光盘等磁介质或电子介质为载体，以一定的数据格式存储图书的内容；其次，它为读者提供了特殊的阅读手段,既可以在线或联机阅读,也可以离线或脱机阅读,即通过电子阅读器阅读下载后的图书。

近年来,电子图书得到了迅速的发展,种类已由过去的以参考工具书为主,发展到文学作品、专业书籍等许多门类。

2. 电子图书的特点

与传统的印刷型图书相比较,电子图书具有许多特殊性,具体表现为:

1) 出版个体的宽泛性

传统图书的出版通常由专门的出版机构来操作,而电子图书的出版,除了传统的出版机构以外,各种商业公司、数字资源开发商和书商等都加入进来,成为电子图书出版的主体。

2) 形式的虚拟性

电子图书超越了实物出版模式,实现了无纸化和无实物化,且具有零库存、流通网络化、购买章节化、交易电子化的特征。

3) 流通和使用的便捷性

借助于网络,虚拟化的电子图书具有明显的覆盖范围广、使用方便和快捷的特点;同时,电子图书的各部分能够很容易地分离,读者可以根据自己的需求挑选其中的部分章节、段落购买和使用,能够最大程度地满足读者的需求。

4) 信息结构的多样性

电子图书以不同的文件格式存在,常见的有:EXE、CHM、HLP、HTML、PDF、WDL、IFR、PDG、LIT、EBK 等。这些文件格式集文字、图像、声音、动画等于一体,以多媒体的形式表达信息,获得生动形象的效果。

5) 易于检索性

电子图书借助于电子图书数据库系统进行数据存储和检索,并提供多种检索途径,能够非常方便、快捷地实现多功能的动态检索和组配检索。

3. 电子图书的类型

按照载体的不同,电子图书可分为封装型电子图书、网络型电子图书和便携式电子图书。

1) 封装型电子图书

封装型电子图书是一些图书和工具书的随书发行或单独发行的光盘。各图书馆对此类封装型电子图书都有专门的收藏和管理。

2) 网络型电子图书

网络型电子图书是指采用二进制的数字化形式,将文字、图像、声音等信息内容存储在光、磁等介质上,并通过计算机技术和网络通信技术来获取和阅读的一类电子图书。这类电子图书主要是一些由图书馆、数字资源开发商和书商等设立的网站,也称为数字图书系统或数字图书馆。

网络型电子图书是电子图书的一种主要类型,人们通常所提及的电子图书也大多是指此类网络型电子图书。网络型电子图书多是从印刷版图书的数字化转化而来,如"超星电子图书","方正电子书"等都属于此种类型,有的则是直接以数字形式在网络环境下编辑、出版、传播的电子图书。

3) 便携式电子图书

便携式电子图书特指一种存储了电子图书内容的电子阅读器,也称 Pocket eBook。人们可以在这种电子阅读器的显示屏上阅读各种存放在其中的图书。一个电子阅读器中可存放成千上万页的图书内容,并且图书的内容可不断地购买增加。

我国最早的电子图书产品出现在 20 世纪 80 年代,是由一些拥有计算机技术和设备的单位和个人自发组织起来建立的软磁盘数据库。伴随着国外电子图书市场的发展,国内电子图书市场也日趋活跃。目前,国内提供电子图书服务的网络站点有数百个,常用的有超星数字图书馆,此外还有书生之家数字图书馆和北大方正 Apabi 数字图书馆等,它们因收藏丰富、技术成熟且功能完善而闻名。

4.8.2　超星数字图书馆

1. 超星数字图书馆概述

超星数字图书馆(http://www.ssreader.com)由北京时代超星信息技术发展有限公司研究开发,是国家"863"计划中国数字图书馆示范工程。北京时代超星信息技术发展有限公司先与中国国家图书馆合作,于 1998 年 7 月起将其制作的电子图书提供网上阅读,之后它联合国内 50 多家图书馆和出版社组成数字图书馆,并于 2000 年 1 月正式开通 Internet 服务。目前,超星数字图书馆已发展成为全国各大图书馆支持的庞大的数字图书展示推广平台,也是世界上最大的中文在线数字图书馆。

超星数字资源内容丰富,范围广泛,收录了自然科学和社会科学各个门类的中文图书 160 余万种,并且拥有新书精品库、独家专业图书资源等。超星电子图书数据采用 PDG 格式,使用之前必须先下载并安装专门设计的 SSReader 超星阅读器软件,才能对 PDG 格式数字图书进行阅览、下载、打印、版权保护和下载计费。

超星数字图书馆的全文资源是有偿服务的,服务方式有两种:一是单位用户购买,购买单位的用户可以在其固定 IP 地址范围内免费使用数字图书馆资源,或者通过采用设置镜像站点的方式使用资源;二是读书卡会员制,通过个人直接购买超星读书卡,并在数字图书馆主页完成网上注册成为会员后,方能使用全文资源。

2. 超星数字图书数据库的检索

通过超星数字图书馆东北财经大学镜像站点的网址(http://202.199.163.22),可以进入超星数字图书数据库,数据库主页如图 4-27 所示。在该数据库中可以实施对超星电子图书资源的检索,有分类检索、快速查询和高级检索 3 种检索方式。

1) 分类检索

超星数字图书数据库对其收录的电子图书资源按照《中图法》进行分类,共分经典理

图 4-27 超星数字图书数据库主页

论、政治法律、文化科学教育体育、艺术、数理科学和化学、医药卫生、交通运输、哲学宗教、军事、语言文字、历史地理、天文学和地球科学、农业科学、环境科学安全科学、社会科学总论、经济、文学、自然科学总论、生物科学、工业技术、综合性图书等几大类,如图 4-27 所示。单击"图书馆分类"栏目中所需检索的类目名称链接,将会出现该类目所包含的二级类目,逐次展开其下位类直到最末一级类目时,即可检索出该类目下的所有图书记录。

2) 快速查询

在数字图书数据库主页上还可以进行快速查询。快速查询的步骤是：

（1）输入检索词。在数据库主页面左上方的检索词输入框中输入检索词。

（2）选择检索字段。在检索词输入框下方的字段选择列表中选择与检索词对应的检索字段,共有书名、作者、索书号、出版日期等字段供选择。

（3）选择图书分类。在字段选择列表框下方的图书分类列表中选择一个图书分类,检索将在特定的图书分类中进行,否则检索将在所有的图书分类中进行。

（4）单击"查询"按钮。

（3）高级检索

单击数字图书数据库主页中的"高级检索"按钮,进入高级检索页面,如图 4-28 所示,它提供书名、作者、索书号、出版日期等检索字段的逻辑组配检索,各字段之间是逻辑

图 4-28 高级检索页面

第 4 章 中文网络数据库的检索

"与"关系。

4）添加个人书签

对于阅读频率较高的图书，在超星数字图书馆中可以通过添加"个人书签"的方法来免去每次检索的麻烦。

首次使用"个人书签"之前，需单击超星数字图书馆主页左侧的"需建立书签用户在此注册"按钮，注册成为登录用户；若需在使用数字图书馆过程中加入书签，则需要回到超星数字图书馆主页，在主页左侧的"用户登录"栏中填入用户名和密码进行登录，登录成功后，读者就可以进行添加个人书签的操作了。

5）检索结果的显示、阅读和下载

（1）检索结果的显示。超星数字图书数据库的检索结果首先以简单记录的格式显示，如图4-29所示，记录中包括书名、作者、索书号、出版日期、页数等信息以及"阅读"、"下载"、"发表评论"和"添加个人书签"等功能按钮。

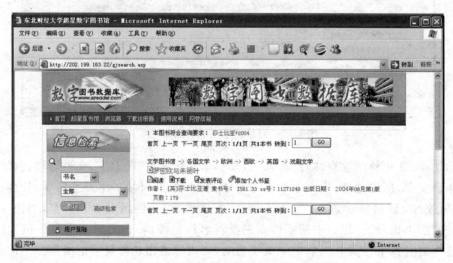

图4-29　检索结果的简单记录格式

（2）阅读全文。单击检索结果简单记录中的"阅读"按钮可以在线阅读全文。在首次阅读图书全文前，必须先下载和安装超星阅读器软件。超星图书文件是PDG图像格式文件，但加入了OCR识别功能，只要安装了完全版的超星中文阅读器软件，即可对PDG格式的文字进行识别并转化为相应的文本格式。

（3）下载。若读者需下载图书，单击检索结果简单记录格式中的"下载"按钮即可。首次使用下载功能前，需单击超星数字图书数据库首页菜单栏中的"下载注册器"按钮，选择"在当前位置运行该程序"，并随意输入3位字符以上的用户名进行"注册"，注册成功后方可下载数据。另外，下载时选择页码应小于该书的总页数，否则系统会报错。

超星数字图书馆除了提供图书的下载和阅读服务外，还提供由全国各大图书馆专家联合开展的图书导航、网上参考咨询服务、最新图书介绍和书评信息服务等。

3. 检索示例

【例 4-10】 检索 2004 年出版的"莎士比亚"的著作在超星数字图书数据库的收藏情况。

检索的具体实施步骤是：

1) 进入超星数字图书数据库的高级检索页面

通过镜像站点的网址，如 http://202.199.163.22，进入超星数字图书数据库，在超星数字图书数据库主页中单击"高级检索"按钮，进入高级检索页面。

2) 确定检索字段

分析检索课题，确定本例采用"作者"字段和"出版日期"字段进行检索，并在两个字段后的检索匹配方式列表框中均选择"包含"，如图 4-28 所示。

3) 输入检索词

在"作者"字段后的检索词输入框中输入"莎士比亚"，在"出版日期"字段后的检索词输入框中输入"2004"，单击"检索"按钮。

4) 检索结果显示

检索结果如图 4-29 所示，显示只有一条命中记录，即 2004 年 8 月出版的《罗密欧与朱丽叶》一书。

4.8.3 其他中、外文数字图书系统介绍

1. 书生之家数字图书馆

书生之家数字图书馆由北京书生科技公司创办，于 2000 年 5 月正式开通，是一个全球性的中文书、报、刊网上数字系统，主要收录 1999 年至今的图书、期刊、报纸、论文和 CD 等各种载体资源，内容涉及社会科学、人文科学、自然科学和工程技术等类别，可向用户提供全文电子版图书的浏览、复制和打印输出。网址是 http://www.sursen.com。

书生之家数字图书馆目前以镜像服务为主，使用各项功能前，用户要以"Guest"作为用户名和密码登录，并下载和安装"书生阅读器"软件，可以浏览到 2000 年以来出版的相关类目下的所有书目信息和当月出版的新书信息。

书生之家数字图书馆以收录图书为主，现有 30 多万种电子图书全文，并以每年 6 万～7 万种的数量递增。它将收录的图书资源分成计算机、通信与互联网、经济金融与工商管理、语言文化教育体育、教材教参与考试、生活百科、法律、政治外交、哲学宗教、历史地理等类目，提供分类检索、单项检索、组合检索、全文检索、二次检索等检索功能，可以使用图书名称、出版机构、作者、丛书名称、ISBN、主题和提要等检索字段以及各字段间的逻辑组配，实施图书全文的单项检索和精确的组合检索。

2. 方正 Apabi 数字图书馆

方正 Apabi(Aim for Paperless Application by Internet)数字图书馆是由北京大学方

正公司开发的网上数字图书系统,创办于 1992 年,是制作和提供电子新书的专业网站,网址是 http://apabi.nstl.gov.cn。

方正 Apabi 数字图书馆收录全国 400 多家出版社最新出版的高质量的中文图书,目前已拥有社会科学、文学艺术、语言、历史、法律等多个类别的 2 万余种电子图书全文,并与纸质图书同步出版,平均每月增加 3000 本左右。其采用的 Apabi Reader 阅读器,集电子图书阅读、下载、收藏等功能于一身,可以阅读 CEB、PDF、HTML 或 XEB 格式的电子图书和文件。

方正 Apabi 数字图书馆为读者提供方便的网络借阅服务,有分类导航、快速检索、高级检索等功能,提供书名、责任者、主题词/关键词、摘要、出版社、年份和全文等字段的单项检索和逻辑组配检索。

3. 中国数字图书馆

中国数字图书馆由中国数字图书馆有限责任公司(隶属于中国国家图书馆)于 2000 年 9 月创办,是国家级数字资源系统工程,网址是 http://idl.hbdlib.cn。

中国数字图书馆拥有的所有数字图书均按《中图法》严格分为 22 大类,内容覆盖哲学、经济、军事、文学、艺术、法律、科技、教育等各个门类,形成了相当的规模和体系。同时,中国数字图书馆依托中国国家图书馆丰富的馆藏,进行了古籍的数字化加工工作,现已收录 10000 余册精选的中文图书、近 2000 册西文经典著作以及古籍图书馆的全部藏书。

中国数字图书馆设立会员机制,只有注册获得会员资格的读者才能够浏览网站的数字资源,享受其个性化的服务以及其不断推出的增值服务。读者可以直接利用其主页上的分类目录,通过分类导航方式查找所需图书,还可以进行数字图书的高级检索以及享有中国数字图书馆设立的专题资源库、书海导航、出版社、书店和读者论坛等栏目服务。

4. NetLibrary 数字图书馆

NetLibrary 创建于 1999 年,是世界上电子图书的主要提供商之一,总部设在美国。2002 年,它被国际联机图书馆中心(OCLC)收购,成为 OCLC 下属部门。NetLibrary 的网址是 http://www.netlibrary.com。

NetLibrary 整合了来自 400 多家出版机构的近 9 万种电子图书,每月增加 2000 种,内容涉及科学技术、医学、生命科学、计算机科学、商业经济、文学、历史、艺术、社会与行为科学、哲学、教育学等各个学科领域。NetLibrary 以模仿传统图书的借阅流通方式来提供电子图书的浏览和借阅功能,解决了电子图书阅览的知识产权问题,已经为世界上 7300 多家大学图书馆、公共图书馆和专业图书馆提供服务。目前国内 61 所参加集团采购的成员高校除了可以访问集团订购的 6900 多种电子图书外,还可以免费访问 3400 多种无版权图书,包括参考书、学术专著、普及读物和 NetLibrary 免费作品等印刷版的电子全文版本。

NetLibrary 提供浏览(Browse)、基本检索(Basic Search)和高级检索(Advanced

Search)3种检索方式,可以使用的检索字段包括关键词(Keyword)、题名(Title)、作者(Author)、全文(Full Text)、主题(Subject)、ISBN、出版机构(Publisher)等。所有电子图书都内嵌了 American Heritage Dictionary of the English Language(4th Edition),方便读者查询词义和读音。NetLibrary 的数字图书全文采用通用的 HTML 和 PDF 格式,允许在线阅读、复制和单页打印,但不能下载全文。

5. Safari Book Online 在线科技书库

Safari Books Online(http://proquest.safaribooksonline.com)是 ProQuest 公司最新推出的电子图书系统,由世界著名的 IT 出版商 O'Reilly and Associates Inc. 和 The Pearson Technology Group 共同组建,主要提供来自这两大 IT 出版公司下属的 20 多家出版社出版的 IT 方面的宝贵参考资料,覆盖硬件(Hardware)、操作系统(Operating Systems)、证书(Certification)、数据库(Database)、网络(Networking)、计算机科学(Computer Science)等主题类别。目前 Safari Books Online 系统中已有 7000 多种图书,70%的图书是 2000 年或以后出版的,22%的书目列入了亚马逊(Amazon)网上书店前 10000 种需要的图书清单中。

Safari Books Online 提供按主题分类浏览(Browse by Category)、简单检索(Search)、高级检索(Advanced Search)等检索方式。阅读全文可由检索结果中的 Table of Contents 直接跳转到书中的章/节,也可单击图书封面,再选择 Start Reading 从头开始阅读。通过单击检索工具与检索结果之间的 Hide 实现全屏阅读。图书内容不能下载,但可以复制和单页打印。

6. SpringerLink 数字丛书

SpringerLink 文献服务系统通过 http://springer.lib.tsinghua.edu.cn 为国内用户提供电子期刊和图书的在线服务,其中,以丛书系列为主的 SpringerLink 数字丛书数据库提供 30 余种,2700 余册电子丛书的全文,涉及数学、物理、化学、生物医学和生命科学、计算机科学、地球与环境科学等学科并包含了很多跨学科内容,有的电子丛书还被著名的二次文献数据库收录。

SpringerLink 丛书数据库通过 SpringerLink 平台提供网络服务。集团购买用户可在本单位允许的 IP 范围内登录 SpringerLink 的清华镜像站点或德国站点,免费查阅 Springer 网络版数字丛书全文。其他用户也可登录上述站点免费查阅 Springer 数字丛书的卷册、目次、文摘和参考文献。用户可以利用 SpringerLink 主页上方的导航条或者利用 SpringerLink 主页上"内容类型"(Content Type)中的"丛书"(Book Series)链接进行浏览;还可以通过 SpringerLink 系统所有页面上方的"按关键词全文检索"(Find content by keyword)和"高级检索"(Advanced Search),检索包括 Springer 丛书在内的所有 SpringerLink 电子出版物,从检索结果列表中选择出版物为相关丛书名的记录,查阅丛书内容;或者通过浏览方式进入相关丛书的卷次页,页面右侧出现的快速检索(Quick Search)框提供在相关丛书卷次内进行该卷次内容的直接检索。

7. Wiley 电子图书及参考工具书

Wiley InterScience 是 John Wiley & Sons Inc. 出版机构的综合性网络出版和服务平台,网址是 http://www3.interscience.wiley.com。在该平台上除了提供 586 种全文电子期刊外,还提供化学、电子工程和通信、生命科学和医学、数理与统计、物理和天文学 5 个专业领域的电子图书、实验手册和大型专业电子版参考工具书的服务。

Wiley 电子图书数据库(http://www3.interscience.wiley.com/browse/?type=BOOK)提供来自 Blackwell Publishing、IEEE Press 和 Wiley-VCH 的 23 个系列的 7400 余册电子图书,这些图书覆盖化学、材料科学、数理与统计学、电子工程和通信、生命科学和医学、物理和心理学等专业领域,被分成化学(Chemistry)、教育(Education)、工程(Engineering)、信息科学和计算机(Information Science and Computing)等专题大类。

Wiley 在线参考工具书数据库(http://www3.interscience.wiley.com/browse/?type=MRW)提供许多著名和独特的参考工具书的在线版本,包括科学、技术和医学等方面的百科全书、手册和字词典等,被分成化学(Chemistry)、教育(Education)、工程(Engineering)、信息科学和计算机(Information Science and Computing)等专题大类,每季度更新。

Wiley InterScience 提供题名和系列浏览(Browse by Title and Series)、学科分类浏览(Browse by Subject Area)、简单检索(Search)和高级检索(Advanced Search)等多种浏览和检索方式。

8. NAP 数字图书系统

The National Academics Press(NAP)是美国国家科学院下属的学术出版机构,主要出版美国国家科学院、国家工程院、医学研究所和国家研究委员会的报告。从 1992 年开始,逐步将印刷版图书转化为 PDF 格式的电子图书,图书内容覆盖农业(Agriculture)、行为与社会科学(Behavioral and Social Sciences)、生物与生命科学(Biology and Life Sciences)、健康医学(Health and Medicine)、计算机和信息技术(Computers and Information Technology)、冲突与安全事务(Conflict and Security Issues)、环境科学(Environment and Environmental Studies)、地球科学(Earth Sciences)、教育(Education)、能源与能源保护(Energy and Energy Conservation)、工程技术(Engineering and Technology)、食品与营养(Food and Nutrition)、健康与医疗(Health and Medicine)、工业与劳工(Industry and Labor)、数学物理和化学(Math, Chemistry and Physics)、空间与宇航科学(Space and Aeronautics)、科学(Science)、交通与基础设施(Transportation and Infrastructure)、科技政策(Policy for Science and Technology)等诸多主题领域。NAP 的网址为 http://www.nap.edu。

目前,NAP 网站不仅提供 2500 多种电子图书的免费学科分类浏览(Browse Topics),还可以输入关键词在书名或全文中检索以及进行全文订购和打印。

9. Knovel 电子工具书系统

Knovel 公司(http://www.knovel.com)的电子工具书系统提供 16 个学科主题的参考工具书、数据库和会议录,是唯一一家将工程学和应用科学的数据整合起来,并使用独特的制表分析工具提供全球范围访问的网站。Knovel 现收集了 2000 多万条数据记录,30 多家出版机构的 700 余种参考工具书以及 7 种网络分析工具,数据库中的所有内容都是可以检索的全文资料。

Knovel 电子工具书数据库(http://www.knovel.com/web/portal/browse)提供浏览和检索两种使用方式,既可以按学科主题(Titles by Subject)、题名字母顺序(Titles A-Z)、新题名(New Titles)、即将出版(Coming Soon)、加工工具的名称(Titles with Productivity Tools)和数据库(Databases)浏览,也可以在网站主页中通过简单检索(Basic Search)和图形等互动式表格检索(G. E. T. Search)两种方式获取所需要工具书的内容。

4.8.4 主要的网上书店

网络环境下图书信息的检索,除了利用图书馆的公共检索目录(OPAC)和数字图书馆以外,还可以利用网上书店。虽然网上书店的主要功能是销售图书,但其数据库或称"虚拟书架",也可以作为人们查找图书信息的一个非常便捷的信息源。常用的网上书店有:

1. 亚马逊网上书店

亚马逊网上书店(Amazon.com)成立于 1995 年,总部设在美国,是因特网上最大的图书和音像制品销售公司。其服务机制是建立在方便迅速的订货体系和与出版商达成的订货协议上,所以也被称为"世界上最大的没有书的书店"。亚马逊网上书店的网址为 http://www.amazon.com。

该站点数据库可以作为营业性书目,为用户提供 310 多万册图书的书目信息查询,提供的书目信息包括书名、著者、出版者、ISBN 等,数据每日更新,并有新书评价。

2. 当当网上书店

当当网上书店是全球最大的中文网上书店,由美、日、中等国共同投资建设,提供 20 多万种中文图书和一万多种音像制品的营销服务,网址为 http://www.dangdang.com。

3. 卓越网

2000 年,金山公司和联想公司联合投资组建卓越网,一个以销售图书和音像等文化产品为主的电子商务网站。2007 年 6 月,亚马逊公司(Amazon.com)收购卓越网,更名为"卓越亚马逊",网址为 http://www.amazon.cn。

此外,还有很多提供电子图书的网站,如国学网站(http://www.guoxue.com)、亦凡书库(http://www.yifan.net)和 e 书久久(http://www.eshu99.com)等,它们也可以作

为查找图书信息的一个非常便捷的信息源。

习 题 4

4.1 思考题

1. 简述 CNKI 中国期刊全文数据库数据资源的特点。
2. 简述中国期刊全文数据库和中文科技期刊全文数据库各有哪几种主要的检索方式。
3. 中文科技期刊全文数据库的期刊导航检索页面提供哪几种查找方式?
4. 简述万方数据资源系统包含哪几类数据库资源,其中,机构名人类资源有哪些?
5. 简述 CALIS 有哪些外文数据资源和中文数据资源。
6. 简述人大复印资料数据库的特点,并说明该数据库有哪些定制服务功能。
7. 什么是联机图书馆公共检索目录(Online Public Access Catalog,OPAC)?
8. 列举几种主要的中、外文数字图书系统的名称及其网址。

4.2 上机练习题

1. 分别利用 CNKI 中国期刊全文数据库和中文科技期刊全文数据库,检索某位任课教师 2006 以来发表的文章,并写出相应的组配检索式。
2. 利用万方数据知识服务平台,查询该平台共收录了多少篇发表在 2008 年《数量经济技术经济研究》刊物上的论文,其中经济类的论文有多少篇?
3. 利用万方数据知识服务平台,查询东北大学建立了哪些校办企业,记录下这些企业的名称、负责人及其建立时间。
4. 利用人大复印资料全文数据库,检索其近 5 年收录的"经济学研究方法"方面的文章。
5. 利用本校图书馆的联机图书馆公共检索目录(OPAC),检索一本专业图书的索书号、书名、著作者、ISBN、中图分类号、单价、复本数量等著录信息和馆藏信息。
6. 分别利用卓越亚马逊网上书店(http://www.amazon.cn)和当当网上书店(http://www.dangdang.com),查询一本最想购买的图书的定价和书目信息。

第 5 章

英文网络数据库的检索

随着通信技术、计算机技术、网络技术和存储技术的发展,英文数据库的开发和应用已成为现实,而且由于它的直接性、综合性等特点,使用范围也越来越大。

英文学术性数据库可以分为文献型、数值型、事实型、图像型和多媒体型等数据库类型,其中文献型数据库又分为全文数据库和书目数据库。目前常用的综合性英文全文数据库有 EBSCOhost、ProQuest 系统全文数据库、AST、Elsevier、ARL、ASP、BSP、KLUWER、IEL、JSTOR、World Scientific 等;书目数据库主要有 CSA、INSPEC、EI Village、Web of Science、ISTP、CC 等。

许多英文数据库,如 EBCSO、Springer、Elsevier 等,都在国内设立了镜像站点,国内用户可以直接登录镜像站点使用数据库资源,没有设立镜像站点的数据库,如 IEEE/IEE Electronic Library 等,用户可以通过数据库供应商租用的专线登录国外站点,无须支付国际网络流量费。但是,无论是国内的镜像站点还是国外站点,数据库供应商一般通过各个购买者的 IP 地址提供服务,如果不在指定的 IP 地址范围内或者没有购买数据库,则不能登录数据库或者不能享受全文服务。

国内各高校图书馆一般把英文数据库制作成数据库列表,每一个数据库名称都有一个超级链接,单击数据库名称即可链接到相应的数据库,也可以直接通过英文网络数据库的 URL 地址登录到相应的数据库。目前,部分数据库供应商提供系统整合功能,可以与图书馆馆藏相链接,数据库中只有文摘没有全文而图书馆本身收录有印刷型期刊,数据库中给予馆藏标识与链接,数据库中所收录的全部期刊可以通过图书馆的 OPAC 系统进行检索,为用户提供经济、快捷的检索途径。

英文数据库可以为用户提供多种检索功能以及增值服务,但不同的数据库提供的功能差异很大,下面通过对几种世界著名的网络数据库的介绍,帮助用户了解、熟悉、利用英文数据库。

5.1 EBSCOhost 系统全文数据库

EBSCO 创建于 1943 年,是美国提供期刊、文献订购及出版服务的专业公司。EBSCO 自 1986 年开始发展电子信息产品,并于 1994 年开始在 Internet 上提供电子信息产品的在线服务,是全球最早推出全文在线数据库检索系统的公司之一。

EBSCOhost系统是EBSCO公司的3大系统之一,用于数据库检索。其他两个系统分别是EBSCOonline电子期刊系统和EBSCOnet期刊订购信息系统。EBSCOhost数据库检索系统以其友好的用户界面、强大的检索功能、完善的传输手段、丰富的客户定制功能赢得了客户的好评。它除了提供其本身拥有的数据库文献信息外,还可以通过智能链接(SmartLinks)链接到其他EBSCO数据库或电子期刊服务系统,获取其中的全文;通过链接服务器(LinkSource)双向链接到其他知名的文献出版和发行公司的数据库中;通过定制链接(CustomLinks)链接到图书馆的OPAC系统或其他希望连接的信息源。此外,还可以通过CrossRef等链接服务商获取文献信息。

EBSCOhost(中文)系统的网址为 http://search.china.epnet.com;EBSCOhost(英文)系统的网址是 http://search.epnet.com 或者 http://search.ebscohost.com,主页如图5-1所示。

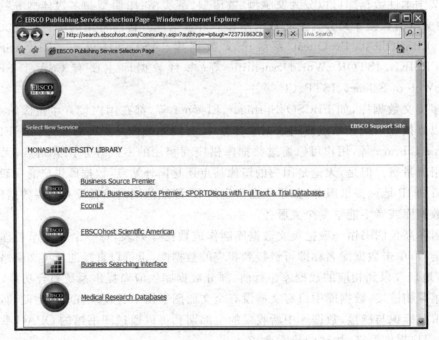

图5-1 EBSCOhost系统主页

5.1.1 数据库资源

EBSCOhost是目前世界上收录学科比较齐全的数据库检索系统,提供100多种全文数据库和二次文献数据库。这些数据库收录近万种期刊全文,其中有一半以上的期刊是SCI、SSCI的来源期刊,涉及自然科学、社会科学、人文和艺术科学等各个学科领域。

EBSCOhost系统中主要的数据库资源有以下几种。

1. 学术期刊集成全文数据库

学术期刊集成全文数据库(Academic Search Premier,ASP)为学术期刊全文数据库(Academic Search Elite,ASE)的升级版,共收录8000多种期刊,其中,提供全文的期刊有4700多种。总收录期刊中经过同行专家评审(Peer Reviewed)的期刊有6500多种,同行专家评审期刊中提供全文的有3600多种;被SCI和SSCI收录的核心期刊1000余种,其中全文刊有400余种。除了全文信息以外,该数据库还提供8000多种期刊的索引和文摘。

ASP数据库涉及社会科学(Social Science)、人文科学(Humanities)、教育(Education)、计算机科学(Computer Sciences)、工程(Engineering)、物理(Physics)、化学(Chemistry)、医药科学(Medical Sciences)、文学艺术(Arts and Literature)、语言学(Language and Linguistics)等多个学科领域,部分收录期刊可以回溯至1975年。该数据库通过EBSCOhost每日更新。

2. 商业资源集成全文数据库

商业资源集成全文数据库(Business Source Premier,BSP)为商业资源全文数据库(Business Source Elite,BSE)的升级版,共收录期刊5000多种,其中全文期刊有4000多种。总收录期刊中经过同行专家评审的期刊有近2000种,同行专家评审期刊中提供全文的有1200多种;被SCI和SSCI收录的核心期刊为500多种,其中全文刊200多种。

BSP数据库内容涉及商务、经济学、经济管理、金融、会计、劳动人事、银行等相关学科领域。与其他数据库相比较,BSP的优势在于它对所有商业学科期刊的内容都进行了全文收录,其中,*Harvard Business Review*等300余种全球知名期刊为EBSCO独家拥有,300余种顶级学术期刊可以回溯至1922年。该数据库通过EBSCOhost每日更新。

3. 其他主要数据库资源

EBSCOhost系统提供的其他主要数据库资源有教育资源文摘数据库(ERIC)、动物信息数据库(EBSCO Animals)、医学文献联机检索数据库(MEDLINE)、报纸资源数据库(Newspaper Source)、职业教育全文数据库(Professional Development Collection)、地区商业新闻数据库(Regional Business News)、多学科数据库(MasterFILE Premier)、历史参考数据库(History Reference Center)、职业技术教育数据库(Vocational and Career Collection)、美国人文科学索引(American Humanities Index)、世界杂志数据库(World Magazine Bank)和通信与大众传媒数据库(Communication and Mass Media Complete)等。

5.1.2 检索技术

1. 布尔逻辑检索

EBSCOhost利用布尔逻辑运算符AND、NOT、OR表示关键词之间的逻辑关系。

AND 表示算符左右两侧的关键词必须同时出现;OR 表示算符左右两侧的关键词可出现任意一个或多个;NOT 表示算符后面的关键词不能出现。当一个检索式中同时出现多个逻辑算符,系统默认算符间的逻辑优先级次序是 NOT、AND、OR。如果要改变默认的优先级次序,则需要使用"()",括号可以嵌套。需要注意的是:优先级算符的左、右两个括号必须一一对应,特别是当使用多层优先级算符时,左括号的数目一定要与右括号的数目相同。

2. 截词检索

EBSCOhost 系统的截词检索技术采用" * "和"?"作为截词符号。" * "表示后截断,也称前方一致,用于检索词的结尾,可以代替由任意多个字符构成的字符串;"?"表示中截断,用于检索词的中间,替代任意一个字母或数字。

3. 位置检索

位置检索技术采用 N 和 W 作为位置算符,来限定检索词之间的位置关系。N 算符表示两词相邻,而词序不加限制;W 算符表示两词相邻,但词序不能改变。在 N 算符和 W 算符的后面都可以加上数字,来限定相邻的两个检索词中间允许间隔的词的数量。如果两个关键词之间无逻辑算符,则按照固定词组处理。

4. 字段限制检索

EBSCOhost 系统提供使用检索字段代码,通过字段代码和检索词的组配进行限制检索。字段有全文(TX)、作者(AU)、题名(TI)、文摘或作者提供文摘(AB)、主题词(SU)、数据库存取号(AN)、图像(FM)、作者提供关键词(KW)、ISSN 刊号(IS)、ISBN(IB)、出版物名称(SO)、检索号码(AN)等。

使用字段限制检索时需要注意的是:①先输入字段代码,然后输入检索式,如"TI information W2 management",表示在数据库的题名(TI)字段中检索含有检索词 information 和 management 的文献,两个检索词之间最多可以间隔两个单词,且词序不能改变;②作者字段(AU)的输入方式特别规定为"姓,名"格式,如"AU Wiley,Ralph",表示检索姓为 Wiley,名为 Ralph 的作者的文献。

5.1.3 数据库的检索

登录 EBSCOhost 系统后,首先进入数据库选择页面,供用户选择检索使用的数据库资源。选择的数据库资源不同,呈现出的检索页面略有不同,但检索技术和检索方法完全相同。用户既可以只选择某一个数据库进行检索,也可以同时选择多个数据库进行跨库检索。在所选择的数据库名称前的复选框中打"√",然后单击页面中的 Continue 按钮,可以进入该数据库的检索页面。对单个数据库进行检索时,除了使用选中的选择方式,还可以直接单击数据库的名称链接,进入数据库检索页面。此外,还可以通过数据库名称下方的 Title List 链接,查询数据库的期刊目录;通过 More Information 链接,查询数据库更详细的内容介绍。

EBSCOhost 系统提供基本检索（Basic Search）、高级检索（Advanced Search）、可视化检索（Visual Search）3 种检索方式，以及出版物（Publications）、图像（Images）、叙词（Thesaurus）、索引（Indexes）、公司名录（Company Profiles）和参考引文（Cited References）等检索途径。

下面以商业资源集成全文数据库（Business Source Premier，BSP）为例，对 EBSCOhost 系统的几种检索方式和检索途径加以详细介绍。

1. 高级检索

EBSCOhost 系统默认的是关键词的高级检索（Advanced Search）方式，页面如图 5-2 所示。

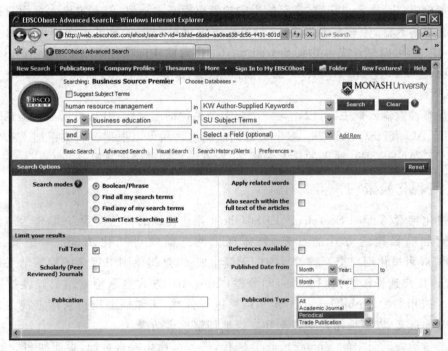

图 5-2 BSP 高级检索页面

高级检索页面由上、下两部分构成。上部区域包括检索字段下拉列表、检索词输入框、逻辑关系运算符（NOT、AND、OR）列表等；下部是 Search Options 检索条件限定区域，由 Search modes 搜索模式选项和 Limit your results 限制结果选项组成。

（1）Search modes 选项。包括布尔逻辑检索/短语检索（Boolean/Phrase）、检索所有关键词（Find all my search terms）、检索部分关键词（Find any of my search terms）、智能文本检索（SmartText Searching）、应用相关词语（Apply related words）和在全文中检索（Also search within the full text of the articles）等选项。

（2）Limit your results 选项。包括全文（Full Text）、参考（References Available）、学术（同行评审）期刊（Scholarly（Peer Reviewed）Journals）、出版日期始于（Published Date from)、出版物（Publication）、出版物类型（Publication Type）、文献类型（Document Type）、页码（Number of Pages）、封面报导（Cover Story）、附带图像的文章（Articles with Images）、行业代码（NAICS/Industry Code）和是否包含 PDF 全文（PDF Full Text）等选项。

利用高级检索方式检索时，首先在检索页面上部区域中选择检索字段，在输入框中输入关键词或词组，根据输入框之间的逻辑组配关系选择布尔运算符（NOT、AND、OR），然后在下部区域的 Search modes 和 Limit your results 选项中进行条件选择即可。高级检索方式还可以通过页面中的 Search History/Alerts 链接，调用历史检索结果，再与当前检索进行组配，以简化检索步骤。

2. 基本检索

基本检索（Basic Search）与高级检索的检索页面基本一致，但基本检索页面只提供一个检索文本输入框，不提供检索字段列表和逻辑算符列表。通过页面中提供的 Search Options 链接，可以打开或者隐藏 Search modes 搜索模式选项和 Limit your results 限制结果选项，但 Limit your results 中的选项数量比较少，不包含"封面报导"（Cover Story）等选项。

在基本检索输入框中，可以输入一个或多个关键词或词组，并且可以加上检索字段代码，如 SU、AU、TI、SO、AB 等。多个关键词或词组之间可以根据逻辑关系加入布尔逻辑算符（NOT、AND、OR），输入的检索词越多，检索结果的准确度越高。

3. 可视化检索

可视化检索（Visual Search）是 EBSCOhost 系统提供的特色检索方式，作为对传统的基本检索和高级检索方式的补充，其体现出两方面的可视化功能：一是实现了与 EBSCOhost 可视化用户交互检索界面的无缝集成；二是提供图形视角的检索结果显示形式，既允许用户选择按表格（Blocks）和分栏（Columns）方式显示检索结果以及按照主题（Subject）或出版物（Publication）对检索结果进行分类，又能辅助用户从特定视角来理解数据集合的含义，以帮助用户更深刻和广泛地理解检索结果。

单击各检索页面中的 Visual Search 链接，进入可视化检索页面，页面如图 5-3 所示，由文本输入框、显示过滤、分类视图显示和文本结果显示等几部分构成。

1）文本输入框

页面上方的 Searching 文本输入框供用户输入检索关键词，检索词可以逻辑组配。

2）显示过滤

通过页面上方的 Group Results、Sort Results、Filter Results by Date、Display style 选项，可以对检索结果的分类方式、排序方式、时间范围和显示样式进行限定。

(1) Group Results。包含按主题（By Subject）和按出版物（By Publication）两种分类方式。

(2) Sort Results。包含按日期（By Date）和按相关性（By Relevance）两种排序方式。

(3) Filter Results by Date。该选项提供日期滚动条来选择检索结果的时间范围。

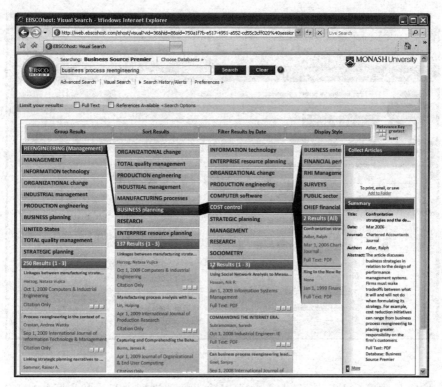

图 5-3　BSP 可视化检索页面

（4）Display Style。包含按表格（Blocks）和按分栏（Columns）两种显示方式。

3）分类视图显示

在 Searching 输入框中输入检索词，单击 Search 按钮，得到的检索结果是按主题（By Subject）和按出版物（By Publication）方式分类聚集的视图。单击分类视图中任意一个聚类结果，页面右半部会出现与该分类视图对应的文本结果，结果中包括题名（Title）、日期（Date）、期刊名称（Journal）、作者（Author）、文摘（Abstract）等简单著录信息。单击 More 链接，进入详细著录信息查看页面，该页面不仅提供查看来源、主题语、地理术语等更多、更详细的著录信息，还提供 PDF Full Text 和 Citation 链接以及打印、电子邮件、保存、导出、添加至文件夹等功能链接。

4. 出版物检索

单击检索页面中的 Publications 链接，进入出版物检索（Publications）页面，如图 5-4 所示。页面中提供快速检索、出版物检索和按字母顺序浏览 3 种途径检索出版物信息。

1）快速检索

直接在页面上方的文本框中输入检索词，不对检索词进行字段限定，相当于在任意字段对检索词进行检索。

2）出版物检索

出版物检索可分为以下 3 种模式：

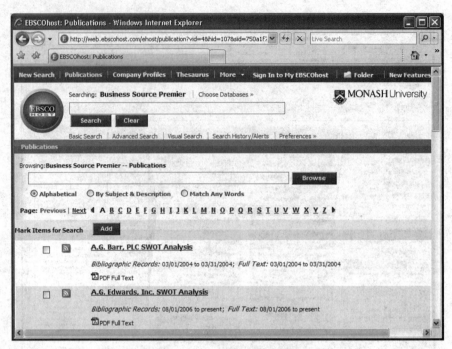

图 5-4　BSP 出版物检索页面

(1) 按字母顺序(Alphabetical)。显示以输入的关键词为开头的出版物信息。

(2) 按主题和说明(By Subject & Description)。在出版物的主题类型和简介中检索。

(3) 匹配任意关键词(Match Any Words)。显示所有包含输入关键词的出版物信息。

检索结果记录包括期刊名称、书目记录、全文格式等信息。单击期刊名称链接,进入该期刊的详细信息浏览页面,提供更多关于期刊的介绍及相关信息。

3) 按字母顺序浏览

按期刊名称首字母的 A~Z 顺序排列检索。

5. 叙词检索

利用各检索页面中的 Thesaurus 链接,可以进入叙词检索(Thesaurus)页面,页面如图 5-5 所示。叙词检索是利用规范化的检索词语——叙词进行的检索,检索效率高,检索结果的相关性大,但是,叙词相对于关键词和自然语言有一定的滞后,查全率不高。

按叙词进行检索时,用户可以在 Browsing 文本框中输入检索词,选择按"字母顺序"(Terms Begins With)、"词语包含"(Term Contains)或"相关性排序"(Relevancy Ranked)作为排序依据,单击 Browse 按钮开始检索。检索到的主题会显示在页面下方,有些主题还可以再追踪下一级主题。选中要检索的主题,选择多个主题时需要利用 AND、NOT、OR 进行主题间逻辑关系的组配,然后单击 Add 按钮,将选择的主题添加到页面上方的 Searching 输入框中,检索将在选定的主题范围内进行,再单击 Search 按钮,符合条件的文献类型和数量会显示在检索页面的下方,有学术理论期刊(Academic Journals)、贸易出版物(Trade Publications)、杂志(Magazines)、市场研究报告(Market Research Reports)等类型,单击类目名称链接,即可链接查看该类目下的检索结果列表。

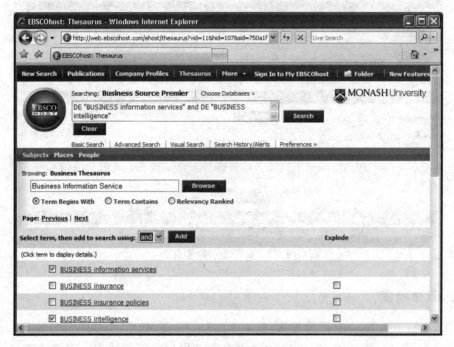

图 5-5　BSP 叙词检索页面

6. 索引检索

索引检索(Indexes)从作者(Author)、作者提供的关键词(Author-Supplied Keywords)、公司实体(Company Entity)、文献类型(Document Type)、DUNS 号码(DUNS Number)、收录日期(Entry Date)、地理名词(Geographic Terms)、标题(Headings)、出版物名称(Publication Name)、语种(Language)、NAICS 代码或描述(NAICS Code or Description)、人物(People)、叙词(Thesaurus Terms)、ISBN、ISSN、评论及产品(Reviews & Products)、出版年(Year of Publication)等方面列出数据库收录的所有条目,可以选中一个或多个条目进一步检索。检索时,在页面中的 Browse an Index 列表中选择条目类型,在 Browse for 输入框中输入检索词,然后单击 Browse 按钮即可。BSP 索引检索页面如图 5-6 所示。

7. 公司名录检索

利用 Business Source Premier(BSP)数据库可以进行公司名录(Company Profiles)的检索,检索出公司的基本情况,内容包括公司名称(Company Name)、地址(Address)、公司简介(Abstract)、行业(Industry)、产品和服务(Products/Services)、PDF 格式的完整报告(PDF Complete Report)等信息。

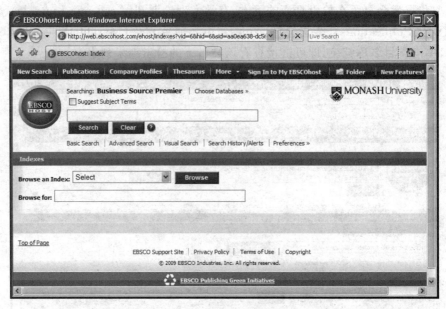

图 5-6　BSP 索引检索页面

8. 图像检索

EBSCOhost 系统的图像数据库（Image Collections）是由 Archive Photos、Canadian Press 和 MapQuest 提供的，共有 115000 多张图片供用户下载使用。图像检索（Images）页面如图 5-7 所示。

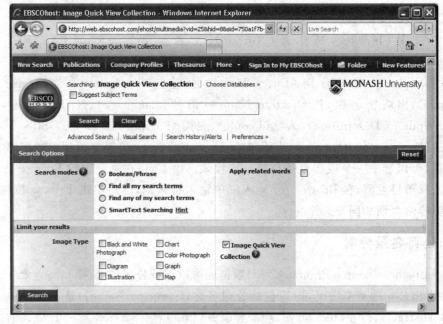

图 5-7　BSP 图像检索页面

进行图像检索时,首先在图像检索页面的检索词输入框中输入检索词,检索词之间可用逻辑算符进行组配,然后利用页面中的 Search modes 选项和 Limit your results 选项,确定要检索的图像类型和检索词之间的逻辑关系。图像类型有黑白照片(Black and White Photograph)、彩色照片(Color Photograph)、图解(Diagram)、示意图(Illustration)、图表(Chart)、曲线图(Graph)和地图(Map)等。如果不在图像类型中做出选择,则在全部图像数据库中进行检索。

9. 检索结果处理

1) 检索结果显示

EBSCOhost 系统执行检索指令后,首先以题录列表(Result List)的方式显示所有命中文献信息,包括文章篇名、作者、出版物名称、卷期、页码、来源数据库、HTML Full Text 和 PDF Full Text 链接,页面如图 5-8 所示。检索结果页面左侧列示出 Source Types、Subject 等多种相关主题链接;页面右侧列示出 Limit your results 选项,利用这些链接和选项,可以进一步缩小检索结果。此外,页面还提供对题录检索结果按 Database 或者 Relevance 排序。

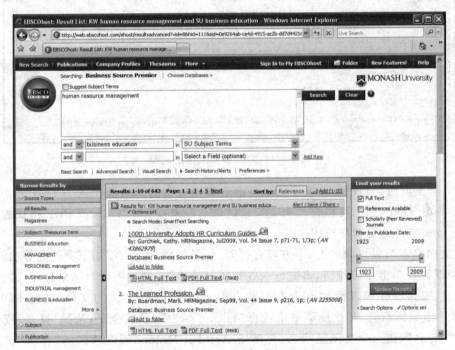

图 5-8　BSP 题录检索结果页面

2) 文摘和全文浏览

(1) 文摘页面。单击题录列表页面中的篇名链接,进入文摘结果页面,如图 5-9 所示。在文摘检索结果页面中,显示 Title、Author、Source、Document Type、Subject Terms、Abstract 等详细的著录信息和文摘,并且以粗斜体显示各检索词出现的位置。如果该文摘直接采用了作者自撰的摘要,则在文摘结尾处用方括号注明"ABSTRACT

FROM AUTHOR"。此外,在文摘页面中也提供 Citation、HTML Full Text 和 PDF Full Text 链接以及提供打印、保存、导出、电子邮件、添加至文件夹等功能图标按钮。如果在 BSP(中文)文摘页面中提供了"查询国内馆藏及全文链接"链接,可以通过该链接查看文献的馆藏地址信息,进一步单击收藏馆名称链接,进入收藏馆主页。

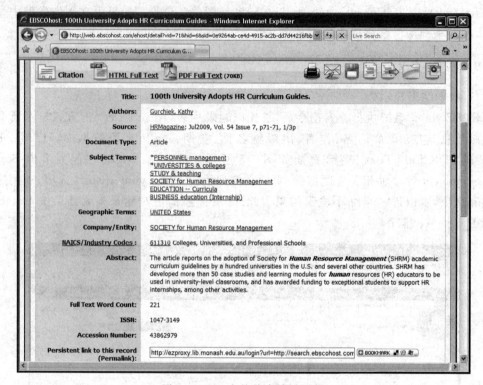

图 5-9 BSP 文摘检索结果页面

(2) 全文页面。利用题录检索结果页面或文摘检索结果页面中的 HTML Full Text 或 PDF Full Text 链接,可以进入全文检索结果页面来查看 HTML 或 PDF 格式的全文。

3) 检索结果的下载与打印

在文摘检索结果页面的上、下方都有打印、电子邮件、保存、添加至文件夹等功能图标按钮,根据需要单击相应按钮,再进行一些具体对话操作,即可将检索结果打印、通过电子邮件传递、直接保存或者添加至个人收藏夹中。对于 PDF 格式的文件,选定 PDF Full Text 并单击鼠标右键,在快捷菜单中选择"目标另存为",下载全文;选择"打开"或者"在新窗口中打开",进入全文浏览状态,再单击 Acrobat Reader 阅读软件的"存盘"、"打印"按钮,可以下载和打印全文。

5.1.4 检索示例

【例 5-1】 利用 EBSCOhost 系统的 BSP 数据库,查找"商业教育"(Business Education)主题,"人力资源管理"(Human Resource Management)方面的全文期刊文献。

检索步骤如下:

1) 登录 EBSCOhost 系统

通过 EBSCOhost 系统的网址 http://search.epnet.com,登录 EBSCOhost 系统。在如图 5-1 所示的系统主页中单击 Business Source Premier 名称链接,进入 Business Source Premier(BSP)数据库检索页面。BSP 数据库默认的是关键词高级检索方式。

2) 高级检索

在如图 5-2 所示的高级检索页面的检索框中分别输入"human resource management"和"business education"关键词,并在其后的字段选择列表中分别选择 KW Author-Supplied Keywords 和 SU Subject Terms 字段,在 Search Options 的 Limit your results 中选中 Full Text 选项,在 Publication Type 列表中选择 Periodical,然后单击 Search 按钮即可获得检索结果,检索结果页面如图 5-8 所示。

3) 检索结果的显示和处理

本次检索获得的检索结果记录首先以题录方式显示,同时用不同的图标显示全文文件的格式和链接。单击检索结果记录的篇名链接,可以查看作者、来源、文献类型、文摘等详细著录信息和文摘,并能对详细信息进行打印、保存、发送电子邮件、导出、添加至文件夹等操作和查看引文、PDF 全文和参考文献;单击 PDF Full Text 链接,可以在线阅读 PDF 格式的文献全文及其引文,或者通过电子邮件发送全文和将全文添加至文件夹收藏。

5.2 ProQuest 系统全文数据库

美国 ProQuest Information and Learning 公司(原 UMI 公司)作为世界一流的科学研究信息解决方案提供商,为全球 160 多个国家的高等院校、政府机构和商业客户提供增值信息服务。该公司与世界上 9000 多家出版商保持着良好合作关系,提供期刊、报纸、参考书、参考文献、书目、索引、地图集、绝版书籍、记录档案、博士论文和学者论文集等各种类型的信息服务,格式采用数字化、缩微胶片及印刷版。该公司的中国服务网址为 http://www.proquest.cn。

ProQuest Information and Learning 公司通过其 ProQuest 系统检索平台提供系列数据库,数据库涉及商业管理、社会与人文科学、科学与技术、金融与税务、医药学等广泛领域。从 1996 年起,ProQuest 系统开始推行数据库的网络信息服务,Web 版数据库同时提供二次文献和一次文献,并将二次文献与一次文献"捆绑"在一起,为最终用户提供文献获取的一体化服务,使用户在检索文摘、索引时可以实时获取大部分全文信息。Web 版数据库网址为 http://proquest.umi.com/pqdweb。

ProQuest 系统拥有的数据库种类繁多,用户可以订购一个或多个数据库。ProQuest 采用专线登录,通过 IP 地址来限定用户的使用权限。

5.2.1 数据库资源

ProQuest 系统目前拥有 80 多个全文数据库,大多数为期刊论文数据库,收录内容偏重学术性。ProQuest 系统的产品服务和支持中心网址是 http://www.proquestchina.com。该系统平台提供的著名数据库产品有以下几个。

1. 博/硕士学位论文数据库

1980 年 7 月,原 UMI 公司出版了学位论文光盘数据库(Dissertation Abstracts Ondisc,DAO)。ProQuest 数字化博硕士论文数据库(ProQuest Digital Dissertations,PQDD)是 DAO 光盘数据库的网络版,2006 年,PQDD 升级为 PQDT(ProQuest Dissertations and Theses)。升级后的 PQDT 支持中文检索界面、OpenURL 链接、检索汇总等功能,并使用与 ABI、ARL 等数据库相同的检索平台,可以与 ABI、ARL 等数据库完美地集成在一起进行交叉检索,并具备 ProQuest 检索平台提供的众多功能。

PQDT 是世界上最大和使用最广泛的国际性学位论文文摘数据库,现已收录了全球近 2000 家著名研究机构和综合大学的 300 多万篇博/硕士学位论文的题录、文摘和索引,其收录论文的数量仍在不断地增加,目前每年新增论文条目达 70 000 多篇。数据库中除收录与每篇论文相关的题录信息外,1980 年以后出版的博士论文信息中包含了作者本人撰写的长达 350 字的文摘;1988 年以后出版的硕士论文信息中含有 150 字的文摘。从 2001 年起,在文摘数据库的基础上,ProQuest 公司开发了电子版的学位论文全文服务方式,可在网站上免费预览 1997 年以后出版的论文的前 24 页内容,还能下载这些论文的 PDF 格式全文(需国际信用卡支付费用)以及提供大部分论文的全文订购服务,可以订购所有论文的印刷形式、缩微形式或者数字形式(1997 年以后出版)的全文副本。PQDT 最早的论文可回溯到 1861 年,数据库每周更新。

PQDT 数据库共分 3 个专辑,即 PQDT(A):人文社科版;PQDT(B):科学与工程版;PQDT(C):综合版,含 PQDT(A)和 PQDT(B)的内容。PQDT(A)覆盖了传媒与艺术(Communications and the Arts)、教育(Education)、语言文学和语言学(Language、Literature and Linguistics)、哲学宗教和神学(Philosophy、Religion and Theology)、社会科学(Social Sciences)等学科主题;PQDT(B)覆盖了生物科学(Biological Sciences)、地球和环境科学(Earth and Environmental Sciences)、自然科学(Physical Sciences)、心理学(Psychology)、科学与工程学(The Science and Engineering)等广泛的学科主题。

自 2003 年 2 月开始,中国高等教育文献保障系统(CALIS)组织国内 60 多所高校联合引进了 ProQuest 系统 PQDT(PQDD)数据库的部分博硕士论文 PDF 全文,约 13.4 万篇,并在 CALIS 上建立了 PQDT 本地服务器,网址是 http://ProQuest.calis.edu.cn,为国内高校用户使用学位论文全文提供了方便。

2. 商业和经济管理期刊数据库

商业和经济管理期刊数据库(ABI/INFORM Complete)是世界著名的商业、经济管理期刊全文图像数据库,由 ABI/INFORM Dateline、ABI/INFORM Global 和 ABI/INFORM Trade and Industry 3 个数据库组成,全面覆盖了重要的商业经济与管理类学术期刊的内容,深入报道了影响全球商业环境和影响本国市场与经济的具体事件。

ABI/INFORM 收录商业环境与贸易状况(Business Conditions)、市场发展趋势(Market Trends)、企业经营战略和战术(Corporate Strategies and Tactics)、管理技巧(Management Techniques)、产品竞争信息(Competitive Product Information)和与管理相关的科学技术(Technology)6 个领域的全世界近 5000 种商业期刊的文摘/索引,每一条记录不仅有约 150 个字的文摘,还对包括书目信息以及其他诸如公司名称、人名、地理名词等在内的 20 多个字段进行索引。这些期刊中,含有世界顶级的国际性商业管理全文期刊 4000 多种,提供全世界 20 多万个公司的商业信息以及 30000 多篇全球商学博硕士学位论文、1700 多份市场研究报告和 20000 多篇市场研究方面的论文、15000 多篇社会科学研究(Social Science Research Network,SSRN)工作论文、8000 多篇商业案例、250 个国家和地区的 300000 多份 EIU 报告、10000 多份北美企业年报、150000 多份作者档案等。ABI/INFORM 数据库的回溯年限长达近百年,部分期刊从创刊号开始收录,最早回溯时间可达 1905 年。用户可以从网上检索到自 1971 年以来的期刊文摘和 1986 年以来的期刊全文。数据每日更新。

ABI/INFORM 非常注意资料来源的管理,以保持它所覆盖主题的完整和平衡。只有高质量的期刊、杂志和与行业相关的出版物才会被选入。这也是 ABI/INFORM 多年来受到各类商学院、公共图书馆、企业图书馆欢迎的重要原因之一。

3. 学术研究数据库

学术研究数据库(Academic Research Library,ARL)是 ProQuest 公司专为大学图书馆和研究图书馆开发的综合性学术期刊全文图像数据库。数据库选取广泛学科领域里备受学术界推崇的学术期刊、行业出版物、杂志和新闻报纸等多种类型的出版物,提供全方位的参考资源。它收录 4100 余种综合性期刊和报纸的文摘/索引,其中 2800 余种是全文期刊。该数据库以美国著名的 Peterson's 为参照系支持公共教学领域的大多数课程和学术研究,涵盖的学科包括:商业与经济、教育、保护服务/公共管理、社会科学与历史、计算机、科学、工程/工程技术、传播学、法律、军事、文化、医学、卫生健康及其相关科学、生物科学/生命科学、艺术、视觉与表演艺术、心理学、宗教与神学、哲学、社会学及妇女研究等。ARL 数据库可以从网上检索到 1971 年以来的文摘和 1986 年以来的全文,数据每日更新。

4. 科学期刊全文数据库

科学期刊全文数据库(ProQuest Science Journals,PSJ),原名为应用科学与技术全文图像数据库(Applied Science and Technology Plus,ASTP),提供应用科学和普通科学各个领域的最新消息和研究进展。该数据库收录 1988 年以来的 1300 多种刊物,其中包括 1000 多种全文刊物,涵盖 100 多个科技领域的学科专题,涉及应用科学和技术方面的诸多学科领域,如声学、应用数学、人工智能、地球科学、电气工程与电子工程、能源与能源研究、海洋技术、数学、医学、海洋学、光学神经计算、石油与天然气等。

5. 其他主要数据库资源

ProQuest 系统的其他主要数据库资源还有期刊内容索引数据库（Periodical Contents Index，PCI）及 PCI 全文数据库（PCI Full Text）、ProQuest 5000 全文数据库、财务与税务数据库（ProQuest Accounting and Tax）、农业科学数据库（AGRICOLA Plus Text）、世界重要公共政策数据库（PolicyFile）、医学全文图书馆（ProQuest Medical Library）、生物学全文库（ProQuest Biology Journals）、教育期刊全文数据库（ProQuest Education Journals）、美国过期期刊数据库（American Periodical Series Online，1941—1900）、世界各地全文报纸数据库（Newsstand）、通用科学全文数据库（General Science Plus Text）、健康与医学大全（ProQuest Health and Medical Complete）、心理学期刊全文数据库（ProQuest Psychology Journals）、计算机技术数据库（ProQuest Computing）和亚洲商业信息数据库（ProQuest Asian Business）等。

5.2.2 检索技术

ProQuest 系统支持逻辑算符检索、截词检索、位置算符检索和嵌套检索等技术。

1. 布尔逻辑检索

ProQuest 系统使用 AND 表示逻辑"与"，OR 表示逻辑"或"，AND NOT 表示逻辑"非"。

2. 截词检索

ProQuest 系统的截词检索只有右截断，采用"?"作为截词符号，用于检索词的结尾。检索词为复数或不同词性以及对拼写不太确定时，可采用此方式。如输入检索词"biolog?"，命中结果是包含 biology、biological 等检索词的记录。

3. 位置检索

（1）W/n 和 NOT W。位置算符 W/n 表示两个单词之间最多间隔 n 个单词且两词顺序不限，例如："computer W/3 careers"，表示检索结果是所有包含检索词 computer 和 career 的记录，且两个检索词之间最多间隔 3 个单词；位置算符 NOT W 表示两个检索词之间不少于指定的单词数，例如："computer NOT W/2 careers"，表示检索结果是所有包含检索词 computer 和 career 的记录，且两个检索词之间的间隔不得少于两个单词。

（2）W/DOC。W/DOC 表示算符两侧的检索词在索引或正文文本中匹配，例如："internet W/DOC education"，表示在索引和正文文本中检索包含检索词 internet 和 education 的文献。当限定在"题录和文章正文"或"文章正文"字段时，可以代替 AND 来查询。

（3）W/PARA。W/PARA 仅限在"文章正文"字段检索时使用，表示算符两边的检索词在命中结果中必须出现在同一段（大约在 1000 个字符以内）。

(4) PRE/n。PRE/n 表示算符两侧的检索词在命中结果中词序固定,两词之间相隔不多于 n 个单词,并以此顺序显示。如输入检索式"military PRE/1 weapons",表示命中结果只包括含有 military weapons 的记录。

4. 嵌套检索

嵌套查询是用多层括号表示检索的先后顺序,如"ti(((information retrieval) or (information technology)) and network)",表示先检索 information retrieval 或者 information technology,再将结果与 network 组配检索。

5.2.3 PQDT 美国博/硕士学位论文数据库的检索

PQDT 数据库可以通过专线进行检索,对于 PQDT 的国内订户来说,这意味着在 CERNET 上检索该数据库都不需支付国际流量费。PQDT 数据库网址是 http://proquest.umi.com/pqdweb。国内订购了该数据库的用户可以通过 CALIS 的网址 http://ProQuest.calis.edu.cn 进行检索。PQDT 提供包括中文在内的 18 种不同语言,主要通过浏览(Browse)、基本检索(Basic Search)和高级检索(Advanced Search)3 种检索方式实施检索。

1. 浏览

浏览提供"按学科"(By Subject)、"按位置"(By Location)两种查看方式,如图 5-10 所示。在此页面中还可以通过语言列表进行检索语言的选择。

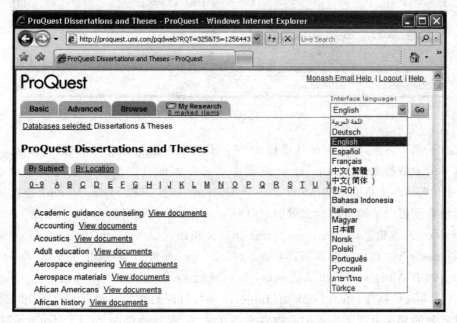

图 5-10　PQDT 浏览页面

1) By Subject

该浏览方式是按学科名称的字母顺序（A~Z）列出学科列表，通过单击相应学科名称首字母链接，可以查看世界各地、各学校在该学科领域的论文出版情况。在每层列表项后面都有 View Documents 链接，单击该链接可以查看 PQDT 中收录该学科的论文情况。

2) By Location

该浏览方式是按国家/地区名称的字母顺序（A~Z）列出国家/地区列表，通过单击相应国家/地区名称首字母链接，可以查看 PQDT 中收录的某国家或地区、某学校的论文情况。

2. 基本检索

PQDT 数据库的基本检索页面如图 5-11 所示。

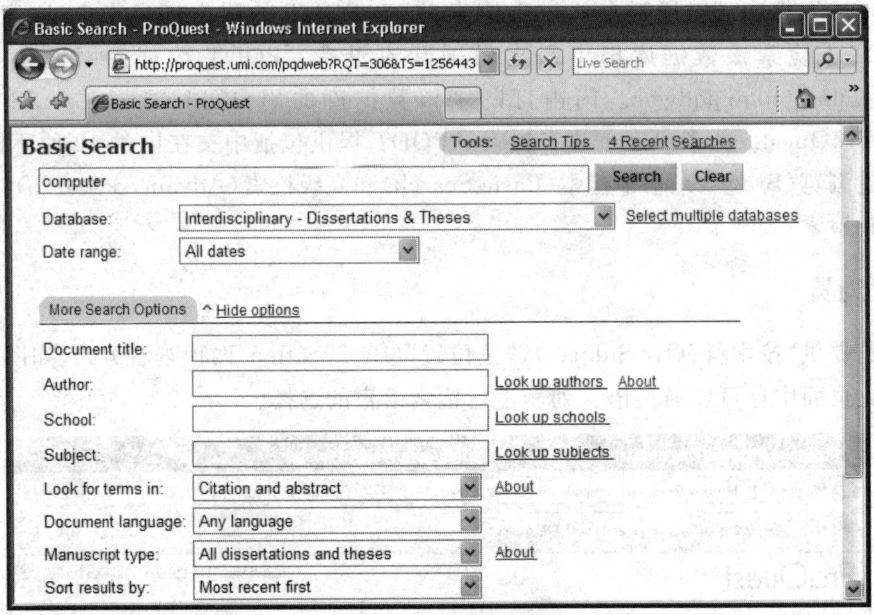

图 5-11 PQDT 基本检索页面

在此页面中，可以首先在默认提供的一个输入框中输入检索词，然后在 Datebase 列表中选择检索数据库，在 Date range 列表中选择检索的日期范围来实施简单检索。此外，还可以通过单击页面中的 More Search Options 链接或者 Hide Options 链接来增加或减少检索字段以及通过增加文献题名（Document title）、作者（Author）、学校（School）、学科（Subject）、检索字段（Look for terms in）、文档语言（Document language）、手稿类型（Manuscript type）和检索结果顺序（Sort results by）等检索字段，来实施多字段组配检索。单击其中 Author、School、Subject 字段后面的 Look up authors、Look up schools 和 Look up subjects 链接（单击 Look up subjects 链接打开的查找主题页面如图 5-12 所示），可以从打开的相应页面中选择字段内容和逻辑关系，并通过单击 Add to Search 按钮，将选择的字段内容和逻辑关系添加至各字段的输入框中。确定所有检索条件及其内容后就可以实施检索并获取检索结果。

图 5-12　查找主题页面

3. 高级检索

高级检索页面如图 5-13 所示,提供了引文和摘要(Citation and abstract)、摘要(Abstract)、导师(Advisor)、作者(Author)、委员会成员(Committee Mumber)、学位(Degree)、教育机构中的系部(Department)、文档 ID(Document ID)、文档语言

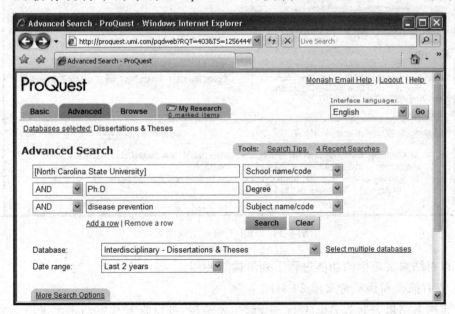

图 5-13　PQDT 高级检索页面

(Document language)、文档正文(Document text)、文档标题(Document title)、索引短语/关键字(Index Terms/Keywords)、ISBN、出版物/订单编号(Publication/Order no.)、学校名/代码(School name/code)、学科名/代码(Subject name/code)、补充文档(Supplemental files)和卷/期(Volume/Issue,DVI)等检索字段,并支持使用布尔逻辑算符检索技术、截词检索技术和位置算符检索技术。

检索时,首先在输入框中输入检索词,然后在其右边的检索字段下拉列表中选择一个字段。高级检索默认提供3个检索字段,可以单击Add a row增加更多的检索项;或者单击Remove a row去掉无用的检索项;也可以通过单击More Search Options链接增加检索字段和选择逻辑关系,有AND、OR、AND NOT、WITHIN 3、PRE/1等逻辑关系可供选择。所有检索字段的内容和逻辑组配关系确定以后,再选择一下日期范围,就可以实施检索并获取检索结果。

此外,基本检索和高级检索页面都提供Search Tips链接,可以通过该链接获得检索过程中的帮助和指导信息,以提高检索效率和检索结果的准确率。

4. 检索结果的处理

PQDT检索结果页面如图5-14所示。检索结果显示的是符合检索条件的所有资料,按发表时间前后(Most recent first)或按关联度顺序(Most relevant first)排列。

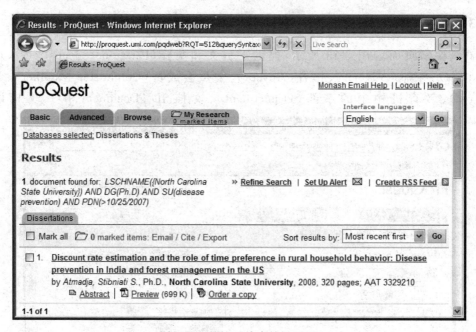

图5-14 PQDT检索结果页面

可以对结果页面中的功能进行下列解读与使用:

1) 查看摘要和预览论文前24页原文

单击检索结果页面的Abstract和Preview链接,可以查看检索结果记录的文摘和前24页原文,还可以通过Order a copy链接,订购原文的复印件。

2) RSS 信息定制服务

RSS(Really Simple Syndication)也叫内容聚合,是一种描述和同步网站内容的格式,是在线共享内容的一种简易方式。通常在时效性比较强的内容上使用 RSS 订阅能帮助用户更快速地获取信息。PQDT 数据库提供的 RSS 信息定制服务有利于让用户获取该数据库内容的最新更新。

3) 机器翻译功能

如果摘要的文字内容不超过 7000 字,则可以使用机器翻译功能。具体操作是:在检索结果的文摘页面中,单击"更多选项"并按需要进一步定位需要的资料,然后在"摘要翻译自"列表中选择翻译语言,即可将需要的资料进行翻译。

4) 以电子邮件发送/引文/导出

(1) E-mail。如果已标记了部分资料,则可以将这些资料的全部信息(包括全文)通过 E-mail 链接进行发送,文档格式包括简明引文(Brief Citation)、文档摘要(Document Summary)、文本全文或文本＋图形(Full text or Text＋Graphics)、PDF 格式文本全文(PDF or other full text file)、HTML、纯文本(Plain text)等。

(2) Cite。检索结果页面中的 Cite 链接可以用来生成指定引文格式的参考文献。可选择的格式有 ProQuest Standard(显示在 ProQuest 界面中的引文)、AMA(推荐用于医药、健康和生物科学)、APA(推荐用于心理学、教育和社会科学)、Chicago/Turabian/Harvard:Author-Date(省略了作者姓名及日期的参考列表)、Chicago/Turabian:Humanities(使用脚注、尾注和作者全名的书目)、MLA(推荐用于文学、艺术和人文学科)和 Vancouver(用于提交给生物医学杂志的原始文稿)。

(3) Export。检索结果页面中的 Export 链接,可以直接将标记的检索结果以兼容 ProCite、EndNote、Reference Manager、RefWorks 的格式下载,或者保存到参考文献管理工具。

5) 建立提示

检索结果页面中的 Set Up Alert 链接,可以帮助用户保留所构建的检索策略且定期收取该方面的更新情况。

5.2.4 检索示例

【例 5-2】 利用 PQDT 数据库,检索 2007 至 2009 年间北卡罗来纳州立大学(North Carolina State University)的学生撰写的"疾病预防"(disease prevention)主题方面的博士学位(Ph.D)论文情况,并构造符合检索条件的检索式。

检索步骤如下:

1) 登录 ProQuest 系统,选择 PQDT 数据库资源

选择进入 PQDT 数据库资源,可以通过以下两种方式:

(1) 登录 ProQuest 系统(http://proquest.umi.com/pqdweb),输入账户名(Account Name)、密码(Password)和选择检索语言(Select Language),单击 Connect 按钮进入数据库选择页面,选择其中的 PQDT 数据库资源并进入数据库检索页面。

(2) 通过 CALIS 建立的 PQDT 本地服务器的网址(http://proquest.calis.edu.cn)，直接进入 PQDT 数据库的简单检索页面，单击页面中的 Advanced 链接，进入数据库高级检索方式。

2) 选择检索字段和输入检索词

针对检索课题的要求，在如图 5-13 所示的高级检索页面中选择 School name/code、Degree 和 Subject name/code 3 个检索字段，在各个检索字段对应的文本输入框中分别输入检索词"[North Carolina State University]"、"Ph. D"和"disease prevention"，选择检索词之间的逻辑组配关系为 AND，同时在 Date range 列表中选择检索的时间范围为"Last 5 years"，然后单击 Search 按钮，进行检索并获得检索结果。

3) 获取检索式

在如图 5-14 所示检索结果的题录格式页面的上方，可以获取本次检索任务的检索式，即"LSCHNAME({North Carolina State University}) AND DG(Ph. D) AND SU(disease prevention) AND PDN(>10/25/2007)"。

4) 获得检索结果

本次检索获得一条命中记录。

5.3 Elsevier Science Direct 全文数据库

Elsevier 是荷兰的一家全球著名的跨国学术期刊出版机构，每年大约有 100 万篇科技文献在全球范围内出版，所出版的期刊大部分被 SCI、SSCI、EI 收录，是世界公认的高品质学术核心期刊出版机构。

1997 年以来，Elsevier 先后收购了著名的 Pergamon、North-Holland、Academic Press 等公司，并推出了名为 Science Direct 的电子期刊计划，将该公司出版的全部印刷型期刊转换为电子版，并使用基于 Web 浏览器开发的检索系统进行检索和提供网络服务。

2001 年，Elsevier 公司在清华大学和上海交通大学分别设立了国内镜像服务器(Science Direct Onsite,SDOS)，向国内订购 Science Direct 的用户提供全文服务。2005 年，Science Direct 数据库开始直接连通国外的主服务器(Science Direct Online,SDOL)，即由国内镜像(SDOS)转换到国外镜像(SDOL)。

虽然 SDOL 与 SDOS 收录的内容基本一致，但较之 SDOS，SDOL 具有更多的优势，表现在：

(1) SDOL 是 24 小时实时更新，期刊更新的速度比 SDOS 更快。

(2) SDOL 用户可以提前看到已经通过编辑审稿但尚未在纸本刊发表的文章，即在编文章(Article in Press)，而使用 SDOS 的用户就无法看到。

(3) 除了具有 SDOS 的浏览和检索功能外，SDOL 的注册用户还拥有建立个人图书馆、E-mail 提示、建立个人检索历史、引用提示和个人期刊目录等更强大的个性化服务功能。

(4) SDOL 的检索结果包括 PDF 和 HTML 两种格式的全文，供用户根据需要进行选择。

（5）现有的二次文献库中能进行馆藏全文链接的，一般仅链接至 SDOL 服务器的全文，使用 SDOL 的用户可以得到一步到位的全文阅读；而 SDOS 用户无法直接从所检索的二次文献库一步到位链接到 Elsevier 全文。

SDOL 网址为 http://www.sciencedirect.com，主页如图 5-15 所示。数据库访问采用 IP 地址控制方式，控制用户的使用权限，不需要账号和密码。

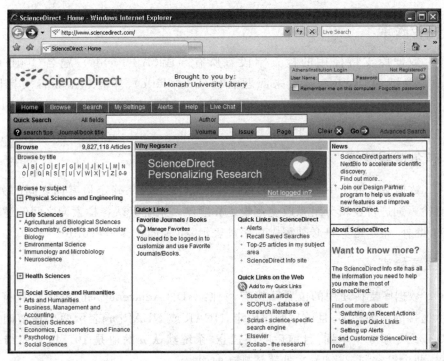

图 5-15　SDOL 主页

5.3.1　数据库资源

SDOL 是基于 Web 的科技文献全文数据库，收录了 1995 年以来 Elsevie 公司出版的 3000 余种电子期刊和 7000 多种电子图书，其中期刊论文全文数量达 1000 余万篇（包括在编文章），并且平均每年新增 50 万篇。该数据库中的近 2000 种期刊被 SCI 收录，近 900 种期刊被工程索引（EI）收录，数据库内容涉及农业和生物学（Agricultural and Biological Sciences）、化学工程（Chemical Engineering）、工程技术（Engineering）、环境科学（Environmental Science）、计算机科学（Computer Science）、材料科学（Materials Science）、物理与天文学（Physics and Astronomy）、地球和行星学（Earth and Planetary Sciences）、能源（Energy）、数学（Mathematics）、健康科学与医学（Health Science and Medicine）、心理学（Psychology）、神经学（Neuroscience）、生命科学（Life Sciences）、药理学、毒理学和制药学（Pharmacology, Toxicology and Pharmaceutical Science）、免疫学和微生物学（Immunology and Microbiology）、经济，经济计量学和金融学（Economics,

Econometrics and Finance)、商业管理和会计学(Business,Management and Accounting)、社会科学(Social Sciences)等学科领域,是全球应用最广泛的大型综合文献数据库。

5.3.2 检索技术

1. 字段检索

SDOL数据库支持使用的检索字段有所有字段(All Fields)、题名(Title)、文摘(Abstract)、关键词(Keywords)、来源题名(Source Title)、作者(Authors)、具体作者(Specific Author)、参考资料(References)、国际标准刊号(ISSN)、国际标准书号(ISBN)、机构(Affiliation)、全文(Full Text)等。

2. 布尔逻辑检索

SDOL数据库支持使用AND(与)、NOT(非)、OR(或)来确定检索词之间的关系,并用括号对检索词进行逻辑分组来改变逻辑运算顺序。系统默认各检索词之间的逻辑算符是AND。此外,布尔运算符必须用大写字母表示,如"social AND culture"。

3. 位置检索

SDOL数据库支持使用的位置算符有两种:ADJ(Adjacency)和Near运算符。ADJ算符表示连接的两词相邻,且前后顺序固定;NEAR或NEAR[n]表示两个检索词之间可以插入少于或等于n个单词,且前后顺序任意,系统默认n的值是10。检索的结果按相关度排序,两个检索词越接近,文献就越排在前面。

4. 同音词检索

用"[ ]"括住检索词可检索得到同音词。TYPO[ ]可进行同一词义不同拼写的检索(发音相同),从而避免因拼写错误而导致检索无效,例如:利用检索式"TYPO[fibre]",可以检索出包含fibre、fiber等词的文献。

5. 截词检索

截词符"*"可以代替任意多个字符进行扩展检索,表示前方一致。

6. 系统的独特功能

(1) 检索词组要使用双引号,例如"coral reef"。

(2) 检索作者名字时,要使用其姓氏,方法为姓,名,例如"Smith,J";或者名在前,名和姓之间加一个空格,例如"J Smith"。

(3) 检索系统自动忽略禁用词,例如of、the、in、she、he、to、be、as、because等。当检索的短语本身含有禁用词时,可在短语外加双引号。

5.3.3 数据库的检索

SDOL 数据库提供快速检索、浏览、简单检索、扩展检索（高级检索）和专家检索等几种检索方式。获得全部使用授权的 SDOL 数据库用户，可以在数据库主页上的导航栏中看到 Search 按钮，通过它可以进入 Advanced Search 和 Expert Search 页面，有权实施高级检索和专家检索；获得部分授权的用户，在 SDOL 主页的导航栏中看不到 Search 按钮，只能利用主页中的 Quick Search 和 Browse 检索功能实施快速检索和浏览。

1. 快速检索

SDOL 首页上方提供了快速检索（Quick Search）区，检索区中包括所有字段（All fields）、作者（Author）、期刊/图书题名（Journal/book title）、卷（Volume）、期（Issue）、页码（Page）等检索字段。用户可以根据检索课题的要求，选择检索字段并在检索框中输入检索词，然后单击 Go 按钮进行检索。快速检索可以使用逻辑组配符和截词符。

2. 浏览

单击 SDOL 首页的 Browse 按钮，进入数据库浏览（Browse）页面，如图 5-16 所示。此外，在 SDOL 主页左侧也提供进行浏览的区域。

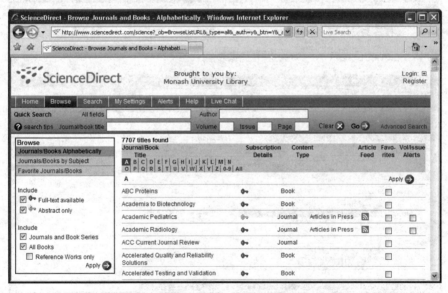

图 5-16　SDOL 浏览页面

浏览页面提供按题名首字母顺序（Journals/Books Alphabetically）和按主题分类（Journals/Books by Subject）两种浏览方式。

1) Journals/Books Alphabetically

用户在浏览页面中单击字母链接，进入以该字母开头的期刊列表，从中选择期刊并单击期刊名称链接,进入该刊所有卷期的列表,可以从中选择进而逐期浏览。在期刊卷期列表页面的上方也有一个检索区,可进行快速检索,单击页面左上方的期刊封面图片,可链接到该期刊出版者的主页。

2) Journals/Books by Subject

在主题分类浏览页面中提供物理科学与工程(Physical Sciences and Engineering)、生命科学(Life Sciences)、健康科学(Health Sciences)、社会科学与人类学(Social Sciences and Humanities)四大分类,逐层单击各大类类名,进入某学科分类中的所有期刊列表页面,从中选择期刊并单击刊名链接,进入该刊所有卷期的列表页面,可以从中选择进而逐期浏览。在分类浏览页面上方也提供快速检索区,可以进行快速检索。

浏览期刊时,在期刊列表页面的左侧选择 Full-text available 和 Journals and Book Series,然后单击 Apply,可以帮助用户筛选出已订购的期刊,从而获得原文。另外,浏览期刊时,可选中期刊记录后方的 Favorites 和 Volume/Issue Alerts 选择框,然后单击 Apply,可将感兴趣的期刊加入到个人收藏和定制该刊最新一期目次提醒服务。

3. 高级检索

单击 SDOL 首页的 Search 按钮或者页面中的 Advanced Search 链接,进入 SDOL 高级检索(Advanced Search)页面,页面如图 5-17 所示。

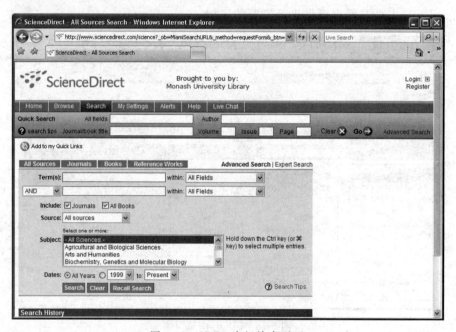

图 5-17　SDOL 高级检索页面

高级检索页面提供比快速检索更多的检索字段和限定选项,有助于实施更为复杂的检索。高级检索提供的检索限定选项有字段选择列表、检索词(Terms)输入框、检索范围(Include)选项、来源范围(Source)列表、主题(Subject)列表、日期(Dates)列表等。字段列表中可供选择的字段有所有字段(All Fields)、题名(Title)、文摘(Abstract)、关键词

(Keywords)、来源题名(Source Title)、作者(Authors)、具体作者(Specific Author)、参考资料(References)、国际标准刊号(ISSN)、国际标准书号(ISBN)、机构(Affiliation)和全文(Full Text)等。

检索时,首先在检索字段列表中选择检索字段,输入相应的检索词,并选择字段间的逻辑组配关系;然后通过页面上方的 All Sources、Journals、Books 和 Reference Works 选项,或者通过 Include 和 Source 列表,选择检索的文献类型和范围;还可以在 Subject 列表中选择检索内容的学科分类以及在 Dates 列表中选择检索的时间范围。仅检索期刊(Journals)时,可根据系统提供的 Limit by document type 功能,快速检索学术论文(Article)、综述文章(Review Article)、讨论(Dicussion)、信件(Letter)、社论(Editorial)等文献类型。

4. 专家检索

在高级检索页面中单击 Expert Search 链接,进入专家检索(Expert Search)页面,页面如图 5-18 所示。专家检索页面与高级检索页面的不同之处是,专家检索直接利用布尔逻辑检索式而非检索词进行检索。两者的相同之处是,在进行专家检索时,都可以限定其他条件,且专家检索的限定条件与高级检索的限定条件相同。

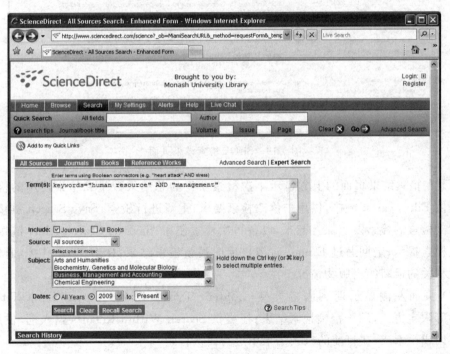

图 5-18　SDOL 专家检索页面

专家检索提供的限定条件有页面上方的 All Sources、Journals、Books 和 Reference Works 文献类型选项卡,Source 和 Include 文献类型和范围列表,Subject 检索内容的学科分类列表,Dates 时间范围列表。检索时,在 Term(s)检索式构造窗口中输入符合检索课题和语法要求的检索式,在页面中的各项检索选项中选择检索的文献范围、学科分类、检索时间等,单击 Search 按钮开始检索。

5. 检索结果的处理

1) 检索结果的显示

检索结果显示页面包括三类信息内容,如图 5-19 所示。

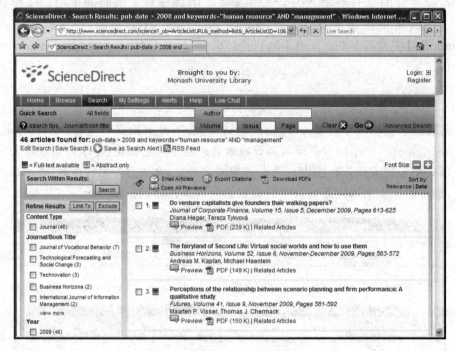

图 5-19 SDOL 检索结果页面

(1) 在检索结果页面的上方显示本次检索获得的总结果数量和检索使用的检索式,以及提供 Edit Search 链接,供用户修改检索要求,重新进行检索;Save Search 链接,供用户将本次检索的检索要求保存起来,以备再次检索使用;Save as Search Alert 链接,供用户设置检索提示,定期通过 E-mail 向用户反馈最新检索结果;RSS Feed 链接,通知用户与检索相关的最新的出版物情况。

(2) 页面左侧显示期刊内容类型(Content Type)、题名(Journal/Book Title)、年(Year)等限定方式,用于精确检索结果;还提供 Search Within Results 输入框,供用户输入检索词或检索式,在目前的检索结果中进行二次检索。

(3) 检索结果页面的右下方显示检索结果记录的题录信息。检索结果可以按照日期(Date)和相关性(Relevance)排序,系统默认按日期排序。

2) 检索结果的标记与浏览

检索结果记录前带有绿色图标的表示免费提供全文信息;带有白色图标的表示只提供文摘信息,需要付费购买全文。在检索结果记录前的小方框内打上"√",可以对检索结果进行标记;单击 Open All Previews,显示所有标记的检索结果记录,生成新的题录信息列表、图表和文章大纲,以快速浏览文献;单击 E-mail Articles,将标记的一个或多个记录的题录信息通过 E-mail 发送给他人;单击 Export Citations,将标记记录的著录信息下载保存到指定的管理软件。

检索结果记录的题录信息包括篇名链接、刊名、卷期、年月、起止页码、作者、Preview 链接、PDF 全文链接和 Related Articles 链接。通过 Preview 链接,可以快速查看文摘(Abstract)、图表(Figures/Tables)和参考文献(References);通过 PDF 链接,可以看到 PDF 格式的全文;通过 Related Articles 链接,可以查看与该记录相关的文章。

3) 检索结果的下载与打印

(1) 题录、文摘的下载与打印。在题录、文摘检索结果页面,单击每条检索结果记录下方的 Preview,显示该检索结果记录的文摘、图表或参考文献信息;既可以通过浏览器的"文件"菜单的"另存为"选项,保存题录和文摘,有 TXT 或者 HTML 格式供选择;也可以通过"文件"菜单的"打印"选项,打印题录和文摘。

(2) 全文的下载与打印。在检索结果页面,单击 Download PDFs 按钮,或者选定 PDF 并单击鼠标右键,选择"目标另存为"选项,可以保存检索结果记录的 PDF 格式全文;选择"打印目标"选项,直接打印全文;选择"打开"或者"在新窗口中打开",进入全文浏览状态,再单击 Acrobat Reader 软件的"存盘"、"打印"按钮,可以下载与打印全文。

6. 个性化服务

用户免费注册个人账号,登录后即可以使用个性化服务,服务内容包括:

1) Alerts

(1) Search Alerts:检索提醒。该功能可保存检索式并定期跟踪数据库中是否收录了与该检索式相匹配的新文献,以帮助用户跟踪关键词及由关键词组成的检索式、跟踪作者等。

(2) Topic Alerts:主题跟踪。系统提供 25 个主题,可以选择相关的主题进行定制,接受系统主动提供的学科信息。

(3) Volume/Issue Alerts:期刊目次提醒。该服务可以帮助用户获取期刊的最新目次信息,及时阅读学科进展。

(4) Citation Alerts:引文跟踪。对于在数据库中检索到的文献,利用该功能可以跟踪该文献的被引用情况,查看到在核心文献基础上衍生的最新研究成果。

2) My Settings

该功能可以添加或者删除 Alerts,修改个人信息及偏好,修改密码,查看数据库详细信息。

3) Manage Favorites

SDOL 主页中的 Manage Favorites 功能是在数据库中找到与需求相关的期刊时,将其添加到 Favorites Journal,免去再次查找的麻烦。

4) Quick Links in ScienceDirect 和 Quick Links on the Web

SDOL 主页中的 Quick Links in ScienceDirect 管理已经添加到 Quick Links 页面中

的期刊、全文等快速链接；Quick Links on the Web 是将 Web 上对自己有用的快速链接添加于此，包括系统已经提供在线投稿入口（Submit an article）、科技文献搜索引擎（Scirus）、Elsevier 公司网址，还可以管理自行添加到 Science Direct 数据库中的其他网址。

5) Recent Actions

每次使用数据库时，登录自己的空间，系统会帮助用户记忆所做的操作，包括浏览的期刊（Journals/Books）、执行的检索（Searches）、浏览的全文（Full Text）；对不需要保留的操作，可执行 Clear 操作。Recent Action 的最大记录数量为 100。

5.3.4 检索示例

【例 5-3】 利用 Science Direct OnLine（SDOL）全文数据库的专家检索方式，查找 2009 年发表的商业管理领域有关"人力资源管理"方面的文献。

检索步骤如下：

1) 分析检索课题，构造检索式

人力资源的英文关键词为"human resource"，管理的英文关键词为"management"，因此根据检索课题的要求，构造的检索表达式为：keywords = "human resource" AND "management"。

2) 登录检索系统，选择检索方式

登录 Science Direct Online 系统（http://www.sciencedirect.com），单击 SDOL 首页导航栏中的 Search 按钮，进入高级检索页面；在此页面中进一步单击 Expert Search 链接，进入如图 5-18 所示的专家检索页面。

3) 输入检索式，选择检索限制

在专家检索页面的 Term(s) 检索输入框中输入上述检索表达式；在 Include 选项中选中 Journals 前的复选框；在 Subject 列表中选择 "Business, Management and Accounting" 主题；在 Dates 列表中选择 2009 和 Present（如图 5-18 所示），然后单击 Search 执行检索。获取的检索结果如图 5-19 所示。

5.4 SpringerLink 全文期刊数据库

德国的 Springer-Verlag 是世界著名的科技出版集团，以出版图书、期刊、工具书等学术性出版物而著名，通过 SpringerLink 系统提供学术期刊和电子图书等的在线服务。Kluwer Online 是荷兰 Kluwer Academic Publisher 公司出版的 800 余种印刷型期刊的网络版，专门基于互联网提供 Kluwer 电子期刊查询、阅览服务。自 2004 年底，Springer-Verlag 和 Kluwer Academic Publisher 公司合并，Kluwer Online 合并到 SpringerLink，Kluwer Online 不再更新。

新的 SpringerLink 的网址是 http://www.springerlink.com/home/main.mpx。中

国境内订购了 SpringerLink 数据库在线服务的集团用户使用的是 CALIS 设在清华大学的镜像站点,网址是 http://springer.lib.tsinghua.edu.cn。如果原来 Kluwer Online 的用户没有订购新的 SpringerLink,仍然可以通过 http://kluwer.calis.edu.cn 访问 Kluwer Online。北京大学图书馆也建立了 Kluwer 镜像站点供成员馆用户使用,成员用户可以直接登录检索系统,免费检索、阅览和下载全文。

SpringerLink 采用 IP 地址控制使用权限,登录国内镜像站点,无须支付国际网络流量费,不需要使用用户账号和密码。目前,大部分期刊可以免费阅读全文,期刊全文为 PDF 格式。但也有一些期刊尚不能获得免费的全文。

5.4.1 数据库资源

新的 SpringerLink 是居全球领先地位的、高质量的科学技术和医学类全文数据库,包括了各类期刊(Journals)、图书(Books)、丛书(Book Series)、参考工具书(Reference Works)以及回溯文档(Archives Collection)等,可以检索到原 SpringerLink 和原 Kluwer Online 的所有内容。该数据库共包含 2500 余种学术期刊,35000 余种图书和科技丛书,超过 2 万册的协议文稿以及近 4 万种其他类型出版物,内容涉及建筑与设计(Architecture and Design)、行为科学(Behavioral Science)、生物医学和生命科学(Biomedical and Life Science)、商业与经济(Business and Economics)、化学和材料科学(Chemistry and Materials Sciences)、计算机科学(Computer Science)、地球和环境科学(Earth and Environmental Science)、工程学(Engineering)、人文社科和法律(Humanities, Social Sciences and Law)、数学和统计学(Mathematics and Statistics)、医学(Medicine)、物理学与天文学(Physics and Astronomy)和应用计算科学(Professional and Applied Computing)等学科领域。

5.4.2 检索技术

1. 逻辑检索

SpringerLink 系统的检索词之间存在 4 种逻辑关系:

(1) All Words。All Words 表示检索包含全部输入的检索词的内容,次序和位置不变,词间的关系相当于逻辑与(AND)组配。

(2) Any Words。Any Words 表示对输入的检索词分别检索,其结果是包含各检索词分别检索的所有内容,词间关系相当于逻辑或(OR)组配。

(3) Exact Phrase。Exact Phrase 表示严格按照检索词的输入状态进行精确检索。

(4) Boolean Search。Boolean Search 表示检索词可用逻辑算符 AND、NOT 和 OR 组配。不输入逻辑运算符,则默认词间关系为逻辑与(AND)组配。

2. 位置检索

位置算符 NEAR 表示连接的检索词位置邻近,词序可以颠倒;若希望词序不颠倒,可将检索式用引号括起。返回的检索结果按照检索词位置的接近程度排序。在检索字段中,词的位置越接近,则排序越靠前。

3. 截词检索

截词符"*"用于关键词的末尾,以代替一个或多个字符,表示前方一致,来扩大检索范围和简化检索式。在词尾加"*"表示同根词,在词尾加"**"则表示一个词的所有形式。如输入"sink**",则 sink、sinking、sank、sunk 等词都作为检索词进行检索。

截词符"?"用于关键词的中间,以代替一个字符,表示模糊检索。

4. 优先运算

使用优先运算符"()"可使系统按照检索者要求的运算次序进行检索,而不是按照系统默认的逻辑运算优先级次序进行检索。另外,一些常用词,如 the、is 等,作为禁用词不能出现在检索式中,不参与检索。

5.4.3 数据库的检索

SpringerLink 的特点是将电子图书、期刊和丛书等放在同一检索平台上,既可以分类型检索,也可以跨数据库检索。

启动 IE 浏览器,在地址栏直接输入 http://www.springerlink.com/home/main.mpx,进入 SpringerLink 检索主页,页面如图 5-20 所示。

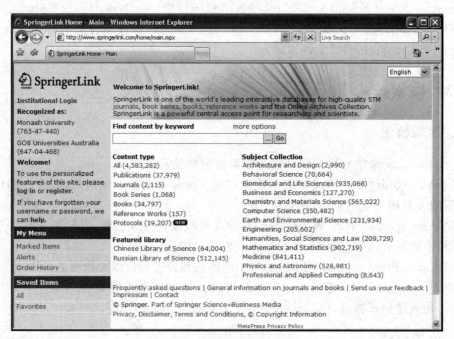

图 5-20 SpringerLink 检索主页

SpringerLink 数据库提供浏览、快速检索和高级检索 3 种检索方式。

1. 浏览

在 SpringerLink 主页中,提供按内容类型(Content type)、特色图书馆(Featured library)和按主题(Subject collection)3 种浏览方式。

1) Content type

SpringerLink 将所有数据库资源按照内容分成:所有内容类型(All)、出版物(Publications)、期刊(Journals)、丛书(Book Series)、图书(Books)、参考工具书(Reference Works)、协议文稿(Protocols)七大类型。检索时,单击要查找的大类名称链接,进入相应类目,类目的题录信息以简单列表(Condensed View)或详细列表(Expanded View)的形式显示出来,同时页面右侧会出现一个任务窗格。Condensed View 只显示题名链接;Expanded View 则显示题名(Title)链接、出版者(Publisher)、ISSN、主题分类(Subject Collection)、主题(Subject)链接等著录信息。

需要注意的是,选择浏览的类目类型不同,Expanded View 中体现出的题录信息内容也有所不同,任务窗格中出现的项目也不同。浏览期刊(Journals)时,任务窗格中的主要项目包括 Starts With、SpringerLink Date、Subject、Language 等,它们可以从期刊名称的首字母、收录日期、所属学科、语种等方面,对详细列表中显示的内容进行进一步的限制。

(1) Starts With。它是将详细列表中的期刊名称按起始字母的顺序排列,单击不同的字母链接,会把详细列表中以该字母为首字母的期刊的题录信息显示出来。

(2) SpringerLink Date。SpringerLink Date 包括两周内(In the last two weeks)、一月内(In the last month)、半年内(In the last six months)、一年内(In the last year)等几种日期类型。选择不同的日期类型,会在详细列表中把符合该日期类型的期刊显示出来。

(3) Subject。它是将详细列表中的内容,按照学科主题进行分类筛选。浏览时,选择不同的学科主题,详细列表中就会相应只显示属于该学科主题的期刊的题录信息。

(4) Language。它是对详细列表中的内容按照语言种类进行限制,有英语(English)、法语(French)、德语(German)等选择。

2) Featured library

特色图书馆(Featured library)包括中国在线科学图书馆(Chinese Library of Science)和俄罗斯在线科学图书馆(Russian Library of Science)。选择不同的图书馆类型,相应的图书馆的文献也会以 Condensed View 或 Expanded View 的形式显示,同时也出现任务窗格,可以对详细列表中的内容进行限制和筛选。按特色图书馆方式进行浏览时,出现在任务窗格中的项目包括期刊名称的首字母(Starts With)、内容发行状态(Content Status)、收录日期(SpringerLink Date)、内容类型(Content Type)、版权(Copyright)和作者(Author)等,它们分别从不同的角度对 Expanded View 中显示的内容进行了细分和限制。

3) Subject Collection

SpringerLink 将期刊分成 Architecture and Design、Behavioral Science、Biomedical and Life Science、Business and Economics、Chemistry and Materials Science、Computer

Science、Earth and Environmental Science、Engineering、Humanities、Social Sciences and Law、Mathematics and Statistics、Medicine、Physics and Astronomy 和 Professional and Applied Computing 等学科主题,每个学科主题下的所有期刊,可以再按照任务窗格中出现的 Starts With、Content Status、SpringerLink Date、Content Type、Subject、Language、Copyright、Author、Editor 等进行细分。单击细分类目下获得的期刊刊名链接,显示该期刊的所有卷期,再选定某一卷某一期期刊,显示该一期期刊中收录的文章的题名链接以及作者、出版社、PDF 全文链接等简单的著录信息;单击文章题名链接,可以浏览文摘(Abstract)、参考文献(References)以及其他详细的著录信息。单击不同页面中的 PDF 或者 HTML 链接,可以查看 PDF 格式或 HTML 格式的全文。

2. 快速检索

在 SpringerLink 的每一个页面都提供快速检索功能。快速检索包括一个检索式输入框和一个快速构造检索式按钮"…"。单击"…"按钮,打开 Query Builder 对话框,如图 5-21 所示。

Query Builder 中包含 Title(ti)、Summary(su)、Author(au)、ISSN(issn)、ISBN(isbn)、DOI(doi)字段和字段代码以及 And、Or、Not、()、*(wildcard)、""(exact)等运算符。利用检索字段、

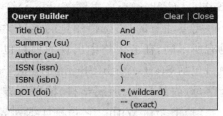

图 5-21 Query Builder 对话框

字段代码和运算符,可以在检索式输入框中快速构造检索表达式,再单击 Go 按钮进行检索。

3. 高级检索

单击 SpringerLink 主页中的 more options 链接,进入数据库高级检索页面,如图 5-22 所示。高级检索提供多个检索字段的逻辑组配检索,字段之间默认的是逻辑 AND 关系。

高级检索提供的检索字段包括 All text、Title、Summary、Author、Editor、ISSN、ISBN、DOI 等以及 Dates 和 Order by 检索限制选项。检索时,在各字段后的输入框中输入检索词或检索式;在 Dates 选项中选择按"全部日期"(Entire range of publication dates)或"指定的日期范围"(Publication dates between)进行检索;在 Order by 选项中选择对检索结果按"相关性"(Relevancy)或者"出版日期(越新出版的文献越靠前排列)"(Publication date(most recent first))排序,然后单击 Find 按钮即可。

4. 参考引文链接检索

CrossRef 是由世界著名的 12 家商业和非商业出版机构于 1999 年 11 月联合发起并建立的开放式参考文献链接系统,主要目的是利用数字对象标识系统(DOI)来实现不同出版商出版的在线学术资源之间高效而可靠的交叉链接,为学术界访问网络学术资源提供方便,从而提升在线研究体验。截至 2007 年 7 月,CrossRef 已拥有 2000 多家会员机

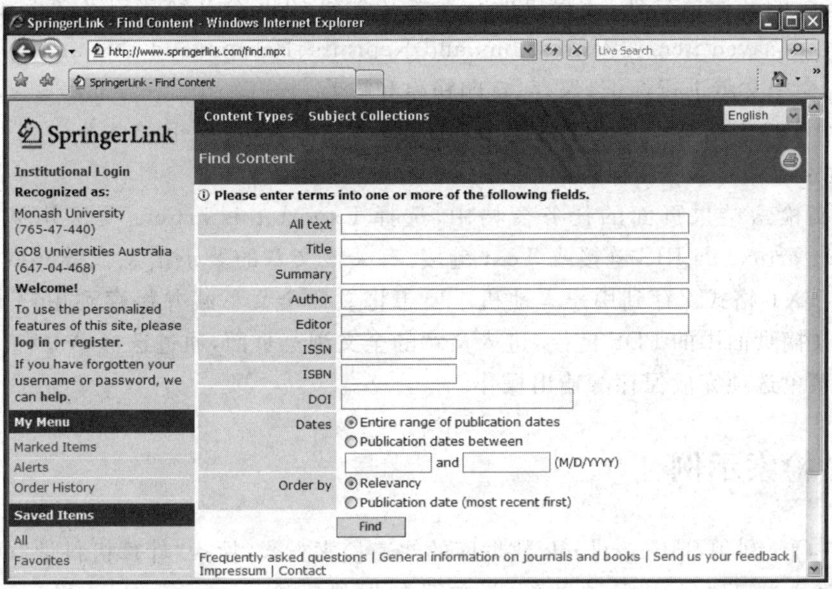

图 5-22 SpringerLink 高级检索页面

构,数据库记录超过 2800 万条,记录内容覆盖涉及各个学科的 14 000 多种期刊的论文以及图书和图书章节、会议文献、工作文档和科技报告等。

CrossRef 检索是利用参考文献中的 CrossRef 链接,方便快捷地查找到引用文献。在整个电子资源库中,CrossRef 建立了反映各知识点之间直接与间接关系的网络结构体系,使检索者可以从知识网络的任何一个知识点入手,通过网络链接关系在整个知识库中实现文献之间的参考引文与全文文献的直接链接。在用户订购了全文数据库的前提下,CrossRef 能够使一次文献的引文链接到另一个出版商的站点,并使得二次文献能链接到全文。

SpringerLink 除了提供浏览、检索服务和支持 CrossRef 参考引文链接外,还提供个性化服务功能,包括最新目次报道服务(Alerts)、E-mail 提示功能等。此外,SpringerLink 系统实现了与重要的二次文献检索数据库的全文链接,目前已经与 SCI、EI、INPEC 建立了从二次文献直接到 SpringerLink 全文的链接。

5. 检索结果的处理

1)检索结果的显示和浏览

(1)题录检索结果。SpringerLink 数据库的检索结果首先以题录信息的形式显示出来,有简单列表(Condensed View)和详细列表(Expanded View)两种显示格式,Condensed View 是命中记录的题名信息列表;Expanded View 则包括命中记录的题名和其他一些简单著录信息列表。无论是 Condensed View 还是 Expanded View,列表中显示的著录信息的项目会随着命中记录所属的文献类型而不同。单击列表中的题名链接,进入文摘检索结果页面;单击列表中的 PDF 全文链接,直接进入检索结果的全文页面。

(2)文摘检索结果。文摘检索结果页面,除了提供 Expanded View 中包含的著录信息、命中文献的文摘信息外,还提供所有参考文献和 PDF 全文链接以及 Add to marked items、Add to saved items、Permissions and Reprints、Recommend this article 等操作功能,可以对命中文献进行标记、保存、打印输出和推荐。

(3) 全文检索结果。全文检索结果页面显示命中文献的 PDF 格式全文。

2) 检索结果的下载和保存

在文摘检索结果页面的任务窗格中,选择 Export this article 项目并单击其中的 Export this article as RIS 链接或 Text 链接,有关该文章的著录信息或链接网址信息会以 RIS 或 TXT 格式保存到用户本地机。要想将文章全文下载并保存到用户本地机,则可以单击文摘页面中的 PDF 链接,进入文章的全文浏览页面,通过选择 Adobe Reader 阅读软件的菜单选项完成保存等输出操作。

5.4.4 检索示例

【例 5-4】 利用 SpringerLink 数据库的快速检索方式,检索"计算机科学"(Computer Science)学科关于"优化问题的解决方案和原则"(Optimization Problem, Solution, Criteria)方面的期刊文章。

检索的具体步骤如下:

1) 登录检索系统

通过 SpringerLink 数据库的网址 http://www.springerlink.com/home/main.mpx, 或者清华大学镜像网站的网址 http://springer.lib.tsinghua.edu.cn,登录 SpringerLink 数据库。

2) 构造检索式

在 SpringerLink 主页中,单击检索式输入框后的"…"按钮,在弹出的 Query Builder 对话框中选择 Title(ti)字段,检索式输入框中相应会出现所选择字段的字段代码及括号,如"ti:()",在括号中输入"optimization problem";在选择 And 组配关系后,再次选择 Title(ti)字段,并在字段代码后的括号中输入 solution and criteria,单击 Go 进入初步检索结果页面,如图 5-23 所示。命中记录的数量和著录信息以 Condensed View(默认)的形式显示出来。

3) 筛选初步检索结果

在初步检索结果页面右侧的任务窗格中,选择 Content Type 并单击其中的 Journal Articles 链接,Condensed View 列表中的命中记录数量随之减少,列表中显示的著录信息内容也相应变为 Journal Articles 类型文献的著录内容。继续在页面右侧的任务窗格中选择 Subject 并单击其中的 Computer Science 链接,Condensed View 列表中的命中记录数量以及列表中显示的著录信息内容进一步改变,即最终获得与主题相关的 Computer Science、Journal Articles 类型文献的文章列表,列表中的内容包括文章题名链接、期刊名称、卷期、作者、摘要节选、PDF 全文链接等。

4) 文章的浏览和下载

单击 Condensed View 列表中的文章题名链接,进入该文章的文摘浏览页面,浏览文摘和其他详细的著录信息；单击 Condensed View 列表中的 PDF 全文链接，进入文章的 PDF 格式全文浏览页面，在此页面中可以浏览文章全文和实现文章全文内容的下载。

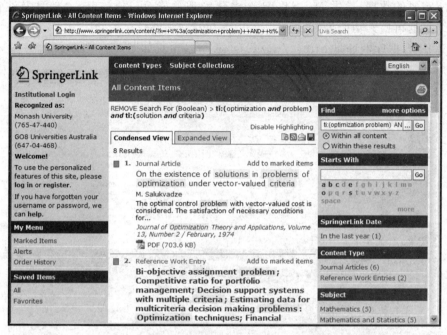

图 5-23　SpringerLink 初步检索结果页面

5.5　Journal Storage 过刊全文数据库

JSTOR 数据库全名为 Journal Storage，于 1995 年 8 月建立，最初始于梅隆基金会（The Andrew W. Mellon Foundation）的一个数字典藏计划项目，项目的启动是为了解决图书馆在为长期积累的学术期刊资料提供充足的书架时遇到的问题。JSTOR 的任务是存档，目标是建立完整的重要学术期刊文献档案，节省图书馆保存期刊馆藏所损耗的人力和空间，使科研人员可以检索和利用期刊文献的高分辨率的扫描图像。

JSTOR 是"过刊"数据库而不是"现刊"数据库。所谓过刊（Back File），通常是指非当年的期刊，也有指 3 至 5 年前的期刊。在最新出版的期刊和 JSTOR 提供的内容之间通常存在着 1～5 年的时间间隔。

JSTOR 以订阅期刊的图书馆数量、期刊的影响指数、各学科专家对期刊的推荐意见和期刊发行的年代长短等作为选择和收录期刊的原则，并承诺期刊收录后不会被 JSTOR 移除，并会确保曾收录于 JSTOR 的所有期刊未来同时获得技术的更新及永久保存，订购单位也会拥有永久使用权。这些收录原则和保障措施最终使 JSTOR 成为了高质量的人文社科和艺术类期刊数据库。目前，全球 134 个国家的近 4300 家会员机构使用该期刊全文数据库,参与的出版社达 520 多家。

2008 年 4 月,JSTOR 推出了更符合使用者需求的全新界面,提供改进的 PDF 格式,以便简化打印及扩大取得的便利性;提供在检索中配合主题限制功能,协助检索者更容易地获得所需要的数据;提供 MyJSTOR 个人化管理功能,可以储存个人信息及注记的内容以及结果的再检索功能等等。

JSTOR 数据库网址是 http://www.jstor.org,主页如图 5-24 所示。

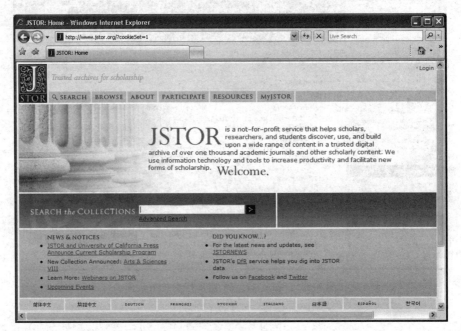

图 5-24　JSTOR 数据库主页

5.5.1　数据库资源

JSTOR 过刊全文数据库目前通过网络提供 1250 多种期刊的 400 多万篇文献的全文,所提供的期刊大部分都从一卷一期开始,即使"最新期刊"也多为最近 3 至 5 年前的期刊,回溯年代最早至 1665 年。

JSTOR 中的期刊内容涉及广泛的学科主题,包括非洲美洲研究(African American Studies)、非洲研究(African Studies)、非洲印度研究(African Indian Studies)、人类学(Anthropology)、水科学(Aquatic Sciences)、考古学(Archaeology)、建筑与建筑史(Architecture and Architectural History)、艺术与艺术史(Art and Art History)、亚洲研究(Asian Studies)、生物学(Biological Sciences)、植物学(Botany and Plant Science)、英国研究(British Studies)、商业(Business)、古典研究(Classical Studies)、进化与细胞生物学(Developmental and Cell Biology)、生态与进化生物学(Ecology and Evolutionary Biology)、经济学(Economics)、教育(Education)、妇女研究(Feminist and Women's Studies)、电影研究(Film Studies)、金融学(Finance)、民俗学(Folklore)、通用科学

(General Science)、地理学(Geography)、健康政策(Health Policy)、保健学(Health Sciences)、历史(History)、科技历史(History of Science and Technology)、爱尔兰研究(Irish Studies)、犹太研究(Jewish Studies)、语言文学(Language and Literature)、拉丁美洲研究(Latin American Studies)、法律(Law)、图书馆学(Library Science)、语言学(Linguistics)、数学(Mathematics)、中东研究(Middle East Studies)、音乐(Music)、古生物学(Paleontology)、表演艺术(Performing Arts)、哲学(Philosophy)、政治学(Political Science)、人口研究(Population Studies)、心理学(Psychology)、公共政策与管理(Public Policy and Admistration)、宗教(Religion)、斯拉夫研究(Slavic Studies)、社会学(Sociology)、统计学(Statistics)、动物学(Zoology)等多个学科内容。

5.5.2 检索技术

1. 字段限制检索

系统支持的检索字段有全文(Full-text)、作者(Author,AU)、文章题名(Item Title, TI)、文摘(Abstract,AB)、说明(Caption,CA)、文献类型(Type,TY)、日期范围(Date Range,YEAR)、语种(Language,LA)、文章(Article,FLA)、评论(Review,BRV)、社论(Editorial,EDI)等。在构造基本检索的检索式时,可以使用"字段代码:(字段内容)"的形式,如"LA:(eng)",对字段加以说明和对字段内容加以限制。而在高级检索页面中,不能使用字段代码。

2. 布尔逻辑检索

系统支持使用 AND、NOT、OR、NEAR 来确定检索词之间的关系,并用括号对检索词进行逻辑分组来改变逻辑运算顺序。系统默认各检索词之间的逻辑算符是 AND。此外,布尔运算符必须用大写字母表示,如"social AND culture"。检索词组要使用双引号("")。

3. 截词检索

截词符"+"可以代替任意多个字符进行扩展检索,表示前方一致。

4. 系统的独特功能

(1) 采用默认方式进行查找,可以找到文章(Article)、评论(Review)、社论(Editorial)、手册(Pamphlet)等多种类型文献的题名(Title)、作者(Author)和全文(Full Text)信息。

(2) 只查找 JSTOR 数据库中的文献内容,不需要标记 Search for links to articles outside of JSTOR 选项,否则需要标记该选项。

(3) 查找特定的文章,可以使用特定文献检索(Citation Locator)功能。

5.5.3 数据库的检索

JSTOR 数据库提供浏览(Browse)、基本检索(Basic)、高级检索(Advanced)和特定文献检索(Citation Locator)4 种检索方式。

1. 浏览

在 JSTOR 数据库主页(http://www.jstor.org)中单击 Browse 链接,进入数据库浏览(Browse)页面,提供按"期刊的学科主题"(Browse by Discipline)、按"期刊题名"(Browse by Title)和按"出版发行者"(Browse by Publisher)等方式进行浏览。

1) Browse by Discipline

Browse by Discipline 是默认的浏览方式,它将 JSTOR 数据库中收录的所有期刊按照所属的 50 个学科加以分类,每种分类中包含的期刊再按照期刊名称的首字母顺序 A~Z 排列成列表。浏览时,先选择学科分类,再按照字母顺序选择相应的期刊名称。

2) Browse by Title

此种浏览方式是将 JSTOR 数据库收录的期刊按照期刊名称的首字母顺序 A~Z 排列。浏览时,先选择与期刊名称首字母一致的字母链接,进入该链接查看所有以该字母开头的期刊名称列表,从列表中选择需要浏览的期刊名称。

在浏览期刊名称时会发现,有些期刊名称在列表中显示时有缩进,这表示该期刊与上一种期刊属同一种刊,只是在不同时期使用了不同的刊名。

3) Browse by Publisher

此种浏览方式是将出版社按照其名称首字母顺序 A~Z 排列,且每个出版社的名称链接至出版社的相关信息,包括出版社名称、网站、简介与联络信息、出版社出版的所有期刊、收录在 JSTOR 里的期刊与目前的收录范围等。

无论选择上述哪种方式进行浏览,只要点选期刊名称,都可以查看完整的期刊信息,包括所有卷期清单(List of all Volume)信息、单卷期刊(Volumes/Issues List)信息和特定卷次目次(Issue Table of Contents)信息等。

2. 基本检索

在 JSTOR 数据库主页(http://www.jstor.org)中单击 Search 链接,进入数据库检索主页,即数据库的基本检索(Basic Search)页面,页面如图 5-25 所示。

在基本检索页面中的输入框中输入检索词、词组或由字段代码和各类运算符构成的检索式,单击 Search 按钮,即可在 JSTOR 数据库中实施检索。若在执行 Search 操作前选中输入框下方的 Search for links to articles outside of JSTOR 复选框,则意味着不仅在 JSTOR 数据库中检索,还检索 JSTOR 数据库以外的文章链接。此外,简单检索页面还提供 Limit by Discipline 来限制检索主题;提供 Select Recent Search 检索最近的相关检索结果;提供 Quick Tips 简易操作指引。

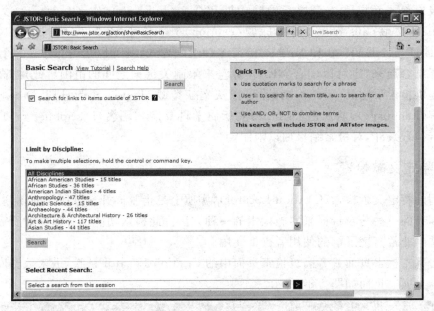

图 5-25　JSTOR 基本检索页面

3. 高级检索

单击基本检索页面中的 Advanced Search 链接，进入如图 5-26 所示的高级检索（Advanced Search）页面。

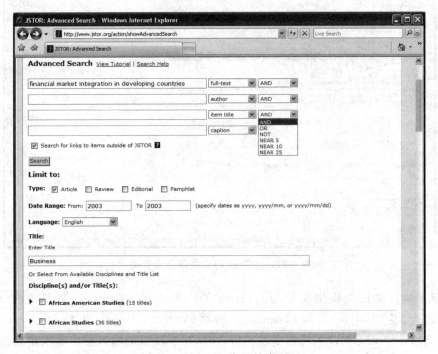

图 5-26　JSTOR 高级检索页面

高级检索页面提供 4 个检索词输入框和全文(full-text)、作者(author)、文章题名(item title)、文摘(abstract)、插图标题(caption)5 个检索字段，字段间有 AND、OR、NOT、NEAR 5、NEAR 10 和 NEAR 25 等多种组配方式，既可以运用布尔逻辑算符把不同关键词结合起来，也可以配合 NEAR 算符来限制关键词之间的范围。此外，高级检索页面还提供检索限制(Limit to)功能，可以从文献类型(Type)、出版日期(Date Range)、撰写语言(Language)、期刊题名(Title)和所属学科及期刊题名(Disciplines or Titles)等方面设定检索条件，对检索结果加以限制。

4. 特定文献检索

所谓的特定文献检索(Citation Locator)，实质上是指脱离开文献所属的期刊，直接利用文献本身的一些著录特征来实施检索的一种方法。此检索功能适合那些对所需要检索的期刊文献非常清楚了解的使用者查询使用。

单击基本检索页面或者高级检索页面中的 Citation Locator 链接，进入数据库的特定文献检索页面。页面如图 5-27 所示。

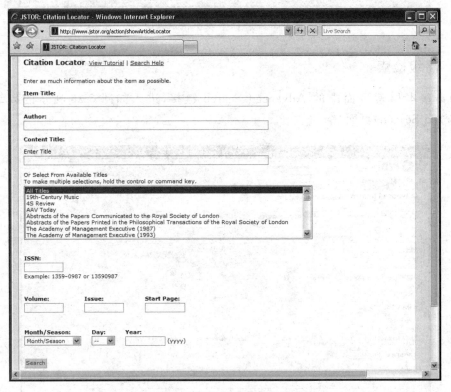

图 5-27　JSTOR 特定文献检索页面

特定文献检索页面提供文献题名(Item Title)、作者(Author)、期刊名称(Content Title)、ISSN、卷(Volume)、期(Issue)、开始页码(Start Page)、出版年(Year)、月/季(Month/Season)、日(Day)等检索字段。检索时，在字段后的输入框中输入相应的检索词或在 Content Title 字段列表中选择相应的内容，然后单击 Search 按钮实施检索。

5. 检索结果

1) 题录检索结果

检索命中的文章记录首先以题录信息列表的形式显示出来，如图 5-28 所示。页面中包括命中记录的文章题名链接、作者链接、期刊名称及卷期、页码等，且每条命中记录下方均列有文章信息(Item Information)、合乎检索条件的第一页(Page of First Match)、PDF 原文(PDF)和输出书目(Export this Citation)等链接。

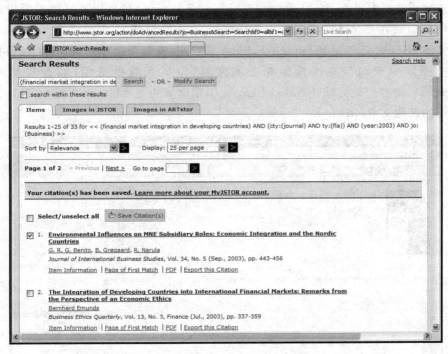

图 5-28　JSTOR 题录检索结果页面

（1）Item Information。单击 Item Information 链接，可以查看当前文章的书目(Bibliographic Info)信息，如题名、作者、期刊名称及卷期、页码、URL、文摘等，还可以查看每页的脚注(References)信息。

（2）Page of First Match。单击 Page of First Match 链接，可以打开检索词首次出现在文章的那一页，在该页的上方还列出了出现检索词的其他页码的超级链接。单击页码链接或单击 Previous Item、Next Item 可以跳转至其他页面；单击 Save Citation(s)链接（注册用户才能使用），可以将当前选择的文章的信息保存在 MyJSTOR 中，以后可以通过 View Saved Citations 链接查看保存的信息。

（3）PDF。单击 PDF 链接，可以根据需要打印和下载 PDF 格式的全文，同时 PDF 格式文档中还会提供标示关键词功能。

此外，在题录检索结果页面，还可以利用页面上方的 Modify Search 对检索结果进行修正；利用 Search within these results 在检索结果中进行再次检索；以及分别按照相关性(Relevance)、由近及远的时间顺序(Newest to Oldest)或者由远及近的时间顺序(Oldest to Newest)对检索结果进行排序。

2) 全文检索结果

单击题录结果页面中的文章题名链接,进入该文章的全文检索结果页面,如图 5-29 所示。和题录检索页面相同的是,可以利用页面中提供的 Previous Item、Next Item、Back to Search Results、Next Result 链接,实现页面跳转;利用 Save Citation、Export this Citation、Item Information、PDF 等功能链接,实现对文章全文的保存、输出、查看文章书目信息和 PDF 全文浏览、下载和打印。同时,在全文检索结果页面中,用户还可以选择浏览出现关键词的页面(View list of pages with search term(s)),以及可以选择以缩略图(Thumbnails)或者只有链接(Links only)的形式一次性浏览 12 页或者全部页面。此外,页面右侧的 JSTOR 选项组和 Google Scholar 选项组,能够帮助用户到 JSTOR 数据库和 Google 数据库中查询与本次检索相关的文献,以扩大数据范围,如查找参考文献(References)、内容相关文献(Related Items)、引用此篇的文章(Items Citing This Item)、作者撰写的其他文章(Items by...)等。

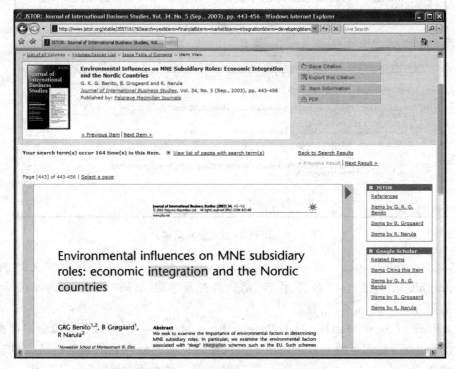

图 5-29　JSTOR 全文检索结果页面

3) 图片检索结果

图片检索结果有 Images in JSTOR 和 Images in ARTstor 两种显示方式。Images in JSTOR 显示文章中与检索词匹配的图片检索结果缩略图列表,单击缩略图可链接至文章中图片所在页面;Images in ARTstor 显示出在 ARTstor 中检索的结果,只有 ARTstor 订户才能检索出图片信息,同时链接到 ARTstor 查阅更多信息,非 ARTstor 订户只能呈现书目信息。

5.5.4 检索示例

【例5-5】 利用JSTOR数据库,查询2003年发表在商业(Business)类期刊中,有哪些关于"发展中国家金融市场整合"(Financial Market Integration in Developing Countries)方面的英文文章,并下载保存PDF格式的文章全文。

检索的具体操作步骤如下:

1) 登录检索系统

通过网址 http://www.jstor.org 登录JSTOR数据库,在其主页中单击Search链接,进入数据库检索主页,在页面中进一步单击Advanced Search进入数据库高级检索页面。

2) 实施检索

在高级检索页面的第一个字段列表中选择full-text字段,在该字段对应的检索词输入框中输入"financial market integration in developing countries";在Limit to选项组的Type选项中选中Article;在Date Range的日期范围输入框中输入检索的起止日期都为"2003";在Language列表中选择English;在Title输入框中输入"Business"或者在Disciplines and Titles列表中选择Business学科分类,最后单击Search按钮。

3) 检索结果的浏览和下载

检索结果页面首先以题录列表的方式显示命中文章的题名链接、作者链接、期刊名称及卷期、页码等,且每条命中记录下方列示出Save Citation、Export this Citation、Item Information和PDF等链接。右击PDF链接,在弹出的快捷菜单中选择Save Target As选项,可将文章原文以PDF格式保存到用户本地机。

习 题 5

5.1 思考题

1. 试说明EBSCOhost系统和ProQuest系统收录的数据库资源范围。
2. 简述EBSCOhost系统BSP数据库的可视化检索(Visual Search)和图像检索(Images Search)的差异以及实施图像检索时,有哪些图像类型可供选择。
3. 简述PQDT数据库提供哪些检索方式和服务。
4. 简述Science Direct Online(SDOL)数据库的检索技术及特殊功能。
5. 说明利用嵌套检索功能在英文数据库中实施检索时有哪些需要注意的事项。
6. 试述SpringerLink数据库的各种浏览方式的异同。
7. 试比较Elsevier Science Direct(SDOL)数据库和SpringerLink数据库的个性化服务。
8. 什么是过刊?试说明JSTOR过刊数据库的特定文献检索(Citation Locator)

功能。

5.2 上机练习题

1. 利用 EBSCOhost 系统的数据库，查找美国 *Academy of Management Journal* 杂志的 ISSN 号、地址、收录主题等信息。

2. 利用 ProQuest ABI/INFORM Global 数据库，查询 2008 年 12 月出版的一期 *Scientific American* 杂志中收录的论文的信息，并记录下文章题名、作者和页码。

3. 利用 PQDT 博硕士学位论文数据库，查询近两年来由北卡罗来纳州立大学(North Carolina State University)学生完成的"生物医学工程"(Biomedical Engineering)领域的博士学位论文题目及其文摘。

4. 利用 Science Direct Online(SDOL)数据库实施一项检索任务，并结合 SDOL 主页中的 Manage Favorites 功能，将检索到的相关期刊添加到 Favorites Journal 中。

5. 利用 SpringerLink 数据库，查找该数据库中收录的"管理信息系统"(Manage Information Systems, MIS)方面的图书有哪些，并记录下书名、作者和出版时间。

6. 利用 JSTOR 过刊数据库，查询杜克大学出版社(Duke University Press)出版发行的期刊被 JSTOR 数据库收录的情况，并记录下被收录期刊的名称及收录的时间范围。

第 6 章

核心检索评价系统

联机检索服务是计算机检索走向实用化、规模化、产业化的重要的标志。然而,传统的联机检索系统采用指令检索语言和非图形检索界面,专门面向专业的信息检索机构和检索人员。检索人员要经过专门培训,掌握特定的检索指令和方法才能使用联机检索系统,而且检索费用高,严重影响了联机检索系统的利用率。20 世纪 80 年代,尤其是随着网络信息检索系统的应运而生和迅速发展,许多联机信息检索系统的数据库供应商纷纷将各自的数据库资源推向 Web 平台,直接面向终端用户提供数据库服务,从而使得传统的联机信息检索受到极大的冲击。在这一历史背景下,许多联机检索系统提供商纷纷将联机检索系统推向网络平台,借助 Internet 在世界范围内提供联机检索服务,不仅秉承了传统联机检索的优点,又兼具用户界面友好、操作简单灵活、链接便利的优势,提供高效、规范而便捷的信息检索服务,推动了联机检索行业的发展。

世界上比较著名的联机检索系统有美国 Thomson 公司的 Dialog 系统、美国联机图书馆中心的 OCLC FirstSearch 系统、欧洲共同体九国所属的欧洲科技信息联机检索网络 EURONET、欧洲空间组织的 ESA/IRS 系统、美国系统开发公司的 Orbit 系统、美国医学图书馆的 MEDLINE 系统、日本科技信息中心的 JICST 系统以及 STN、ECHO、BRS 等。

6.1 Dialog 国际联机检索系统

6.1.1 Dialog 系统概述

Dialog 联机信息检索系统是世界上最早和功能最强大的国际性商业联机检索系统,也是目前运作最成功的联机商业数据库系统之一,总部设在美国加利福尼亚州的 Palo Alto。

1. Dialog 联机信息检索系统的发展

Dialog 最初是由美国洛克希德导弹航空公司研制的一套大型数据文件的管理软件,利用这套 Dialog 软件,可以对计算机数据库进行实时人机对话式检索。1972 年,Dialog 公司成立,开始对外提供营业性联机信息服务。1988 年,Knight Ridder 公司收购 Dialog,

后来又将开展生物医学和药学信息服务的 DataStar 系统和英国 M.A.I.D 公司的 Profound 系统收购,同样取名为 Dialog 系统开展信息服务。2000 年,美国 Thomson 公司收购 Dialog,后来又将 NewsEdge 和 Intelligence Data 信息服务纳入 Dialog 系统,Dialog 成为世界上规模最大的综合性联机信息检索系统,开展国际性联机信息服务,用户遍及世界 120 多个国家。

2. Dialog 联机信息检索系统的特点

1) 收录范围广泛,来源可靠

Dialog 系统数据库的专业内容覆盖知识产权、政府规章、社会科学、食品和农业、新闻媒体、商业财政、能源与环境、化学、生物医学、药物学、航天、生物、科技等领域的各种信息。系统每月处理超过 70 万次的检索和传输超过 1700 万页的文献。除了提供即时信息检索外,还提供长达 20 年的历史数据的回溯检索。Dialog 不仅数据资源庞大,来源也极具权威性,数据库供应者均为世界各国著名的专业信息机构。

2) 产品和服务多样

Dialog 系统目前提供 Dialog、Dialog Profound、Dialog DataStar、Dialog NewsEdge 和 Dialog Intelliscope 5 个系列的信息产品,每种产品都提供大量的数据库资源。这些产品和资源除了提供信息检索服务外,还提供数据库目录检索、定题通报服务(Alert)、原文定购、即时费用查询等服务,并为用户提供定制信息解决方案和各种个性化信息服务。

3) 多种检索平台

Dialog 系统拥有 Dialog、Profound 和 DataStar 3 个联机检索平台,在保留原有的指令检索功能的同时,还推出了基于 Web 的检索系统,每个检索平台都提供多个 Dialog 产品的检索入口和多个数据库同时进行检索的功能。

4) 检索功能强大

Dialog 支持布尔逻辑检索、位置检索、截词检索等多种检索技术,提供多种检索平台和检索途径,具有多数据检索和查重功能,还提供丰富的联机帮助工具和文档,保证了较高的查全率和查准率。

6.1.2 Dialog 数据库资源

Dialog 系统供检索的数据库当前有光盘版、联机版和网络版 3 种版本,拥有全文型、书目型、事实型及数值型数据库 900 多个,且每年以 20% 的速度增长,涉及 40 多个文种的文献量超过 4 亿篇,占世界机读文献总量的 60% 以上。专业内容覆盖自然科学、工程技术、社会科学、人文科学、商业经济和法律等各个学科领域。

要使用 Dialog 系统,首先要申请账号,交纳开户费以及开户以后每年要交纳年费和数据库使用费。数据库的使用费和记录的显示费,根据不同的数据库有不同的收费标准。

1. 数据库范围

Dialog 系统的数据库内容覆盖广泛的学科领域,但 20 世纪 70 年代以后,Dialog 数据库的主攻方向逐步由科技转向经济、商业等商情类数据库领域,提供经济、人口统计和预测、商品生产和销售预测等方面的信息服务。

Dialog 系统将其拥有的 900 多个数据库分为商业(Business)、政府(Government)、知识产权(Intellectual Property)、医药科学(Medicine and Pharmaceuticals)、新闻(News)、参考信息(Reference)、科学技术(Science and Technology)和社会科学与人文科学(Social Science and Humanities)8 个主题。

在 Dialog 系统中,一般情况下一个数据库就构成一个文档,并给予一个文档号,大的数据库可按年代划分为若干个文档,每个文档可以单独检索,也可同时检索多个文档。

Dialog 系统中的代表性数据库如表 6-1 所示。

表 6-1 Dialog 系统的代表性数据库资源

文档号码	数据库名称
1 号文档	教育文摘(Education Resource Information Center,ERIC)
2/3/4 号文档	科学文摘(INSPEC)
5/55 号文档	生命科学文摘数据库(BIOSIS)
6 号文档	美国政府报告(National Technical Information Service,NTIS)
8 号文档	工程索引(EI Compendex,EI)
15 号文档	经济商业文摘(ABI/INFORM)
34/434 号文档	科学引文索引(Science Citation Index,SCI)
99 号文档	Wilson 科技文摘(Wilson Applied Science & Technology Abstract)
154/155 文档	医学索引(MEDLINE)
324 号文档	德国专利(German Patents,GP)
348 号文档	欧洲专利局数据库(Esp@cenet)
350/351 号文档	世界专利索引(Derwent World Patent Index,WPI)
399 号文档	化学文摘(Chemistry Abstract,CA)
652/653/654 号文档	美国专利局数据库(USPTO Patents)

2. 数据库的选择

Dialog 系统的数据库类型多样,有书目型、全文型、数值型、事实型和混合型。各数据库的收录范围、数据类型、存储检索标识、检索费用等各不相同,要进行成功的检索,首先要合理地选择数据库。Dialog 系统数据库的选择可以通过以下方式:

1) 利用 Dialog 数据库目录(Dialog Database Catalogue)

该目录设有数据库主题类目表(Dialog Database by Broad Subject Category)、数据库说明(Database Descriptions)、类目一览表(DIALINDEX/One Search Categories)等,用户可以通过主题类目表寻找相关的数据库类目名称,然后通过数据库说明寻找需要的数据库和了解数据库的学科主题、回溯年代、数据库类型和检索费用等信息。

2) 利用Dialog系统提供的411文档(DIALINDEX)和数据库蓝页(Bluesheets)

411文档(DIALINDEX)是Dialog系统各个文档的总索引,该文档不存储具体记录的内容,只存储Dialog系统全部文档的基本索引和辅助索引,可以帮助用户快速选择最合适的数据库进行检索;数据库蓝页(Bluesheets)对每个数据库的内容、文档结构、字段等均有较详细的叙述,可以帮助用户选择数据库。

3) 利用Dialog系统的免费文档

用户可以通过进入Dialog的免费文档,如100、415文档,在该文档中输入"Help"指令获取各种帮助信息,如系统指令、系统特征、特定文档信息、联机时间和价格、显示打印格式的价格等。若用户在某数据库中进行检索,也可在系统提示符下输入"Pause"指令,进入Pause状态,在该状态下输入"Help"指令了解需要的信息。

6.1.3　Dialog检索技术

1. Dialog系统的常用检索指令

在日益普及的Web检索界面下,Dialog依然提供利用指令进行检索的方式,它是专业检索人员普遍采用的一种高效的检索方式。运用Dialog系统提供的检索指令,可以快速、准确地检索到所需要的信息。

Dialog系统检索指令的一般格式为:

　　? 指令　参数

"?"是系统提示符,是Dialog系统向用户询问检索要求的专用符号,用户在"?"出现后才能发出检索指令;"指令"是Dialog系统的指令符号,说明指令操作的具体类别;"参数"是指令操作的对象和说明,与"指令"以空格分隔。Dialog系统的常用指令及其功能说明如表6-2所示。

表6-2　Dialog系统常用指令

指令名称	功　　能	示　　例
begin(或b)	调用文档指令,即进入指定数据库	? b 34, 434
select(或s)	查找/选词指令	? s information technology/TI
select step(或ss)	分步骤查找指令	? ss information system
display(d)	屏幕显示指令	? d s2/7/1
expand(或e)	正确选择检索项	? e AU=wang
type(或t)	联机显示检索结果指令,指令后跟检索集合号、输出格式以及文献起止号	? t s3/6/1-5
print(或pr)	脱机打印	? pr sl/3/1,5-27
sort	排序指令	? sort s2/1-15/TI,d
logoff(logoff hold)	脱机指令(暂时脱机指令)	? logoff
Explain(或?)	查询指令	?? file 47

2. Dialog 系统的基本检索技术

Dialog 系统支持使用布尔逻辑运算符、位置运算符和截词运算符进行各种运算,合理构造检索提问式,准确反映用户的检索需求。

1)布尔逻辑检索

Dialog 支持 AND(*)、NOT(−)和 OR(+)3 种布尔逻辑运算符。

2)截词检索

Dialog 系统的截词运算符为"?",既可以用于词尾的截断,也可用于词的内部字符的截断。当词干的尾部以一个"?"结束,表示无限截断;当词干的尾部以"??"结束,表示有限截断,两个问号间没有空格表示词干后至多跟与问号数相同的字符数,两个问号间空一个空格表示截断一个字符;当"?"位于检索词的内部,表示词中间的字符变化,一个问号表示一个字符。

3)位置检索

位置运算符用于限定检索词之间的位置关系,以准确表达复杂专深的概念,弥补布尔逻辑运算符表达某些复杂检索提问的不足,从而提高检索的专指度。

Dialog 常用的位置运算符主要包括(W)、(nW)、(N)、(nN)、(S)、(F)、(L)几种,各种运算符可以混用于同一检索式。为了避免出现指令的二义性,系统规定应将限制最严的运算符放在最左边,运算符的排列顺序依次为(W)、(N)、(L)、(S)、(F)。

Dialog 系统的禁用词有 an、and、by、for、from、of、the、to、with,这些词不可作为检索词使用,使用时必须利用位置运算符把这些词置换掉。

4)字段限制检索

Dialog 系统允许以前缀或者后缀方式,利用数据库中的索引字段来限制检索范围。目前,Dialog 系统的索引字段可以分为基本索引字段和辅助索引字段。基本索引字段是指记录中反映主题内容特征的字段,包括题名、文摘、正文、叙词、自由标引词等,索引字段可采用后缀代码表示,即在检索词(组)后面加上"/"和字段标识符;辅助索引字段是记录中反映数据外部特征的字段,如著者、文献类型、期刊刊名、语种、出版年月等,索引字段采用前缀代码表示,即在检索词或者检索式之前加上字段标识符和"="。

Dialog 系统常用的索引字段代码如表 6-3 所示。

尽管绝大多数字段代码有唯一的含义,但也有一些字段代码在不同的数据库中所表示的字段名称会有所不同,如字段代码 PD,在专利数据库中代表专利日期(Patent Date),在文献数据库中则代表出版日期(Publication Date)。

3. Dialog 系统的联机方式

Dialog 系统提供通过专线接入、Telnet 远程登录和 Internet 接入 3 种方式接入系统。

1)专线接入

用户只要在自己的终端或微机上安装相应的通信检索软件 DialogLink,通过数据通信专线或电话线与中国通信网或国际通信网接通,就能实现与 Dialog 主机的联机,以专线联机方式检索 Dialog 数据库,使用指令检索语言进行检索。

表 6-3　Dialog 系统常用的索引字段代码表

基本索引字段		辅助索引字段	
字段名	后缀代码	字段名	前缀代码
题名	/TI	著者	AU=
文摘	/AB	机构来源	CS=
叙词/主题词	/DE	语种	LA=
主要叙词	/DE*	文献类型	DT=
自由标引词	/ID	期刊刊名	JN=
正文	/TX	出版年份	PY=
类目标题	/SH	报告号	RN=
		公司名称	CO=
		更新日期	UD=

2) Telnet 远程登录

使用 Telnet 远程登录到 Dialog 系统,主机域名为 Dialog.com,按提示依次输入 Dialog 用户账号和口令,一旦被确认,就能以专线联机方式使用指令检索语言进行检索。

3) Internet 接入

Internet 接入方式主要包括 DialogClass(http://www.dialogclass.com)和 DialogWeb(http://www.dialogweb.com)两种。DialogClass 的检索界面为纯文本,使用指令检索语言进行检索;DialogWeb 采用 Web 页面形式,提供专业检索人员使用的指令检索(Command Search)和非专业人员使用的引导检索(Guided Search)两种方式进行检索,检索的资源包括 Dialog 的所有数据库资源。导航栏的菜单中还提供数据库目录、数据库蓝页、检索费用、数据库索引字段、打印格式以及联机帮助等信息。

6.1.4　DialogWeb 系统的检索

Dialog 最初的终端检索软件是在 DOS 环境下运行的,后来推出了基于 Windows 图形界面的 DialogLink 检索软件,其支持 TCP/IP 协议,可在网络环境下运行。最新的 DialogWeb 是基于 Web 平台的检索软件,是 Dialog 目前首选的检索方式。

登录 DialogWeb 系统(http://www.dialogweb.com)主页,输入 User ID 和 Password,单击 Logon,就可以进入 DialogWeb 检索页面,页面如图 6-1 所示。DialogWeb 提供指令检索(Command Search)和引导检索(Guided Search)两种检索方式。

1. 指令检索

1) 指令检索页面

DialogWeb 检索页面也即指令检索(Command Search)页面,主要由 Command 输入框、Submit 和 Previous 按钮、Quick Functions 功能区、Databases 和 Product Support 链

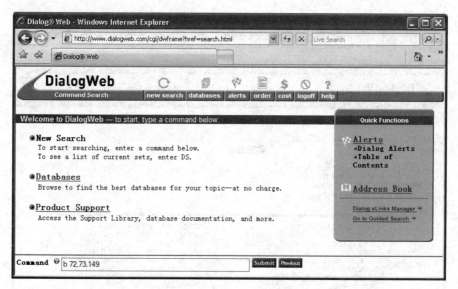

图 6-1　DialogWeb 检索主页及指令检索页面

接和若干菜单项组成。Command 指令输入框用于输入要执行的检索指令；Submit 按钮用于提交检索指令；Previous 按钮用于在文本框中显示最近输入的指令检索式；Quick Functions 窗口中包含 Alerts 和 Address Book 链接，Alerts 用于管理和设置定题目次通报；Address Book 用于传递地址簿。如果用户很熟悉 Dialog 系统的数据库资源，可以直接在 Command 输入框中输入检索指令进行检索，否则，可以单击页面上方的 Databases 菜单项或者页面中部的 Databases 链接，进入系统数据库主题目录页面，页面如图 6-2 所示。

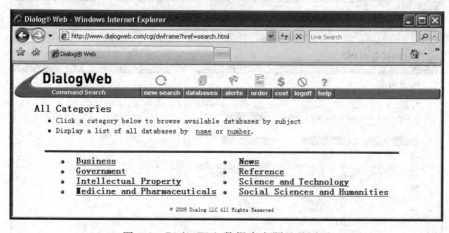

图 6-2　DialogWeb 数据库主题目录页面

2）选择数据库分类

在数据库主题目录页面，DialogWeb 将其数据库资源分为若干个学科主题。单击某个主题链接，如 Medicine and Pharmaceuticals，可以进入其下一级目录页，页面如图 6-3 所示。

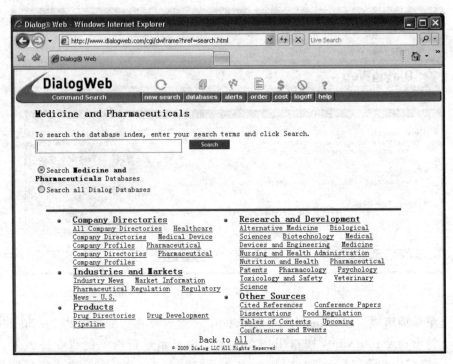

图 6-3　DialogWeb 数据库主题子目录页面

单击子目录页中的主题名称链接,如 Medicine,可以查看该主题下包含的数据库资源列表,如图 6-4 所示。可以从列表中选择实施检索的数据库资源。

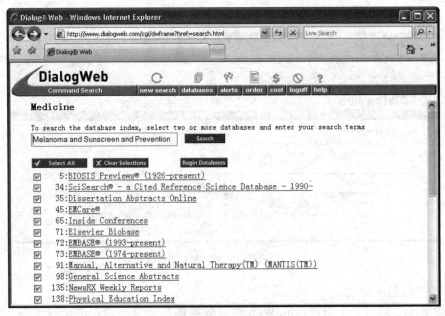

图 6-4　DialogWeb 数据库资源列表页面

3）选择数据库

在数据库列表页面中，选择实施检索的数据库，并在页面上方的检索框中输入检索词，如"Melanoma and Sunscreen and Prevention"，单击 Search 按钮，进入如图 6-5 所示的数据库选择页面。单击页面中的 Sort Results 按钮，可以对页面内容实现排序。

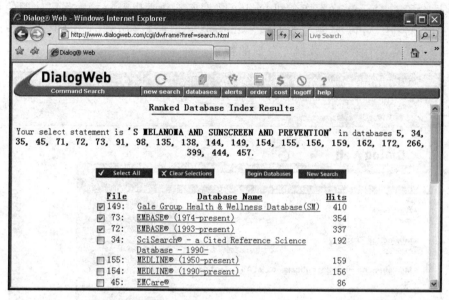

图 6-5　DialogWeb 数据库选择页面

页面中显示了数据库的文档号（File）、数据库名（Database Name）和数据库命中记录（Hits）的数量。用户可以单击数据库名称链接，来查看数据库蓝页和了解数据库的基本情况；单击 New Search，返回图 6-4 所示的数据库资源列表页面。选中命中记录数量较多的数据库前的复选框，如 149：Gale Group Health & Wellness Database(SM)、73：EMBASE® (1993-present)和 72：EMBASE® (1974-present)，并单击 Begin Databases 按钮，完成对实施检索数据库的最终选择，返回图 6-1 所示页面，此时页面中的 Command 命令输入框中出现在所选择的数据库中进行检索的指令"b 149,73,72"，意味着进一步的检索工作将在这些数据库中进行。

4）检索结果显示

用户单击页面中的 Submit 按钮，进入检索结果页面，如图 6-9 所示。检索结果页面显示多次指令检索式的检索结果，用户可以通过单击相应的 Display 按钮，或在输入框中输入"Type"指令来显示检索结果记录。用户还可以通过 format 下拉列表项选择记录的显示格式，共有 Free、Short、Medium、Long、Full 和 KWIC 等显示格式。

5）打印或发送检索结果

检索结果显示页面的 select all 和 selected none 按钮，用来对结果记录进行选择或者清除所做的选择；Print/Save 按钮，用来打印和保存记录；E-mail/Fax/Postal 按钮，用于以 E-mail、传真或邮寄方式发送检索结果记录。

2. 引导检索

通过 DialogWeb 检索主页面(如图 6-1 所示)中的 Go to Guided Search 链接,可以进入引导检索(Guided Search)主页面,页面如图 6-6 所示。引导检索采用菜单式的目录查询方法,适合于对 Dialog 检索指令和 Dialog 数据库不熟悉以及对检索将要使用的数据库不明确的用户使用,可以实现对商业(Business)、知识产权(Intellectual Property)、政府(Government)等 8 个主题的数据库资源的检索。

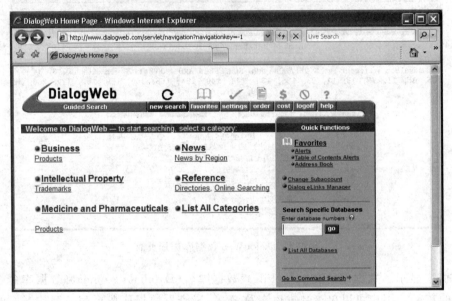

图 6-6　DialogWeb 引导检索主页面

1) 选择数据库

执行引导检索之前,应根据引导检索主页中列示出的 8 个学科主题目录及其专题子目录的层次链接,选择检索使用的数据库。如果已经明确检索将要使用的数据库,可以直接在引导检索主页 Quick Functions 功能区中的 Search Specific Databases 输入框中,输入数据库的文档号码,然后开始检索。

此外,利用 Quick Functions 功能区还可以完成以下操作功能:通过 Favorites,保存检索策略和进入定题检索(Alerts)服务;通过 List All Databases,显示 Dialog 数据库名称的字母顺序列表;通过 Go to Command Search,转入 DialogWeb 系统的指令检索页面。

2) 选择检索方式

引导检索有目标检索(Targeted Search)和动态检索(Dynamic Search)两种检索方式。

(1) 目标检索。目标检索是一种相对比较容易的检索方式,主要以表格形式列出各种常用的检索条件和数据库,用户无须编制检索提问式,只需在表格中输入和选择相关的信息,系统将根据用户输入和选择的信息形成检索提问。但是需要注意:在引导检索中,不是每个主题的内容都能进行目标检索的。DialogWeb 目标检索页面如图 6-7 所示。

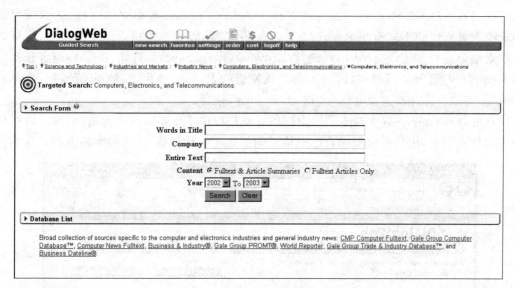

图 6-7　DialogWeb 目标检索页面

（2）动态检索。在引导检索中，每个主题的内容都能进行动态检索。动态检索可以访问更多的数据库，使用也更加灵活方便。动态检索的表格是根据用户所选择的主题目录或者数据库形成的。DialogWeb 动态检索页面如图 6-8 所示。

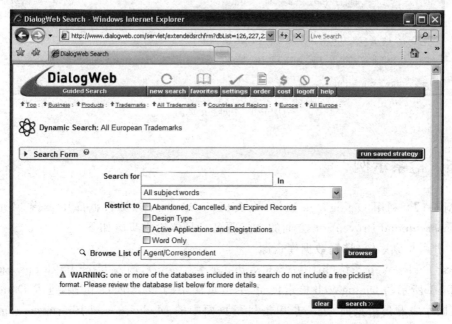

图 6-8　DialogWeb 动态检索页面

3）检索结果显示

无论是目标检索还是动态检索，其检索结果都出现在 Picklist 页面中，如图 6-9 所示。在 Picklist 页面中，用户可以选择想要查看的记录以及记录的显示格式，有 Full

Record、Free、Short、Medium、Long 和 Key Word in Context 等格式供选择,格式项目会随着检索数据库的不同而变化;通过 Show rates 链接,查看每条检索记录的价格;还可以对检索结果进行排序(Sorted by)、浏览(Browse)、保存(Save)和打印(Print);或者选择通过 E-mail、传真(Fax)或邮寄(Postal)等方式发送检索结果,产生 Alert 定题通报(save as alert)服务以及保存检索策略(save strategy only)等。

此外,DialogWeb 各个检索页面顶部的导航栏提供了丰富的检索选项,能够获取联机检索的帮助信息,用户可以根据自己的检索偏好设置多种参数,从而极大地方便了检索。

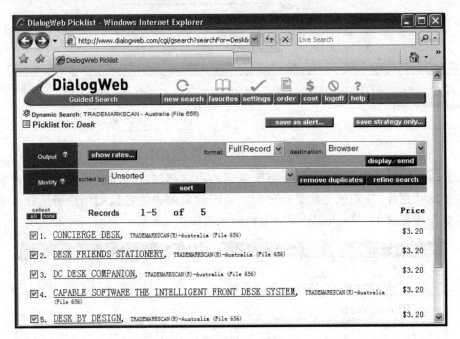

图 6-9 Picklist 页面

6.1.5 检索示例

【例 6-1】 利用 DialogWeb 系统,在其医药(Medicine)类数据库中查询 Melanoma and Sunscreen and Prevention 方面的文献题名。具体检索步骤如下:

1) 进入检索系统,选择数据库资源

登录 DialogWeb 系统(http://www.dialogweb.com),输入 User ID 和 Password,进入如图 6-1 所示的 DialogWeb 检索页面,单击页面中的 Databases 链接,进入 DialogWeb 系统数据库主题目录页面,进一步单击目录页面中的 Medicine and Pharmaceutical 主题链接,进入其下一级目录页,单击子目录页中的 Medicine 主题名称链接,进入该主题数据库资源列表页面。

2) 初次检索

在数据库资源列表页面中,单击 Select All 按钮选中 Medicine 主题下的所有数据库资源,并在 Search 按钮前的输入框中输入"Melanoma and Sunscreen and Prevention"检索式,单击 Search 按钮,进入如图 6-5 所示的数据库选择页面。

3) 再次检索

数据库选择页面列示出各命中数据库以及各数据库中包含的命中记录的数量,选中其中命中记录数量最多的 Gale Group Health & Wellness Database(SM)、EMBASE®(1993-present)和 EMBASE®(1974-present)数据库前的复选框,并单击 Begin Databases 按钮,进入该数据库检索结果页面。

4) 检索结果的显示与处理

在检索结果页面中显示出多次检索的检索结果。此外,页面中的 select all 和 select none 按钮,用来对结果记录进行选择和取消选择; show rates 按钮用于显示选择记录的价格; display/send 按钮用于以 Browse 方式显示选择的检索结果记录,或者以 E-mail、Fax、Postal 等方式发送检索结果记录;用户还可以通过 Browse-for Print/Save 按钮来浏览、打印和保存记录。

6.2 OCLC FirstSearch 国际联机检索系统

6.2.1 OCLC FirstSearch 系统概述

俄亥俄大学图书馆中心(Ohio College Library Center,OCLC)创建于 1967 年,是由美国俄亥俄州的 54 所大学联合建立的一个计算机联合编目网络,1981 年正式更名为联机图书馆中心(Online Computer Library Center,OCLC),总部设在美国俄亥俄州的都柏林。

OCLC 是一个面向图书馆的非营利性质、成员关系的计算机服务和研究组织,以实现资源共享和减少检索费用为目的,主要提供以计算机和网络为基础的联合编目、资源共享和资源保存服务。目前,OCLC 拥有世界上最大的图书馆信息网络,世界范围内使用 OCLC 产品和服务的用户已达 170 多个国家和地区的 72000 多个图书馆和教育科研机构,且用户数量以每年 15% 的速度增长,是世界上最大的提供文献信息服务的机构之一。

1. OCLC FirstSearch 系统的发展

FirstSearch 是 OCLC 于 1991 年在原有联合目录和馆际互借服务的基础上推出的以文摘报道服务为中心的联机信息检索服务系统,1999 年 8 月扩展成为一个以 Web 为基础的大型综合性的多学科数据库服务系统,目前是世界上使用量最大的交互式联机信息检索系统,提供 84 个数据库中的 1000 多万篇全文和图像的检索以及传递 OCLC WorldCat 书目记录和馆藏记录的服务。由于面向终端用户设计,界面直观,操作简单,提供多种语言界面、详细的联机帮助以及辅助检索工具,极大地方便了非专业检索人员的使用。

我国于 1996 年建立了"清华大学 OCLC 服务中心",为我国 OCLC 用户免费提供用户培训、技术支持和 OCLC 产品及服务的推广工作。

2. OCLC FirstSearch 系统的主要特色

1) 强大的检索手段和检索功能

FirstSearch 系统支持布尔逻辑检索、位置检索、截词检索等多种检索技术；提供基本检索、高级检索、专家检索 3 种检索方式；按数据库内容不同,设置了多种检索途径和多个检索手段；提供英语、法语、西班牙语、日语和中文等 8 种可选语种检索界面；面向终端用户设计,检索时每个屏幕上都有命令提示、免费的联机帮助选项供用户随时参考,帮助不同水平的用户进行检索。

2) 推荐最佳数据库功能

FirstSearch 提供推荐最佳数据库(Suggest Best Databases)功能,帮助用户选择数据库,并支持 3 个数据库同时检索。此外,不同的数据库设置了不同的索引字段,索引形式多样。

3) 易于获取联机全文

FirstSearch 数据库中全文的类型包括全文数据库的 ASCII 文本全文、ECO 数据库的文本全文、ECO 数据库的映像全文、来自被链接 Internet 资源的文本全文、OCLC 标识出的用户所在馆的全文以及与 OCLC 馆际互借(ILL)的无缝链接,使用户在检索的同时可直接通过馆际互借系统获取全文。

4) 包含丰富的馆藏信息

FirstSearch 系统共收集了近 10 亿个馆藏地址信息,用户可以通过系统设置的功能得到一个拥有文献的图书馆名录,方便用户选择合适的图书馆和通过联机的馆际互借获取原文。同时,FirstSearch 系统提供与其他系统的链接以及个性化服务。

5) 配置了 Web 界面的管理模块

管理模块可以管理账号,进行系统和数据库选项的设置,设定 FirstSearch 界面和功能,配置馆际互借,IP 地址管理和资源链接等。

6) 信息量大,主题广泛

FirstSearch 提供了主题范畴广泛的 84 个数据库的直接检索,内容涉及工程和技术、工商管理、人文和社会科学、医学、教育等学科领域。

6.2.2 FirstSearch 数据库资源

1. 数据库范围

当前,利用 FirstSearch 可以检索到 84 个数据库,其中 30 多个数据库可以检索到全文。FirstSearch 数据库中总计包括 11 660 多种期刊的联机全文和 4500 多种期刊的联机电子映像,达 1000 多万篇全文文章。数据库记录包括文献信息、馆藏信息、索引、名录、文摘和全文等内容,资料类型包括书籍、连续出版物、报纸、胶片、计算机软件、音频资料、乐谱等。

FirstSearch 系统数据库一般被分为 16 个主题范畴,包括艺术与人文科学(Art &

Humanities)、传记(Biography)、商业与经济(Business & Economic)、会议与会议录(Conference & Proceeding)、消费者事务与公众利益(Consumer Affairs & People)、教育(Educations)、工程与技术(Engineering & Technology)、综合类(General)、普通科学(General Science)、生命科学(Life Science)、医疗与保健科学-消费者(Medicine/Health, Consumer)、医疗与保健科学-专业人员(Medicine/Health, Professional)、新闻和时事(News & Current Events)、公共事务和法律(Public Affairs & Law)、快速参考(Quick Reference)和社会科学(Social Sciences)。每个主题范畴中包括若干个涉及该主题内容的数据库,而每个数据库又都包含若干个主题的文献而分属于几个主题范畴。

  由于FirstSearch系统实现了多个数据库之间的联机全文共享,用户不仅可以查询到相关文献的线索和信息,掌握在世界范围内文献的收藏情况,而且可以利用OCLC的全文数据库以及馆际互借服务,获取所需文献的全文,实现了全方位的文献一体化服务。

  从1999年开始,我国CALIS全国工程文献中心组织国内高校订购了FirstSearch系统的12个基本组数据库,通过专线提供给这些院校共同使用。这些高校的用户可以在校园网的任意一台计算机上,通过设置代理服务器,直接经由清华大学图书馆与OCLC联机并进入FirstSearch系统进行检索,不需支付流量费和检索费。自2013年7月1日起,OCLC正式把World Almanac数据库从FirstSearch系统的基本组数据库包中迁出,同时新增了GPO美国政府出版物数据库、SCIPIO在线的艺术品和珍本拍卖目录数据库。FirstSearch系统的基本组数据库如表6-4所示,其中,除Wilson Select Plus是全文数据库(带"+"号)以外,其他大部分是综合性的文摘或者书目数据库。

表6-4   CALIS订购的FirstSearch基本组数据库

序号	数据库名称	收录资源
1	ArticleFirst	16 000多种期刊的文章引文及目录索引
2	ClasePeriodical	有关科学与人文领域的拉丁美洲期刊索引
3	ECO-Index	联机电子学术期刊数据库(只提供书目信息)
4	ERIC	教育方面的期刊文章和报告数据库
5	MEDLINE	医学文献数据库
6	PapersFirst	国际学术会议论文索引数据库
7	ProceedingsFirst	国际学术会议录索引数据库
8	Wilson Select Plus(+)	科学、人文、教育与商业领域的论文全文
9	WorldCat	OCLC成员图书馆的图书、Web资源和其他资料的联合编目数据库
10	Ebooks	OCLC成员图书馆联机电子书目录数据库
11	WorldCat Dissertations	OCLC Worldcat中所有博、硕士学位论文目录数据库
12	GPO	美国政府出版物数据库
13	SCIPIO	在线的艺术品和珍本拍卖目录数据库

2. 数据库的选择

用户可以通过 WWW 方式(http://firstsearch.oclc.org/FSIP)或 Telnet 方式(域名为 fscat.oclc.org)连接 FirstSearch 系统并进入系统的登录界面,输入授权号(Authorization)、密码(Password)并单击 Start 按钮,进入 FirstSearch 检索系统主页,如图 6-10 所示。

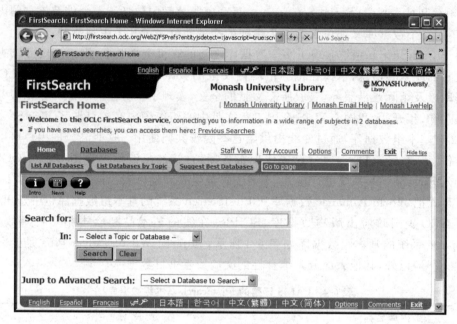

图 6-10　FirstSearch 系统检索主页

FirstSearch 系统检索主页的主要功能是选择数据库。相关的数据库选择选项如下。

(1) List All Databases：该选项列示出系统拥有的全部数据库,可以从中选择多个数据库进行检索。

(2) List Databases by Topic：该选项按主题范畴显示 16 大主题的数据库列表,供用户选择(最多不超过 3 个数据库)。

(3) Suggest Best Databases：单击该选项进入推荐最佳数据库屏幕,在输入框中输入要查询的检索词或词组,系统将在所有可用数据库中进行扫描,并显示该检索词或词组在每个数据库中匹配的记录数,命中记录数越多意味着数据库质量越高,用户据此可以有针对性地选择适合于自己的数据库。

另外,利用 FirstSearch 主页导航栏中的 Databases 菜单,也可以打开数据库选择页面,利用上述数据库选择选项,选择最为适当的数据库实施检索。

此外,FirstSearch 主页还提供了基本检索功能,即在 Search for 查询输入框中输入检索词,然后利用 Select a Topic or Database 下拉列表,从中选择一个数据库,可以实施对一个数据库的基本检索;而直接在 Jump to Advanced Search 下拉列表中选择一个数据库,则可以打开相应数据库的高级检索页面进行检索。

6.2.3 数据库的检索

FirstSearch 系统提供基本检索(Basic Search)、高级检索(Advanced Search)和专家检索(Expert Search)3 种检索方式，能够满足不同检索水平的用户的需求。

1. 基本检索

基本检索(Basic Search)适合于检索式比较简单的操作。在 FirstSearch 主页的 In 列表中选择一个主题或者数据库后，单击 Search 按钮，即可进入 FirstSearch 基本检索页面，页面如图 6-11 所示。

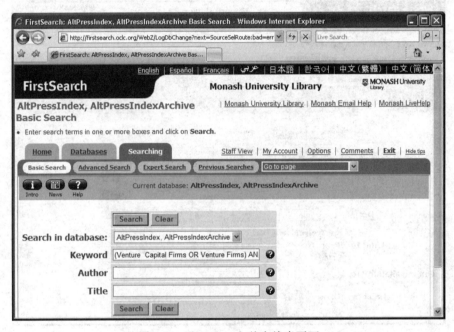

图 6-11　FirstSearch 基本检索页面

基本检索提供单一途径查询。检索时，在查询框内输入一个或多个检索词，并在下拉列表中选择查询的主题范围，单击 Search，即可实施基本检索。基本检索只限于关键词(Keyword)、作者(Author)和标题(Title)索引字段。

在查询框内输入词组时，词组要加引号，否则系统将把词组中各词之间的关系默认为逻辑"与"(AND)。还可以使用截词符"＊"、复数标识"＋"和通配符"♯"和"？"等来辅助检索。其中，截词符"＊"用于词尾，可用来完成一个词和它的同根词的检索；复数标识"＋"用于词尾，可同时检索出相同词根的所有词，但词根不得少于 3 个字母；通配符"♯"用于单词中间，只表示一个字符的变化；通配符"？"用于单词中间，代表任意多个字符；通配符"？n"用于单词中间，代表最多 n 个字符发生变化。此外，FirstSearch 系统还使用位置运算符 W，nW，N，nN 来表示特殊的检索含义，如 W 表示运算符两侧的字符相邻，且词序不能颠倒；nW 表示运算符两侧的字符之间最多可以间隔 n 个单词，且词序不能颠倒；

N 表示运算符两侧的字符相邻,词序任意;nN 表示运算符两侧的字符之间最多可以间隔 n 个单词,词序可以颠倒。

2. 高级检索

单击导航栏 Search 菜单中的 Advanced Search 链接,即可进入高级检索(Advanced Search)页面,页面如图 6-12 所示。高级检索页面以图形界面形式列示出各种查询条件,用户可以通过下拉列表选择检索式的作用域和选择检索条件,构造复杂的检索式进行检索。

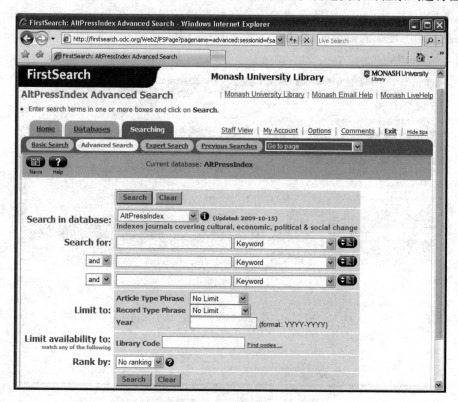

图 6-12　FirstSearch 高级检索页面

高级检索的具体步骤是:

1) 输入检索词(词组)

在 Search for 后的检索输入框中输入检索词或词组(检索精确词组要对词组加引号)。和基本检索相同,高级检索也可以使用截词符"﹡"、复数标识"＋"、通配符"♯"和"?",对检索词或词组进行组配来辅助检索。

2) 选择检索字段

在输入框右侧的字段索引下拉列表中选择检索字段,多个检索字段可以用布尔逻辑运算符(AND、NOT、OR)进行逻辑组配。

3) 使用"浏览检索"功能浏览索引

如若检查检索词的拼写和格式是否正确,可以单击相应字段索引下拉列表框右侧的浏览索引(Browse Index)图标,进入所选字段的索引列表并从索引字典中选词进行检索。

数据库中每一个检索字段对应一个浏览索引,索引结构按字母顺序排列。

4) 选择限制功能

FirstSearch 的检索限制功能包括以下几项:

(1) Limit to:该限制选项从文献类型(Article Type Phrase)、记录类型(Record Type Phrase)和出版日期(Year)3 个方面对检索结果进行限制。其中,Article Type Phrase 包括传记(Biographies)、书评(Book Reviews)、影评(Film Reviews)、讣告(Obituaries)4 类;Record Type Phrase 包括文章(Article)、期刊记录(Journal Record)两类。

(2) Limit availability to:单击 Find codes 链接,打开 OCLC 图书馆查找窗口,通过查找图书馆代码(Library Code)来限制检索范围。

(3) Rank by:可以设定检索结果的排序,有相关性(Relevance)和更新日期(Date)两种排序。

3. 专家检索

单击导航栏 Searching 菜单中的 Expert Search 链接,进入专家检索(Expert Search)页面。专家检索页面与高级检索页面基本相同,只是专家检索是为那些能够熟练构造检索式的有经验的检索者而设计的,它是使用标识符构造检索式实施检索的一种方式。检索式由各种布尔逻辑算符、位置算符、截词算符、检索词、字段标识符号等构成,可以使用括号来强化检索功能。

检索式分为单标识符检索式、多标识符检索式、精确短语检索式和组合检索式等几种。

(1) 单标识符检索式。在单标识符检索式中,标识符后紧跟一个冒号(:)和检索词,例如"ti:information"。

(2) 多标识符检索式。在多标识符检索式中,可以在多个字段中检索同一个检索项,多个字段标识符之间用","号隔开,例如"au:,su:Louisa may alcott"。

(3) 精确短语检索式。在精确短语检索式中,精确短语是标识符后跟一个"="号和一个检索项,"="号后面的所有词将作为一个整体进行检索,例如"au=wang guangming"。

(4) 组合检索式。在组合检索式中,使用逻辑运算符 AND、NOT、OR 把检索词或检索式组合起来,使检索更精确,例如"au:smith and ti:flying"。

对于没有任何标识符的检索词,可以在索引列表(Indexed in)中选择一个标识符。如果要检验检索词的拼写和格式是否正确,可以单击 Indexed in 列表后的 Browse Index 图标。

4. 检索结果

FirstSearch 系统的检索结果有题录列表(List of Records)和详细信息(Detailed Record)两种显示格式。

1) 题录列表

检索结果题录列表页面如图 6-13 所示。每条检索结果记录包括题名链接、资料来源

(Source)、查看详细信息(See more details for locatig this item)链接等内容。在系统缺省情况下,每屏幕显示 10 条检索结果记录,打开页面导航栏中的 Options 选项,可以重新设置每屏幕显示的记录数量。在题录列表页面,标记欲查看的记录并单击记录的题名链接,或者单击记录尾部的 See more details for locatig this item 链接,可进入详细记录页面,查看该记录的详细信息。

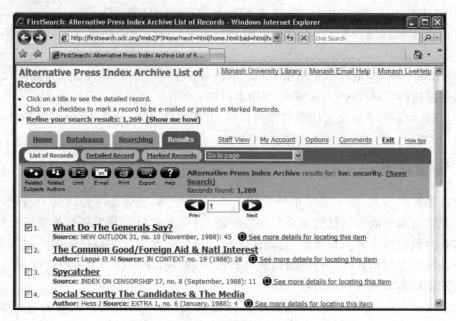

图 6-13 FirstSearch 检索结果题录列表页面

2) 详细记录

在如图 6-14 所示的检索结果详细记录页面中,一些记录的 Author、Subjects 字段具有超级链接功能,利用 Author 链接,可以检索该作者的其他著作和文献;利用 Subjects 链接,可以检索同一主题词下的其他文献。

3) 检索结果的传送、打印和保存

对于全文数据库,无论题录列表页面还是详细记录页面,都提供 PDF Full Text 链接或 HTML Full Text 链接,可以在线查看全文。而且,在检索结果的题录信息页面和详细记录页面,都可以通过单击页面上方的 E-mail 图标,进入 E-mail 记录屏幕,在选择记录格式和电子邮件地址后,单击 Send,可以将记录、馆藏等信息以电子邮件形式输出;或者通过单击页面中的 Print 图标,打印输出检索结果;还可以通过页面中的 Export 图标,将屏幕上的记录内容保存到 EndNote、RefWorks 或 Text file 中。

6.2.4 检索示例

【例 6-2】 利用 FirstSearch 系统的 AltPressIndex 和 AltPressIndexArchive 数据库,检索有关"风险投资企业的创新网络建设"方面的文献。

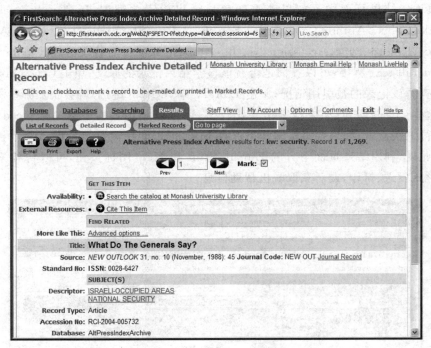

图 6-14　FirstSearch 检索结果详细记录页面

检索的具体步骤如下：

1) 分析课题，构造检索式

AltPressIndex 和 AltPressIndexArchive 索引数据库中的期刊内容覆盖经济、文化、政治和社会变革等方面。根据检索课题涉及的主题内容，确定检索关键词为：Venture Capital Firms、Venture Firms 和 Innovation Network，并根据概念间的逻辑组配关系，编制检索式为：(Venture Capital Firms OR Venture Firms) AND (Innovation Network)。

2) 连接网络，进入检索系统

通过 WWW 方式(http://firstsearch.oclc.org/FSIP)进入 FirstSearch 登录页面，输入授权号和密码，进入 FirstSearch 检索主页。

3) 选择主题范畴和数据库

由于本检索课题已经指定检索使用的是 AltPressIndex 和 AltPressIndexArchive 两个数据库，因此，直接单击 FirstSearch 主页导航栏的 Databases 菜单，并在打开的多数据库选择页面中选中 AltPressIndex 和 AltPressIndexArchive 数据库前的复选框，然后单击 Select 按钮，进入多数据库简单检索页面。

4) 输入检索式

在简单检索页面中 Keyword 字段后的输入框中输入已经构造好的检索式(Venture Capital Firms OR Venture Firms) AND (Innovation Network)，单击 Search 按钮，系统开始检索并进入如图 6-15 所示检索结果页面。

5) 检索结果显示和保存

由于本次检索使用的是索引型数据库，而非全文数据库，因此本次检索的结果没有全文显示页面。结果页面中不仅以着重颜色显示出检索关键词,还列示出 Availability、More Like This、Author(s)、Title、Source、URL、Standard No.、DOI、Abstract、Descriptor、Record Type、Accession No. 和 Database 等项目的著录信息。单击页面中的 Check for full text 链接,可以查询是否有该检索结果记录的原文;单击 Cite This Item 链接,可以查看该记录的被引用情况;单击 Library With Item 链接,就会获知哪些图书馆收录包含这些记录的期刊;如果检索结果比较多,还可以利用页面中的 Advanced Options 链接,执行二次检索;如果要将检索结果保存下来,可以利用浏览器主窗口菜单栏中的保存功能;此外,利用结果页面下方的 E-mail、Print 和 Help 图标按钮,可以将检索结果以 E-mail 形式发送、打印,或者获取联机帮助信息。

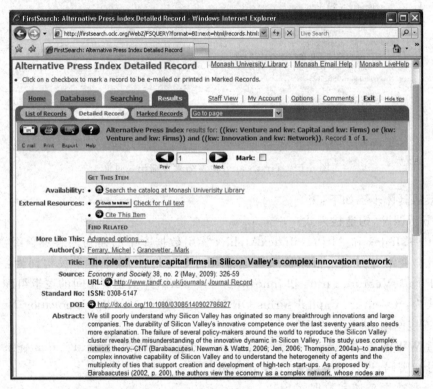

图 6-15　FirstSearch 检索结果页面

6.3　ISI Web of Science 数据库

　　1873 年,美国学者谢泼德(Shepherd)最早提出了引文索引(Citation Index)的思想。
　　引文索引主要涉及引文(Citation)、来源文献(Source Item)和来源出版物(Source Publication)等相关概念。假设有文献 A 和文献 B,若文献 B 引用了文献 A,就称文献 A 是文献 B 的引文或参考文献;文献 B 提供了包括文献 A 在内的若干引文,所以将文献 B 称为来源文献,来源文献包括期刊论文、会议论文、评论等。刊登来源文献的出版物称为来源出版物。

引文索引不同于一般概念上的索引，它是反映文献之间引用和被引用关系及规律的一种新型索引工具。通过引文索引，可以追溯文献之间的内在联系，找到一系列内容相关的文献以及某一研究领域、某一学术观点的发展脉络、研究动向，还可以根据某一学术概念、某一方法、某一理论出现的时间、出现频率等，分析出学科或领域研究的走向和规律。引文索引为人们提供了一种全新的文献分析和检索途径。

6.3.1 三大引文索引概述

20世纪50年代，美国学者Eugene Garfield博士创造性地发展了引文索引的思想，提出将引文索引应用于科研检索，并在他的主持下，美国科学信息研究所（Institute for Scientific Information，ISI）相继研制出了《科学引文索引》（Science Citation Index，SCI）、《社会科学引文索引》（Social Science Citation Index，SSCI）和《艺术与人文科学引文索引》（Art & Humanities Citation Index，A&HCI），打破了分类法、主题词法在信息检索中的垄断地位，开创了以文献计量学为主的多方位研究方向。

早期的SCI、SSCI和A&HCI是题录式的综合性大型科技文献检索刊物，后来，除印刷版外，还出版了光盘版数据库、联机版数据库和Web版数据库。

1. 科学引文索引

从来源期刊数量上划分，SCI数据库划分为SCI Compact Disc Edition（SCI CDE）和SCI Expanded（SCIE）两类。SCI CDE光盘版数据库收录了3500多种期刊；SCIE扩展数据库收录了涵盖农业、生物及环境科学、工程技术、医学与生命科学、物理、化学等150多个自然科学学科的6650多种权威性科学技术期刊，并为其编制了全面索引，可通过国际联机检索系统或因特网进行检索。SCIE数据库每周更新，平均每周增加19000条新记录和大约42.3万条新的参考引文，最早回溯至1900年。

2. 社会科学引文索引

SSCI数据库收录了全球1950多种权威社会科学期刊，兼收3300多种与社会科学有关的科学技术期刊以及若干系列性专著，涵盖人类学、商业、犯罪学和刑罚学、经济学、教育、环境研究、家庭研究、地理学、历史、工业关系与劳工问题、图书馆学和信息科学、语言与语言学、法律、政治科学、心理学、精神病学、公共卫生、药物滥用、城市研究、妇女问题、社会科学交叉等50个学科领域。SSCI数据库每周更新，平均每周增加2900条新记录和大约6万条新的参考引文，最早回溯至1956年。

3. 艺术与人文科学引文索引

A&HCI数据库收录了全球1160多种权威性艺术与人文科学期刊，涵盖哲学、语言、语言学、文学评论、文学、音乐、哲学、诗歌、宗教、戏剧、考古学、建筑、艺术、亚洲研究、电影/广播/电视、民俗、历史等学科领域。A&HCI数据库每周更新，平均每周增加2300条新记录和超过 1.5 万条新的参考引文,最早回溯至 1975 年。

6.3.2　ISI Web of Knowledge 平台的数据库资源

ISI 是世界著名的学术信息出版机构,其建立的 ISI Web of Knowledge(WOK)网络数据库资源平台,以 Web of Science(WOS)为核心,凭借独特的引文检索机制和强大的交叉检索功能,有效地整合多个重要的学术信息资源,提供自然科学、工程技术、生物医学、社会科学、艺术与人文等多个领域中高质量、可信赖的学术信息。ISI Web of Knowledge 网络资源平台(http://www.isiknowledge.com)整合的数据库资源主要以下几种。

1. Web of Science 数据库资源

1997 年,ISI 推出了其最新的数据库产品 Web of Science,为研究人员提供基于 WWW 的方式检索 SCI、SSCI 和 A&HCI 的数据资源,由此形成三大引文数据库的 Web 版。目前,Web of Science 收录了来自全世界 11 000 多种高影响力学术期刊的一个多世纪以来的内容,涵盖自然科学、工程技术、社会科学、艺术与人文等诸多学科领域。

1) Web of Science 数据库内容

Web of Science 主要由 7 个数据库组成,除 SCIE、SSCI 和 A&HCI 3 个独立的数据库以外,还包括科技会议录引文索引(Conference Proceedings Citation Index-Science,CPCI-S)、社会科学会议录索引(Conference Proceedings Citation Index-Social Science & Humanities,CPCI-SSH)、化学反应索引(Current Chemical Reactions,CCR)和化合物索引(Index Chemicus,IC)等几个数据库。各数据库既可以分库检索,也可以多库联合检索。

(1) CPCI-S。CPCI-S 是原科学技术会议录索引(Index of Science and Technology Proceeding,ISTP)的更新版,提供 1990 年以来自然科学和工程技术领域的国际会议论文文摘及参考文献索引信息。

(2) CPCI-SSH。CPCI-SSH 是原社会科学及人文科学会议录索引(Index of Social Science and Humanities Proceeding,ISSHP)的更新版,提供 1990 年以来社会科学、艺术及人文科学领域的国际会议论文文摘及参考文献索引信息。

(3) CCR。CCR 收录 1840 年至今的 90 多万多条化学反应事实型数据,平均每周增加 3000 条新的化学反应。

(4) IC。IC 收录 1993 年至今的 300 多万个化合物的结构和关键数据信息,平均每周增加 3500 种新的化合物。

Web of Science 的三大引文数据库 SCIE、SSCI 和 A&HCI 被公认为是最权威的科学技术文献的综合性索引工具,能够提供科学技术领域最重要的研究成果,同时也是重要的统计工具和学术分析及评价工具。它不仅可以从文献引证的角度评估文章的学术价值,还可以获取各种关于期刊、学术科研机构、个人等的各项统计和分析评价数据,迅速方便地组建研究课题的参考文献网络。

Web of Science 数据库自 1997 年开始收录中国(含香港和台湾地区)期刊,截止到

2009年2月,共收录153种中国期刊。三大引文数据库的收录和引用情况已经成为我国科研机构和人员绩效评价的重要依据。

2) Web of Science 数据库的特点

引文检索和全文链接是 Web of Science 数据库最重要的功能,此外,它还具有以下功能特点：

(1) 通过引文检索功能,可以查找相关研究课题各个时期的学术文献题录和摘要。

(2) 可以看到论文引用参考文献的记录、论文被引用情况及相关文献记录。

(3) 可选择检索文献出版的时间范围,对文献的语种、文献类型做限定检索。

(4) 检索结果可按照相关性、作者、日期、期刊名称等项目排序。

(5) 可保存、打印、E-mail 检索式和检索结果。

(6) 全新的 WWW 超文本链接功能,能链接到 ISI 的其他数据库。

(7) 部分记录可以直接链接到电子版原文。

(8) 具有链接到用户单位图书馆 OPAC 记录的功能,方便用户获取本馆馆藏。

2. ISI Web of Knowledge 的其他数据库资源

除 Web of Science 数据库以外,通过 ISI Web of Knowledge 平台提供服务的数据库还有：德温特专利引文索引数据库(Derwent Innovation Index)、生命科学文献数据库(BIOSIS Previews)、应用生命科学文摘数据库(CAB Abstracts)、生物文摘(Biological Abstracts)、物理、电子电器、计算机控制及信息科学文摘数据库(INSPEC)、食品科学文摘数据库(Food Science and Technology Abstracts, FSTA)、生物医学数据库(MEDLINE)、心理学数据库(PsycINFO)、动物学数据库(Zoological Record)、农业、生物与环境科学数据库(Agriculture, Biology & Environmental Sciences, ABES)、物理、化学与地球科学数据库(Physical, Chemical & Earth Sciences, PCES)、工程与计算技术数据库(Engineering, Computing & Technology, ECT)、电子与通信数据库(Electronics & Telecommunications Collection, EC)、社会与行为科学数据库(Social & Behavioral Sciences, SBS)、艺术与人文数据库(Arts & Humanities, AH)等。

此外,ISI Web of Knowledge 平台还提供分析工具数据库：Journal Citation Reports 和 Essential Science Indicators 以及 Web 站点资源,如 ISI HighlyCited.com、Biology Browser、Index to Organism Names、ResearcherID.com、Science Watch 和 Thomson Scientific 等。

6.3.3 ISI Web of Science 数据库的检索

Web of Science 数据库通过 ISI Web of Knowledge 网络数据库资源平台(http://www.isiknowledge.com)进行检索。ISI Web of Knowledge 拥有强大的检索技术和基于内容的连接能力,能将高质量的信息资源、独特的信息分析工具和专业的信息管理软件无缝地整合在一起,兼具知识的检索、提取、分析、评价、管理与发表等多项功能,从而大大扩展和加深了信息检索的广度与深度,加速了科学发现与创新的进程。

Web of Science 数据库的检索页面如图 6-16 所示，提供普通检索(Search)、引文检索(Cited Reference Search)和高级检索(Advanced Search)等多种检索方式。

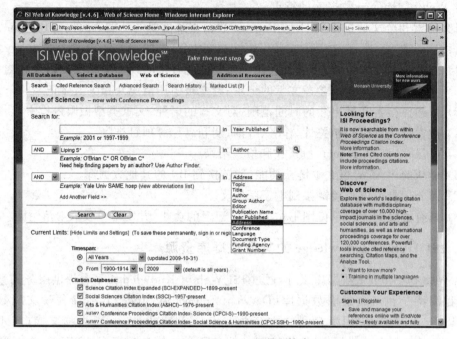

图 6-16　Web of Science 数据库检索页面

1. 普通检索

在如图 6-16 所示的检索页面中可以直接进行 Web of Science 数据库的普通检索(Search)。普通检索页面的 Search for 区域提供检索词输入框和字段选择列表，列表中有 Topic、Title、Author、Group Author、Editor、Publication Name、Year Published、Address、Conference、Language、Document Type、Funding Agency 和 Grant Number 等字段供选择。

(1) 主题(Topic)。使用在文献篇名(Title)、文摘(Abstract)及关键词(Keywords)字段中出现的主题词(词组)进行检索。

(2) 著者(Author)和团体作者(Group Author)。这两个字段提供利用著者或编者的名称进行检索。若名称中包含禁用词，可以使用引号。字段后的 Author Index 和 Group Author Index 链接列出了所有作者的名称列表，通过它们可以获取准确的著者姓名。

(3) 来源出版物名称(Publication Name)。该字段提供利用期刊的全称或刊名的起始部分加上通配符"﹡"进行检索。字段后的 Publication Name Index 链接列出了收录的全部期刊的名称列表，通过它可以复制、粘贴准确的期刊名称。

(4) 出版年(Year Published)。输入论文出版的准确年份或发表论文的时间段进行检索。

(5) 地址(Address)。该字段用于各种类型的检索，在该字段中可以输入一个机构、一个城市、一个国家或一个邮编等以及它们的组合。机构名和通用地址通常采用缩写,可以单击该字段后的 view abbreviations list 链接查找缩写列表。各检索词之间可以使用 SAME、AND、OR、NOT 算符组配,一条地址相当于一句,若一条地址中包含两个或多个词汇,检索时用 SAME 运算符连接,如复旦大学化学系,可以输入"Fudan Univ SAME Chem"。

除了页面中提供的 3 个检索字段,还可以通过页面中的 Add Another Field 链接添加更多的检索字段,多个字段之间可以采用逻辑算符(AND、OR 和 NOT)、位置算符(SAME)和通配符(*、?、$)进行组配。此外,快速检索页面的 Current Limits 区域提供从时间范围(Timespan)和引用数据库(Citation Databases)方面限制检索结果。如果没有检索限制,可以单击 Hide Limits and Settings 链接隐藏 Timespan 和 Citation Databases 选项,则可以一次检索全部年份的所有数据库中的数据。

2. 引文检索

引文检索(Cited Reference Search)是 ISI Web of Science 的特色检索方式,它是将一篇文献作为检索对象,直接检索引用该文献的文献,不受时间、主题词、学科、文献类型等的限制,适用于检索一篇文献或一个课题的发展并了解和掌握其研究思路。引文检索很好地解决了传统主题检索方式的主题词选取不易、部分主题词难以反映全文内容等方面的问题。

ISI Web of Science 数据库的引文检索页面如图 6-17 所示,提供被引著者(Cited Author)、被引著作(Cited Work)和被引年代(Cited Year(s))3 个检索字段。

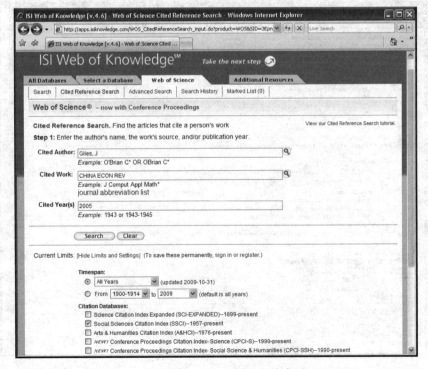

图 6-17 Web of Science 引文检索页面

(1) 被引著者(Cited Author)。该字段按被引文献的第一著者进行检索。如果该论文是被 Web of Science 数据库收录成为一条源记录,则可以输入该论文中的任何一位作者姓名进行检索。输入作者的姓名时,"姓"放在最前面,空一格,输入"名"的首字母。Cited Author 字段后的 Cited Author Index 链接可用来查看被引著者的姓名索引列表。

(2) 被引著作(Cited Work)。在该字段中使用的检索词应该是刊登被引文献的出版物名称,可输入被引用的刊名、书名和专利号。输入被引论文的刊名时采用缩略式,如果不知道准确的缩写,可以单击该字段中 Cited Work Index 或 View the Thomson ISI List of Journal Abbreviations 链接,查看并获取准确的出版物名称或者期刊名称缩写的列表。

(3) 被引文献发表年代(Cited Year(s))。该字段的检索词为 4 位数字的年号或时间段。

引文检索的 3 个检索字段可以单独使用,也可以同时使用,系统默认多个检索途径之间为逻辑"与"关系,数据库支持布尔逻辑算符、位置算符和截词符。

3. 高级检索

单击 Web of Science 检索页面中的 Advanced Search 链接,进入如图 6-18 所示的高级检索(Advanced Search)页面。该检索方式可将多个字段或历次检索步骤号码进行组配检索。熟练掌握检索字段代码和检索技术的用户,可直接在检索输入框中构造检索式;

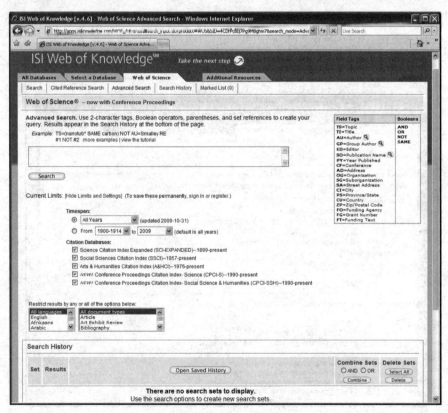

图 6-18 Web of Science 高级检索页面

不熟练的用户,可以参照检索页面右上方显示的字段标识符(Field Tags)和布尔逻辑算符(Booleans)构造检索式。

需要注意的是:输入带有字段标识的检索词,应先输入检索字段代码,然后在其后的等号后输入检索词;也可在 Search History 显示框中选择不同的检索步骤号码,并选中上方的 AND 或 OR 组配检索。单击 Results 栏中的命中结果数量,即显示检索结果列表。

4. 化学结构检索

化学反应数据库(Current Chemical Reactions,CCR)和化合物数据库(Index Chemicus,IC)是为了满足化学与药学研究人员的需求而设计的数据库,收集了全球核心化学期刊和发明专利的所有最新发现或改进的有机合成方法,提供最翔实的化学反应综述和详尽的实验细节以及化合物的化学结构、制备与合成方法。CCR 主要跟踪最新的合成技术;IC 主要聚焦新化合物的快讯报道。

化学结构检索(Structure Search)主要是针对 CCR 和 IC 实施的检索,检索页面如图 6-19 所示。

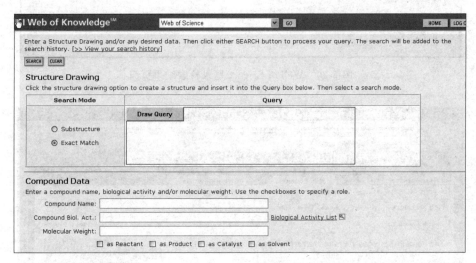

图 6-19　Web of Science 化学结构检索页面

5. 检索结果的处理、分析和个性化服务

检索结果页面分为检索结果简要题录信息(Search Results-Summary)页面和检索结果全记录(Full Record)页面。简要题录信息页面如图 6-20 所示,单击题录信息页面中记录的题名链接,进入检索结果的全记录页面,全记录页面如图 6-21 所示。

1) 检索结果处理

(1) 标记记录。在检索结果简要题录信息页面的下方,提供了 Selected Records on Page、All Records on Page 和 Records to 3 种方式来标记记录,然后单击 Add to Marked List 按钮,将标记的记录提交到标记列表(Marked List)中;在检索结果的全记录页面,可以直接单击页面中的 Add to Marked List 按钮,把当前显示的记录添加到标记列表中。

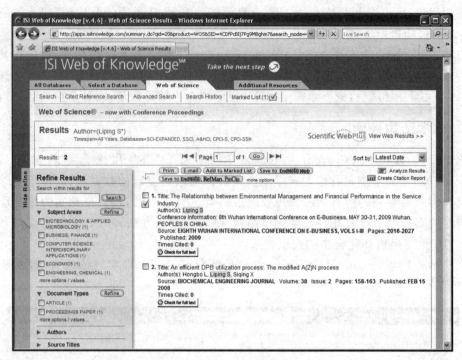

图 6-20　Web of Science 题录检索结果页面

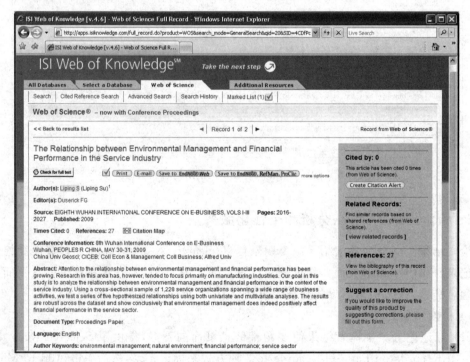

图 6-21　Web of Science 全记录检索结果页面

(2) 保存、打印、E-mail 记录。在标记了所需记录后，单击菜单栏中的 Marked List 链接，进入如图 6-22 所示页面，可对标记列表中的记录进行进一步处理。

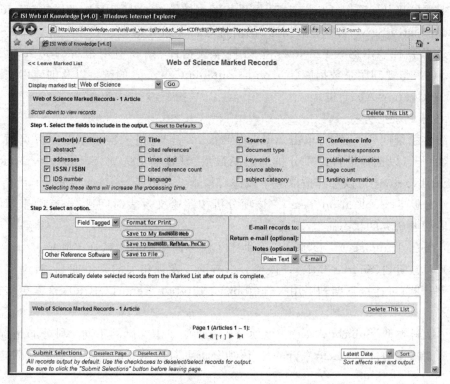

图 6-22　Web of Science 标记列表页面

单击页面上 Save to File、E-mail 按钮和 Save to My EndNote Web、Save to EndNote，RefMan，ProCite 按钮，可以对所选择的记录进行保存、E-mail 发送和输出到指定的目录管理工具中。输出的结果内容除包含默认的 Authors、Title、Source、ISSN/ISBN 等字段外，还可以添加其他字段，并可以选择记录的排序方式；如果想打印标记的记录，则可以单击页面中的 Format for Print 按钮，设置记录的打印格式，然后再单击页面中的 Print This Page 按钮打印记录。

(3) 链接功能。在检索结果的全记录页面，提供 Web of Science 数据库的许多特色链接功能。单击作者名称链接，可检索到数据库中收录的该作者（包括姓名缩写相同的所有作者）发表的所有论文；单击 References 引文链接，显示当前记录所引用的参考文献列表，单击列表中带下划线的记录，可以看到该条记录的全记录及其所有链接，了解某一研究课题的发展历史；单击 Times Cited 被引次数链接，会显示引用当前记录的所有文献列表，单击列表中带下划线的记录，可查看这条引用记录的详细题录信息，了解某一主题的发展方向；单击 Related Records 相关文献链接，可以查看与当前记录共同引用一篇或几篇参考文献的一组论文，即相关记录，并按相关度排序。和当前记录引用的相同文献越多，该文献在列表中的位置就排在越前面，揭示研究课题之间的相关性；单击 Check for full text 全文链接，可以看到当前记录的文献原文，前提是所在的图书馆已经订购了该论文的电子版期刊。目前，Web of Science 已经与全球 18 家出版社的 4000 多种期刊建立了全文链接，提供近 47 万篇全文。

除上述链接外，Web of Science 还提供与图书馆馆藏 OPAC 系统的链接（Holdings），与 ISI Chemistry Server(SM) 数据库、德温特专利文献数据库、CPCI-S 和 CPCI-SSH 两大会议录数据库、BIOSIS Previews 生命科学数据库、期刊引用报告（Journal Citation Report,JCR）与现刊题录数据库(Current Contents Connect)的链接以及创建引文跟踪服务(Create Citation Alert)链接。

2）检索结果的分析

在简要题录信息页面中，单击 Analyze Results 链接，进入检索结果分析页面。在此页面中，除了可以选择进行结果分析的记录数量、设置输出选项(Set display options)和排序(Sort by)外，还可以选择按以下字段进行检索结果分析。

（1）出版年(Publication Year)。该项分析按照论文发表时间进行，有助于了解不同时间阶段课题研究的状态。

（2）语言(Language)。该项分析有助于了解不同语种的文献分布情况。

（3）来源期刊(Source Title)。该项分析有助于发现相关的学术期刊；有助于相关领域的期刊订购；可连接到期刊引用报告(Journal Citation Reports,JCR)，检索更多期刊评估指标。

（4）学科类型(Subject Area)。该项分析有助于了解文献的不同学科分布情况。

（5）文献类型(Document Types)。该项分析可对所需要的文献类型进行限定，精确检索。

（6）著者(Author)、机构(Institute Name)、国家与地区(Country/Territory)。著者分析有助于发现某领域的核心研究人员；机构分析有助于发现某领域的主要研究机构，有利于机构间的合作；国家和地区分析有助于发现某领域的主要研究国家与地区。

3）个性化服务

（1）定制首选页。通过 WOK 主页 Customize Your Experience 中的 Register 链接，定制个性化主页，包括 Choose your start page 和 Create alerts and RSS feeds 等。

（2）管理自己的检索历史和定题跟踪(E-mail Alert)服务。利用 Web of Science 数据库进行检索时，如果某个检索策略(检索式)要被经常地使用，可以通过单击检索页面上方工具栏中的 Search History 链接，打开检索历史显示框，通过单击其中的 Save History/Create Alert 按钮，将检索历史和策略保存在本地计算机或服务器上，并创建定题跟踪服务，以后如有特定主题的文献被收录，会以 E-mail 方式通知用户。

（3）引文跟踪(Citation Alert)。在检索结果的全记录页面中，单击 Create Citation Alert 按钮，当前的文章记录就会被添加到用户的引用列表中，以后每当该篇文章被引用，用户都会收到 E-mail 提示。

（4）建立最喜爱的期刊目次跟踪(My Journal List)。

（5）EndNote。WOK 平台的 My EndNote Web 功能提供 2300 多种期刊的参考文献格式，能够自动生成文中和文后的参考文献，简化论文写作程序，提高工作效率。在检索结果的全记录页面中,单击 Save to My EndNote Web 按钮,建立基于本地或 Web 的个人图书馆(My Library),利用 My EndNote Web 功能组织管理文献资源并高效率地完成科研论文写作。

6.3.4 检索示例

【例 6-3】 利用 Web of Science 的 SSCI 数据库,查询作者"Giles,J"于 2005 年在 China Economic Review 上发表的一篇文章以及该文章被引用的情况。

具体检索步骤如下:

1) 分析课题,确定检索方式

由于本例要求查询文献内容和文献借鉴等方面的情况,所以应采用 Web of Science 数据库的引文检索(Cited Reference Search)方式。

通过网址 http://www.isiknowledge.com 登录 WOK 平台后,在其主页中选择并单击 Web of Science 数据库链接,进入 Web of Science 数据库检索页面;进一步单击页面中的 Cited Reference Search 链接,明确 Web of Science 数据库的引文检索方式。

2) 确定检索字段,输入检索词

根据检索课题需要,本例确定采用引文作者(Cited Author)、被引著作(Cited Work)和被引文献出版年(Cited Year)检索字段,并在 3 个字段对应的检索词输入框中分别输入"Giles,J"、"CHINA ECON REV"和"2005",页面如图 6-17 所示。如果对其中被引著作 China Economic Review 的缩写代码不是很清楚,可以单击 Cited Work 字段后的 journal abbreviation list 链接,查找 China Economic Review 的缩写代码是"CHINA ECON REV",然后通过复制的方法将缩写代码填入 Cited Work 字段的输入框中。

3) 限制检索结果

单击 Cited Reference Search 页面中的 Change Limits and Settings 链接,打开检索限制选项,从 Citation Databases 中选择检索使用的数据库为"Social Science Citation Index (SSCI)—1957-present",页面如图 6-17 所示。

4) 检索结果获取与分析

在检索结果题录信息页面中,列示出了所有符合上述检索要求的文献记录。单击结果记录尾部的 View Record 链接,进入该文献的全记录信息页面,查看该篇文献的 Authors、Source、Abstract、Document Type、Language、Author Keywords、Address、E-mail Address、Publisher、Subject Category、IDS Number、ISSN 和 DOI 等详细信息;在全记录页面的右侧还列示出 view all citing articles、view related records 链接以及 References、Additional information 和 Suggest a correction 等链接功能,可以进一步获取和了解引用文献、相关文献的内容和其他信息。

6.4 工程索引

6.4.1 EI 概述

美国《工程索引》(*Engineering Index*,EI)创刊于 1884 年,由美国工程信息公司(The Engineering Information Inc.)编辑出版,是世界著名的工程技术综合性检索刊物。

《工程索引》印刷版期刊收录了来自世界 50 多个国家、20 多种语言的 3500 多种期刊、1000 多种国际会议录、论文集、学术专题报告以及一些重要的工程科技图书、年鉴、标准等文献的书目和文摘信息,但不收录专利文献。报道的内容几乎覆盖了所有的工程技术领域,其中尤以化工、计算机、电子与通信、应用物理、土木工程和机械工程学科所占比例最大。EI 的文摘比较简单,一般只有 100 至 200 字,指明文章的目的、方法、结果和应用等方面,不涉及具体的技术资料。

EI 创刊至今,共提供 6 种产品形式:

(1) EI 印刷版。印刷版包括 1884 年开始按年出版的年刊(EI Annual)和 1962 年开始按月出版的月刊(EI Monthly)。

(2) EI 缩微版(Microfilm)。1970 年开始出版。

(3) EI 磁带版(Ei Compendex)。1969 年开始发行,每月一盘。

(4) EI 光盘版(Ei Compendex Plus)。EI 公司 1985 年开始与 Dialog 公司合作发行 EI 光盘版数据库,并通过 Dialog 等大型联机系统提供检索服务。

(5) EI 网络版(Ei Compendex Web,CPX Web)。Ei Compendex Web 除了包括 Ei Compendex Plus 数据库的数据外,还包括 Ei PageOne 数据库的数据。Ei Compendex Plus 对收录文献进行深加工,录入文献的题录、摘要、主题词和分类号等信息;Ei PageOne 只收录题录信息,不录入文摘或者不标引主题词和分类号。有没有主题词和分类号是判断文献是否被 EI 正式收录的唯一标志。

(6) EI 工程村(Ei Engineering Village)。1995 年推出的 Ei Engineering Village 是 EI 公司基于因特网发行的多种工程信息产品与服务的集成,它把工程技术数据库、商业数据库以及众多与工程有关的 Web 站点和其他许多工程信息资源联系在一起,经组织筛选加工形成信息集成系统,通过互联网向最终用户提供一步到位的服务。2000 年,新的 Ei Engineering Village 2 出现,作为 Ei Engineering Village 的第二代产品,它对文摘录入格式进行了改进,并首次将文后参考文献列入数据库。

EI 自 1992 年开始收录中文期刊,1998 年在清华大学图书馆设立了 EI 中国镜像站。2003 年,Ei Engineering Information 中国网站(http://www.ei.org.cn)建立,网站上列出了 Ei Compendex 收录的 183 种中文期刊,同时给出了 EI 的选刊原则和 EI 数据库文摘的撰写要求。

6.4.2　Ei Engineering Village 2 数据库资源

　　Ei Engineering Village 2 的核心数据库是 Ei Compendex Web。Ei Compendex Web 数据库是全世界最早的工程文摘来源,也是目前全球最全面的工程检索二次文献数据库,收录了 1970 年以来 5600 余种工程类期刊、会议录和技术报告的超过 1130 万篇论文的参考文献和摘要,每年新增 65 万多条文摘索引信息。这些收录的文献来自超过 55 个国家和地区,涵盖工程和应用科学技术领域的 190 多个学科,涉及核技术、生物工程、交通运输、化学和工艺工程、照明和光学技术、农业工程和食品技术、计算机和数据处理、应用物理、电子和通信、控制工程、土木工程、机械工程、材料工程、石油、宇航、汽车工程以及这些领域的子学科与其他主要的工程领域。其中,大约 22% 为会议文献,90% 的文献语种是英文。Ei Compendex Web 数据库数据每周更新。

　　除了核心数据库 Ei Compendex Web 外,Ei Engineering Village 2 还包括美国专利全文数据库(US Patents)的 990 万条专利、欧洲专利数据库(EP Patents)的 350 万条专利,英国科学文摘数据库(INSPEC)的 1100 万条文摘记录、美国政府报告数据库(NTIS)的 240 万条文摘记录,GEOBASE 数据库中 2000 多种同行评审期刊、出版物、丛书、会议录的 190 万条文摘,GeoRef 数据库中与地理科学相关的文献中的 300 多万条摘要以及 PaperChem 数据库中 60 多万条摘要记录,Elsevier 和 William Andraw 出版社发行的 1900 多册工程方面的电子书,EnCompassLIT 数据库中的 87 万条科技文献记录,EnCompassPAT 数据库中来自多个权威专利机构的 50 万条专利记录,Chimica and Chemical Business Newsbase(CBNB)中 300 多种核心贸易期刊、报纸、公司名录和上百种图书、市场研究报告等。此外,Ei Engineering Village 2 还提供与 Esp@cenet、工程类电子参考工具书库(Referex)、在线工程手册(CRC ENGnetBASE)、全球标准文献索引库(HIS/Global Standards)、科技专用搜索引擎(Scirus)、工程类新闻库(LexisNexis News)等数据库的链接,帮助用户获得更多的信息来源。

　　Ei Engineering Village 2 支持在同一检索平台上对这些科技、应用科学、工程技术等领域的文献数据库进行检索。

6.4.3　Ei Engineering Village 2 的检索

　　Ei Engineering Village 2 网址是 http://www.engineeringvillage2.com,其通过 IP 地址控制用户的访问权限。目前,中国境内获得授权使用该数据库的用户,可以登录清华大学的 EI 镜像站点(http://www.engineeringvillage2.com.cn)使用数据库的各项检索功能。Ei Engineering Village 2 的检索主页如图 6-23 所示。

　　Ei Engineering Village 2 检索页面主要由快速检索区(Quick Search)、数据库信息(Databases)、个人账户(Personal Account)、更多检索源(More Search Sources)和搜索提示(Search Tips)等几部分构成。

　　(1) Databases。该部分帮助用户了解 Ei Compendex Web、INSPEC、NTIS、

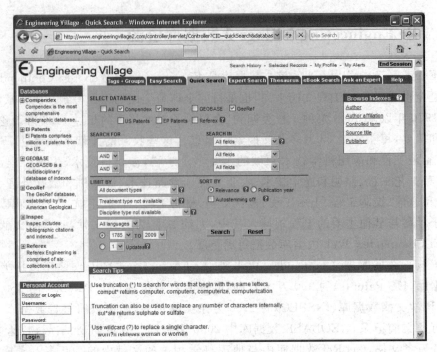

图 6-23　Ei Engineering Village 2 平台主页及其快速检索页面

GEOBASE 等数据库的收录范围、内容以及数据库的最新信息。

（2）Personal Account。用户首次使用 Ei Engineering Village 2，需要在 Personal Account 区域中单击 Register 完成注册，下次使用时输入 Usename 和 Password，单击 Login 登录。

（3）More Search Sources。More Search Sources 提供与工程类电子参考工具书库（Referex）、在线工程手册（CRC ENGnetBASE）、全球标准文献索引库（HIS/Global Standards）、科技专用搜索引擎（Scirus）、工程类新闻库（LexisNexis News）等数据库的链接，帮助用户获得更多的信息来源。

（4）Search Tips。该部分对数据库使用的检索技术、各种运算符的用法加以介绍，帮助用户快速、准确地掌握检索技巧。

Ei Engineering Village 2 主要提供快速检索（Quick Search）、简单检索（Easy Search）、专家检索（Expert Search）和叙词检索（Thesaurus）等几种检索方式。

1. 快速检索

快速检索（Quick Search）是 Ei Engineering Village 2 的默认检索方式，检索页面如图 6-23 所示，主要由选择数据库（SELECT DATABASE）、查找检索词（SEARCH FOR）、字段选择列表（SEARCH IN）、检索限制（LIMIT BY）、排序（SORT BY）、浏览索引（Browse Indexes）构成。快速检索的步骤是：

1）选择数据库

检索时，首先在 SELECT DATABASE 中选择检索的数据库，有 All、Compendex、

Inspec、GEOBASE、GeoRef、US Patents、EP Patents 和 Referex 等数据库可供选择。

2）选择检索字段，输入检索词

（1）选择检索字段。在 SEARCH IN 字段选择列表中选择检索的字段。需要注意的是：在 SELECT DATABASE 中选择的数据库资源不同，SEARCH IN 列表中呈现的检索字段也不同。其中，Ei Compendex Web 数据库供选择的字段包括所有字段（All fields）、主题/题名/文摘（Subject/Title/Abstract）、文摘（Abstract）、作者/编者（Author）、作者单位（Author affiliation）、文章标题（Title）、Ei 分类号（Ei Classification code）、CODEN、会议信息（Conference information）、会议代码（Conference code）、ISSN、主题词（Ei main heading）、出版者（Publisher）、出版物名称（Source title）、Ei 叙词表的控制词（Ei Controlled term）和国家（Country of origin）等。字段间可以使用 NOT、AND 和 OR 进行逻辑组配。

（2）输入检索词。在 SEARCH FOR 输入框中输入检索的单词或词组，检索词不区分大小写。系统默认使用位置算符 NEAR 连接检索词，表示检索词之间的距离不超过 100 个单词。

当用户无法准确确定适宜的检索词时，可以借助页面中的浏览索引（Browse Indexes）。它对数据库中 Author、Author affiliation、Souece title、Controlled term、Publisher 等字段的内容按字母顺序进行了顺序编排，可以帮助用户选择用于检索的适用词语。

3）检索限定

检索限定（LIMIT BY）从文献类型、处理类型、语言、更新时间等方面对检索结果加以限制。

（1）文献类型（All document types）。文献类型包括期刊论文（Journal article）、会议论文（Conference article）、会议论文集（Conference proceeding）、专题论文（Monograph chapter）、专题综述（Monograph review）、报告论文（Report chapter）、报告综述（Report review）、学位论文（Dissertation）和专利（Patents）等。

（2）处理类型（Treatment types）。处理类型用于说明文献的研究方法及探讨主题的类型，包括全部（All treatment types）、应用（Applications）、传记（Biographical）、经济（Economic）、实验（Experimental）、一般性综述（General review）、历史（Historical）、文献综述（Literature review）、管理（Management aspects）、数值（Numerical）、理论（Theoretical）等类型。

（3）语言（Languages）。限制语言的种类包括所有语种（All languages）、英语（English）、汉语（Chinese）、法语（French）、德语（German）、意大利语（Italian）、日语（Japanese）、俄语（Russian）和西班牙语（Spanish）。

（4）学科类型（Discipline types）。学科类型用于说明文献的学科领域和范围。

（5）更新（Updates）。用户可以自行选择在最近 1 次至 4 次更新中进行检索，也可以自行选择检索的时间段。

4）检索结果排序

快速检索的检索结果可以按照"相关性"（Relevance）和"出版年"（Publication year）

排序。

此外,通过快速检索页面中的 Autostemming off 选项,可以设置和取消系统的词干检索功能(作者字段除外);Reset 按钮,可以清除以前的检索结果,并将所有的选项复位到默认值,确保以前的检索结果不影响新开始的检索。

2. 简单检索

简单检索(Easy Search)仅提供一个检索词输入框,在数据库的所有字段中进行检索。

3. 专家检索

专家检索(Expert Search)页面如图 6-24 所示。和快速检索一样,专家检索页面也提供选择数据库(SELECT DATABASE)、检索限制(LIMIT BY)、排序(SORT BY)、浏览索引(Browse Indexes)等功能,快速检索的检索规则也适用于专家检索。但与快速检索相比,专家检索提供更强大而且灵活的检索功能,用户可以使用专家检索页面中提供的检索字段代码表(Search Codes),快速、准确地构造复杂的布尔逻辑检索式,实现快速检索无法实现的检索要求。

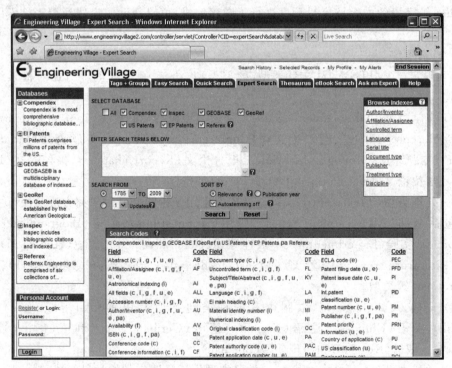

图 6-24　Ei Engineering Village 2 专家检索页面

在专家检索方式下,系统支持的构造检索式的运算符有:

(1) 逻辑运算符 NOT、AND、OR。

(2) 位置算符 NEAR 和 ONEAR。NEAR 要求检索的文献同时包含 NEAR 算符连接的检索词,且两个检索词之间的距离不超过 100 个单词,词序不限,如"Peter NEAR Smith*";ONEAR 要求检索的文献同时包含算符连接的检索词,词序不可改变。

(3) 截词符(*)和(?)。"*"用于词间(前面至少有 3 个确定的字母)或词尾,表示任意多个字符,实现同簇词的检索,如输入"optic*",将检索出包含 optic、optics、optical 等词的记录;"?"用于词间和词尾,代表一个字符,如输入"wom?n",将命中含有 woman 和 women 的文献。

(4) 词根符($)。检索出与该词根具有同样语义的词语,如输入"$computer",将检索出含有 computers、computerized、computing 等词的文献。

(5) 括号()和{}。如果进行精确短语检索(Exact Phrase Searching)以及检索的短语中包含有特殊符号(除 a~z、A~Z、0~9、?、*、♯、()和{}以外的符号)或者检索的短语中包含有禁用词(and,not,or,near),需要将短语放在括号或引号中。

用户在专家检索的检索词输入框(ENTER SEARCH TERMS BELOW)中输入检索式时,检索式的基本格式为:"待检内容 wn 字段代码",检索式中可以使用逻辑运算符、位置算符和截词符等进行组配,还可以使用括号指定检索执行的优先顺序,如"(linear induction motors) wn KY and (Bers,D*) wn AU and (X-ray spectrometry) wn ST"。

4. 叙词检索

叙词检索(Thesaurus)是利用系统的控制词表(叙词表)检索某一主题的文献。由于叙词表从专业的角度将同一概念的主题进行归类,因此叙词检索的检索结果更加准确,检出文献的相关性程度也更高。叙词检索页面如图 6-25 所示。

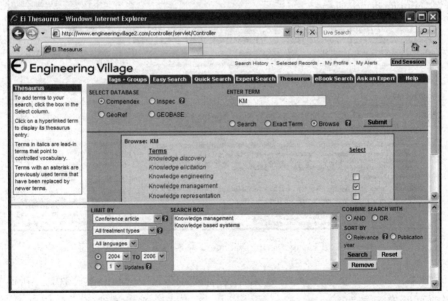

图 6-25　Ei Engineering Village 2 叙词检索页面

叙词检索页面 SELECT DATABASE 区域提供 Compendex、Inspec、GeoRef 和 GEOBASE 4 个数据库单选项,用于打开不同数据库的叙词表。

叙词检索页面提供 Search、Exact Term 和 Browse 3 种方式打开叙词表。Search 方式将检索与键入关键词相关的受控叙词,并显示此叙词的上位词(Broader Terms)、下位词(Narrower Terms)和相关词(Related Terms)等;对于已知叙词,要查找其在叙词表中的上位词、下位词和相关词等,可选择 Exact Term 方式打开叙词表;Browse 方式用于按字母顺序扫描叙词表中的词和词组。

页面中的 ENTER TERM 用于输入关键词,单击 Submit 打开叙词表,从中选词,再次单击 Submit,将所选择的叙词移入 SEARCH BOX 输入框,再结合使用页面中的布尔逻辑算符连接(COMBINE SEARCH WITH)、检索限制选项(LIMIT BY)以及检索结果的排序选项(SORT BY)等,可以在指定的数据库中实施叙词检索。

5. 检索结果的处理

Ei Engineering Village 2 的检索结果分检索结果题录列表页面、详细记录页面和文摘页面,部分结果还提供全文(Full-text)链接。

1) 题录列表页面

获得的检索结果首先以题录信息列表的形式反映出来,页面如图 6-26 所示。每条检索结果记录包括题名、作者名称链接、作者单位、来源出版物(Source)、卷、期、页码、来源数据库(Database)、文摘(Abstract)链接、详细记录(Detailed)链接等。

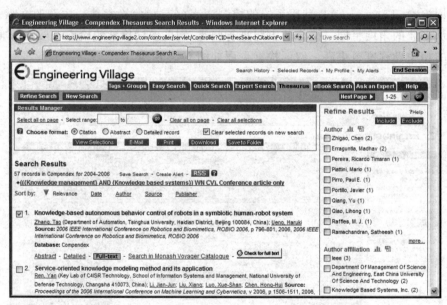

图 6-26　Ei Engineering Village 2 检索结果题录列表页面

检索结果记录列表页面上方有检索结果管理(Results Manager)选项,利用其中的"标记当前页所有记录"(Select all on page)链接、"清除当前页所有标记"(Clear all on page)链接、"清除所有标记"(Clear all selections)链接,可以对检索结果记录进行标记或者取消标记;还可以通过页面中的选择输出格式(Choose format)选项,选择以"引文"(Citation)、"文摘"(Abstract)或者"详细记录"(Detailed record)形式显示检索结果。此外,检索结果管理(Result Manager)选项中还包括"查看选中的记录"(View Selections)、"电子邮件"(E-mail)、"打印"(Print)、"下载"(Download)、"保存到文件夹"(Save to Folder)按钮,可以对当前的检索结果记录列表页面进行查看、邮件传送、打印、下载和保存操作。

列表页面还提供排序(Sort By)选项,可以对检索结果记录按照相关性(Relevance)、日期(Date)、作者(Author)、来源出版物(Source)或出版者(Publisher)排序。

2) 详细记录页面

单击检索结果题录列表页面中某一标记记录的"详细记录"(Detailed)链接,进入相应记录的详细记录页面,页面中显示检索结果记录的全部著录信息。

3) 文摘页面

在检索结果题录列表页面中,单击某条检索结果记录中的"文摘"(Abstract)链接,进入相应记录的文摘页面,页面如图 6-27 所示,显示检索结果记录的详细著录信息和文摘。

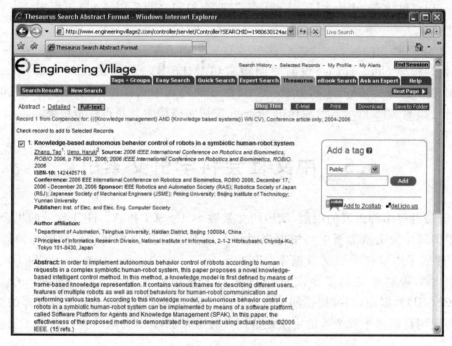

图 6-27 Ei Engineering Village 2 检索结果文摘页面

6.4.4 检索示例

【例 6-4】 利用 Ei Engineering Village 2 平台的叙词检索方式,检索 2004 至 2006 年间 Compendex 数据库中收录的"知识管理"和"知识系统"方面的国际会议论文。

具体检索步骤如下:

1) 分析课题,确定检索词

本检索课题的检索要求是:检索方式是叙词检索(Thesaurus);检索主题为"知识管

理"(Knowledge Management,KM)和"知识系统"(Knowledge System);文献类型为"国际会议论文"(Conference article);检索数据库为 Compendex。但是,由于对检索主题应采用的叙词不是很了解,所以决定采用叙词检索页面的 Browse 方式来打开和查看叙词表,以确定检索叙词及其相关词。

2) 登录检索系统,选择数据库资源

通过 http://www.engineeringvillage2.com 或者清华大学 EI 镜像网站(http://www.engineeringvillage2.com.cn),登录 Ei Engineering Village 2 平台,在平台首页中选择叙词检索(Thesaurus)方式,并在叙词检索页面的选择数据库(SELECT DATABASE)选项中选择 Compendex 数据库资源。

3) 选择叙词及其组配方式

在叙词检索(Thesaurus)页面的关键词输入框(ENTER TERM)中输入检索关键词"KM",并在输入框的下方选择 Browse 方式打开叙词表,从中选择叙词"Knowledge management"和"Knowledge based system",两个叙词之间采用 AND 组配方式。页面如图 6-25 所示。

4) 检索限制

在叙词检索(Thesaurus)页面限制检索(LIMIT BY)选项的文献类型(Document types)列表中选择 Conference article 类型;在日期列表中选择检索时间范围为"2004"到"2006"年(如图 6-25 所示),然后单击 Search 按钮实施检索并获得检索结果。

6.5 中文社会科学引文索引

由于语种等多种因素的限制,我国的文献被 SCI、SSCI 和 A&HCI 收录的机会很少,因此,中国科学院文献情报中心根据当时中文信息资源建设现状和信息服务的需要,于 1995 年建成了中国科学引文数据库(Chinese Sciences Citation Database,CSCD)。1999 年,南京大学研制开发出了中文社会科学引文索引(Chinese Social Sciences Citation Index,CSSCI)数据库,同时提供网上查询与统计服务。这两种引文索引数据库的建立和使用,为我国科研水平和绩效的定量评价以及社会学科学术文献的查找提供了便捷的检索工具。

6.5.1 CSSCI 数据库概述

中国社会科学引文索引(CSSCI)数据库是由南京大学中国社会科学研究评价中心研制、开发的数据库,用来检索中文社会科学领域的论文收录和文献被引用情况。目前,教育部已将 CSSCI 数据作为全国高校机构与基地评估、成果评奖、项目立项、名优期刊的评估、人才培养等方面的重要指标,并作为地区、机构、学术、学科、项目及成果评价与评审的重要依据。

CSSCI 数据库至今已出版光盘版(1998—2000)和网络版,并向社会提供网上包库服务。北京大学、清华大学、中国人民大学、复旦大学、国家图书馆、中科院等100多个单位包库使用该数据库,数据库网址是 http://www.cssci.com.cn。

1. 数据库资源

CSSCI遵循文献计量学规律,采取定量与定性评价相结合的方法,从全国2700余种中文人文社会科学学术性期刊中精选出学术性强、编辑规范的期刊作为来源期刊。现已开发的CSSCI(1998—2007)10年数据,来源文献近80万篇,引文文献500余万篇,数据内容涉及社会人文科学各个领域,是我国社会人文科学文献信息查询与评价的重要工具。

2. 数据库的特点

1) CSSCI是人文社科文献计量统计分析的重要工具

CSSCI是我国第1个比较完整的人文社会科学引文数据库,填补了我国人文社科文献计量统计分析的空白,为客观评价我国社科研究成果的质量提供了有利的工具。

2) 利用CSSCI开展人文社会科学研究

CSSCI主要从来源文献和被引用文献两个方面向用户提供信息,还可提供特定文献的相关文献情况。通过CSSCI既可实现文献信息检索,又可以及时掌握学科的研究动态、进展和发展趋势,为科研人员的研究工作提供了方便。

3) 利用CSSCI进行社会科学研究评价与管理

CSSCI所选期刊严格按期刊影响因子和国内知名专家评议相结合而产生。CSSCI通过统计分析子系统可以进行发文统计、学科分布统计、被引统计等各项统计工作,每一种统计均按学科进行,由此可定量评价各社会科学研究机构的科研能力、学术成果和学术影响。因此,CSSCI所收录的论文和被引用情况可以作为社会科学研究评价指标之一。

4) 利用CSSCI进行人文、社会科学期刊的评价与管理

CSSCI可以提供期刊的多种定量数据,如期刊论文录用量等,由期刊的多种定量指标可得到相应的统计排序,由此可评价各种期刊的学术影响和地位。

5) CSSCI拥有独特的技术功能

CSSCI除了对来源期刊实行严格的选择,对数据也进行了极其严谨、规范的处理,如专门的机内字典等,许多技术功能是其他具有引文功能的数据库所不具备的。

6.5.2 数据库的检索

CSSCI数据库采用IP地址限定访问权限,校园网用户可以通过校图书馆以包库用户身份访问数据库。包库用户进入CSSCI主页(http://www.cssci.com.cn)后,单击页面中的"包库用户入口"链接,即可进入检索系统,检索系统主页面如图6-28所示。

CSSCI主要从来源文献和被引用文献两个方面向用户提供服务。

1. 来源文献检索

来源文献检索页面如图6-29所示,提供论文篇名(词)、关键词、中图类号、学科类别、

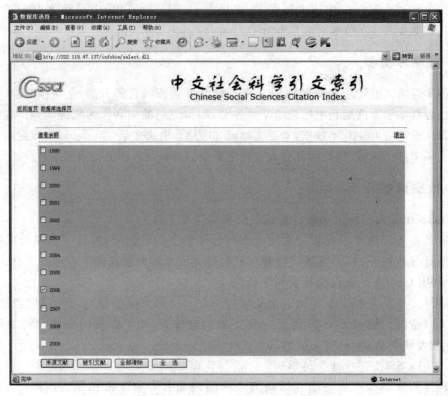

图 6-28　CSSCI 数据库选择页面

学位分类、文献类型、所有字段、作者、作者机构、作者地区、期刊名称、年代、基金类别以及基金细节等检索字段，各检索字段可以实现逻辑组配，包括逻辑"或"和逻辑"与"两种逻辑组配方式。

图 6-29　CSSCI 来源文献检索页面

来源文献检索主要用来查询本索引所选用的源刊的文章作者(所在单位)、篇名、参考文献等,可以检索到包括普通论文、综述、评论、传记资料、报告等在内的多种类型的文献。

2. 被引用文献检索

被引用文献主要用来查找作者、论文、期刊等的被引用情况。其检索字段有:被引文献作者、被引文献篇名(词)、被引文献期刊名称、被引文献年代、被引文献类型、被引文献细节和所有字段。被引文献检索页面如图 6-30 所示。

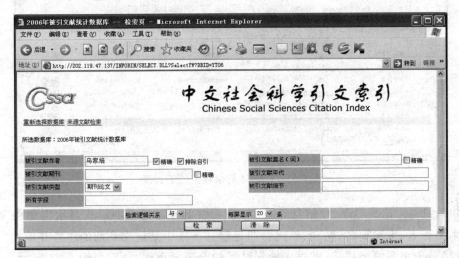

图 6-30　CSSCI 被引文献检索页面

6.5.3　检索示例

1. 来源文献检索示例

【例 6-5】　利用中文社会科学引文索引(CSSCI)查询 2006 年有关"信息经济"主题的文章的来源情况。

检索的具体实施步骤如下:

1) 进入来源文献检索页面

进入 CSSCI 主页,单击页面中的"CSSCI 检索"链接,进入数据库选择页面,选中"2006"前的复选框,单击"来源文献"按钮,进入来源文献检索页面。

2) 实施检索

在来源文献检索页面中,在关键词后的输入框中输入"信息经济",并选中其后的"精确"复选框,在文献类型下拉列表中选择"论文",在检索逻辑关系的下拉列表中选择"与",然后单击"检索"按钮,即显示检索结果。本次检索共获得 8 条命中记录,题录检索结果页面如图 6-31 所示。

3) 检索结果显示

在题录检索结果显示页面的上方显示出命中文献的数量以及按操作步骤生成的检索

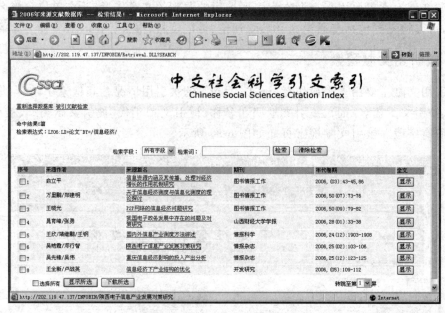

图 6-31 CSSCI 题录检索结果页面

式"LY06,:LX=论文^BY=/信息经济/";在页面下方以记录的形式显示出命中文献的序号、来源作者、来源篇名、期刊、年代卷期等信息。选中某篇文章前的序号并单击"显示"或者直接单击来源篇名链接，即进入检索结果的全记录页面，页面如图 6-32 所示，可以查看该篇文献的篇名、英文篇名、作者、作者机构、文献类型、中图类号、来源期刊、年代卷期、关键词、参考文献等内容；选中某篇文献前的序号并单击"下载所选"，则将该文献的上述内容以文本的形式保存到本地机并供用户浏览。

2. 被引文献检索示例

【例 6-6】 利用 CSSCI 查询"乌家培"先生的论文 2006 年被他人引用的情况。

检索的具体实施步骤如下：

1) 进入被引文献检索页面

进入 CSSCI 主页，在主页上单击"CSSCI 检索"进入数据库选择页面，选中"2006"前的复选框，单击"被引文献"按钮，进入被引文献检索页面。

2) 实施检索

在被引文献检索页面中，在被引文献作者后的输入框中输入"乌家培"，并选中其后的"精确"和"排除自引"复选框，在被引文献类型下拉列表中选择"期刊论文"，在检索逻辑关系下拉列表中选择"与"，然后单击"检索"按钮即获得命中结果。

3) 检索结果显示

在检索结果页面中，显示所有命中文献的被引作者、被引文献篇名、被引期刊、被引文献出处、被引次数等内容，单击被引文献篇名链接，可以查看该被引用文献的来源文献信息。

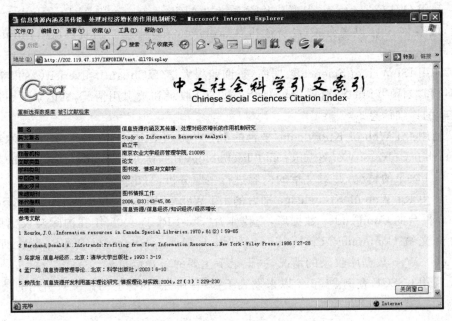

图 6-32 CSSCI 检索结果全记录页面

习 题 6

6.1 思考题

1. 利用 Dialog 系统检索时,如何了解其数据库资源特点并选择合适的数据库资源?
2. Dialog 系统有哪几种具体的 Internet 接入方式? 各自有什么特点?
3. 简述 DialogWeb 系统提供几种检索方式,它们之间有什么区别?
4. 简述我国 CALIS 订购了 OCLC FirstSearch 系统的哪些基本组数据库。
5. 什么是引文索引? 三大引文索引数据库分别指的是哪些数据库? 在收录资源方面,各自有什么特点?
6. 如何通过 ISI Web of Knowledge 平台检索 Web of Science 数据库资源?
7. 简要描述 ISI Web of Science 数据库的引文检索功能。
8. 如何通过 ISI Web of Science 数据库获取引用文献和相关文献信息?
9. 简述 EI 的网络版数据库产品有哪些。
10. 如何在 Ei Engineering Village 2 的专家检索页面快速构造检索式?
11. 试述中文社会科学引文索引(CSSCI)数据库的主要特点。

6.2 上机练习题

1. 利用 DialogWeb 系统查询有哪些数据库收录"生物化学"(Biochemistry)方面的文献。

2. 利用 OCLC FirstSearch 联机检索系统的 AltPressIndex 和 AltPressIndexArchive 数据库，检索 2009 年以来有关"经济危机"(Economic Crisis)和"通货膨胀"(Inflation)方面的文献。

3. 利用 ISI Web of Science 数据库，查询四川大学(SiChuan Univerisity)的"涂铭旌"(Tu MJ)和"刘颖"(Liu Y)合作撰写的论文被 SCI 收录和被引用情况，试记录下引用者和引用文献的详细信息。

4. 利用 ISI Web of Knowledge 平台的 ISI Web of Science 数据库，查询哈尔滨科技大学(Harbin University of Science and Technology)的"陈东燕"(Chen, Dongyan)教授的文章被 SCI 收录的情况，并对文章的内容进行主题分析，写出分析的结果。

5. 利用 ISI Web of Knowledge 平台的 ISI Web of Science 数据库和 Ei Engineering Village 2 平台的 Compendex 数据库，查找作者"Sui LP"于 2005 年在国际会议出版物上发表的论文被 Conference Proceedings Citation Index-Science(CPCI-S)数据库和 Ei Compendex Web 数据库收录的情况，并记录下主要的著录信息。

6. 利用 CSSCI，查询 2006 年以来发表于《教育研究》刊物上的论文被引用的情况。

第 7 章

特种文献信息的网络检索

特种文献是一种介于图书与期刊之间的文献类型,通常在出版发行方面或获取途径方面比较特殊,因而也被称为灰色文献。特种文献主要包括会议文献、学位论文、专利文献、标准文献、科技报告、政府出版物、产品样本和产品目录以及档案 8 种类型的文献。本章将分别介绍各类特种文献信息的特点及其网络检索方法。

7.1 会议信息的网络检索

7.1.1 会议文献概述

1. 会议文献

会议文献(Conference Literature)是指在国内外学术和非学术会议上形成的资料和出版物,包括会议论文、会议文件、会议报告、讨论稿等,其中,会议论文是最主要的会议文献。许多学科中的新发现、新进展、新成就以及所提出的新研究课题和新设想,都是以会议论文的形式向公众首次发布的。

会议文献具有以下特点:专业性强,学术水平高;内容新颖,及时性强;信息量大,专业内容集中;可靠性高;出版形式灵活多样等。因此,会议文献作为一种主要的科技信息源,其重要性和利用率仅次于科技期刊。

2. 会议文献的分类

1) 按出版时间的先后划分

(1) 会前文献(Preconference Literature)。会前文献一般是指在会议进行之前预先印发给与会代表的论文预印本(Preprints)、论文摘要或论文目录、议程和发言提要、会议近期通信或预告等。有些会议只出版预印本,会后不再出版会议录,在此情况下,预印本就是唯一的会议资料。

(2) 会中文献(Literature Generated During the Conference)。会中文献包括开幕词、讲演词、闭幕词、讨论记录、会议简报、决议,也包括一些在开会期间发给参会者的论文预印本和论文摘要等。

（3）会后文献（Postconference Literature）。会后文献主要指会议结束后正式发表的会议论文集，它是会议文献的主要组成部分。会后文献经过会议的讨论和作者的修改、补充，其内容通常会更完整，更准确。常见的会后文献形式有：会议录（Proceeding）、会议论文集（Symposium）、学术讨论论文集（Colloquium Papers）、会议论文汇编（Transactions）、会议记录（Records）、会议报告集（Reports）、会议论文集（Papers）、会议出版物（Publications）和会议辑要（Digest）等。

2）按出版形式划分

（1）图书。图书多数以其会议名称作为书名，或者另加书名，将会议名称作为副书名。一般按会议届次编号，定期或不定期出版。

（2）期刊。除图书形式外，相当部分的会后文献以期刊形式发表。它们大都发表在有关学会、协会主办的学术刊物中。有些会议文献作为期刊的副刊或者专号出版。

（3）科技报告。部分会议论文被编入科技报告。

（4）视听资料。会后文献出版速度较慢，因此，有的学术会议直接在开会期间进行录音、录像，会后以视听资料的形式发表。

7.1.2 会议消息的检索

1. 预报学术会议消息的刊物

1）《世界会议》

《世界会议》（World Meetings）创刊于1963年，由美国世界会议情报中心公司（World Meetings Information Center Inc.）编辑出版，季刊。它主要预报两年内世界各地将要召开的科学技术方面的国际会议，涉及世界上100多个国家和地区的2000多个专业会议。《世界会议》共有4个分册，分别是：《美国和加拿大》（United States & Canada）、《美国和加拿大以外》（Outside USA & Canada）、《社会和行为科学、教育和管理》（Social & Behavioral Science Education & Management）和《医学》（Medicine）。

《世界会议》每期均由正文和索引构成。正文部分按会议登记号顺序编排，著录有会议地点、主办单位、参加人数、截止期、论文出版情况、联系人等会议基本信息；正文前附有关键词索引、日期索引、会议地点索引、出版物索引、论文截止期限索引，正文之后附有主办单位索引。可根据索引查找会议登记号，再按登记号查阅正文。

2）其他预报学术会议消息的刊物

其他预报学术会议消息的刊物如表7-1所示。

2. 国外学术会议消息查询站点

1）技术会议消息日历（Calendar of Upcoming Technical Conferences）

此网站提供即将召开的高科技领域国际会议消息。用户可以根据会议时间（Year & Month）、会议名称（Conference Name）、主题内容（Topic）、主办单位（Sponsoring Organization）、国家（Country）、城市（City）及州（State）等检索项来查找即将召开的科技会议的消息。网址是：http://www.techexpo.com/events。

表 7-1　预报学术会议消息的部分刊物

刊 物 名 称	简 介
《科学会议》(Scientific Meetings)	季刊,美国加州科技会议出版公司出版
《世界集会日期》(World Convention Dates)	美国亨德里克森(Hendrickson)公司出版
《国际学术会议一览》	半年刊,日本学术会议信息公司出版
《日本预定举办的国际会议一览表》	半年刊,日本国际观光振兴会代表大会编辑部出版
《国际科技会议预报》(Forthcoming International Scientific & Technical Conferences)	英国专业图书馆协会(ASLIB)编辑出版,预报本年内召开的国际科技会议和英国的全国性科技会议
《国际科学会议公报》	俄罗斯国家科委、科学院、全俄科技信息研究所合编
《国际科技会议和国际展览会预报》	中国科技信息研究所编辑,不定期出版

2) SIG 资助的会议出版物网站

由 ACM/SIG 团体(Association for Computing Machinery Special Interest Groups)主办的会议,列出了世界上计算机行业中将要召开的会议消息。检索项有:会议日期、主题词等。网址是:http://www.acm.org/calendar-of-events。

3) 因特网会议预告(Internet Conference Calendar)

此网站给出国际上最近召开的学术会议、研讨会、讲座、博览会、培训等消息。它提供一个很方便的查询界面,用户可按国家、各大洲进行分类免费查询,检索项有:主题词、会议地点、时间等。网址是:http://conferences.calendar.com。

4) TechCalendar

该网站提供高科技领域的会议消息,检索项有主题词、会议主题类别、会议地点和时间等。网址是:http://www.techweb.com/calendar。

5) 欧洲研究会议(Europe Research Conferences)

由欧洲科学基金会维护,提供各学科已经召开与即将召开的会议的消息及内容,按日历查看各会议消息。网址是:http://www.esf.org/activities/esf-conferences/calendar.html。

6) 医学会议查询(Medical Conference)

该网站是一个医学会议库,收录有即将召开的医学会议消息,数据每日更新。检索项有:会议主题词、会议地点和时间等。网址是:http://www.medicalconferences.com/search.html。

7) 会议与活动预告(Conferences & Events)

Thomson Scientific 提供有关近期召开的各类会议的会议名称、时间、站点链接等消息,提供会议链接列表及高级检索选项。网址是:http://scientific.thomson.com/news/events。

8) 生物科学与医学方面的会议(Meetings in Bioscience and Medicine)

此网站给出了将在未来一年半内召开的生物科学与医学方面的国际会议的预告。网址是：http://hum-molgen.org/meetings/meetings。

9) 农业会议预告(Agricultural Conferences, Meetings, Seminars Calendar)

由美国农业网络信息中心(AGNIC)提供的有关农业问题的美国国家及国际会议预告，还可以由此网站检索到国际上重要农业会议的消息。网址是：http://www.agnic.org/events。

10) 国际标准化组织的标准化会议预告(ISO Meeting Calendar)

此网站提供了即将召开的国际标准化会议的具体时间、地点、内容等消息。网址是：http://www.iso.org/iso/standards_development/technical_committees/meeting_calendar.htm。

3. 国内学术会议消息查询站点

1) 中国学术会议在线

中国学术会议在线是2005年经国家教育部批准，由教育部科技发展中心主办，面向广大科技人员的科学研究与学术信息交流的网络共享服务平台，为用户提供学术会议信息(国内学术会议、国际学术会议、培训班和研讨会)预报、会议分类搜索、会议在线报名、会议论文征集、会议资料发布、会议视频点播、会议同步直播等服务。

该网站对国内会议消息检索提供包括会议名称、所属学科、主办单位、演讲人、城市等检索项，对国外会议消息则只提供按主题、按日历等两种查看检索方式。网址是：http://www.meeting.edu.cn。

2) 香山科学会议

香山科学会议是由科技部(原国家科委)发起，于1993年正式创办。基础研究的科学前沿问题与我国重大工程技术领域中的科学问题均可作为会议主题。会议侧重于探讨科学前沿，展望未来发展趋势，讨论最新突破性进展，交流新的学术思想和新方法，分析新学科的生长点以及交叉学科的新问题。

香山科学会议每年分两次公布全年的会议安排，每年1月1日发布上半年的会议安排计划，7月1日发布下半年会议安排计划。申请者可以集体或个人的名义自由申请召开香山科学会议。申请的会议主题经过同行专家评议，并由理事会最后审定后，该主题的申请人、执行主席与香山科学会议的学术秘书共同磋商，确定会议召开的日期、中心议题、评述报告、专题发言与人员安排。

可以通过香山科学会议网站提交召开会议或参会申请，查看申请状况，查看会议安排计划表。网址是：http://www.xssc.ac.cn。

3) 中国会议网

中国会议网由北京金谷田经济顾问有限公司主办，发布国际及国内各学科领域展览、会议、会议征文、培训等信息，可以进行参展、参会、培训报名。直接浏览网站提供的预告列表，单击链接就可以查看相关会议消息。网址是：http://www.chinameeting.com。

4) 中国科技信息网

中国科技信息(Chinainfo)是中国科学技术信息研究所信息分析研究中心制作的专

业科技信息网站,以科技会议征文、科技会议通告等方式不定期预告相应科技会议消息。网址是:http://www.chinainfo.gov.cn/index.html。

5) 兽医兽药网

提供兽医兽药方面的技术论坛、博览会等会议信息。网址是:http://www.vetshow.net。

4. 学术团体数据库及网站

学术团体是会议文献信息的重要来源,许多专业协会、学会拥有自己的数据库和网站,如IEEE、ACM、ASME等,一方面可以使用它们的数据库获取全文,另一方面可以直接利用其网站获取会议的相关消息。中国及世界上一些著名的专业协会、学会如表7-2所示:

表7-2 预报学术会议消息的部分专业协会、学会

英文简称	中文名称	网址
ACM	美国计算机学会	http://portal.acm.org/portal.cfm
ACS	美国化学学会	http://www.acs.org
AIP	美国物理研究所	http://www.aip.org
APS	美国物理学会	http://www.aps.org
ASCE	美国土木工程师学会	http://www.asce.org/conferences
ASME	美国机械工程师协会	http://www.asme.org
IEE	英国电子电气工程师学会	http://www.theiet.org
IEEE	美国电子电气工程师学会	http://www.ieee.org/web/services/mps
IUGS	国际地质科学协会	http://www.iugs.org
SAE	美国机动车工程师协会	http://www.sae.org/servlets/index
SPIE	美国光学工程师学会	http://spie.org
CGS	中国地球物理学会	http://www.cgs.org.cn
CSRE	中国稀土学会	http://www.cs-re.org.cn/conferences/conferences.html
CIS	中国仪器仪表学会	http://www.cis.org.cn

7.1.3 会议文献的检索

根据会议文献自身的特点,用户主要通过以下两种途径来检索相关信息:一是直接根据会议文献的特征检索某篇会议论文,常用的检索途径包括论文题名、关键词、摘要、作者、分类号等;二是通过某届会议的举办特征检索这届会议上的相关信息和文献,通常使用的检索字段有会议名称、主办单位、会议时间、会议地点、出版单位等,此种检索途径要求用户对会议的举办及会议文献的出版事项比较了解。

1. 国外会议文献检索系统

1) ISI 会议录数据库

美国科学情报研究所(ISI)的 ISI Web of Knowledge 检索平台,将科技会议录引文索引(Conference Proceedings Citation Index-Science,CPCI-S)和社会科学会议录索引(Conference Proceedings Citation Index-Social Science & Humanities,CPCI-SSH)集成为 ISI Proceedings,收录进 ISI Web of Science 数据库,简称为 WOSP。WOSP 汇集了世界上最新出版的会议录资料,包括专著、丛书、预印本以及来源于期刊的会议论文,提供了综合全面、多学科的会议论文资料。WOSP 最明显的特点是:增加了从 1990 年至今的会议论文的文摘和参考文献索引信息。网址是:http://www.isiknowledge.com。

检索方法:参见本书第 6 章的 6.3.3 节。

2) 会议论文索引(CPI)数据库

《会议论文索引》(Conference Papers Index,CPI)由美国数据快报公司于 1973 年创刊,原名为《近期会议预报》(Current Programs),1978 年改为现名,月刊。自 1981 年起,《会议论文索引》改由美国剑桥科学文摘社(Cambridge Scientific Abstracts Co.,CSA)编辑出版,并从 1987 年起改为双月刊。本索引每年报道约 72000 篇会议论文,及时提供有关科学、技术和医学方面的最新研究进展信息。《会议论文索引》现刊本包括分类类目表(Citation Section)、会议地址表(Conference Location)、正文和索引几部分。

美国会议论文索引(CPI)数据库是《会议论文索引》(CPI)的网络版数据库,收录了 1982 年以来的世界范围内会议和会议文献的信息,提供会议论文和公告会议的索引。截至 2006 年 5 月,数据库记录有 150 多万条,每两个月更新一次,学科范围主要涉及农业、生物化学、化学、化学工程、林学、生物学、环境科学、土壤学、生物工艺、临床学等领域。目前,CPI 数据库作为剑桥科学文摘数据库(INSPEC)中的一个子库,通过 ISI Web of Knowledge 平台提供检索服务,国内引进此数据库的高校可以通过校园网直接进入。网址为:http://www.csa.com 或者 http://www.isiknowledge.com。

检索方法:参见本书第 6 章 6.3.3 节。

3) OCLC PapersFirst 与 ProceedingsFirst

FirstSearch 是 OCLC 的一个联机参考服务系统,包括 80 多个数据库。国际学术会议论文索引(PapersFirst)和国际学术会议录索引(ProceedingsFirst)是 CALIS 全国工程中心订购的 OCLC FirstSearch 的 13 个基本组数据库中的两个数据库,提供世界范围内会议文献的检索。

PapersFirst 数据库收录世界范围内各类学术会议上发表论文的索引信息,它覆盖了自 1993 年 10 月以来在"大英图书馆资料提供中心"会议录中所收集的所有大会、专题讨论会、博览会、讲习班和其他会议上发表的论文。数据库每两周更新一次。网址是:http://www.oclc.org/firstsearch。

ProceedingsFirst 是 PapersFirst 的相关库,收录了世界范围内举办的各类学术会议上发表论文的目次,利用该库可以检索"大英图书馆资料提供中心"1993 年以来的会议录,了解各个会议的概貌和学术水平。数据库每周更新两次。

检索方法：参见本书第 6 章 6.2.3 节。

4）STN 联机系统中的 CONF 会议论文数据库

科技信息在线网络（Science and Technical Information Network，STN）创建于 1983 年，提供完全的科技信息领域的在线服务。它是由美国化学文摘社（CAS）、德国卡尔斯鲁厄专业信息中心（FIZ-Karlsruhe）和日本科技情报中心（JICST）共同合作经营的跨国网络数据库公司，是世界著名的国际联机检索系统之一。其中的 CONF（Conferences in Energy，Physics and Mathematics）数据库，提供 1973 年以来的科技会议的名称、举办单位、会议地点、举行日期、联络人、主题及出版物，不含文摘。主题包括：能源、物理、数学、计算机科学、航天科学、工程、天文学等。网址是：http://www.chinastn.com/index.htm。

检索方法：分基本索引与辅助索引两类，支持逻辑运算符。

5）美国物理所（AIP）电子会议录数据库

可以查询会议召开的地点、时间、会议录卷数、得到编辑会议的人名、出版年月、ISBN 号、页数、册数、价格及版式信息，有无 CD 版等信息，并提供内容相关的会议录链接。网址是：物理学门户网站 Scitation（scitation.aip.org）或 http://proceedings.aip.org/proceedings。

检索方法：可以按题名、关键词、文摘、书号、作者、ISBN 等检索相关的会议录。

6）美国光学工程师学会（SPIE）会议文献数据库

该数据库收录 SPIE 的会议文献，内容涉及光学、光子学、成像和电子学领域的研究、工程和应用专业。该数据库是 SPIE 会议文献的篇名数据库，覆盖 SPIE 1400 卷以后的所有会议文献中的论文。SPIE 通过美国物理联合会（AIP）的 Scitation 平台检索全部会议录和科技期刊的电子资源。网址是：http://www.spiedl.org。

检索方法：按题名、卷号或 ISBN 号检索。

7）美国航空航天协会（AIAA）电子图书馆

通过美国航空航天协会（American Institute of Aeronautics and Astronautics，AIAA）电子图书馆可以免费检索 1996 年至今的会议报告的题录信息，也可以在线购买会议原文。网址是：http://www.aiaa.org。

检索方法：可以通过以上网站检索到卷数、ISBN 号。

2. 国内会议文献检索系统

我国收藏会议文献的单位主要有：中国科技信息研究所、北京图书馆、中国科学院文献情报中心和国防科技信息中心以及一些大学、研究型图书馆。

1）中国重要会议论文全文数据库

中国重要会议论文全文数据库是中国期刊网（CNKI）的会议论文数据库，收录我国 2000 年以来国家二级以上学会、协会、高等院校、科研院所、学术机构等单位的论文集，年更新约 10 万篇文章。至 2008 年 6 月 31 日，累积收录会议论文全文文献 92 万篇。专业分为理工 A、理工 B、理工 C、农业、医药卫生、文史哲、政治军事与法律、教育与社会科学综合、电子技术与信息科学、经济与管理 10 大专辑，专辑下分为 168 个专题和近 3600 个子栏目。数据每日更新,会议结束两个月内论文入库,并对重要会议进行会前、会中及会后报道。网址是:http://www.cnki.net/index.htm。

检索方法:该数据库提供初级检索、高级检索、专业检索和会议主办单位导航等多种检索方式。具体检索方法参见本书第4章4.1.3节。

2) 万方数据知识服务平台会议论文数据库

万方数据知识服务平台会议论文数据库包括中国学术会议论文文摘数据库、中国医学学术会议论文文摘数据库、中文会议名录数据库和SPIE会议文献数据库,可以通过万方数据知识服务平台网站免费检索。网址是:http://www.wanfangdata.com.cn。

(1) 中国学术会议论文文摘数据库(CACP)。该数据库由中国科学技术信息研究所于1985年建立,收录了1980年以来由国际及国家级学会、协会、研究会组织召开的自然科学、工程技术、农林、医学等各学科领域的各种学术会议上的论文,每年涉及上千个重要的学术会议,是目前国内收集学科最全,收集数量最多的会议论文数据库。截止到2008年6月,数据量已超过90万条,30%有文摘,数据每月更新。非注册用户仅可以浏览简要信息,而获取论文文摘及全文需支付一定的费用。

(2) 中国医学学术会议论文文摘数据库(CMAC)。该数据库是解放军医学图书馆收集建立的医学学术会议文献数据库,收录了中华医学会议及各专业学会、协会等单位每年召开的医学学术研讨会的论文,收录的记录超过50万条,不定期更新。

检索方法:万方数据资源系统知识服务平台会议论文数据库的检索参见本书第4章4.3.3节。

3) 中国国家科技图书文献中心会议论文数据库

国家科技图书文献中心(NSTL)的中国会议论文数据库收录了1985年以来我国国家级学会、协会、研究会以及各省、部委等组织召开的全国性学术会议论文。数据库的收藏重点为自然科学各专业领域,每年涉及600余个重要的学术会议,年增加论文4万余篇,每季或月更新;外文会议论文数据库主要收录了1985年以来世界各主要学会、协会、出版机构出版的学术会议论文,部分文献有少量回溯,学科范围涉及工程技术和自然科学各专业领域,每年增加论文约20余万篇,数据每周更新。网址是:http://www.nstl.gov.cn。

检索方法:可选择标题、关键词、分类号、作者、会议录名/文集名、ISSN、出版年、会议年等检索字段,最多两个字段的逻辑组合,再加上时间、范围等限制条件进行检索。

4) 中国学术会议文献通报

1982年创刊的《国内学术会议文献通报》由中国科技信息研究所、中国农业大学主办,科技文献出版社出版,1987年改名为《中国学术会议文献通报》。它是报道我国各类专业学术会议的检索性刊物,内容涉及数理科学和化学、医药卫生、农业科学、工业技术、交通运输、航天航空、环境科学及管理科学。该刊报道方式以题录为主,兼有简介和文摘。每期报道1500~2000条,论文按会议名称集中排列。每期附有《会议名称分类索引》,该索引按《中国图书馆图书分类法》编排。《中国学术会议文献通报》可通过分类和主题途径检索。目前,《中国学术会议文献通报》已建成数据库,可通过中国科技信息研究所的联机系统进行检索。网址是:http://netl.istic.ac.cn/netl/tljs_zhwhy.jsp。

检索方法:可选择论文题名、全文检索、分类号、馆藏号、会议录/文集名、ISSN等检索字段以及最多3个字段的逻辑组合进行检索。

5) 上海图书馆会议资料数据库

该数据库提供1986年以来原上海科技情报所(1995年与上海图书馆合并)收藏的40万件会议资料的网上篇名检索服务,每年新增数据3万条,收录了许多小型会议、地方学术会议论文,可以免费检索,也可以在线订购原文。网址是：http://www.library.sh.cn/skjs/hyzl。

检索方法：可选择文献题名、论文篇名、个人责任者、会议名、会议地点/日期、分类等检索途径之一进行检索,并且提供全文复印服务。

7.2 学位论文的网络检索

7.2.1 学位论文概述

1. 学位论文

学位是对专业人员根据其专业学术水平而授予的一种称号。学位制起源于12世纪欧洲的意大利,随后风行于法国和英国,公元1180年,巴黎大学授予了第一批神学博士学位。现在,许多国家都实行了学位制,尽管各国学位的设置不尽相同,但多数国家采用的是三级学位制,即学士(Bachelor)、硕士(Master)和博士(Doctor)学位制度。

学位论文是伴随着学位制度的实施而产生的,是高等院校或科研机构的毕业生为获取学位资格而撰写的学术性研究论文。在欧洲国家,学位论文多被称为"Thesis";在美国,学位论文则被称为"Dissertation"。

学位论文一般分为两大类型。一类是理论研究型的,作者通常在搜集、阅读了大量资料之后,依据前人提出的论点和结论,再通过自己的深入研究或大量实验,进一步提出自己的新论点和新假说;另一类是调研综述型的,作者主要是以前人关于某一主题领域的大量文献资料为依据,进行科学的分析、综合和核实后,对相应专业领域的研究课题做出概括性的总结,提出自己独特的论点和新见解。

2. 学位论文的特点

1) 内容专一,具有独创性

学位论文,尤其是博士学位论文,一般探讨的课题比较专深,往往包含重要的情报或新颖、独创的学术观点,具有重大的参考价值。

2) 出版形式特殊

学位论文的目的只是供审查答辩之用,多数不公开发行,而是以打印本的形式保存在学位授予单位的图书馆或其他规定的收藏地点。

3) 数量庞大,管理分散

随着学位教育规模的日益扩大,世界各高等院校或科研机构每年会产生超过10万篇的硕士、博士学位论文。这些学位论文一般分别收藏在各授予单位或指定地点,搜集检索起来比较困难。

因为具有以上的特点,学位论文需要通过专门检索工具和特殊搜集渠道才能获得。为此,许多国家都编辑出版了各类报道学位论文的检索工具,具体形式包括学位论文目录或文摘、学位论文通报、学位论文摘要汇编和学位论文介绍专栏等。

3. 学位论文原文的收藏单位

学位论文的原文一般可直接向授予单位索取,也可通过 UMI 订购全文缩微片,或者向国内外一些收藏单位借阅或复制。

1) 国外学位论文的主要收藏单位

(1) 美国国际大学缩微品公司(UMI)。UMI 成立于 20 世纪 30 年代后期,定期报道所收藏的学位论文的题目和内容提要。目前美国已有 90% 有博士授予权的大学与该公司保持协作关系,凡属协作的高等学校的论文,可以直接从该公司获取。另外,美国研究图书馆协会(ARL)也开展了类似的业务。

(2) 欧洲各国的国家图书馆。欧洲许多国家通常是将学位论文复制数百份,收藏于国家图书馆,如:加拿大国家图书馆、英国不列颠图书馆、英国国家外借图书馆(NLL)等。

(3) 日本国会图书馆。日本国会图书馆收藏国立或公立大学的学位论文,私立大学的学位论文则由相应大学图书馆收藏。

2) 国内学位论文的主要收藏单位

我国学位论文的收藏一般收藏于本院校的图书馆,或者国家图书馆、中国科技信息研究所和中国社会科学院信息所等一些国家指定的收藏单位。如果要获取学位论文的原文或复制件时,可以向这些收藏单位索取。

7.2.2 国外学位论文数据库的检索

1. PQDT 博/硕士学位论文数据库

1) 概述

PQDT 是世界上最大和使用最广泛的国际性学位论文文摘索引数据库,现已收录了全球 1700 多家著名研究机构和综合大学的 240 多万篇博/硕士学位论文的题录、文摘和索引,其收录论文的数量仍在不断地增加,目前每年新增论文条目达 70,000 多篇。数据库中除收录与每篇论文相关的题录信息外,1980 年以后出版的博士论文信息中包含了作者本人撰写的长达 350 字的文摘;1988 年以后出版的硕士论文信息中含有 150 字的文摘。从 2001 年起,在文摘索引数据库的基础上,ProQuest 公司开发了电子版的学位论文全文服务方式,对于 1997 年以后出版的论文,可在网站上免费预览这些论文的前 24 页内容,还能下载这些论文的 PDF 格式全文(需国际信用卡支付费用)以及提供大部分论文的全文订购服务,可以订购所有论文的印刷形式、缩微形式或者数字形式(1997 年以后出版)的全文副本。PQDT 最早的论文可回溯到 1861 年,数据库每周更新。PQDT 数据库主页的网址是：http://proquest.umi.com/pqdweb。

2）检索方法

PQDT 数据库提供包括中文在内的 18 种检索语言,主要通过浏览(Browse)、基本检索(Basic Search)和高级检索(Advanced Search)3 种方式实施检索。具体的检索方法可参见本书第 5 章 5.2.3 节中的介绍。

2. NDLTD 学位论文库

1）概述

Networked Digital Library of Theses and Dissertations(NDLTD)是由美国国家自然科学基金支持的一个网上学位论文共建共享项目,利用 Open Archives Initiative(OAI)的学位论文联合目录,为用户提供免费的学位论文文摘,还有部分可获取的免费学位论文全文。目前,全球有 170 多家图书馆、7 个图书馆联盟、20 多个专业研究所加入了 NDLTD,其中 20 多家成员已提供学位论文文摘数据 7 万条,可以链接到的论文全文大约有 3 万篇。

和 ProQuest 学位论文数据库相比,NDLTD 学位论文库的主要特点就是学校共建共享、可以免费获取。另外,由于 NDLTD 的成员馆来自全球各地,所以覆盖的范围比较广,有德国、丹麦等欧洲国家和中国香港、中国台湾等地的学位论文。但是由于文摘和可获取的全文都比较少,适合作为国外学位论文的补充资源利用。网址是：http://www.ndltd.org/find。

2）检索方法

NDLTD 的浏览和查找提供 VTLS Visualizer 和 Scirus EDT Search 两种方式。

(1) VTLS Visualizer。VTLS Visualizer 由 VTLS 提供系统支持和检索界面。检索界面中提供按 Language、Continent、Country、Date、Format、Source Institution 等类目分类的信息,可以逐级进入各级类目来浏览和查找信息。检索结果有 Relevance、Title 和 Publication Date 3 种排序方式。检索结果首先以记录题名列表页面的形式显示,单击其中的篇名或者作者链接,可以查看详细的著录信息和 PDF 全文链接。

(2) Scirus EDT Search。Scirus EDT Search 由科技信息检索工具 Scirus 提供系统支持和检索界面。Scirus EDT Search 包括基本检索(Basic Search)和高级检索(Advanced Search)两种检索方式。检索结果首先以记录题名列表页面的形式显示,单击其中的篇名链接,可以查看详细的著录信息和 PDF 全文链接。

3. ETH 学位论文库

1）概述

ETH 学位论文库由 ETH World 和 ETH-Bibliothek 于 2004 年创建,收录内容以自然科学和技术领域为主,包括 1909 年以来的 5000 余篇瑞士学位论文以及会议论文、期刊论文、年度报告、发明资料、讲稿等文献类型,并将所收录的资源按照学科分为农林(Agriculture and Forestry)、建筑与建设环境(Architecture and Built Environment)、生物(Biology)、化学(Chemistry)、计算机科学(Computer Science)、政治经济法律

(Economics，Law and Politics)、电子工程(Electrical Engineering)、能源技术(Energy Technology)、环境交通地理(Environment，Traffic，Geography)、通用信息(General/Multidisciplinary Information)、地理科学(Geosciences)、人文与社会学(Humanities and Social Sciences)、材料科学(Material Sciences)、数学(Mathematics)、机械工程(Mechanical Engineering)、医学(Medicine)、物理与宇航科学(Physics and Astronomy)、一般科学技术(Science and Technology，General)共18大类。可以查看全文。网址是：http://e-collection.ethbib.ethz.ch/collection/eth:55。

2) 检索方法

ETH数据库提供浏览(Browse)、简单检索(Search)和高级检索(Advanced Search)3种检索方式。其中，高级检索方式提供题名(Title)、作者(Author)、关键词(Keywords)、文献类型(Document Type)等列表框和输入框，能够实现复杂概念的组配检索。此外，ETH数据库提供按主题(Subject)、作者(Author)、组织机构(Organizational Unit)、文献类型(Document Type)、出版年(Year)等几种途径对数据库资源进行浏览检索。

4. 国外其他学位论文数据库

1) 麻省理工学院学位论文数据库(MIT Theses)

该数据库收藏14000篇以上的MIT学位论文，多数有全文。网址是：http://dspace.mit.edu/handle/1721.1/7582。

2) 弗吉尼亚科技大学电子学位论文库

弗吉尼亚科技大学电子学位论文数据库收藏1万篇以上的本校学位论文，多数有全文，但论文列表前有"vt"标记的，不能访问全文。网址是：http://scholar.lib.vt.edu/theses。

3) 得克萨斯数字图书馆(Texas Digital Library)

该数字图书馆收藏The University of Texas、Texas A&M University、The University of Houston和Texas Tech University 4所大学的2002年以来的部分学位论文，可检索全文。网址是：http://repositories.tdl.org/handle/2249.1/1。

4) DIVA文献数据库(DIVA Portal)

该数据库由Uppsala University图书馆的电子出版中心创建，收藏北欧17所大学的学位论文等学术文献，部分文献有PDF格式的全文。网址是：http://www.diva-portal.org/smash/search.jsf。

5) 瑞典大学数字科技出版物(Digital Scientific Publications from Swedish Universities)

该数据库可检索瑞典学位论文以及其他科技出版物，有全文。网址是：http://svep.epc.ub.uu.se/testbed/start.xml?lang=en。

6) 澳大利亚博硕士论文网(Australasian Digital Theses Program，ADT)

该网站收录包括以新南威尔士(University of New South Wales)为首的40所澳大利亚大学的博、硕士学位论文，部分提供PDF格式全文。网址是：http://adt.caul.edu.au。

7) OhioLINK ETD Search

网址是：http://www.ohiolink.edu/etd/search.cgi。

8) University of Florida

网址是：http://web.uflib.ufl.edu/etd.html。

7.2.3 中国学位论文数据库的检索

1. 万方数据知识服务平台中国学位论文数据库

1) 概述

中国科技信息研究所是国家法定的学位论文收藏单位，其委托万方数据股份有限公司建立了中国学位论文文摘数据库。该数据库始建于1985年，收录了我国自然科学和社会科学各领域的硕士、博士及博士后研究生论文的文摘信息，内容包括：论文题名、作者、专业、授予学位、导师姓名、授予学位单位、馆藏号、分类号、论文页数、出版时间、主题词、文摘等字段信息。该数据库从侧面展示了中国研究生教育的庞大阵容以及中国科学研究的整体水平和巨大的发展潜力。网址是：http://gz.wanfangdata.com.cn/cddb/cddbft.htm。

2) 检索方法

检索字段包括论文题目、作者姓名、学科专业、导师姓名、学位级别、授予单位、学位年度、中图分类号、关键词和馆藏号等。具体检索方法参见本书第4章4.3.3节。

2. CNKI中国优秀博硕士学位论文全文数据库

1) 概述

中国优秀博硕士学位论文全文数据库由清华同方知网技术产业集团(TTKN Group)制作发行，全文收录1999年至今，全国各博士点和具有博士授予资格单位的硕士点不涉及国家机密和重大技术机密，以及不存在党和政府已有定论的政治性错误的博、硕士学位论文。内容分为10大专辑，168个专题和近3600个子栏目，是目前国内相关资源最完备、高质量的中国博士、硕士学位论文全文数据库之一。至2008年3月，已累计收录硕士论文40多万篇，博士论文5.9万多篇，数据每日更新。网址：http://www.dl.cnki.net。

2) 检索方法

检索字段包括中文题名、关键词、中文摘要、作者、作者单位、导师、学位授予单位、全文、引文、中文题名/关键词/中文摘要、基金等。用户可以免费检索和浏览题录、摘要和知网节点。如果需要下载全文，则需要注册个人账户并充值，或由单位统一定购数据库全文。具体检索方法参见本书第4章4.1.3节。

3. 国家科技图书文献中心(NSTL)的中、外文学位论文库

1) 外文学位论文库

该数据库提供单位为中国科技信息研究所。数据库中收录了美国ProQuest公司博/

硕士论文资料库中 2001 年以来的优秀博士论文,学科范围涉及自然科学各专业领域,并兼顾社会科学和人文科学。该数据库每年递增约 2 万篇最新博士论文,更新时间为每年年底。该数据库正在建设中,有少部分原文暂不能提供。网址是:http://www.nstl.gov.cn/index.html。

2) 中文学位论文库

中文学位论文数据库主要收录了 1984 年至今我国高等院校、研究生院及研究院所发布的硕士、博士和博士后的论文,学科范围涉及自然科学各专业领域,并兼顾社会科学和人文科学。数据库每年增加论文 6 万余篇。数据库每季更新。

3) 检索方法

可以选择论文题名、关键词、分类号、作者、学位授予年、ISSN(外文库)、学位级别、导师姓名、研究专业等检索字段以及最多两个字段的逻辑组合,再加上时间、范围等限制条件进行检索。

4. CALIS 高校学位论文库

1) 概况

CALIS 高校学位论文数据库子项目由清华大学承建,目的是建成一个集中检索、分布式全文获取服务的 CALIS 高校博硕士学位论文文摘与全文数据库。目前有大约 42 万条学位论文文摘索引,已有 80 多家大学签定了参加项目建设的协议,有 70 多家建立了本地学位论文提交和发布系统。网址:http://www.calis.edu.cn。

2) 检索方法

具体检索方法参见本书第 4 章 4.4.3 节。

5. 国内其他学位论文数据库

1) 北京大学学位论文库

北京大学学位论文库收藏 2003 年后的全部学位论文全文和 1985 至 2003 年间的部分学位论文题录和电子版全文。网址是:http://thesis.lib.pku.edu.cn/dlib/List.asp?lang=gb。

2) 清华大学学位论文服务系统

清华大学学位论文服务系统收录了清华大学 1980 年以来的所有公开的学位论文文摘索引。1986 年以来的论文绝大多数可以看到全文。为保护版权,学位论文全文为加密的 PDF 格式,需下载安装阅读器插件才能阅读;保存在本地的论文只能在本机阅读,不能通过邮件转发或复制到其他机器阅读。网址是:http://etd.lib.tsinghua.edu.cn:8001/xwlw/index.jsp。

3) 复旦大学学位论文服务系统

通过该学位论文服务系统,可以查询复旦大学 1998 年以来的硕、博士学位论文的中英文文摘,不提供电子版全文。网址是:http://202.120.227.60:8001/xwlw/index.jsp。

4) 台湾地区 eThesys 分散式学位论文共建共享计划

eThesys 分散式学位论文共建共享计划是由台湾国立中山大学建立的学位论文全文

检索系统网站。网站主页提供与国家图书馆全国博硕士论文摘要检索系统、CETD中文电子论文服务、VTLS NDLTD Search 和 OCLC NDLTD Union Catalog 等论文检索系统的链接。该网站使用 Big5 编码,部分论文可以查看全文。检索时需要先选择学校,输入繁体字检索词,然后可以查看检索结果。网址是:http://ethesys.lib.nsysu.edu.tw/link.shtml。

5) 香港大学在线学位论文

香港大学在线学位论文网站(Hong Kong University Theses Online),收录香港大学 1941 年以来的 18 000 余篇硕、博士学位论文文摘,其中 16 000 余篇论文可以查看全文。网址是:http://sunzi1.lib.hku.hk/hkuto/index.jsp。

6) 香港科技大学电子学位论文数据库

香港科技大学电子学位论文数据库(HKUST Electronic Theses Database),收录香港科技大学 2002 年以来的全部硕、博士学位论文文摘,其中大部分论文可以查看全文。网址是:http://lbxml.ust.hk/th/main.html。

7.3 专利信息的网络检索

专利信息是现代社会不可缺少的重要信息资源。据欧洲专利局统计,世界上所有技术知识的 80% 都能够在专利信息中找到。世界知识产权组织(WIPO)有关部门也做过统计,世界上 90% 至 95% 的发明成果以专利信息的形式问世,其中约有 70% 的发明成果无法通过其他非专利信息形式获取;若能应用好专利信息,可节省 40% 的研发经费,节省 60% 的时间。

7.3.1 专利基础知识

1. 专利

1623 年,《垄断法规》在英国问世,它是具有现代意义的世界上第一部专利法。到目前为止,全世界共有 160 多个国家陆续建立了专利制度。

专利(Patent)是指在建立了专利制度的国家,其专利主管部门依照法律授予专利申请人的一种受法律保护、技术专有的权利。专利通常包括以下 3 层含义:

1) 专利权

从法律角度来理解,专利主要是指专利权,它是指建立了专利制度的国家通过其专利主管部门以法律形式保护发明人在一定时期内享有的技术专有权利。

2) 专利发明

从技术角度来理解,专利是指获得专利权,受法律保护的发明创造。

3) 专利文献

从文献的角度来理解,专利是指记录发明创造内容的专利文献,它是实行专利制度的国家及国际性专利组织在专利管理过程中产生的文件及各类出版物的总称。

广义的专利文献主要有以下几种类型：

(1) 专利说明书。它是发明人向专利申请部门递交的说明自己的创造发明的书面文件，主要有《发明专利申请公开说明书》、《发明专利申请审定说明书》、《发明专利说明书》、《实用新型专利申请说明书》、《实用新型专利说明书》等。专利说明书是专利文献的主要组成部分，因而也是信息检索的主要对象。

目前各国出版的专利说明书在格式和内容上趋于一致，各种专利说明书基本上都由扉页、正文和附图3部分组成，有些国家出版的专利说明书还附有检索报告。

(2) 专利公报。它是各国专利机构的常规出版物，报道专利管理、审批等专利事务信息。

(3) 专利分类法。它是从分类角度管理和检索专利文献的工具。目前国际上广泛采用的分类法是《国际专利分类法》（International Patent Classification，IPC），此外，许多专利制度比较发达的国家还有自己的专利分类法。

2.《国际专利分类法》

IPC作为各国专利文献统一分类和检索的工具，其草案是1954年在英、法、意等15个国家签订的"国际专利分类欧洲协定"的基础上产生的，1968年9月正式公布生效并出版了第1版，1974年出版了第2版。根据协议，IPC从第2版起，每五年修订一次，1999年了版了第7版。目前使用的是自2006年1月1日起开始生效实施的第8版，修订也更为频繁，由原来的每五年修订一次变为每三年修订一次。

IPC将所有专利按照部（Section）、大类（Class）、小类（Subclass）、主组（Main Group）、分组（Subgroup）5级分类，共分8个部，部的类号用大写英文字母A～H表示，各部的类号和类名参见表7-3。

表7-3 IPC专利分类中各部的类号和类名

类 号	类 名
A部	人类生活必需品（Human Necessities）
B部	作业；运输（Operations；Transporting）
C部	化学；冶金（Chemistry and Metallurgy）
D部	纺织；造纸（Textiles and Paper）
E部	固定建筑物（Fixed Constructions）
F部	机械工程；照明；热工；武器；爆破（Mechanical Engineering；Lighting；Heating；Weapons；Blasting）
G部	物理（Physics）
H部	电学（Electricity）

每个部又设有若干个大类，大类类号由部的类号加上两位阿拉伯数字组成，如"A01"；小类是大类下的细分类目，小类类号由大类类号加上一个大写的英文字母组成，

但 A、E、I、O、U、X 这 6 个字母不用,如"A01D";每个小类下设若干个主组和分组,主组类号由小类类号后加上 1 至 3 位数字组成,如"A01D34";分组是主组的展开类目,分组类号由主组类号后加"/"再加 2 至 4 位数字组成,如"A01D34/04",表示"有前置切割器的收割机"。

Web 版本的国际专利分类法可以在世界知识产权组织的专利分类法网站(http://www.wipo.int/classifications/ipc/en)上免费浏览检索。

专利文献包含丰富的技术信息、经济信息和法律信息,是一种重要的科技文献,在科技查新、专利申请和审查、企业新产品开发和国际交流等方面发挥着重要作用。

3. 中国专利法对专利类型的划分

各国专利法对专利类型的划分不尽相同。我国专利法将专利分为以下 3 种类型:

1) 发明专利(Invention Patent)

发明专利是指对产品、方法或者改进所提出的新的技术方案。它包括产品发明(即发明是某种具体的产品)和方法发明(如制造方法、测量方法等)。发明专利要求有较高的创造性水平,是 3 种类型专利中最重要的一种,受保护的年限一般为 15 至 20 年。我国专利法对发明专利的保护期为 20 年。

2) 实用新型专利(Utility Model Patent)

实用新型专利是指对产品的形状、构造或其结合所提出的适于实用的新的技术方案。与发明专利相比较,实用新型专利大多是一些比较简单或改进性的技术发明,其受保护的年限为 10 至 15 年。我国对实用新型专利的保护期为 10 年。

3) 外观设计专利(Design Patent)

外观设计专利是指对产品的形状、图案、色彩或其结合所做出的富有美感并适于工业上应用的新设计,它偏重于产品的装饰性与艺术性,其受保护年限为 3、5、7、10 年不等。我国对外观设计专利的保护期为 10 年。

4. 部分专利术语的含义

1) 申请号

申请号是专利局受理专利申请的同时给予的编号,中国采用 10 至 12 位数字编码,前两位数字(从 2004 年起使用 4 位数字)代表申请的年代;第 3 位数字代表不同的专利类型(1 代表发明专利,2 代表实用新型专利,3 代表外观设计专利);后几位数字是当年各项专利申请的流水号,最后是小数点和 1 位计算机校验码,如"CN 200420034660.3"。

2) 专利号

专利号是指获得授权的专利的编号。我国的专利编号与申请号相同,仅在前面加 ZL,如"ZL 2004214062.7"。

3) 国别代码

专利国别代码是指专利号前的两个英文字母,如 EP(欧洲)、CA(加拿大)、CN(中国)、DE(德国)、GB(英国)、JP(日本)、WO(世界知识产权组织)等。

4) 公开/公告号

公开是针对发明专利申请,此时还没有审查授权,授权后采用公告。公开/公告号采用7位数字编号,7位数字前加国际通用国别代码,7位数字的第1位数字用来区分3种不同专利,末尾字母用来区分公开或公告类型,如发明专利授权公告"CN 1084638C"。

7.3.2 专利文献的印刷型检索工具

1. 英国德温特专利文献检索工具

英国德温特公司(Derwent Publications Ltd.)是世界著名的专利文献出版机构,创立于1951年。该公司出版的世界专利文献检索工具是世界上报道范围最广,规模最大,检索体系最完善的专利文献检索工具。它以题录和文摘等形式,使用英语对世界上30多个国家和地区、两个国际专利组织及两种国际专利出版物中的专利信息按国别、分专业进行报道。其出版迅速,载体多样,除印刷型检索工具外,还有缩微胶卷、磁盘和光盘数据库等形式,被世界各国普遍采用。德温特出版物体系如表7-4所示。

表7-4 德温特专利检索体系主要出版物

德温特体系	题录部分	(1) 世界专利索引公报(WPIG)又称题录周报,以题录形式报道世界专利信息,分综合(P)、机械(Q)、电气(S~X)、化工(A~M)4个分册,每个分册均包含专利权人索引(PI)、国际专利分类索引(IPC)、登记号索引(ANI)和专利号索引(PNI)4种主题索引
		(2) 累积索引(CI):WPIG的4个分册内容的累计,有季刊、年刊、多年累计等
		(3) 优先权索引(PI):包括WPIG的4个主题综合,有周刊和季刊(累积),是已知专利国别和申请号检索其专利号和同族专利的一种索引
		(4) 登记号对照索引,1985年起,月刊
	文摘部分	(1) 综合与机械专利索引(GMPI):创刊于1975年,分为P1~P3、P4~P8、Q1~Q4、Q5~Q7共4个分册,与WPIG的P分册和Q分册对应
	分类文摘	(2) 电气专利索引(EPI):创刊于1980年,分为S、T、U、V、W、X共6个分册,与WPIG的S~X分册对应
		(3) 化学专利索引(CPI):创刊于1970年,分为A、B、C、D、E、F、G、H、J、K、L、M共12个分册,与WPIG的A~M分册对应
		(4) 电气专利文摘(EPA):EPI的累积本
	分国文摘	分别报道英国、德国、比利时、美国、欧洲专利局、PCT、法国、日本、荷兰、俄罗斯等国的专利权人、国际专利分类(IPC)、登记号和专利号4个主题的专利
	其他	(1) 电气专利代码手册(季刊)
		(2) 电气专利分类手册(月刊)
		(3) 化学基本专利杂志(BAT)
		(4) 化学专利分类小手册(月刊)
		(5) 化学反应文献服务月刊(CRDS)
		(6) 生物技术文献半月刊(BA)

2.《中国专利公报》

《中国专利公报》包括《发明专利公报》、《实用新型专利公报》和《外观设计专利公报》3个分册。它以文摘或题录形式报道一周内出版的专利的公开说明书、审定说明书、授权公告及发明专利事务公告(如实质审查请求、驳回申请决定、申请的撤回、专利权的继承或转让、强制许可决定、专利权的终止等)。《中国专利公报》每周更新,旨在快速报道我国近期专利情况,可以通过专利公报掌握我国最新专利的情况。

3.《中国专利索引》

为了方便我国专利文献的回溯检索,国家知识产权局(原国家专利局)出版了《中国专利索引》。该索引报道累积期内发明专利、实用新型专利和外观设计专利3种专利的公开、审定、公告及授权等项目,现为季刊。

《中国专利索引》现分《分类号索引》、《申请人、专利权人索引》和《申请号、专利号索引》3册出版。用户可通过查阅任一种索引获得分类号、发明名称、申请号、专利号、申请人或专利权人以及相应专利公报的卷、期号等。

7.3.3 国外专利信息的网络检索

1. USPTO 专利数据库

美国的专利主要有发明专利、外观设计专利、植物专利、再公告专利和依法登记的发明等几种类型。根据美国专利的类型和专利的审批制度,美国专利商标局出版的专利说明书主要有发明专利说明书、外观设计专利说明书、植物专利说明书、再公告专利说明书与依法登记的发明说明书等。

1) 数据库概述

USPTO 专利数据库是美国专利与商标局(The United States Patent and Trademark Office,USPTO)提供的网上专利数据库,其通过 Internet 提供美国专利的书目、文摘以及包括附图在内的专利说明书全文等信息的检索服务,数据每周更新。

USPTO 专利数据库可分为授权专利数据库和专利申请数据库两部分。两个数据库中分别设置了 31 个和 24 个检索字段,具体字段如表 7-5 所示。

(1) 授权专利(Patent Grants)数据库。授权专利数据库收录了 1790 年 7 月 31 日以来出版的所有授权的美国专利说明书的全页面扫描图像,其中 1976 年以后的说明书为全文文本说明书(附图像链接)。

(2) 专利申请(Patent Applications)数据库。专利申请数据库收录了 2001 年 3 月 15 日以来所有公开(未授权)的美国专利申请说明书扫描图像数据,每周二更新。

USPTO 各专利数据库对检索字段的输入格式有不同的要求,用户可以阅读数据库的相关帮助文件了解具体的内容。由于授权专利数据库和专利申请数据库在检索方法上大致相同,下面就以授权专利数据库为例来介绍数据库的检索方法和检索过程。

表 7-5 USPTO 专利数据库常用检索字段

字段名(缩写)	含 义	字段名(缩写)	含 义
All Field	全部字段	Title(TTL)	专利名称
Abstract(ABST)	文摘	Issue Date(ISD)	公告号
Patent Number(PN)	专利号	Application Date(APD)	申请日
Application Serial Number(APN)	申请号	Application Type(APT)	申请类型
Assignee Name(AN)	专利权人	Assignee City(AC)	专利权人所在城市
Assignee State(AS)	专利权人所在州	Assignee Country(ACN)	专利权人所在国家
International Classification (ICL)	国际分类号	Current US Classification (CCL)	美国专利分类号
Primary Examiner(EXP)	主审查员	Assistant Examiner(EXA)	助理审查员
Inventor Name(IN)	发明人	Inventor City(IC)	发明人所在城市
Inventor State(IS)	发明人所在州	Inventor Country(ICN)	发明人所在国家
Government Interest(GOVT)	涉及的政府利益	Attorney or Agent(LREP)	代理人
PCT Information(PCT)	PCT 信息	Foreign Priority(PRIR)	国外优先权
US Reference/Referenced By(REF)[1]	引用的美国专利	Related US Application Data (RLAP)	相关美国专利信息
Foreign References(FREF)	引用的国外专利	Other References(OREF)	其他参考文献
Claim(s)(ACLM)	权利要求	Description/Specification (SPEC)	描述/说明书
Reissue Date(REIS)	再公告日	Parent Case Information (PARN)[2]	母案申请信息

注 1：US Reference 为高级检索字段；Referenced By 为快速检索字段。
注 2：Parent Case Information 为高级检索字段，快速检索没有此项。

2) USPTO 授权专利数据库的检索

可以通过网址 http://www.uspto.gov，进入 USPTO 主页，在 USPTO 主页上选择 Patents|Search Patents 或者直接在浏览器的地址栏中输入"http://patft.uspto.gov"，进入数据库检索页面。USPTO 授权专利数据库提供快速检索(Quick Search)、高级检索(Advanced Search)、专利号检索(Patent Number Search) 3 种检索方式。1790 年至 1976 年的专利只能通过颁发日期(Issue Date)、专利号(Patent Number)和美国专利分类号(US Classification)进行检索。数据库提供的帮助信息可帮助用户方便、快速地学会如何使用数据库。

(1) 快速检索(Quick Search)。在数据库检索页面中单击 Quick Search，进入快速检索方式，页面如图 7-1 所示。它提供 Term1、Term2 输入框和 Field1、Field2 字段列表框。在输入框中输入检索词，在字段列表中选择相应的检索字段，确定检索字段之间的逻辑关系(提供 AND、OR 和 ANDNOT 3 种选择)，在 Select years 下拉列表中选择检索的时间范围,单击 Search 按钮进行检索。

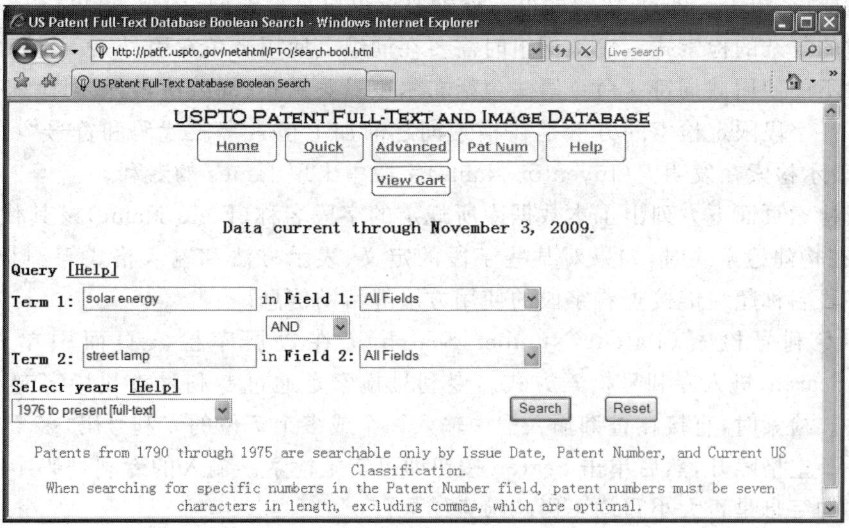

图 7-1　USPTO 快速检索页面

输入检索词时,检索词中的字母不区分大小写,检索词还可以使用截词符"$"进行后方截断,但要求截词符前不少于 4 个字母,以免产生更多的误检结果。

(2)高级检索(Advanced Search)。高级检索能够实现两个或两个以上概念之间的逻辑运算,获得精确的检索结果。高级检索页面如图 7-2 所示。

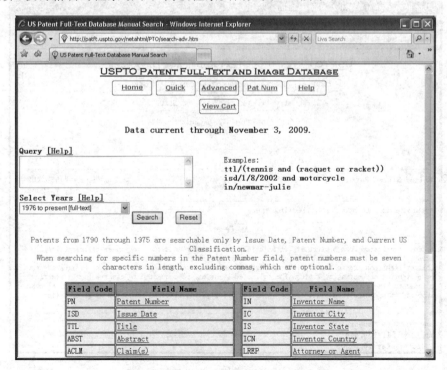

图 7-2　USPTO 高级检索页面

高级检索要求首先在 Select Years 列表中选择检索的年限范围,然后在 Query 框中输入检索要求,单击 Search 按钮即可。检索要求可以是检索词、词组,也可以是利用检索语法构建的复杂的检索式。输入词组时需要在词组上使用半角双引号,表示精确检索,词组输入时不能使用截词符。命令语法包括布尔逻辑关系式、词组检索、截词检索和字段限制检索等。字段限定检索的方法是在检索词之前加上检索字段代码和符号"/",如"IN/James",表示检索在发明人(Inventor Name)字段中出现 James 的专利。

高级检索页面下方列出了本数据库所规定的字段名称(Field Name)及其代码(Field Code)。在构建检索式时,如果对某些字段的定义、表示方法和输入格式等不很清楚,可以单击字段名称超级链接查看字段的使用方法等帮助信息。

(3) 专利号检索(Patent Number Search)。在数据库检索页面中单击 Patent Number Search,进入专利号检索方式。专利号检索是通过专利号查找特定专利的最简洁的方法。检索时,直接在查询输入框中输入一个或多个 7 位的专利号码,多个专利号之间要用一个空格隔开,然后单击 Search 按钮即可实施检索。输入的专利号码中有无逗号及号码中的字母是否大小写均不影响检索结果。

3) 检索结果的显示和处理

(1) 检索结果的显示。检索结果页面首先显示的是检索结果的记录列表,包括专利的专利号(PAP.NO.)链接和专利名称(Title)链接,其顺序是按专利号由大到小排列。

单击其中的专利号链接或专利名称链接,进入检索结果的详细信息页面,如图 7-3 所示。详细信息包括该专利的专利号(Patent Number)、专利名称(Title)、文摘(Abstract)、

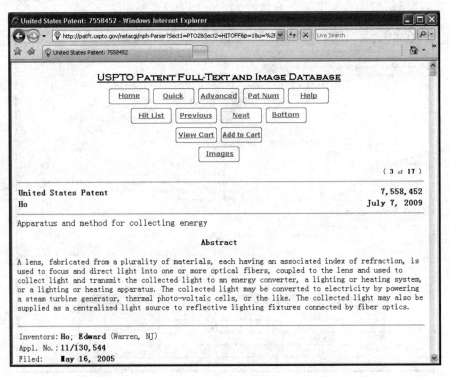

图 7-3 USPTO 检索结果详细信息页面

发明人(Inventors)、申请号(Application Number)、权利要求书(Claims)和相关专利(Related U.S. Patent Documents)等详细信息。单击页面中的 Images 按钮,进入专利说明书全文图像查看页面。

(2) 检索结果的处理。利用专利说明书全文图像查看页面上的工具按钮可以进行全文图像的下载、打印等操作。但 Images 按钮只能在获取专利检索结果后的两小时内有效,且每次只能下载一页全文图像,超过规定的时限需要重新进行检索。

2. 欧洲专利局 esp@cenet 检索系统

欧洲专利局(European Patent Office,EPO)是于 1972 年依照《欧洲专利公约》(European Patent Convention,EPC)正式成立的一个政府间组织,主要职能是负责欧洲地区的专利审批工作,并于 1980 年授权了首件专利。成立伊始,EPO 每年的专利申请受理量仅为 1 万件左右;时至今日,EPO 已经同 USPTO 和 JPO 并驾齐驱,成为世界三大专利审批机构之一。美、日、欧 3 局每年受理的专利申请已占到全球申请总量的 80% 以上。EPO 之所以受世人瞩目,一是因为该机构拥有一支庞大的审查队伍,其专业知识所涵盖的技术领域非常广泛,其授权的专利素以质量高而享誉世界;二是因为 EPO 授权的专利可以在 EPC 的所有缔约国受到法律保护。申请人只需通过一次审查程序,就可以选择在哪些缔约国获得专利保护。如果在审查过程中出现问题或纠纷,可以通过 EPO 的异议程序和上诉程序加以解决,无须直接向 EPC 缔约国法院提起民事诉讼。

1998 年,由 EPO 及其最初的 19 个缔约国的国家专利机构共同建立了 esp@cenet 专利检索系统,目的是通过网络提供基于 Web 的网上免费专利信息数据库检索服务,满足专利用户查找专利信息的需要。

1) esp@cenet 专利检索系统概述

esp@cenet 专利检索系统是由多个不同范围的数据库组合成的一个综合性网上专利信息检索平台,收录了 1920 年以来(各国的起始年代有所不同)世界上 60 多个国家和地区的 1.5 亿万件专利文献数据,多数国家和组织的专利可以检索到说明书全文。检索系统提供 HTML 和图像两种全文显示方式,图像格式说明书需用 Adobe Reader 浏览器阅读。esp@cenet 检索系统的网址是 http://www.espacenet.com/index.en.htm,数据每周更新。

esp@cenet 专利检索系统的数据库主要由 4 部分构成:

(1) 欧洲专利(European Patents,EP)数据库。该数据库提供最近几年由 EPO 公布的欧洲专利申请说明书,可检索专利申请说明书并下载和显示 PDF 格式的说明书全文。

(2) 世界知识产权组织(The World Intellectual Property Organization,WIPO)专利数据库。该数据库收录最近几年由 WIPO 公布的以 PDF 格式显示的专利合作条约(PCT)专利申请公开说明书原文。

(3) 日本专利文摘(Patents Abstract of Japan,PAJ)数据库。该数据库收录由日本专利局公布而存储在欧洲专利局的 1976 年 10 月 1 日以来的日本公开专利的英文书目信息、英文摘要以及 1980 年至今的专利文献扉页的 PDF 格式图像文件。该数据库收集的所有专利申请都是用日文递交和公布的,从 1989 年起,其中按国际专利分类法的 G 类才有非日文的申请书。该数据库更新较快,一般能检索到当年当月的专利文献。

(4) 世界范围专利(Worldwide Patents,Worldwide)数据库。该数据库可以检索到所有成员国、EP、WIPO、PAJ 以及 EPO 收集的世界范围的专利信息,包括 60 多个国家和地区近 30 年来公布的专利文献英文著录数据和文摘,20 多个国家和组织 1920 年以来的专利说明书原文的全文扫描图像,以及 10 个专利机构的专利的英文书目信息和全文。

esp@cenet 检索系统无法实现多数据库同时检索,其数据分别放在欧洲各个国家专利局的服务器上,这在一定程度上限制了它的检索速度。

2) 数据库的检索

在 esp@cenet 专利检索系统(http://www.espacenet.com/index.en.htm)的主页上,单击 Access esp@cenet 链接,系统提供 3 种方式链接进入 esp@cenet 数据库,它们分别是可以通过欧洲专利局网站(http://ep.espacenet.com)、欧盟专利检索网站(http://ec.espacenet.com)和各缔约国专利数据库的 URL 地址链接。

esp@cenet 系统提供快速检索、高级检索、号码检索和专利分类检索 4 种检索方式。每种检索方式的页面中均提供数据库选择下拉列表,有 Worldwide、EP 和 WIPO 几种选择。所有数据库均支持通配符、括号、布尔逻辑运算符以及短语检索等。数据库支持英语(English)、德语(Deutsch)、法语(Francais)3 种语言,但检索语言必须是英语,检索结果显示的则是原专利的语种。

(1) 快速检索(Quick Search)。快速检索页面由数据库(Database)、检索类型(Type of search)、检索词(Search terms)3 部分组成。其中,检索类型包括标题或文摘字段(Words in the title or abstract)、专利申请人或组织(Persons or organizations)两种。快速检索既可以利用关键词在数据库的标题或文摘字段中进行,也可以通过专利申请人或组织在世界范围内检索相关专利。

(2) 高级检索(Advanced Search)。高级检索页面由数据库(Database)和检索词(Search Terms)两部分组成。其中,检索词部分提供标题关键词(Keywords in title)、标题或文摘关键词(Keywords in title or abstract)、出版号(Publication number)、申请号(Application number)、优先号(Priority number)、出版日期(Publication date)、申请人(Applicants)、发明人(Inventors)、欧洲分类号(European Classfication,ECLA)和国际专利分类号(International Patent Classification,IPC)共 10 个检索字段,字段间可以进行逻辑运算。页面中检索输入框的右侧给出了字段内容的输入格式,用户只要按照格式的要求在相应的输入框中输入检索的内容,单击 Search 即可实施检索。

关于字段和逻辑算符的使用说明,可以浏览网站的帮助索引(Help Index)。

(3) 号码检索(Number Search)。号码检索页面由数据库(Database)和号码输入(Enter Number)两部分组成。它是供用户在号码检索框中输入申请号、出版号或优先权号等实施检索的一种方法。

(4) 分类检索(Classification Search)。分类检索提供按 IPC 分类体系进行浏览或检索。

3) 检索结果

数据库检索结果首先以专利记录列表的形式显示,有记录序号、专利名称链接、发明人(Inventor)、申请人(Applicant)、出版信息(Publication Info)、IPC 分类号(IPC)等信息。单击其中的专利名称链接,进入专利题录信息页面,可以浏览专利书目信息(Bibliographic Data)、描述信息(Description)、权利要求项声明(Claims)、原始文本(Original Document)和 INPADOC 法律状态(INPADOC Legal Status)。单击题录信息页面的 Original Document 链接,可进入专利说明书全文浏览页面。

4) 检索示例

【例 7-1】 利用欧洲专利检索系统 esp@cenet 查找添加橄榄油的化妆品方面的专利。

具体检索步骤如下:

(1) 通过网址 http://ep.espacenet.com 登录 esp@cenet 检索系统,选择高级检索方式,选择其中的世界范围专利(Worldwide Patents)数据库。

(2) 在标题关键词(Keywords in Title)输入框中输入检索式"olive oil",在篇名或文摘关键词(Keywords in Title or Abstract)框中输入"cosmetic",单击 Search 按钮。

(3) 检索结果。本次检索共获得 23 篇命中专利记录,单击其中任一记录的专利名称链接,可以浏览该记录的详细著录信息以及进一步获取该专利的原文。

3. 加拿大 CIPO 专利数据库

CIPO 专利数据库是由加拿大知识产权局(Canadian Intellectual Property Office, CIPO)建立的网络数据库,网址是 http://brevets-patents.ic.gc.ca/opic-cipo/cpd/eng/introduction.html。

1) 数据库概述

CIPO 专利数据库收录了加拿大自 1920 年以来的 200 多万件加拿大专利,包括专利说明书全文文本、书目数据和图像。1978 年 8 月 15 日以前的加拿大专利没有文本型的文摘和专利权说明,这部分专利只能通过专利号、标题、分类号、发明人及专利权人来检索。在此日期之后公开的专利可以得到 HTML 格式的文摘和保护权项。CIPO 数据库还提供与 PCT、JOPAL、USPTO 和 EPO 等外国专利数据库和 90 多个国家专利数据库的链接。而且,除了可以免费检索专利信息外,CIPO 数据库还提供与专利委员决议数据库(Decisions of the Commissioner of Patents)、加拿大商标数据库(Canadian Trademarks Database)、版权数据库(Canadian Copyrights Database)和工业设计数据库(Canadian Industrial Designs Database)的链接和相关信息的检索。

2) 检索方法

CIPO 数据库的检索提供法语和英语两种工作语言,可以在 CIPO 网站的主页上单击 Francais 链接或 English 链接,随时进行检索语言的切换并进入相应的数据库检索页面。CIPO 数据库提供基本检索、号码检索、布尔检索和高级检索 4 种检索方式。

(1) 基本检索(Basic Search)。基本检索方式适用于单一概念的检索,只需在检索框中输入关键词即可。关键词可以是单词、词组或者发明人的姓名。

(2) 号码检索(Number Search)。号码检索方式需要在检索框中直接输入加拿大专利号进行检索。所有的加拿大专利号都是由 7 位数字组成,不足 7 位时可以在左侧补"0"

或者不补,但不能用空格填充,数字之间也不能含有逗号。

(3) 布尔检索(Boolean Search)。布尔检索方式的检索字段、检索词与逻辑运算符相配合可以实现各种限定,任意缩小检索范围,适合于复杂概念的检索。布尔检索的检索页面由检索式查找选项(Search For)、文献归档类型选项(Filing Type)、日期选项(Date Search)和显示选项(Display Options)几部分组成。其中,查找选项提供3个检索式输入框,检索式之间可以选择按照逻辑与(AND)或者逻辑或(OR)关系进行组配。每个检索式又由字段(Text Field)列表、运算符(Operator)列表、文本(Words or Phrases)输入框3个小部分组成。运算符列表包括 Contains 和 Does Not Contain 选项;字段列表包含任意字段(Any Text Field)、专利名称(Title)、摘要(Abstract)、权利要求项(Claims)、发明人(Inventor)、专利权人(Owner)、申请人(Applicant)、国际专利分类号(IPC)、加拿大专利分类号(CPC)、专利合作条约的归档号(PCT Filing No.)和国际出版物号(Intl Pub No.)共11个字段;文献归档类型选项有 All Documents、PCT 和 Non-PCT3 种文献范围;日期选项除了提供专利授权日期(Issue Date)、归档日期(Filing Date)、公开发布日期(Open to Public Inspection Date)、获取优先权日期(Priority Date)和国家阶段日期(National Entry Date)等确切日期选项,还提供时间段选项。

(4) 高级检索(Advanced Search)。高级检索页面提供了多个检索字段及其关键词输入框,比布尔检索多了发明人所在国(Inventor Country)字段和一个包括英、法两种语言的语种(Language of Filing)选项,字段间的逻辑组配默认为"AND"关系。组配的字段越多,检索的范围就越小,检索的结果也就越精确。

3) 检索结果

(1) 记录列表。检索完成后,检索结果页面首先以表格形式给出符合检索条件的专利记录列表,包括序号(♯)、专利号(Patent Number)、专利名称(Patent Title)和相关度(Score),每页默认显示50条检索结果记录。

(2) 书目信息。单击检索结果记录中的专利号链接,可以查看该专利的文摘(Abstract)和专利详细信息(Patent Details),包括专利(申请)号、专利名称、附图、权利要求项、发明人、专利权人、申请人、专利代理机构、公告日、归档日、公开日、IPC号、优先权项、许可项、归档语种等;如果是PCT专利则显示出进入国家阶段日期、PCT文档号、国际出版号。

(3) 图形及全文信息。在专利书目信息页面提供多个链接来浏览和下载封面(Cover Page)、文摘(Abstract)、权利要求项(Claims)、说明书全文(Description)等的扫描图像,图像包括 GIF 和 PDF 两种格式。

此外,检索结果会显示在所有的专利中命中加拿大专利的条数,这样用户既能知道检索命中的记录数,又能知道目前共有多少条加拿大专利。

4. 国外其他专利数据库介绍

1) 世界知识产权 IPDL 数字图书馆

知识产权数字图书馆(Intellectual Property Digital Library,IPDL)是由世界知识产权组织(WIPO)于1998年组织建立的电子图书馆,目的是为政府机构和个人用户提供电子化知识产权信息服务以及提供 WIPO 维护的数据库检索服务。通过该网站,用户可以免费获得专利说明书全文。其网址是 http://ipdl.wipo.int。

在 IPDL 主页上,用户可以选择以普通用户(Guest)或会员用户(Account)的身份登录。以普通用户身份登录时,用户名和密码均为 guest;以会员用户登录时必须使用用户专有的用户名和密码。不论以 Guest 用户身份或以 Account 用户身份登录,系统提供的检索功能是完全相同的。但建立了会员账户的用户,系统提供保留检索策略的功能和服务,对于以后修改检索策略、重复利用已有的检索结果和减少检索词的重复输入非常有用。

IPDL 提供的数据库有 PCT 专利公报(PCT Patents)数据库、马德里商标快报(Madrid Trademarks)数据库、国际工业设计(Hague Industrial Designs)数据库、Article 6ter 数据库,此外还有 Lisbon Appellations of Origin 数据库、健康知识数据库(Health Heritage Traditional Knowledge Test Database)和 JOPAL 专利审查最低文献量科技期刊数据库(JOPAL)。另外,它还以超文本的方式提供欧美等多个国家和地区的专利数据库网站链接入口。用户可以单击 IPDL 主页显示的 Free User Account 链接,注册建立免费会员账户。进入 IPDL 数据库检索页后,用户可以根据需要选择进入 WIPO 提供的任何一个库进行检索。

PCT 专利公报(PCT Patents)数据库于 1998 年 6 月建立,收录了 1997 年 1 月 1 日至今的 PCT 国际专利,提供专利题录、说明书扉页信息、文摘和附图。扫描图像采用 PDF 格式,公开 14 天后放入数据库,向用户提供免费服务。该数据库的检索方式有简单检索(Simple Search)、高级检索(Advanced Search)和结构检索(Structured Search)3 种。

2) Derwent 系列专利数据库

Derwent 系列专利数据库是由全球最权威的专利文献出版机构 Derwent 公司推出的,是目前检索功能最强大的专利数据库,其依托 ISI Web of Knowledge 检索平台,主要提供以下 3 个数据库的检索服务。

(1) 德温特世界专利索引(World Patent Index,WPI)。英国 Derwent 公司的 WPI 数据库是全球最权威的、高附加值的深加工专利数据库,主要收集来自全球 41 个工业化国家、地区和两个国际专利组织的专利,可向用户提供世界各主要机构发布的专利说明书。它采用国际专利分类法编制专利分类体系,全部是英文文摘。WPI 数据库有 1550 多万条基本发明专利数据,覆盖 3307 万条专利,每年增加 150 万项专利,覆盖了农业和兽药(1965 年至今)、电子电气(1974 年至今)、化工(1970 年至今)、药物(1963 年至今)、聚合物(1966 年至今)等多个领域的专利。

(2) 德温特专利创新索引(Derwent Innovation Index,DII)。DII 是由 Derwent 公司推出的基于 Web 的专利信息数据库。它将德温特世界专利索引(Derwent World Patents Index,WPI)与专利引文索引(Patent Citation Index,PCI)加以整合,提供全球专利信息服务。DII 收录来自全球 40 多个专利机构的 1300 万条基本发明专利,3000 万项专利,每周增加 2.5 万多项专利,分为 Chemical、Electrical & Electronic 和 Engineering 3 个主题,资料回溯至 1963 年。DII 还提供直接到专利全文电子版的连接,用户只要单击专利记录的 Original Document 就可以链接到 Thomson Patent Store,获取专利申请书的全文电子版。

DII 所链接的专利全文电子版包括以下专利机构所公布的专利全文：美国专利局（USPTO，1963 年至今）；德国专利和商标局（German Patent and Trademark Office，1968 年至今）；欧洲专利局（ESP，1978 年至今）；世界知识产权组织（WIPO，1978 年至今）；日本专利（2000 年至今）以及其他许多国家。

（3）Derwent Discovery。它是从世界范围内的专利、会议和期刊中筛选与药物研发相关的信息，并将世界药物快讯（World Drug Alerts）和药学文档（Drug File）有机结合在一起，通过互联网提供服务，使用户能够迅速、全面地掌握有关药物研发的信息。

3）Delphion 知识产权信息网

Delphion 知识产权信息网（http：//www.delphion.com/simple）的前身是 IBM 知识产权网，它通过扩展数据库的覆盖范围和提升增值服务功能，逐步发展成为一个能查询和能评价专利信息的广泛使用的工具。其最大特点是使用户能对其拥有的数据库有选择地进行检索。

Delphion 知识产权信息网的专利资源包括美国专利（US）、欧洲专利（European）、日本专利文摘（Abstracts of Japan）、德国专利（German）、世界知识产权组织专利合作条约出版物（WIPO PCT Publications）及同族专利和法律状态（INPADOC Legal Status），并通过 Internet 提供免费检索、浏览和下载原文以及提供有偿原文传递。专利资源的检索包括快速/号码检索（Quick/Number Search）、布尔检索（Boolean Search）、高级检索（Advanced Search）、德温特检索（Derwent Search）等几种方式。

目前，Delphion 知识产权信息网的产品和服务不仅包括对专利文献信息和相关知识产权许可转让信息的查询，还包括对专利信息查询结果的分析。

7.3.4 中国专利信息的网络检索

中国专利信息的检索主要通过 3 种方式，一是通过印刷型检索工具，如《专利公报》、《中国专利索引》、《中国专利文摘》等；二是通过光盘型检索系统，如中国专利文摘数据库、中国专利说明书数据库等；三是利用网络型检索系统，如中国国家知识产权局专利检索系统、中国专利信息网、中国知识产权网、中国期刊网中国专利数据库等。这部分专利数据库、知识产权和专利网站是经常使用的专利信息检索方式。

专利信息资源的网络检索系统在检索空间上大大超越了传统的专利信息检索工具的检索范围，不仅数据资源丰富，许多专利数据库还能提供专利说明书全文等有价值的信息；同时，专利信息资源网络检索系统提供多语言检索，检索效率高，不受时间和空间限制，检索的时效性强；此外，专利信息资源网络检索系统提供分类浏览、简单检索、选单检索等多种检索方式，还提供在线帮助、操作指南等多项辅助功能。

1. 中国知识产权局专利检索系统

1）概述

中国国家知识产权局（SIPO）专利检索系统是由国家知识产权局创办的网站

(http://www.sipo.gov.cn/sipo2008),于 2001 年 11 月正式开通。该系统收录了我国 1985 年 9 月 10 日以来公布的所有发明专利、实用新型专利和外观设计专利的文献数据,包括题录、摘要以及各种说明书全文和外观设计图形。3 种专利独立建库,数据库数据每周更新。

2)检索方法

SIPO 专利检索系统提供简单检索、高级检索和 IPC 分类检索 3 种检索方式。

(1)简单检索。登录 SIPO 专利检索系统(http://www.sipo.gov.cn/sipo2008),在其主页上选择"专利管理",进入专利检索系统的简单检索页面。页面上提供一个检索词输入框和一个检索项目列表框,列表框中有申请(专利)号、申请日、公开(公告)号、公开(公告)日、申请(专利权)人、发明(设计)人、名称、摘要、主分类号等字段。用户只需在输入框中输入检索词,在检索项目列表框中选择相应的检索字段,单击"检索"按钮就可以了。此外,在简单检索页面,还可以进行中国集成电路布图设计检索、国外及港澳台专利检索、专题数据库检索、专利证书发文信息查询、代理机构查询、法律状态查询等专利信息的查询。

(2)高级检索。在 SIPO 专利检索系统的简单检索页面中单击"高级检索"按钮,进入如图 7-4 所示的高级检索页面。高级检索页面上方提供发明专利、实用新型专利、外观设计专利三种专利类型的复选框,供用户选择检索的数据库范围。高级检索页面还提供申请(专利)号、名称、摘要、申请日、公开(公告)日、公开(公告)号、分类号、主分类号、申请

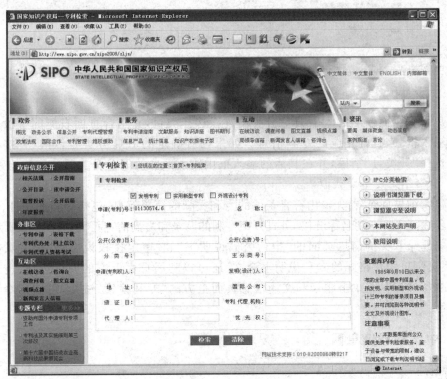

图 7-4 SIPO 高级检索页面

(专利权)人、发明(设计)人、地址、国际公布、颁证日、专利代理机构、代理人和优先权等检索字段,用户只要在检索字段后的输入框中输入检索词、词组或检索式,单击"检索"按钮就可以完成高级检索。同时使用多个检索字段时,不同字段间是逻辑"与"关系。

在输入检索词时,字段输入框上会出现检索词输入提示窗口,提示用户检索词的输入格式和注意事项,并给出检索示例,帮助用户正确输入检索词,顺利地完成检索任务。

(3) IPC 分类检索。单击高级检索页面中的"IPC 分类检索"链接,进入 IPC 分类检索页面,页面由 IPC 分类列表和高级检索字段列表两部分组成,如图 7-5 所示。

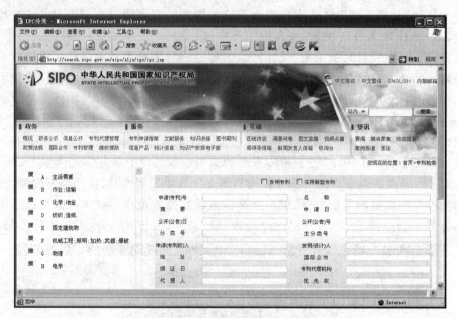

图 7-5　SIPO 分类检索页面

用户可在页面左侧的 8 个 IPC 分类中逐级选择类目,并结合页面右侧的字段列表和关键词输入框,来查询相应的专利信息。如果已有确定的 IPC 分类号,可以直接在字段列表中选择"分类号"字段,并在其后的输入框中输入准确的 IPC 分类号来实施检索。

3) 检索结果及全文获取

在检索结果页面,首先输出符合条件的专利文献的简单信息,包括专利的序号、申请号和专利名称。单击专利名称链接,可打开该专利的题录和文摘信息页面,如图 7-6 所示。

单击题录和文摘信息页面的"申请公开说明书"和"审定授权说明书"全文页数的链接,可逐页浏览图片格式的专利说明书全文,还可以利用页面上方的图标按钮,进行全文内容的打印和保存。单击题录和文摘信息页面上方的"专利检索"链接,可回到专利信息检索页面。

2. 中国专利信息网

1) 概述

中国专利信息网(http://www.patent.com.cn)由国家知识产权局专利检索咨询中心于 1998 年 5 月创建。它集专利检索、专利知识、专利法律法规、项目转让、技术传播、用

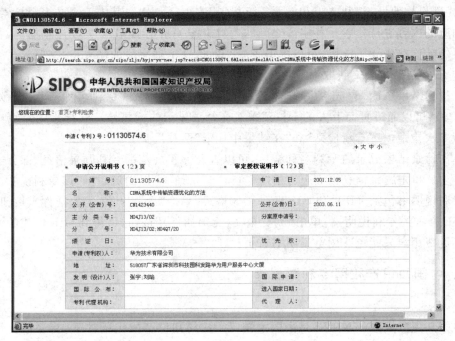

图 7-6　SIPO 题录和文摘信息页面

户服务等多种功能于一体,既可以实时了解中国专利的相关信息,又能方便地查询专利的题录内容和下载专利全文资料,还可以了解有关专利技术和专利技术转让方面的信息。

中国专利信息网的中国专利数据库收录了我国自 1985 年以来出版的专利文献信息,内容包括发明专利、实用新型专利和外观设计专利的题录、摘要和全文信息。该数据库要注册和登录后方可进行专利检索,免费注册的会员只能检索中国专利文摘数据库和免费浏览专利说明书的首页,付费的会员才能浏览和下载专利说明书全文。

2) 检索方法

用户登录中国专利信息网,完成网上注册和登录后,单击主页中的"专利检索"进入专利检索页面。网站提供简单检索、逻辑组配检索和菜单检索 3 种检索方式。

(1) 简单检索。主页上方的检索框和专利检索页面的"简单检索"链接,都提供简单检索功能。简单检索的搜索范围是所有专利文献的题录信息。在检索框中输入检索的关键词,多个关键词之间用空格隔开,然后选择检索框下方的逻辑关系,有"与"、"或"两种逻辑关系供选择。

(2) 逻辑组配检索。逻辑组配检索采用两个检索式的组配方式实施检索。在检索式输入框中输入检索的关键词,选择检索的字段,确定检索式之间的逻辑组配关系,选定检索的时间范围(公告日期和申请日期),单击"检索"按钮即可。

每个检索式输入框可以输入一个或多个检索关键词,关键词之间的逻辑组配关系有"与"(使用空格、,、*、&、AND)、"或"(使用+、|、OR)、"非"(使用-、NOT)3 种。

(3) 菜单检索。菜单检索提供多字段组配功能,有申请号、公告号、公开号、国际分类号、公开日、公告日、授权日、国家省市、发明名称、申请人、发明人、联系地址、代理人、代理机构、代理机构地址、权利要求和摘要等字段,用户可任意选取其中一个或多个检索字段,输入相应的内容进行检索。各字段之间的逻辑组配关系是 AND。需要注意的是,各个检索字段的名称都建立了链接,可以单击查看帮助信息了解字段的输入格式、要求。

3) 检索结果及全文获取

在检索结果页面,首先获得符合条件的专利的申请号和专利名称,通常每页显示 20 条记录,可以通过页面上方的下拉菜单改变每页显示的记录数。在检索结果页中还允许进行二次检索,有"重新检索"和"在结果中检索"两种选择。

单击检索结果记录的专利名称链接,可以查看完整规范的专利题录信息、部分文摘和权利要求。单击题录信息页面上方的"浏览全文"按钮,可以浏览、打印该专利说明书的全文。专利说明书包括 TIFF 和 GIF 两种图像格式,单击"浏览全文(需要插件)"按钮,可得到 TIFF 格式的专利说明书;单击"浏览全文(无须插件)"按钮,可得到 GIF 格式的专利说明书。免费用户只能免费浏览说明书首页。

3. 中国知识产权网专利数据库

1) 概述

中国知识产权网(CNIPR)是由国家知识产权局知识产权出版社于 1999 年 6 月创建的知识产权信息和服务的综合性网站,该网站开发了一个中外专利信息服务平台,同时提供中国专利和外国专利的文摘、著录项的免费检索,付费后可以查看专利法律状态信息和专利主权项,并可联网下载专利说明书全文。网址是 http://www.cnipr.com。

CNIPR 的中国专利数据库收录了 1985 年以来我国的专利文献,包括发明专利、实用新型专利和外观设计专利的著录项、摘要、主权项、法律状态、专利说明书等,各类专利独立建库,数据每周更新。普通用户的免费检索无须会员注册和下载专用浏览器,但只能浏览专利摘要和著录项信息;会员用户付费可以获得专利全文。

2) 检索方法

在主页上单击"专利检索",进入检索页面。数据库提供专利检索、IPC 分类检索、行业分类导航、法律状态检索等几种检索方式。

(1) 专利检索。在专利检索页面,可以选择专利类型、检索方式(二次检索、过滤检索、同义词检索、保存检索表达式)和检索结果排序方式。页面提供 17 个检索字段,既可以进行单字段检索,也可以进行多字段组合查询;此外,在专利检索页面中,用户也可以自己输入检索表达式,或者利用字段代码和逻辑运算符来构造检索表达式实施逻辑组配检索。在检索页面中,只要单击"字段名称"窗口中的字段代码,就可直接将字段代码加入检索条件输入框中,结合使用 and、or、not、()、xor、adj、equ/10、xor/10、pre/10 等逻辑算符,就能轻松构造检索表达式。

(2) IPC 分类检索。IPC 分类检索只能查询发明专利和实用新型专利。在 IPC 分类检索页面中提供了 IPC 的 A～H 8 大部类列表,检索时可以在部类列表中选择类目,逐层单击浏览,获得相应类别的专利信息。此外,在 IPC 分类检索页面,也可以结合使用专利检索页面的字段检索和构造检索表达式功能实施检索。

(3) 行业分类导航。行业分类导航是指将所有专利按行业分成 22 大类和 756 个检索主题,并按照分类和主题逐层进入、实施检索的一种方式。

(4) 法律状态检索。法律状态检索提供用户按照申请(专利)号、法律状态公告日和法律状态进行检索。其中,法律状态信息项目主要有公开、实质审查请求生效、审定、授权、专利权的主动放弃、专利权的自动放弃、专利权的视为放弃、专利权的终止、专利权的无效、专利权的撤销、专利权的恢复、权利的恢复、保护期延长、专利申请的驳回、专利申请的撤回、专利权的继承或转让、变更、更正等。

3) 检索结果

检索结果显示专利申请号和专利名称,单击专利名称链接可以浏览专利说明书扉页,提供简单的摘要信息。会员用户可阅读并下载专利说明书全文。

4) 国外专利检索

通过中国知识产权网可以查询美国、日本、英国、德国、法国、欧洲、瑞士、WIPO 等国家或组织的专利。其检索方式与中国专利检索方式相同,只是未提供法律状态检索。

4. 中国专利文摘数据库

1) 概述

易信网是在北京经济信息网基础上的一个主要提供网上经济信息服务的专业网站,它不仅提供经济信息、经济数据、行业动态,还提供信息产品、各级政府办事程序等。

易信网中国专利文摘数据库包含两个数据库:全部专利文摘数据库和失效专利文摘数据库,收录了我国 1985 年以来的所有发明专利和实用新型专利的申请,内容有文摘和主权项等,目前已有 100 多万条文摘和专利权项,失效专利数据共计 27 万余条。各类专利混合建库。用户使用该数据库只能免费检索专利题录、摘要等信息,不能检索全文。网址是 http://www.exin.net/patent。

2) 检索方法

易信网中国专利文摘数据库提供 IPC 分类检索和高级检索两种检索方式。

(1) IPC 分类检索。主页的左侧设"全部专利文摘数据库"和"失效专利文摘数据库"两部分,每一部分下均列出国际专利分类 8 个部的名称,供用户进行 IPC 分类浏览式检索。用户不需要输入任何检索词,只要单击部类名称,逐级浏览和选择,就可以检索出该部类的专利或失效专利。

(2) 高级检索。通过检索页面右侧的链接可进入高级检索方式。高级检索提供发明名称、摘要、申请(专利权)人、申请(专利权)人通信地址、发明(设计)人、申请(专利)号、申请日、公开(公告)号、公开(公告)日等检索字段,用户可以选择其中某一个字段、输入关键词进行单项检索,也可以选择两个以上字段进行 AND、OR 检索。多关键词之间可以是与、或、非逻辑关系。

3) 检索结果

检索结果首先显示的是专利名称,进一步单击专利名称链接,就可以浏览专利的题录、文摘和专利权项信息等。在专利文摘的右面,有索取专利全文的联系方式和收费标准,需要专利全文的用户可依据检索到的专利信息线索,向专利文献收藏单位索取专利全文。

5. 中国期刊网的中国专利数据库

中国期刊网（CNKI）中国专利数据库收录了我国1985年以来的发明、实用新型、外观设计3种专利数据，信息量较为有限，目前收录约60万条专利记录，提供申请号、发明人、法律状态和简单的文摘等信息，不能检索全文。用户可以从CNKI主页（http://ckrd.cnki.net/grid20）免费进入，无须注册。CNKI专利数据库提供初级检索、高级检索、分类浏览和专业检索等几种检索方式，提供专利名称、申请号、申请日、公告号、公告日、关键词、摘要、主分类号、分类号、申请人、发明人、地址、专利代理机构、代理人和优先权等多个检索字段供用户选择，检索方法与CNKI的其他数据库相同。

6. 中国专利网

中国专利网（http://www.cnpatent.com）是由国家知识产权局专利局中国专利技术开发公司主办的综合性专利信息网站。该网站为个人、企业和机构提供专利法律咨询、专利申请和费用缴纳、专利技术信息、专利会展、专利技术转让、发明人事务、专利保护产品展示等服务，也介绍重点专利新闻与信息。其专利检索仅限于人才检索、实施数据检索以及重点推荐项目、专利保护产品、专利技术信息、外观设计产品等栏目中专利信息的检索。

7. 万方数据知识服务平台中国专利技术数据库

万方数据知识服务平台（http://www.wanfangdata.com.cn）的中国专利技术数据库收录了我国1985年以来的发明、实用新型和外观设计专利信息，包含专利公开（公告）日、公开（公告）号、主分类号、分类号、申请（专利）号、申请日、优先权等数据项。数据由国家知识产权局出版社提供，数据库检索界面与检索方法与万方数据知识服务平台的其他数据库相同。

此外，中国台湾地区专利信息的检索可以通过台湾地区专利公报资料库检索服务系统，网址是http://www.patent.org.tw。

由于专利文献随着各国专利制度的发展而变化，专利数据库的检索方式也随着计算机、网络技术的不断发展而完善，因此在检索时应注意网站的公告，及时掌握数据库和有关网站的更新变化情况，灵活运用检索方法，以便快速、准确地检索到所需要的专利信息。

7.4 科技报告的网络检索

7.4.1 科技报告概述

1. 科技报告

科技报告是对科学技术研究进展情况的阶段性记录或研究成果的报告。它可以是与政府部门签有合同的科研项目的报告，或是科技工作者围绕某一专题从事研究取得成果以后撰写的正式报告,或是研究过程中每一阶段进展情况的实际记录(也称研究报告)。许多最新的研究成果,尤其是尖端学科的最新探索往往出现在科技报告中。

随着科技和经济的发展,科技报告数量迅速增长,成为宝贵的科技信息源。1945至1950年间年产量在0.75万件~10万件;至70年代增至每年5万~50万件;到80年代每年约达百万件。目前,美、英、德、日等国每年产生的科技报告达20万件左右,其中美国占80%,美国政府的AD、PB、NASA、DE四大报告在国际上最为著名。

2. 科技报告的类型和特点

1) 科技报告的类型

(1) 按内容划分。科技报告按内容可分为基础理论研究报告和工程技术报告两大类。

(2) 按形式划分。科技报告按形式可分为技术报告(Technical Reports, TR)、技术札记(Technical Notes, TN)、技术论文(Technical Papers, TP)、技术备忘录(Technical Memorandum, TM)、通报(Bulletin)、技术译文(Technical Translations, TT)、合同户报告(Contractor Reports, CR)、特种出版物(Special Publications, SP)、其他(如:会议出版物、教学用出版物、参考出版物、专利申请说明书及统计资料)等。

(3) 按研究进展程度划分。科技报告按研究进展程度可分为初步报告(Primary Report)、进展报告(Progress Report)、中间报告(Interim Report)和终结报告(Final Report)。

(4) 按流通范围划分。科技报告按流通范围可分为绝密报告(Top Secret Report)、机密报告(Secret Report)、秘密报告(Confidential Report)、非密限制发行报告(Restricted Report)、非密报告(Unclassified Report)和解密报告(Declassified Report)。

2) 科技报告的特点

(1) 内容新颖、专深具体。科技报告报道的题目大都反映的是新兴科学和尖端科学的最新研究成果,对问题研究的论述包括各种技术研究的整个试验过程,研究方案的选择和比较,各种可供参考的数据和图表、成功与失败原因的详尽分析等,内容具体翔实,数据完整可靠,技术专深全面,能代表一个国家的研究水平。

(2) 对新的科技成果反应迅速。由于有专门的出版机构和发行渠道,科研成果通过科技报告的形式发表通常比期刊早一年左右。

(3) 种类多、数量大。科技报告几乎涉及整个科学、技术领域以及社会科学、行为科学和部分人文科学。据统计,全世界每年出版的科技报告数量达100万件以上。其中,最多的是美国,约占83.5%;其次是英国,占5%;德国、法国各占1.5%;日本、俄罗斯、加拿大等国也都有一定数量的科技报告。

(4) 出版形式独特。科技报告的出版特点是各篇单独成册,以单行本形式出版发行。同一单位、同一系统或同一类型的科技报告,都有连续编号,每篇报告一个号码。科技报告一般无固定出版周期,报告的页数多少不等。除一部分技术报告可直接订购外,多数不公开发行,尤其是属于军事、国防工业和尖端技术成果的科技报告大多采用保密方式限制发行。

3) 科技报告的编号

科技报告都有一个编号,但各系统、各单位的编号方法不完全相同,代号的结构形式也比较复杂。国外常见的主要科技报告的代号,一般有以下几种类型的符号:

(1) 机构代号。机构代号是科技报告的主要部分,一般以编辑、出版、发行机构名称的首字母标在报告代号的首位,例如:"DASAI-"代表美国原子能供需处;"AFM-"代表美国空军。机构代号可以代表机构的总称,也可以代表下属分支机构,如"USAMC-ITC-"代表美国陆军器材司令部-内部训练中心(United State Army Materials Command, Internal Training Center)。

(2) 分类代号。分类代号用字母或数字表示报告所属的主题类目,如:用"P"代表物理学(Physics),用编号"RL-7.6.10"中的"7"代表电气工程。

(3) 日期代号和序号。日期代号和序号是用数字表示报告出版发行年份和报告的顺序号,如"PB89-233597",其中"PB"代表机构,"89"代表年份,"233597"则表示序号。

(4) 类型代号。类型代号主要代表科技报告的类型,一般可以用缩写字母或者数字两种形式表示,具体用法如表 7-6 所示。

表 7-6 用缩写字母、数字作为科技报告的类型代号

用缩写字母表示		用数字表示	
类 型	含 义	类 型	含 义
PR	进展报告(Progress Report)	TID-3000	文献目录
QPR	季度进展报告(Quarterly Progress Report)	TID-5000	研究发展报告
TT	技术译文(Technical Translations)	TID-7000	特殊出版物
TM	技术备忘录(Technical Memorandum)	TID-8000	丛书
TP	技术论文(Technical Papers)	TID-10000	按"民用计划"公布的研究报告

* 其中"用数字表示"以 DOE(原为 AEC)报告的编号规则为例。

(5) 密级代号。密级代号代表科技报告的保密情况,具体用法如表 7-7 所示。

可以借助一些工具书来查找科技报告代号,例如美国专业图书馆协会出版的《报告代号辞典》(Dictionary of Report Series Codes),或者美国《工程文献来源指南》(Directory of Engineering Document Sources)等。

表 7-7 科技报告的密级代号

密级代号	含 义	密级代号	含 义
ARR	绝密报告(Top Secret Report)	R	限制发行(Restricted Report)
C	保密级(Confidential Report)	D	解密级(Declassified Report)
S	机密级(Secret Report)	U	非保密级(Unclassified Report)

3. 科技报告原文的收藏单位

美国有两个科技报告收集发行中心,一个是美国商务部所属的国家技术情报服务处(National Technical Information Service,NTIS),该中心搜集公开的美国科技情报,由 NTIS 订购号可以向 NTIS 直接订购报告的复印件、缩微件;另一个是国防技术情报中

心,该中心搜集有关军事方面的科技报告。

我国从60年代初引进书本型科技报告,从60年代中期开始,科技报告的引进逐步改为缩微片的全套订购。中国科学技术信息研究所是我国引进科技报告的最主要的单位和国内外科技报告的主要收藏单位;上海科技信息研究所也有四大报告的原文馆藏;中国国防科技信息中心收藏有大量的AD和NASA报告,AD报告的公开、解密部分的收藏量已达40多万件,占其全部出版总量的80%;中国科学院文献中心是收藏PB报告最全的单位;核工业部情报所收藏有较多的DE报告。

7.4.2 美国政府四大科技报告及其检索

美国政府的四大科技报告,也叫美国政府的研究报告,包括PB报告、AD报告、NASA报告和DE报告。这"四大报告"历史悠久,报告数量多,参考和利用价值大,在世界各国的各类科技报告中有着重要的地位。四大报告涉及的内容包括数学、物理、化学、天文、宇航、生物、工业技术、能源、交通、环境、军事、信息技术和经济分析、行政管理等社会科学各领域,每年发行10万多篇,累积量都在几十万篇以上,占全美科技报告的80%以上,也占了全世界科技报告的大多数。四大科技报告的侧重点各有不同:PB侧重于民用工程技术,AD侧重于军事工程技术,NASA侧重报导航空航天技术,DE侧重于能源技术。下面分别加以介绍。

1. 美国政府的四大科技报告

1) PB报告

1945年,在第二次世界大战结束之时,美国从当时的德、日、意、奥等战败国获得了一批战时机密资料。为了系统地整理和利用这批资料,美国政府于当年6月成立了美国商务部出版局(Office of the Publication Board,PB),负责收集、整理、报导和利用这些资料。由于每件资料都冠以出版局的英文名称的字首"PB"作为标识,故称为PB报告。

PB报告的出版单位几经变化,自1970年9月起,由美国商务部下设的国家技术情报服务处(National Technical Information Service,NTIS)负责管理这批报告,同时也负责收集、整理、报道和发行美国研究单位的公开报告,并继续使用"PB"作为报告标志。

PB报告的编号原来采用PB代码加上流水号,至1979年底,PB报告号已编到"PB-301431",从1980年开始使用新的编号,即"PB+年代+顺序号",这样使收藏号中含有时间信息,其中年代用公元年代后的末两位数字表示,如"PB95-232070GAR"。10万号以前的PB报告主要是来自战败国的资料,内容包括科技报告、专利、标准、技术刊物、图纸及对战败国的科技专家的审讯记录等。当20世纪50年代的战时资料编完后,其机构仍然存在,10万号以后的报告来源就转向美国政府机构、军事科研和情报部门、公司和国家合同单位、高校、研究所和实验所的科技报告,包括AD报告、NASA报告、AEC报告的公开部分,这3种报告也冠以PB代码,直到1961年7月。

20世纪60年代后,PB报告的内容逐步从军事科学转向民用工程,如土木建筑、城市规划、环境污染、生物医学、电子、原子能利用和社会科学等方面。

PB报告均为公开资料,无密级。

2) AD报告

AD报告从1951年开始出版,原为美国武装部队技术情报局(Armed Services Technical Information Agency,ASTIA)收集、出版的科技报告,由于所有报告都有"AD"字头且由ASTIA统一编号,称为ASTIA Documents,简称AD报告。AD报告现由美国国防技术情报中心(Defense Technical Information Center,DTIC)负责收集、整理和出版。

凡美国国防部所属的研究机构及其合同户提供的科技报告都统一编入AD报告,而其中非保密的报告再加编一个PB号公布,因此早期的PB号和AD号有交叉的现象。自"AD254980"号报告之后,AD不再以PB号码字样出现,使得每年的PB报告量也相应减少,更多地转向民用。

AD报告的文献来源广泛,包括美国陆军系统(1000个左右)、海军系统(800个左右)、空军系统(2000个左右)、公司企业和大学所属科研机构(数千家)和几乎所有的政府科研机构、外国的科研机构、国际组织的研究成果及一些译自前苏联等国的文献。AD报告的内容绝大部分与国防科技密切相关,涉及航天航空、舰船、兵器、核能、军用电子等领域,是目前国防科研部门使用价值和频率最高的大宗科技文献。目前,AD报告的内容不仅包括军事方面,也广泛涉及民用技术,包括航空、军事、电子、通信、农业等多个领域。

AD报告的密级有4种:机密(Secret)、秘密(Confidential)、内部限制(Restricted or Limited)、非密公开发行(Unclassified)。AD报告根据密级不同,编号也不同。1975年以前,不同的密级用不同的号码段区别,可以从编号最高位数字看出密级,最高位是1表示公开、秘密、机密混编,2、4、6、7表示公开,3、5表示秘密、机密,8、9表示非密限制发行。1975年以后,则在编号前加不同的字母表示不同密级,具体含义参见表7-8所示。

3) NASA报告

NASA报告是美国国家航空和航天局(National Aeronautics and Space Administration,NASA)编辑出版的科技报告,现也简称N报告。

NASA报告的报告号采用"NASA+报告出版类型+顺序号"的表示方法,例如"NASA-CR-159698"表示一份合同用户报告。在NASA编号系统中,由"TR"表示技术

表7-8 AD报告的文献类型

报告号形式	报 告 性 质
AD-A 000001	公开发行 TR-R 技术报告 SP-特种出版物
AD-B 000001	非密限制发行 TR-B 技术札记 EP-教学资料
AD-C 000001	秘密或机密 TR-X 技术备忘 CP-会议出版物
AD-D 000001	重要专利 CR-合同户报告 SP-技术出版物
AD-E 000001	计算机编目试验用 Case 专利说明书 TT-F-技术译文
AD-L 000001	内部限制使用
AD-P 000001	专题丛书或会议论文集中的单行本
AD-R 000001	属于国防部和能源科技情报联合协调委员会提供的能源科学方面的保密文献

报告;"TN"表示技术札记;"TM"表示技术备忘录;"TP"表示技术论文;"TT"表示技术译文;"CR"表示合同用户报告;"SP"表示特种出版物;"CR"表示会议出版物;"EP"表示教学用出版社物;"RP"表示参考性出版物等。

NASA 报告的内容侧重于航空、航天科学和空间技术领域,但它与机械、化工、冶金、电子、气象、天体物理、生物等也都有密切联系,因此,NASA 报告同时涉及许多基础学科和技术学科,是一种综合性的科技报告。

4) DE 报告

DE 报告原称 DOE 报告,是由美国能源部(Department of Energy,DOE)编辑出版的报告。DE 最初是美国原子能委员会(Atomic Energy Commission,AEC)出版的科技报告,称 AEC 报告。AEC 报告的内容除主要为原子能及其应用外,还涉及其他学科领域。1974 年,AEC 组织被撤消,成立了能源研究与发展署(Energy Research and Development Administration,ERDA)。ERDA 除了继续执行前原子能委员会的有关职能外,还广泛开展能源的开发研究活动,并出版 ERDA 报告,取代原来的 AEC 报告。1977 年,ERDA 改组扩大为能源部。1978 年 7 月起,它所产生的能源研究报告多以 DOE 编号出现。ERDA 和 DOE 报告的内容由核能扩大到整个能源领域。从 1981 年开始,能源部发行的报告都采用"DE＋年代＋顺序号"的形式,如"DE95009428"表示 1995 年第 9428 号报告,而"DE＋年代＋500000"以上号码则表示从国外收集的科技报告,所以 DOE 报告在 1981 年以后又叫 DE 报告,DE 报告现年发行量约为 15000 件(公开部分)。

DE 报告的来源主要为 5 大能源技术中心和 18 个大型实验室(如著名的匹兹堡能源技术中心、巴特尔斯维尔能源技术中心等以及洛斯阿拉莫斯科学实验室、橡树岭国立实验室、诺尔斯原子动力实验室等),其他来源还包括俄罗斯、加拿大、以色列及欧盟诸国。DE 报告的内容涉及物理学、化学、材料学、武器与国防、军事技术、高级推进系统、军备控制等领域。

2. 美国四大科技报告的印刷型检索工具

1) 四大科技报告的检索工具——GRA&I

美国《政府报告通报索引》(*Government Report Announcements & Index*,GRA&I)由 NTIS 编辑出版。这个名称是从 1971 年开始使用的,其编排分《政府报告通报》和《政府报告索引》两部分。前者是文摘,后者是索引,是同一种检索工具的两个部分,相互配合使用。现为双周刊。GRA&I 以文摘形式报导美国政府机构及其合同户提供的研究报告和科技文献,报道全部 PB 和 AD 报告、部分 NASA 报告和 DE 报告。

2) NASA 报告的检索工具——STAR

美国的《国际宇航文摘》(*International Aerospace Abstracts*,IAA)和《航空航天科技报告》(*Scientific and Technical Aerospace Reports*,STAR)是检索国际宇航文献的"姊妹篇",都享有很高的声誉。报道内容都选自世界各国有关航空航天方面的技术文献,但在收录范围方面不太一致。IAA 由美国航空航天学会(AIAA)编辑出版,主要收录期刊论文等;而 STAR 由 NASA 编辑出版,主要收录科技报告,两者互为补充。STAR 除收录全部 NASA 报告外,四大报告中的其他 3 种也部分转载。STAR 的文摘按 NASA 的入藏号顺序("N+年代+顺序号")编排,其中年代只标识后两位,仅 NASA 的 2000 年版以 20 表示。

3) DE 报告的检索工具——ERA

美国《国际核情报体系——核能文献题录》(INIS—atomindex)和《能源研究文摘》(Energy Research Abstracts,ERA)是 DE 报告的主要检索工具。其中,ERA 是美国能源部(Department Of Energy,DOE)技术情报中心编辑出版的半月刊,收录能源部部属科研机构和各大学等一切与能源有关的科技文献,但以科技报告为主。ERA 的文摘按照能源方面的主题分类编排,共有 40 个一级类(First-level Subject Categories)和 284 个二级类。在每期文摘的卷首分别以数字和字顺两种形式列出两级类目。

3. 美国四大科技报告的网络检索

1) NTIS 系统

NTIS 系统由美国国家技术情报服务处(NTIS)提供,是美国《政府报告通报与索引》(GRA&I)的网络版,主要用于检索美国政府的四大报告,可免费检索到 1990 年以后的美国政府科技报告文摘,不提供全文。NTIS 系统提供按学科分类的综合导航服务,同时对其收藏的科技报告提供免费检索和联机订购服务。该系统提供几乎全部的 PB 报告、所有公开或解密的 AD 报告、部分的 NASA 报告和 DE 报告,网址是:http://www.ntis.gov。

国内已有多家图书馆及文献信息机构,如国家图书馆、中国科学院文献情报中心、中国科学院武汉文献情报中心、北京大学、哈尔滨工业大学等,订购了 NTIS 系统的光盘版和网络版文摘数据库。此外,还可以通过设在清华大学的剑桥科学文摘(CSA)中国镜像站点(http://csa.tsinghua.edu.cn)以及美国工程索引(EI)中国镜像站点(http://www.engineeringvillage2.com.cn)查询 NTIS 系统的网络版数据库。

通过网址 http://www.ntis.gov/search 进入 NTIS 系统的数据库检索主页面,主页上提供快速检索(Quick Search)、高级检索(Advanced Search)两种检索方式。数据库提供的 Search Help 帮助信息可帮助用户方便、快速地学会如何使用数据库。

(1) 快速检索(Quick Search)。在数据库检索页面中单击 Quick Search 选项卡,进入快速检索方式,页面如图 7-7 所示。系统提供全部(All)、产品号(Product No)、进入号(Accession No)、关键词(Keyword)、题名(Title)、文摘(Abstract)、作者(Author)等检索字段。在字段下拉列表中选择相应的检索字段,在输入框中输入检索词,单击 Search 按钮进行检索。

(2) 高级检索(Advanced Search)。单击 Advanced Search 选项卡,进入高级检索方式,页面如图 7-8 所示。首先在 Search 列表中选择检索的字段类型,有 All、Product No、Accession No、Keyword、Title 和 Author 供选择;再选择显示的结果数量(Results),从 10 到 500;然后选择检索的年度范围(From Year,To Year)即可。在高级检索页面中,还可以限定检索结果的排序方式(Sort By)以及限定检索结果的种类(Limit Results By Category)和主题范围(Limit Results By Collection)。

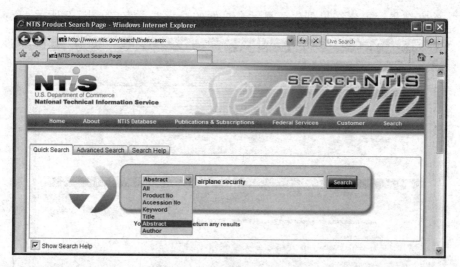

图 7-7　NTIS 快速检索页面

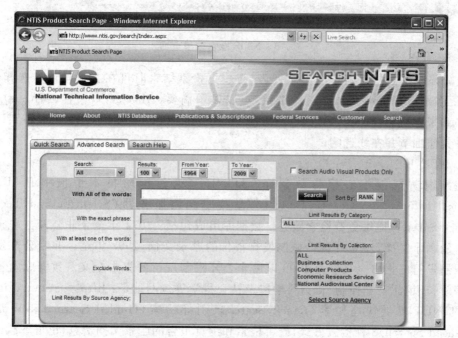

图 7-8　NTIS 高级检索页面

此外,高级检索提供 5 种文本输入框:所有检索关键词(With All of the words)、精确短语(With the exact phrase)、至少包括其中一词(With at least one of the words)、不包括(Exclude Words)和来源机构(Limit Results By Source Agency)。单击 Select Source Agency 链接,可以在弹出的窗口中选择来源机构;利用 Limit Results by Category 和 Limit Results by Collection 列表选项,可以限制查询结果的类型;选中 Search Audio Visual Products Only 复选框,可以检索多媒体文件;利用 Sort By 下拉列表,可以选择检索结果的排序方式。

(3) 检索结果。检索结果列表就显示在页面的检索框下方,如图 7-9 所示。

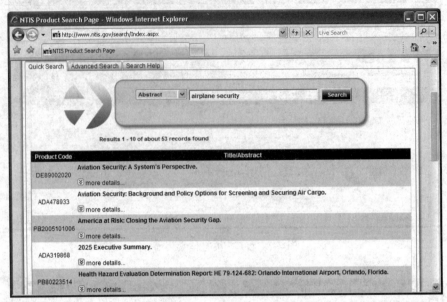

图 7-9　NTIS 检索结果页面

首先显示的是检索结果的记录列表,有多页检索结果时可在右下角单击选择页号。单击"更多细节"(more details...)链接,可以显示摘要(Abstract)、作者(Author)、年份(Year)和来源机构(Source Agency);单击 Select media and add to Cart,可以转到订购页面查看其他细节并在线选购。

2) STINET

美国国防情报中心报告数据库(STINET)通过国防技术情报中心(Defence Technical Information Center,DTIC)科学技术网络服务器(Scientific and Technical Network Servier)提供免费检索服务。数据库组成包括:1974 年至今非公开与非密类技术报告的题录文摘,1985 年至今限制发行报告的题录文摘,1998 年至今非密公开发行和非密限制发行的报告全文以及 1999 以后非公开限制发行的报告全文。数据库内容涉及生物医学、环境污染和控制、行为科学以及社会科学等。网址是:http://stinet.dtic.mil。

STINET 提供快速检索(Quick Search)、引导检索(Guided Search)和高级检索(Advanced Search)3 种检索方式,既可检索和浏览报告的题录文摘信息,也可下载全文。

3) NASA Technical Reports Server(NTRS)

NTRS 整合了 NACA Collection、NASA Collection 和 NASA Image eXchange(NIX) Collection 3 部分资源,用来检索航空航天方面的科技报告,可以浏览并检索 NASA 报告的摘要和全文。网址是:http://ntrs.nasa.gov/search.jsp。

4) GrayLIT NetWork

GrayLIT NetWork 是由美国能源部(DOE)、科技信息办公室(OSTI)、国防科技信息中心(DCIT)、航空总署(NASA)、环保总局(EPA)提供的科技报告数据库组成的,具体包括以下 5 个数据库,可以检索并浏览美国政府的 DTIC、NASA、DOE、EPA 等报告,有全文。自 2007 年 10 月 31 日起，GrayLIT NetWork 停止使用，其资源和检索功能转由 OSTI 的 Science Accelerator（http://www.scienceaccelerator.gov）和 Science.gov（http://www.science.gov）来实现。

（1）Defense Technical Information Center(DTIC)Report Collection。该数据库提供解密文件，超过 36 000 篇全文报告，内容涉及国防研究和基础科学。

（2）DOE Information Bridge Report Collection。该数据库收录超过 65 000 篇报告，内容涉及物理、化学、材料、生物、环境科学及能源。

（3）EPA-National Environmental Publications Internet Site(NEPIS)。NEPIS 数据库收录超过 7000 篇报告，内容涉及水质、废水、生态问题、湿地等。

（4）NASA Jet Propulsion Lab(JPL)Technical Reports。该数据库收录超过 9300 篇报告，内容涉及推进系统、外太空进展、机器人等。

（5）NASA Langley Technical Reports。该数据库收录超过 2300 篇报告，内容涉及航天、太空科学等。

5）DOE Information Bridge

能够检索并获得 1991 年以来美国能源部（DOE）提供的超过 21 万份研究报告的题录和全文，内容涉及物理(Physics)、化学(Chemistry)、材料(Materials)、生物(Biology)、环境科学(Environmental Sciences)、能源技术(Energy Technologies)、工程(Engineering)、计算机和信息科学(Computer and Information Science)和再生能源(Renewable Energy)等领域。网址是：http://www.osti.gov/bridge。

DOE Information Bridge 提供简单检索(Basic Search)和字段检索(Field Search)方式。

6）FedWorld

FedWorld 信息网（FedWorld Information Network）由美国技术情报局（NTIS）于 1992 年 11 月建立，提供对美国政府各类信息的在线查询。FedWorld 可访问 20 多个数据库，对 1 万多篇文献进行查询。网站主页提供对科技、工程和商业信息的查询功能，可免费检索美国政府科技报告（NTIS）的文摘题录，全文需订购。网址是：http://www.fedworld.gov。

7.4.3　中国科技成果的检索

1. 万方数据知识服务平台中国科技成果类数据库

万方数据知识服务平台（http://www.wanfangdata.com.cn）提供中国科技成果数据库、科技成果精品数据库、中国重大科技成果数据库、科技决策支持数据库、国家级科技授奖项目数据库、全国科技成果交易信息数据库等 10 多个科技成果类数据库，内容包括国内的科技成果和国家级科技计划项目。目前收录的科技成果总记录约 50 万项，内容涉及自然科学的各个学科领域。数据库每月更新。

万方数据知识服务平台科技成果类数据库的具体检索方法可参见本书 4.3.3 节。

2. 中国知网的国家科技成果数据库

中国知网(http://www.cnki.net/index.htm)的国家科技成果库收录了1978年以来所有正式登记的中国科技成果,并按行业、成果级别、学科领域分类。每条成果信息包含成果概括、立项情况、评价情况、知识产权状况及成果应用情况、成果完成单位情况、成果完成人情况、单位信息等成果基本信息。成果的内容来源于中国化工信息中心,相关的文献、专利、标准等信息来源于CNKI各大数据库。成果按照《中国图书馆分类法》(第4版)进行中图分类和按照《学科分类与代码》(GB/T13745)进行学科分类。每月更新。

可以通过成果名称、关键词、中图分类号、学科分类号、成果完成人、成果完成单位等检索项进行检索。数据库的具体检索方法可参见本书4.1.3节。

3. 航空科技报告文摘数据库

国防科工委系统的中国国防科技报告(简称GF报告)是我国科技报告的重要组成部分,其中的航空科技报告已建成了航空科技报告文摘数据库。

航空科技报告文摘数据库是全面系统地反映航空工业科学技术发展水平的系列报告文摘数据库,内容以航空科技应用和发展研究中取得的成果为主,也反映航空基础科学的理论研究成果。它所涉及的专业包括空气动力学与飞行力学、飞机结构强度、发动机技术、航空电子仪表、电气设备、导航与控制系统、航空武器、航空材料与工艺、试验与测试技术、产业政策与管理等。现收录1981年至2003年的数据达5000余条,公开的比例约为50%。数据每年更新。1981年至1996年的科技报告提供全文借阅服务;1997年以后的科技报告,只有公开级的全文报告提供借阅服务,内部(索取号后带N)和密级(索取号后带M或J)的科技报告暂不借阅。可以通过中国航空信息网(http://www.aeroinfo.com.cn/kjbg.htm)免费检索航空科技报告文摘数据库1981年至1996的数据。

4. 国研报告

国务院发展研究中心调查研究报告简称国研报告,是国务院发展研究中心专门从事综合性政策研究和决策咨询的专家不定期发布的有关中国经济和社会诸多领域的调查研究报告,内容丰富,具有很高的权威性和预见性。每年两百期,不定期出版,网络版每天在线更新,具有浏览、下载功能。网址是:http://www.drcnet.com.cn/DRCNET.Channel.Web。

国研报告的检索方法是:进入国研网主页,在检索输入框中输入关键词,如果有多个关键词,关键词间可以使用逻辑算符连接。在该检索系统中,使用空格、"+"或"&"表示逻辑"与"的关系;使用字符"-"表示逻辑"非"的关系;使用字符"|"表示逻辑"或"的关系;使用字符"()"表示表达式是一个整体单元。检索结果首先显示题名与摘要,进一步选择并单击欲查看全文的报告的标题名称就可以看到报告的全文。

5. 国家科技图书文献中心

国家科技图书文献中心(National Science and Technology Library, NSTL)通过其网

站(http://www.nstl.gov.cn/index.html)的"文献检索"子系统,可以检索我国收藏的1978年以来的美国政府四大研究报告以及少量其他国家学术机构的研究报告、进展报告和年度报告等,但只提供文摘。学科范围涉及工程技术和自然科学各专业领域,每年增加报告两万余篇,数据库每月更新。

6. 中国商业报告库

中国商业报告库是中国资讯行的子库之一,收录经济专家及学者关于中国宏观经济、金融、市场、行业等的分析研究文献及政府部门颁布的各项年度报告全文,主要为用户的商业研究提供专家意见和资讯,数据库每日更新。中国资讯行的网址是:http://www.infobank.cn。通过网站检索商业报告只能得到报告的标题,如果要查看全文,则需预先交费,申请成为中国资讯行的会员;或者通过中国商业报告数据库的镜像站,免费浏览商业报告的全文。

7.4.4 其他国家科技成果的检索

1. NCSTRL

计算机科技报告图书馆(Networked Computer Science Technical Reports Library,NCSTRL),收集了来自世界各国各大学计算机系、工业和政府研究实验室的计算机科技报告,供非商业和教育使用。该网站提供字段检索、关键词检索、单位名录浏览3种查询方式,网址是:http://www.ncstrl.org。

2. NISC

美国国家信息服务公司(National Information Services Corporation,NISC)提供自然科学、社会科学、艺术及人文科学方面的书目式和全文本式数据库服务,网址是:http://www.nisc.com。

3. IAEA

国际原子能机构(IAEA)每年提供核能发展报告以及与核能相关的活动和计划的因特网数据服务,网址是:http://www.iaea.org。

4. J-STAGE

日本科学技术信息集成系统(Japan Science & Technology Information Aggregator Electronic,J-STAGE)由日本科学技术振兴机构(Japan Science & Technology Agency,JST)开发,收录了日本各科技学会出版的文献(英文为主),包括400多种科技期刊的18万多篇文章,100多种会议录,50多种科技报告。收录文献以学术研究为主,涉及科学技术的各个领域。该系统于1999年10月开始运作,所有文献的题录和文摘均免费开放,200余种期刊、大部分会议录和研究报告可以免费浏览全文。网址是:http://www.

jstage.jst.go.jp/browse/-char/en。

7.5 标准信息的网络检索

7.5.1 标准概述

1. 标准文献

标准文献是按照规定程序编制并经过一个公认的权威机构批准的,供在一定范围内广泛而多次使用,包括一整套在特定活动领域必须执行的规格、定额、规划、要求的技术文件所组成的特种科技文献体系。标准文献与其他科技文献不同,标准文献的制定要通过起草、提出、批准、发布等过程,并规定出实施时间与范围,以供人们共同遵守和使用。广义的标准文献是指记载、报导标准化的所有出版物;狭义的标准文献是指技术标准(Standard)、规范(Specification)和技术要求(Requirement)等,主要是指技术标准。

标准文献是一种重要的科技出版物,它为整个社会提供了协调统一的标准规范,起到了解决混乱和矛盾的整序作用。标准文献的作用主要体现在:

(1) 通过标准文献可以了解世界各国的技术政策、生产水平、加工工艺水平等。
(2) 采用国内外先进的标准可提高工艺水平和技术水平,为开发新产品提供参照。
(3) 采用标准化的概念、术语、符号、公式、量值、频率等,有助于克服技术交流障碍。
(4) 标准文献还可以为进口设备的检验、装配、维修和配置零部件提供参考。
(5) 采用标准可以规范工程质量的鉴定、产品的检验。
(6) 采用标准可以简化设计、缩短时间、节省人力、减少成本、保证产品质量。
(7) 采用标准可以使企业与生产机构经营管理活动统一化、制度化和科学化。

2. 标准文献的特点

与其他文献类型相比较,标准文献具有以下特征:

(1) 具有统一的产生过程和专门的编写格式、叙述方法。标准文献是有组织、有步骤地进行标准化工作的具体成果,各国标准化机构对其出版的标准文献都有一定的格式要求,这就使标准文献成为具有体裁划一、逻辑严谨、统一编号等形式特点的文献体系。

(2) 具有明确的适用范围和用途。标准文献是供国民经济多部门多次使用的技术文件。出版任何一项标准,首先必须明确规定其适用范围、用途及有效期限以及每级标准适用的特定领域和部门。

(3) 具有法律约束力。标准文献是一种具有法律约束力的文献,是公认的技术依据,是一种技术上的法律。

(4) 具有时效性。标准是以科学、技术和先进经验的综合成果为基础而编制的,随着科技发展和时间的推移,旧标准失去时效而被新标准替代。各种标准都有生效、试行、失效等状态之分,修订更新频繁,一般每5年就要修订和补充一次。

(5) 具有协调性。正在编制的标准文献不仅要与同类课题有关的现行标准相互配合,而且要与其他标准相互配合,从而谋求技术上的协调一致。

3. 标准文献的种类

标准文献的种类可按其使用范围、内容和性质、法律约束程度来划分。

1) 按使用范围划分

(1) 国际标准。国际标准是指国际间通用的标准,如国际标准化组织(ISO)标准、国际电工委员会(IEC)标准等。

(2) 区域标准。区域标准是指世界某一地区通过的标准,如欧洲标准(EN)等。

(3) 国家标准。国家标准是指对需要在全国范围内统一的或国家需要控制的技术要求所制定的标准,如中国国家标准(GB)、美国国家标准(ANSI)、德国国家标准(DIN)。

(4) 行业标准。行业标准是指对没有国家标准,而又需要在全国某个行业范围内统一的技术要求所制定的标准。行业标准是对国家标准的补充,行业标准在国家标准实施后自行废止,如美国石油学会标准(API)、德国电气工程师协会标准(VDE)。

(5) 地方标准。地方标准是对没有国家标准、行业标准而又需要在省、自治区、直辖市范围内统一的技术要求,可以制定地方标准,例如辽宁省地方标准(DB 21)。

(6) 企业标准。企业标准是指企业制定的产品标准和在企业内需要协调、统一的技术要求和管理、工作要求所制定的标准,例如美国波音飞机公司标准(BAC)。

2) 按内容及性质划分

(1) 技术标准。技术标准包括基本标准、产品标准、方法标准、安全与环境保护标准等。

(2) 管理标准。管理标准包括行政管理标准、生产组织标准、经济管理标准、技术管理标准、业务管理标准、工作标准等。

3) 按法律约束程度划分

(1) 强制性标准。强制性标准是指保障人体健康和人身、财产安全的标准和法律以及行政法规规定强制执行的标准。《中华人民共和国标准化法》规定,"强制性标准必须执行,不符合强制性标准的产品,禁止生产、销售和进口"。违反强制性标准就是违法,强制性标准的强制作用和法律地位是法律赋予的。

(2) 推荐性标准。除了强制性标准以外的标准是推荐性标准,也就是说,推荐性标准是非强制性标准,国家鼓励企业自愿采用推荐性标准。推荐性标准是指在生产、交换、使用等方面,通过经济手段调节而自愿采用的一类标准,又称自愿标准。这类标准任何企业都有权决定是否采用,违反这类标准,不承担经济和法律方面的责任。但一经接受采用,或各方面商定纳入商品、经济合同中,就成为各方共同遵守的技术依据,具有法律上的约束力,各方面必须严格遵照执行。

4. 中国标准的代号和分类体系

1) 中国标准的编号

(1) 国家标准编号。国家标准分为强制性标准和推荐性标准。国家标准的编号由

"国家标准的代号＋标准发布顺序号＋标准发布代号"组成,格式为"GB×××—×××"或"GB/T×××—×××",其中,国家标准的代号如表7-9所示。

表7-9 国家标准代号

序号	代号	含　义
1	GB	中华人民共和国强制性国家标准
2	GB/T	中华人民共和国推荐性国家标准
3	GB/Z	中华人民共和国国家标准化指导性技术文件
4	GSB	国家实物标准
5	GJB	国家军用标准
6	GB/*	降为行业标准而尚未转化的原国家标准
7	GB.j	国家工程建设标准
8	GB.n	国家内部标准
9	GB.w	国家卫生标准

(2) 行业标准编号。行业标准也分强制性和推荐性。行业标准的编号由"行业标准代号＋标准发布顺序号＋标准发布年代号"组成。其中,强制性行业标准的代号采用两位英文字母表示,通常为相应行业的汉语拼音缩写,如"JY"是教育行业的标准代号,"CY"是新闻出版行业的标准代号,"WH"是文化行业的标准代号,"TY"是体育行业的标准代号,"HG"是化工行业的标准代号;推荐性行业标准的代号是在强制性行业标准代号后面加"/T",如"MT××××—××"为煤炭行业强制性标准,"MT/T××××—××"为煤炭行业推荐性标准。

(3) 地方标准编号。地方标准的编号由"DB(地方标准代号)＋省、自治区、直辖市行政区划代码前两位数＋斜线(推荐性地方标准再加'T')＋顺序号＋年份"组成,如辽宁省建筑工程施工质量验收实施细则的编号为"DB21/1234-2003",其中"21"表示辽宁省,"1234"表示顺序号,"2003"表示年份。

(4) 企业标准编号。企业标准的编号是以Q为分子,以企业名称的代码为分母,企业代码可以用汉语拼音字母表示,后面再加上顺序号和年份,即"Q/企业代号＋标准序号＋年号",如"Q/BYP004—1994"为北京燕京啤酒集团公司生产的燕京啤酒的企业标准。

2) 中国标准的分类体系

标准文献的分类主要采用《国际标准分类法》(International Classification for Standards, ICS)、《国际十进分类法》(Universal Decimal Classification, UDC)、《中国标准文献分类法》等分类系统。

ICS用作国际、区域性和国家以及其他标准文献的分类。ICS分类法由三级类构成:一级类包含标准化领域的40个大类,每一大类的类号以两位数字表示,如01,03,07等;二级类号由一级类号和被一个全隔开的3位数字组成,全部40个大类分为335个二级类;335个二级类中的124个被进一步分成三级类,三级类的类号由二级类的类号和被一个被点隔开的两位数组成,如"43.040.02"(照明和信号设备)。1994 年以前,ISO 组织发布的标准使用 UDC 分类,1994 年以后改用 ICS 分类。我国自 1995 年底发布的国家标准的分类也由 UDC 改为 ICS。

《中国标准文献分类法》由国家标准局于 1984 年编制,是目前国内用于标准文献管理的一部工具书。该分类法分类体系以行业划分为主,由 24 个一级类目组成,用英文字母表示,如表 7-10 所示;一级类目下设 100 个二级类目,采用两位阿拉伯数字"00-99"表示,如:B00—林业标准化、质量管理,B01—农业、林业技术管理,W00—纺织标准化、质量管理,W01—纺织技术管理等。

表 7-10　中国标准文献分类法一级类目表

代码	中国标准分类类目	代码	中国标准分类类目	代码	中国标准分类类目
A	综合	J	机械	S	铁路
B	农业、林业	K	电工	U	轮船
C	医药、卫生、劳动保护	L	电子技术	V	航空、航天
D	矿业	N	仪器、仪表	W	纺织
E	石油	P	建筑	X	食品
G	化工	Q	建材	Y	轻工、文化与生活用品
H	冶金	R	公路与水路运输	Z	环境保护

7.5.2　国外标准信息的检索

1. 国际标准化组织(ISO)及其标准文献的检索

1)国际标准化组织概况

国际标准化组织(International Standardization Organization,ISO)是一个全球性的非政府组织,成立于 1947 年,是制订国际标准的国际性机构。目前 ISO 已有 157 个成员国,代表中国参加 ISO 的国家机构是中国国家技术监督局(CSBTS)。ISO 的主要活动是制定国际标准,协调世界范围的标准化工作,组织各成员国和技术委员会进行情报交流以及与其他国际组织进行合作,共同研究有关标准化问题,负责除电工领域外的一切国际标准化工作。ISO 的所有标准每隔 5 年将重新审定一次,使用时应注意利用最新版本。

(1) ISO 的主要出版物。ISO 的主要出版物有《ISO 年刊》(*ISO Memento*)、《ISO 通报》(*ISO Bulletin*)、《ISO 新闻》(*ISO NEWS*)、《ISO 成员团体综合情报》(*General Information on ISO Member Bodies*)、《ISO 标准在各国国标中的应用》(*Application of ISO Standards in National Standards*)和《ISO 技术委员会情报》(*Information on ISO Technical Committees*)。

(2) ISO 标准号。ISO 制订的正式标准和标准草案,其标准号均由"代号+序号+制订年份"3 部分组成,具体规则如表 7-11 和表 7-12 所示。

表 7-11　ISO 正式标准的标准号

标准类型	代号	说明	示例
国际标准	ISO	1972 年以后发布的国际标准	ISO 6507/1-1982
推荐国际标准	ISO/R	1972 年以前发布而至今修订工作尚未结束的标准	ISO/R-2101-1971
技术报告	ISO/TR	指该组织制订某项标准的进展情况	ISO/TR7470-1978
技术数据	ISO/DATA	这类标准很少,现已全部为 ISO/TR 替代	

表 7-12　ISO 标准草案的标准号

草案类型	代号	说明	示例
建议草案	ISO/DP	指有关技术委员会制订并供自身内部讨论研究的建议草案	ISO/DP 8688-1984
标准草案	ISO/DIS	指经中央秘书处登记后发至各个成员国进行酝酿,最后付诸表决的标准草案	ISO/DIS7396-1984

2) ISO 标准的检索

ISO 标准信息的检索既可以利用 ISO 组织出版的印刷性检索工具《国际标准化组织标准目录》和《国际标准草案目录》,也可以通过 ISO 的正式网站来完成。

(1)《国际标准化组织标准目录》(*ISO Catalogue*)。该目录为年刊,由 ISO 每年二月编辑出版,用英文、法文对照本形式报导前一年全部现行标准。它由主题分类目录(List of Standards Classified by Subject)、字顺索引(Alphabetical Index)、标准序号目录(List in Numerical Order)、技术委员会序号索引(List in Technical Committee Order)和废弃目录(Withdrawals)几部分组成。每年还按季度出 4 期《ISO 标准目录补充本》(*ISO Catalogue Supplement*),收录本季度内公布的正式标准和草案标准。该目录有中译本,由中国标准出版社翻译出版。

(2)《国际标准草案目录》(*ISO Draft International Standards*)。主要用于检索标准草案。

(3) ISO 的正式网站(英文及法文)。该网站提供以下主要超链接:ISO 体系介绍、ISO 标准目录检索、ISO 成员、新闻和媒体、教育与培训、ISO 网上商店等,网址是 http://www.iso.org。单击主页右上角的 Search 链接进入检索界面,可以分别进行标准(Standards)、出版物及其电子产品(Publications & E-products)和网站(Site)3 种资源的检索。

ISO 标准(Standards)的检索提供了普通检索和高级检索两种方式。高级检索页面如图 7-10 所示,提供搜索范围(Search Scope)、ISO 号码(ISO number)等检索选项或列表以及 Keyword or Phrase 关键词输入框。页面右侧还有检索帮助信息(Help on using search)和 ISO Catalogue 浏览链接,可以选择通过 Browse by ICS 或是 Browse by TC 方式来浏览 ISO 目录。

检索结果以列表形式给出,如图 7-11 所示。单击某个具体标准的标准号链接,可以查看标准的媒体格式和价格(Media and Price)、格式(Format)、页数(Number of Pages)、

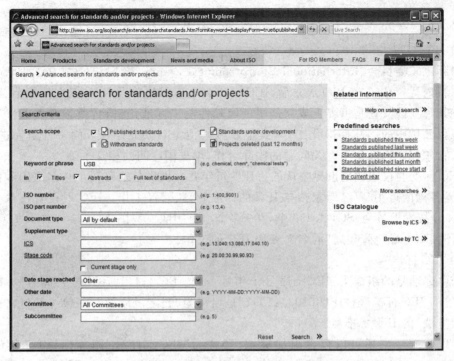

图 7-10 ISO 高级检索页面

版本(Edition)、ICS 分类号(ICS)、出版状态(Status)、加工阶段(Stage)、TC/SC 分类号和摘要(Abstract)等细节,并可以加入购物篮(Add to Basket)进行网上购买。此外,还可以通过页面右侧的 These Standards Could Also Interest You 区域中列示出的 ISO 分类号链接,查看其他相关标准的细节。

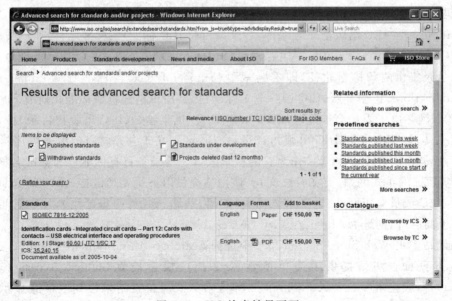

图 7-11 ISO 检索结果页面

第 7 章 特种文献信息的网络检索

2. 国际电工委员会(IEC)及其标准文献的检索

1) IEC 概况

国际电工委员会(International Eletrotechnical Commission, IEC)成立于1906年,总部设在日内瓦。1947年ISO成立后,IEC曾作为电工部门并入ISO,但在技术上、财务上仍保持其独立性。它是世界上成立最早的国际性电工标准化机构,负责有关电气工程和电子工程领域中的国际标准化工作,其他领域则由ISO负责。IEC的宗旨是促进电气、电子工程领域中标准化及有关问题的国际合作,增进国际间的相互了解。

IEC标准的权威性是世界公认的。IEC每年要在世界各地召开100多次国际标准会议,世界各国的近10万名专家参与IEC的标准制订、修订工作。IEC现在有技术委员会(TC)和分技术委员会(SC)共239个,700多个项目团队。我国于1957年加入IEC,现在以"中国国家标准化管理局"的名义参加IEC的工作。

2) IEC 标准号

IEC标准号的组成为"IEC+序号+年号",如"IEC 434(1973)"是名称为"飞机上的白炽灯"的IEC标准号;"IEC 61033:1991"是名称为"测定浸渍剂对漆包线基材粘接强度的试验方法"的IEC标准号。

IEC标准号中还可以包含附加标记,形式为"IEC+序号(附加标记)+年份",如"IEC871-1-1997","IEC60335-2-58:1995"。附加标记有两种,一是加数字,表示是该标准的分标准;二是加A、B、C等标记,以示与原标准有所区别。其他代码与ISO相同。

3) IEC 标准的检索

(1)《IEC出版物目录》(Catalogue of IEC Publications)。《IEC出版物目录》是检索IEC标准的主要工具。该目录为年刊,由IEC以英文、法文对照的形式编辑出版。它由目录表、正文和主题索引组成。目录表按TC号顺序编排,TC号后列出标准名称和页码,页码指引导正文的相关标准;正文部分是"IEC出版物序号表"(Numerical List of Publications),按IEC出版物序号编排,著录条目有IEC标准号、标准名称、所属技术委员会的TC号和文摘简介;正文后是主题索引(Index of Subject),著录有IEC标准号和说明语。该目录提供两条检索途径,即主题索引(Subject Index)与标准号(Number List of IEC Publications)。中文版《IEC国际电工标准目录》由机电部机械标准化研究所出版。

(2)《国际电工委员会年鉴》(IEC Yearbook)。该年鉴是《IEC出版物目录》检索的辅助检索工具,记载内容与《IEC出版物目录》一样,区别在于它是按TC编号顺序排列的,是IEC标准的分类目录,以TC作为它的检索入口。著录条目有标准号和标准名称。

(3) IEC的正式网站(英文及法文)。该网站提供以下主要超链接:IEC简介、IEC标准检索、IEC成员对应网站、电工术语词典(英语、法语、德语、西班牙语)、IEC新闻月刊、IEC网上商店等,网址为:http://www.iec.ch。

在网站主页Web Store Search菜单中选择Search & Buy Standards Online,进入标准的检索页面。网站提供了简单检索(Search)、快速检索(Quick Access by Ref. Number)、高级检索(Advanced Search)3种检索方式。检索结果以列表形式显示,给出IEC标准分类号、格式(Format)、价格(Price)和语言(Language),还提供PDF格式的预览(Preview)或者在线购买。

3. 美国国家标准(ANSI)及其检索

1) ANSI 概况

美国国家标准学会(American National Standards Institute,ANSI)成立于 1918 年，负责制订与颁布美国国家标准。虽然是非赢利性质的民间标准化团体，但它实际上已成为国家标准化中心，美国各级标准化活动都围绕着它进行。它协调并指导全国的标准化活动，为标准制订、研究和使用单位提供帮助，既提供国内外标准化情报，又起着行政管理机关的作用。

ANSI 标准的编制主要采取以下 3 种方法：

(1) 投票调查法。此方法是由有关单位负责草拟，邀请专家或专业团体投票，将结果报 ANSI 设立的标准评审会审议批准。

(2) 委员会法。此方法是由 ANSI 的技术委员会和其他机构组织的委员会的代表拟订标准草案，全体委员投票表决，最后由标准评审会审核批准。

(3) 综合选择法。此方法是从各专业学会、协会团体制订的标准中，将其较成熟的，而且对于全国普遍具有重要意义者，经 ANSI 各技术委员会审核后，提升为国家标准(ANSI)并冠以 ANSI 标准代号及分类号，但同时保留原专业标准代号。

2) 美国标准分类法

ANSI 标准采用字母与数字相结合的混合标记分类法，目前共分为 18 个大类，每个大类之下再细分若干个小类，用一个字母表示大类，用数字表示小类。

美国国家标准号的构成为"ANSI＋分类号＋小数点＋序号＋年份"，如"ANSI L1.1-1981"，其表示的标准名称为"Safety and Health Requirement for the Textile Industry"，其中，"L1"在 ANSI 中代表纺织工程的分类号。

由行业标准升格为 ANSI 标准，标准号的构成采取双重编号形式，即"ANSI/原行业标准号＋年份"，如"ANSI/AATCC36-1981"，其表示的标准名称为"Water Resistance: Rain Tent"。

3) 美国标准文献的检索

(1)《美国国家标准目录》(*Catalogue of American National Standards*)。这是一本年刊，它提供主题索引、分类途径和名称索引 3 种检索途径。

(2)《美国国家标准目录》(*ANSI Catalogue*)。该目录是年刊，在每条目录下列出标准的主要内容、标准制订机构名称、代码和价格。可以利用标准主题索引(List by Subject)与标准序号索引(Listing by Designation)，从主题、标准号两种途径进行检索。

(3) ANSI 网站。该网站提供以下主要超链接：ANSI 简介、ANSI 在线、NSSN 标准搜索引擎、ANSI 成员、ANSI 标准活动、IEC 网上商店等，网址为：http://www.ansi.org。

在网站主页的右上角 Search 搜索框中输入关键词，单击 Go，就可以进行基本检索，在结果页面中单击具体链接可以查看详细信息；在网站主页左边的 Access Standards 菜单中选择 eStandards Stroe，进入 ANSI 标准的网上商店，查询并在线购买；选择 NSSN: Search Engine for Standards，则可以转到 NSSN 网站检索 ANSI 标准。

4. 日本工业标准(JIS)及其检索

1) JIS 概况

日本标准主要是指日本工业标准(Japanese Industrial Standards,JIS),由日本通产省属下的日本工业标准调查会(Japanese Industrial Standard Committee,JISC)制订,由日本标准协会负责发行。在国际上,JISC 代表日本参加国际标准化活动。

JIS 标准制定过程有着标准化的程序,并保持透明度。从制订项目的确立、标准草案的制定、标准审议等过程均在官方标准化杂志上发布官方公告,任何有兴趣、有意见者都有机会提出自己的意见或建议。目前,JIS 共计有 8000 多个标准。

2) JIS 分类方法

日本工业标准采用字母与数字相结合的混合标记分类法,用一个字母表示一个大类,共 18 个大类,大类之下再用数字细分为 146 个小类。但这些类别中不包含药品、化肥、农药、蚕丝、畜产、水产品和农林产品等,它们有另外的标准。

标准号的构成为"JIS＋字母类号＋数字类号＋标准序号＋年份",如"JIS F 7231-2003",其表示的标准名称为"造船钢制管形起动用压缩空气储罐";"JIS K 6347-3-2003",其表示的标准名称为"液化石油气用橡胶软管第 3 部分:分配软管及软管组合件规范"。

3) 日本标准文献检索

(1)《日本工业标准目录》(JIS 目录)。该目录为年刊,包括分类目录和主题目录,分类目录按 JIS 的大类和小类的英文字母顺序排列,主题目录按日文的 50 音图字母顺序排列,供用户从分类途径和主题途径进行检索。

(2)《日本工业标准年鉴》(JIS Yearbook)。这是一本英文版的总目录,我国有不定期的中文译本。

(3) JISC 网站。该网站是日本工业标准调查会的官方网站,有英文、日文版本,提供 JISC 简介、JIS 意见收集公告、JIS 检索、TS/TR 检索、适应性评价、新闻和活动通告等链接,网址是 http://www.jisc.go.jp。

该网站日文版提供 JIS 检索、TS/TR 检索、登录认证机构检索等。其中,JIS 检索提供了按 JIS 规格番号、JIS 规格名称和 JIS 规格使用检索(可以使用 AND、OR 和 NOT 构造检索式)3 种检索方式。

5. 英国标准(BS)及其检索

1) 英国标准概况

英国标准(British Standard,BS)由英国标准学会(British Standards Institution,BSI)负责制订。该学会成立于 1901 年,是世界上成立最早的国家标准化机构。它不受政府控制但得到了政府的大力支持。该学会机构庞大而统一,其下设立有 300 多个技术委员会和分委员会。它的标准每 5 年复审一次。因为英国是标准化先进国家之一,它的标准为英联邦国家所采用,所以英国标准受到国际上的广泛重视。

2) 英国国家标准号

英国国家标准号的构成为"BS＋顺序号＋年份"或者"BS＋顺序号＋分册号＋年份",

如"BS 6266-2002",其表示的标准名称为"电子设备的防火实用规范";"BS 6248-11-1987",其表示的标准名称为"酪朊及酪朊酸盐.第 11 部分:硝酸盐和亚硝酸盐含量的测定方法"。

3) 英国标准文献检索

(1)《英国标准学会目录》(*BSI Catalogue*)。该目录是检索英国国家标准的主要工具,年刊,原名为《英国标准年鉴》(*British Standard Yearbook*)。英国标准多年来一直不分类,该目录可以从标准顺序号和主题途径进行检索。

(2) BSI 网站。该网站提供以下主要超链接:BSI 简介、BS 在线、BS 检索、BSI 教育培训、产品测试、评估认证服务等,网址是 http://www.bsi-global.com。

在网站主页的右上角的 Search BSI Site 搜索框中输入标准号、标准主题或关键词,单击 Search 按钮就可以进行检索。在结果页面中可以通过左侧的分类对结果进行进一步过滤,单击每个具体链接则可以查看详细信息。

6. 德国标准(DIN)及其检索

1) 德国国家标准概况

联邦德国标准学会(Deutsches Institut fur Normung,DIN)是一个经注册的私立协会,成立于 1917 年,总部设在首都柏林。DIN 目前设有 123 个标准委员会和 3655 个工作委员会,大约有 6000 个工业公司和组织为其会员。DIN 负责制订德国标准。东、西德国统一之后,DIN 标准已取代了东德国家标准(TFL),成为全德统一的标准。

2) DIN 的分类法和标准号构成

DIN 标准采用国际十进分类法(UDC)分类,DIN 标准号构成为"DIN+顺序号+年份",如"DIN 787-2005",其表示的标准名称为"T 型槽用螺栓和螺钉"。

3) 德国标准检索

(1)《DIN 技术规程目录》(*DIN Katalog fur Technische Regein*)。该目录为年刊,采用德文、英文对照形式,除收录 DIN 标准之外,还收录国内其他机构出版的标准与技术规程以及各州政府部门公布的技术法规。该目录正文采用 UDC 分类法编排,目录后附有德文、英文主题索引和标准顺序号索引。

(2)《英文版联邦德国标准目录》(*DIN Catalogue—English Translations of German Standards*)。该目录为年刊,收录了近 4000 个译成英文的德国标准,按 UDC 分类编排,并附有序号索引和主题索引等。

(3) DIN 网站。该网站是德国标准学会的网站,有英文、德文版本,提供 DIN 简介、DIN 标准检索、标准产品购买、标准使用、标准项目进展、新闻等主要的超链接,网址是:http://www.din.de。

在网站主页右侧的 Search 搜索框中输入关键词,单击 Search 按钮,就可以进行检索。检索选项有 ALL、Products、Projects、Committees 和 DIN.de 等。在结果页面中显示了标题、语种、价格等,单击每个具体链接则可以查看详细信息,也可以在线购买。

7. 其他国外标准检索网站

1) 国际电信联盟(ITU)

通过国际电信联盟(International Telecommunication Union, ITU)的网址 http://www.itu.int/ITU-T/index.html,可以及时获得电信相关标准更新和变化的最新信息,既可以浏览相关标准目录,也可以在线订购原文。

2) 全球标准化资料库(NSSN)

在线免费查询全球 600 多家标准组织与专业协会制订的 225 000 多条标准的目录,提供获取全文的途径,如联系电话或标准化组织的网站,网址是:http://www.nssn.org。

3) 世界标准服务网(WSSN)

全世界标准化组织的公共服务门户网,现有 182 个成员机构、国际标准化机构、区域标准化组织的网站链接,网址是:http://www.wssn.net/WSSN/index.html。中国标准化服务网为其中国站点。

4) 开放标准网

开放标准网目前主要包括了国际标准化组织(ISO)和国际电工委员会(IEC)的联合技术委员会(JTC1)发布的信息技术相关标准(ISO/IEC JTC1)的全文,内容涉及编码字符集、编程语言、操作系统、用户界面等,网址是:http://www.open-std.org。

5) 查询国外标准信息的部分国际性标准化组织网站

查询国外标准信息的部分国际性标准化组织及其网站如表 7-13 所示。

表 7-13 查询国外标准信息的部分国际性标准化组织网站

简 称	网站名称	网 址
WIPO	国际知识产权组织	http://www.wipo.int/portal/index.html.en
WTO	世界贸易组织	http://www.wto.org
FAO	联合国粮农组织	http://www.fao.org
CIE	国际照明委员会	http://www.cie.co.at
BIPM	国际计量局	http://www.bipm.org
IEEE	美国电气电子工程师协会	http://ieeexplore.ieee.org/xpl/standards.jsp
IAF	国际认证论坛	http://www.iaf.nu
GSM	全球移动通信系统	http://www.gsmworld.com/index.shtml
IMF	国际货币基金组织	http://www.imf.org/external/index.htm
ITMF	国际纺织品制造者联盟	http://www.itmf.org/cms/index.php
OIML	国际法定计量组织	http://www.oiml.org
NIST	美国国家标准与技术研究院	http://www.nist.gov
ATIS	世界无线通信解决方案联盟	http://www.atis.org
UWC	全球无线通信协会	http://www.uwcc.org

7.5.3 中国标准信息的检索

1. 中国标准信息的印刷型检索工具

检索我国各类标准的印刷型检索工具主要有以下几种:

(1)《中华人民共和国国家标准目录》。该目录由国家标准化管理委员会编写,中国标准出版社不定期出版,目前有 1983、1988、2002、2005、2006 年等版本。该目录收录了强制性国家标准、推荐性国家标准和降为行业标准的原国家标准共两万余项,以专业分类顺序编排,书末附有标准顺序号索引。

(2)《中国国家标准汇编》。该汇编是一部大型综合性国家标准全集,自 1983 年起,按国家标准顺序号以精装本、平装本两种装帧形式陆续分册出版,收录我国正式公开发布的全部国家标准。截至 2008 年 1 月,该汇编已出版至第 351 分册,收录国家标准至"GB20817"号。在已知标准号的情况下,可直接查到标准全文。

(3)《中国标准化年鉴》。《中国标准化年鉴》由国家技术监督局编写,中国标准出版社出版,每年出版一卷。其主要内容是阐述前一年标准化工作的全面情况,包括:标准化事业的发展情况、管理机构、法规建设以及科学研究工作的现状;一年内发布的新国家标准目录等。所附的国家标准目录分为标准号顺序目录和分类目录两种,分类目录按《中国标准文献分类法》分类排列,在同一类中再按标准顺序号排列。

(4)《中华人民共和国行业标准目录 2002》。该目录由国家标准化管理委员会编写,中国标准出版社出版。目录分上、下两册,收集了截至 2001 年 9 月底以前国务院有关部门发布的行业标准目录。

2. 万方数据知识服务平台中外标准数据库

该数据库收录了国内外的大量标准,包括中国国家发布的全部标准、某些行业的行业标准以及电气和电子工程师技术标准;收录了国际标准数据库、美英德等的国家标准以及国际电工标准;还收录了某些国家的行业标准,如美国保险商实验所数据库、美国专业协会标准数据库、美国材料实验协会数据库、日本工业标准数据库等。截至 2009 年 4 月,已收录 26 万多条记录。网址是:http://www.wanfangdata.com.cn。

中外标准数据库的检索方法可参见本书 4.3.3 节。

3. 中国知网中国标准数据库

中国标准数据库收录了由中国标准出版社出版,国家标准化管理委员会发布的 1950 至今所有的国家标准,占国家标准总量的 90% 以上。标准的内容来源于中国标准出版社,相关的文献、专利、成果等信息来源于 CNKI 各大数据库,可以通过标准号、中文标准名称、起草单位、起草人、采用标准号、发布日期、中国标准分类号、国际标准分类号等检索项进行检索。可以免费浏览题录和摘要信息,但是全文下载需付费。数据库每月更新,网址是:http://www.cnki.net/index.htm。

4. 提供中国标准信息的相关网站

除上述检索工具和主要的标准数据库外，提供中国标准信息的相关网站如表 7-14 所示。

表 7-14　部分提供中国标准信息的相关网站列表

网 站 名 称	网　　　　址
国家标准化管理委员会	http://www.sac.gov.cn/templet/default
中国标准化协会	http://www.china-cas.org
国家工程建设标准化信息网	http://www.ccsn.gov.cn/Norm/Default.aspx
中国计量在线	http://www.chinajlonline.org
中国标准化研究院	http://www.cnis.gov.cn
中国标准咨询网	http://www.chinastandard.com.cn/index.asp
中国标准服务网	http://www.wssn.net.cn
中国标准科技信息咨询网（中国标准网）	http://www.zgbzw.com 或者 http://www.nstn.org
标准化网址汇总	http://www.dianyuan.com/bbs/u/30/1117794348.htm
中国通信标准化协会	http://www.cwts.org 或者 http://www.ccsa.org.cn
中国质量认证网	http://www.chinaiso.com
中国建筑标准设计研究院	http://www.cbs.com.cn
中国电子技术标准化研究所	http://www.cesi.ac.cn
标准网	http://www.standardcn.com
ISO 中华网	http://www.iso9000china.net

习　题　7

7.1　思考题

1. 如何在网上获取国际、国内的学术会议消息？
2. 试列举收录中国会议文献的主要数据库，并简述其规模、范围和特点。
3. 我国有哪些知名的学位论文数据库？如何获取学位论文的电子版全文？
4. 简述 PQDT 美国博/硕士学位论文数据库的主要检索途径及其检索方法。
5. 简述什么是专利以及专利包含哪些具体的含义。
6. 简述专利文献的分类以及国际专利分类法（IPC）的作用、分类号格式。
7. 试列举国外的几个主要的专利文献检索系统。
8. 简述科技报告的主要类型和特点。

9. 试说明美国政府的四大科技报告的特点及其主要的网络检索系统。

10. 试比较美国标准、英国标准、德国标准、日本标准的检索方法的异同。

7.2 上机练习题

1. 通过 IEEE 组织的网站,查找未来一年内该组织举办的"电子商务与网络安全"方面的国际性学术会议的消息,记录下会议名称、举办时间、地点和会议主题。

2. 利用不同的会议文献检索系统,查找出有关"多媒体应用"(Multimedia and Application)方面的中、英文会议文献各一篇。

3. 分别利用万方数据知识服务平台的学位论文数据库和国家科技图书文献中心(NSTL)的中外文学位论文库,查询 2007 年以来大连理工大学的博士学位论文被这些数据库收录的情况。

4. 利用中国国家知识产权局(SIPO)专利检索系统,查找我国有关"防近视课桌"和"激光防伪技术"方面的专利各两件,记录下相关的著录信息,并查其是否有同族专利。

5. 查找有关"化学工业污染物排放"的相关国际、国家、行业标准各一件。

第 8 章

数据与事实型信息的网络检索

人们在从事生产、学习、科学实验或者其他日常工作和各项经济活动中,会遇见各种各样的事实和数据问题。例如,某个专业词汇或代码表示什么含义,某个计量单位的换算,某种型号电子器件的技术性能数据如何等等,这些都是具体的事实和数据问题。数据与事实型信息是指能够直接用来解决人们在日常生活和工作中遇到的一些疑难问题,如字词、事件、事实、人物、机构名称、年代日期、公式、常数、规格、方法等问题的信息内容。

数据与事实型信息的主要存储载体是印刷型参考工具书和数据与事实型数据库。数据与事实型信息的检索是指依靠印刷型参考工具书、数据与事实数据库和 Web 站点提供的检索功能和信息提供功能,查找数据与事实信息的过程。数据与事实型信息的检索主要通过利用参考工具书、数据与事实型数据库和数据与事实型资源网站 3 种途径来实现。

8.1 数据与事实型参考工具书

8.1.1 参考工具书的定义和特点

印刷型参考工具书,简称参考工具书,是根据一定的社会需要,以特定的编排方式和检索方法汇编某学科或特定范围的知识和资料,专为人们解决疑难和提供数据或事实信息为目的,是作为工具使用的专供查考的特定类型的图书。参考工具书属于三次文献,它专供特定查找,不提供连续性阅读。

除了具有普通图书的特点之外,参考工具书还具有以下特征:

(1) 信息内容的专供查考性。工具书的编写宗旨不在于提供系统的知识和供人们系统阅读,而是以其丰富的资料汇集提供知识和文献线索,供人们查考、解决疑难问题。如字典、辞典仅供查找和解决字词的音、义、形的问题;年鉴、表谱专供查找知识线索等。

(2) 条目的简明概述性。一般来说,参考工具书总是广采博收论据,旁征博引群书,内容简明、精确、广泛、概括,可为读者提供有关学科或某一事物的全面系统的梗概,也有些参考工具书承载着著者亲身研究的最新成果,即含有一次文献的内容。

(3) 编排的特殊易检性。工具书材料的编排力争做到分门别类,按照特殊的格式编写,且都按照一定的检索层次性的序列编排起来,使得参考工具书在编辑体制和条目排列上具有特殊的易检性。只要人们了解体例,知道编排方法,便可一检即得。

(4) 内容的权威可靠性。大多数的参考工具书是由各学科领域的专家、学者合作编撰而成,条目的编写主要以客观事实和基本原理为对象,所列数据是经过精心挑选、反复验证和科学分析得来,对争议性的问题采用公认见解,其知识成熟、可靠,具有很高的权威性。

8.1.2 参考工具书的主要类型、结构和排检方法

1. 参考工具书的种类

参考工具书一般包括字典、词(辞)典、百科全书、年鉴、传记资料、手册、名录、指南、表谱、图录、资料汇编等。它们种类繁多,编排方式和用途也各不相同。

2. 参考工具书的结构

参考工具书种类繁多,每种工具书的具体结构和编排也不尽相同,但一些基本原则是共同的,即主要由说明、目录、正文、附录和索引几部分组成。

1) 说明

说明包括序跋和样例。序跋说明工具书的编纂宗旨、编纂过程、收录范围、内容特点和使用价值等,置于书前称为"序",置于书后称为"跋";样例则介绍工具书的编排体例和使用方法。

2) 目录

目录决定了工具书正文的编排方法。

3) 正文

正文是工具书的主体,是提供检索的主要内容。

4) 附录和索引

附录的作用是补充一些必要的知识,帮助理解正文,使分散在正文中的知识系统化、条理化。附录通常包括大事记、计量单位换算表、人名或地名译名表、年代表等。由于工具书正文只能按照一种方式编排,即只提供一种检索途径,为了增加检索途径以便从多个角度进行查找,工具书后多附有各种索引,如别名索引、主题索引等。

3. 参考工具书的排检方法

参考工具书的排检方法包括工具书的编排方法和工具书的检索方法。前者是从工具书的编纂角度,使工具书的内容有序化的方法;后者是从工具书的使用角度,查考工具书内容的方法。中文工具书的排检方法主要有字顺法、分类法、主题法和自然顺序法4大类;外文工具书排检法使用最广的是字母法。

1) 字顺法

字顺法是根据工具书所收录的条目中字词的顺序来排检资料的方法。字顺法可进一步细分为形序法、音序法、号码法3种。形序法是根据汉字的形体结构,按照字形的某一

共同性将汉字(词)序列化的排检方法,如部首法、笔画法;音序法是根据汉字的发音规律,按照一定的语音符号将汉字(词)序列化的排检方法;号码法是根据汉字一定部位的笔形和结构,用数字标出并连接为一个号码,依号码大小为序排列的方法,如四角号码法。

2) 分类法

分类排检法是将知识单元或文献资料按学科体系或者事物性质,从内容角度分门别类予以组织、编排的方法。

3) 主题法

主题排检法是把代表事物性质或概念的名词术语(主题词),按字顺对知识单元或文献资料进行排列的方法。主题法可以分为两种类型,一类是把未经过规范化的自然语言作为主题词编排;另一类是将规范化的自然语言作为主题词编排,如《叙词表》、《汉语主题词表》等。

4) 自然顺序法

自然顺序法是根据事物发生、发展的时间顺序或事物产生所处的地理位置、行政区域顺序编排知识和资料的方法,包括时序法和地序法。时序法用于年表、历表、大事记、传记资料、统计资料及历史纲要之类的工具书;地序法主要适用于地图集、地名录、机构名录和地域性年鉴等工具书。

5) 字母法

字母法是外文工具书使用的排检方法,按照英文字母的顺序编排。

8.1.3 参考工具书的检索示例

【例 8-1】 利用参考工具书,查找 2003 年上海证券交易所股票交易情况。

具体的检索步骤为:

1) 分析检索课题,确定检索工具

本检索课题涉及 2003 年的证券交易情况,与中国经济发展状况相关,而"年鉴"是检索有关经济、金融领域知识和数据的重要参考工具书。《中国经济年鉴》是全面记载中国经济和社会发展状况的综合性资料年刊,它通过对全国各部门、地区、行业翔实资料的罗列和相关的分析评论,系统反映了中国国民经济和社会发展的新成就、新问题、新趋势。

通过检索课题分析,本例选择《中国经济年鉴 2004》作为检索工具。

2) 查看编排结构

《中国经济年鉴 2004》主要按照分类方法编排,部分类目下再按照地序法编排。因此,本例选择按照分类法检索,通过查看《中国经济年鉴 2004》的目录,了解该年鉴共分 9 部分,通过其中第 4 部分的"国民经济和社会各行业发展概况|第三产业|金融业|上海证券交易所的业务"检索到页码为"429"页。

3) 查找详细内容

进入《中国经济年鉴 2004》正文的 429 页,在"上海证券市场发展情况"中对检索课题以及相关内容有详细介绍,包括上市证券品种数量、股票市价总值、上市公司总数、增长比率等情况。

8.2 数据与事实型数据库

8.2.1 数据与事实型数据库的特点和类型

数据与事实型数据库是印刷型参考工具书的数字化形式,也称为电子工具书或机读工具书。同时,由于数据与事实型数据库以光盘数据库和网络数据库为主要形式,数据与事实型网络数据库也被称为网络版工具书。

数据型数据库(Numeric Database)也称为数值型数据库,是指以各种调查和统计数据为存储对象,专门提供以数值方式表示的数据的一类数据库,如中国科学计量指标数据库。数值型数据库内容包括各种有价值的数值、有关的运算公式和规则等信息,是进行科学研究、定量分析、经济预测、管理决策等的重要工具。

事实型数据库(Fact Database)是指以各种有检索和利用价值的事实信息为存储对象的一类数据库,数据库信息来源于百科全书、字(词)典、人名录、机构名录等。"事实"可以是既有数字又有文字的统计资料,也可以是纯文字的知识资料,如万方资源系统的中国科研机构数据库。事实型数据库种类繁多,存储的信息内容丰富,包括各种名词术语、有关学科、机构、名人等方面的信息,能够提供各种事实的直接信息。

1. 数据与事实型数据库的特点

数据与事实型数据库以印刷型参考工具书为基础,并在此基础上增加了许多新内容,甚至综合了多种参考工具书的内容,因此,数据与事实型数据库除了具有参考工具书的基本功能和特点外,还具有信息容量大、更新速度快、检索功能强和使用方便等特点。

1) 内容丰富完整,链接广泛

网络数据库在相应的印刷版工具书的基础上,综合多种类型工具书的内容,增加了许多新条目,还给出了与查询结果相关的知识点和文献的链接,链接了广泛的资源范围,内容也更丰富、更完整。

2) 使用灵活方便

读者可以随时随地地联网使用网络数据库资源,并且可以实现多个用户的共享,检索也更加灵活。除了保留印刷型工具书原有的检索途径外,数据与事实型网络数据库往往会利用先进的检索技术增加许多新的检索功能和检索入口,不仅方便各类读者使用,在查询效率和手段上也有非常明显的优势。

3) 数据更新快,服务功能更强大

网络数据库一般是按天、周、月或者按季度更新,在新颖性方面占有更大的优势。网络数据库不仅仅提供知识索引,有的还提供了查询结果的存储和信息过滤等多项服务功能。

2. 数据与事实型数据库的类型

按照功能和用途,数据与事实型数据库可以分为字词(辞)典数据库、百科全书数据库、年鉴数据库、名录数据库、表谱类数据库、图录数据库等多种类型。

1) 字典、词(辞)典(Dictionary)

字典、词(辞)典是人们最熟悉和常用的一种参考工具,它们是汇集语言和事物名词等词语,按一定的次序编排,以供查找字词的读音、拼写、语法、词义、用法等的工具。

字典、词(辞)典按照收录条目的内容范围可分为语言词(辞)典、综合性词(辞)典和专科性词(辞)典。

2) 百科全书(Encyclopedia)

百科全书是指收录了各个知识门类的知识,或者系统而完备地概述了某一知识门类知识的大型参考性工具,是最完备的参考工具,有"工具书之王"的美誉。百科全书系统、扼要地阐释了各学科基本知识和重要研究成果,对某一学科提供定义、原理、方法、历史、现状、统计数字和参考资料等多方面资料,为人们提供系统、全面的知识信息。百科全书通常由国内外专家学者合作编辑,内容广博、资料精确、释义严谨、文字简明、体例严密,具有较高的可靠性和严密性。

古代的百科全书主要为类书和政书,收录各种古籍原始资料,侧重历史,不做论述;现代百科全书以条目的形式,通过释文对各种知识、事物、人物加以叙述,对所论述的主题提供基本的、公认的看法和概述,内容包括定义、概念、论述、原理、方法、历史沿革、当前现状、统计资料及书目等多方面资料。

百科全书按内容可分为综合性和专业性两大类;按出版形式可分为单卷本和多卷本;按读者对象可分为成人和儿童等不同层次。

3) 年鉴(Almanac)

年鉴是一种按年度出版,概述或反映上一年度内有关领域的重大事件、重大进展和重要成果,汇集重要文献、详尽数据和统计资料的连续出版物。年鉴通常以固定的专栏的编排形式,准确精练地提供最新事实和统计数据,反映世界各地政治、经济、文化、科技等方面的发展动向。年鉴主要依据政府公报、文件、国家重要报刊和各类统计报告编辑而成,是查找最新资料和数据的重要参考工具。

年鉴按照内容可分为综合性年鉴、专科性年鉴、统计性年鉴和地域性年鉴。

4) 手册(Handbook)

手册是汇集某一范围内基础知识和基本数据资料,以便于人们在生产、科研、教学等具体工作过程中可以经常查证的实用便览型参考工具。手册的内容侧重于准确的数据、表格、图形及公式等,并配有简要文字叙述,具有类目分明、篇幅短小、实用性强等特点。

手册种类繁多,使用目的和使用对象也不尽相同。常用的手册按其收录材料的侧重点大致可分为数据性手册、设计手册、基本知识手册、产品手册、综合性手册等几大类。

5) 名录(Directory)

名录包括人名录、地名录、机构名录等,是一种专门对人物、地名、组织机构等的名称及其相关信息进行汇集并予以简要揭示、介绍,用于查找的参考工具。

6) 表谱

表谱是一种以表格或者其他较为整齐简洁的格式,辅以简略的文字来记录史实、时间、地理沿革等资料的参考工具。

表谱主要有年表和历表两种类型。年表是以表格的形式按年代顺序排列事件,专供查考历史年代、历史大事等资料;历表是一种把不同历法的历日按一定的顺序编排在一起,组成相互对照的表格,以供查考和换算不同历法的年、月、日的参考工具。

7) 图录

图录是一种以图像、文字和符号形象、直观、简明清晰地反映客观事物特征的参考工具,包括地图、人物图录、文物图录、各种自然科学的学科图谱、技术科学的设计图集等。

8) 综合类数据库

综合类数据库包含了若干专业或多种类型的数据与事实型信息。以 Gale 数据库为例,它将历史资料、人物传记、文学资源等多种类别的数据与事实型信息综合在一起,形成了一个综合型数据与事实信息数据库。

随着 Internet 的发展,网上涌现出越来越多的各种类型的数据与事实型网络数据库,其建立同 Internet 网上站点的链接,涉及的学科及行业范围也非常广泛,覆盖日常生活、事务处理、经济活动、科学研究等各个领域。但是,数据与事实型网络数据库种类繁多,数据库的数据结构、数据描述方式、编排体制等也各不相同,各自拥有不同的应用领域,因此,数据与事实型网络数据库的检索方式也各有特性,没有统一的模式,也难以形成统一的标准。

8.2.2 英文数据与事实型数据库的检索

1. Gale 集团参考资料库

Gale 集团(http://gale.cengage.com)是世界一流的参考书出版商和在线数据库供应商,隶属于全球著名的传媒集团汤姆森公司(The Thomson Corporation,TTC),以出版精确、全面、权威的工具类出版物为特色,尤其在出版人文、社会科学参考文献方面颇具权威性。

Gale 创建和维护了近百个数据库以及 8 个著名的"资源中心"。其数据库系列的核心内容来自于 Gale 多年来出版的参考书系列,相关数据库产品需要付费才能使用。其中,GaleNet 数据库是多个参考资料数据库的集合,其内容覆盖了人文社会科学、商业经济、国际市场、人物传记、机构名录等范畴。GaleNet 通过 InfoTrac 检索系统进行检索,InfoTrac 检索系统的网址是 http://infotrac.galegroup.com/default。

1) GaleNet 数据库资源

(1) 人物传记资源中心(Biography Resource Center)。人物传记资源中心可以提供古今中外 38 万个名人的 45 万份传记资料,Marquis Who's Who 的 100 多万个人物的传记,近 4 万份取自 Debrett People of Today 的简短传记,囊括了英国当代最知名的人物。此外,该数据库将 135 个最常被参考的 Gale 著名传记数据库与 325 种以上的全文刊物结合,可以检索到所需人物的照片、生平等详细资料。该数据库还包括19 000个人物网站链接,这些网站都经过人物传记专家的严格考证,保证了其权威性,每年新增10万至16万份人物传记。

(2) 文学资源中心(Literature Resource Center)。该数据库包含了Gale出版的众多文学系列权威参考书,包括超过13.5万名全球作家的生平信息和详细评论,75 000篇文学评论,390多种文学学术期刊中的85万篇全文文章,11 000篇作品的概述、情节摘要及说明,30 000多篇诗歌、短故事和戏剧的全文,一万多条来自韦氏文学大百科全书的文学术语定义,5000多个经过专家严格挑选的文学站点等。

(3) 现代世界历史资源中心(History Resource Center:Modern World)。此数据库内容取自Gale独家拥有的Primary Source Microfilm的1400种原始历史档案(包含相关介绍资料)以及取自Gale著名品牌Gale Group、Macmillan Reference USA及Charles Scribner's Son's的17个参考书系列。主要包括来自150多种学术刊物的全文文章,著名历史新闻来源,1400多份历史地图和地图集,900多份精心挑选的图像资料。可链接至ABE-Clio's Historical Abstracts and America:History and life,可链接至ISI的历史部分,历史年代表,带注释的链接可浏览专门的权威历史研究站点和原始历史信息收集站点。

(4) 商业与公司资源中心(Business & Company Resource Center)。该数据库包含超过50万家美国及国际性企业、公司的最新资料及相关信息;通过此数据库可得到全球顶尖的700多家投资银行、190多家资讯公司和律师事务所使用的500万份PDF格式的来自于著名的Thomson Financial的研究及分析报告;该数据库还包含全球46万家公司和8000个行业协会的丰富信息,可将某一个公司与同等规模或同行业的公司进行对比。此外,还包含了4000多份期刊,SCI和SSCI收录刊400多种,同行评审刊超过600种。

(5) 综合参考工具便览(Gale's Ready Reference Shelf)。该数据库收录15个著名参考指南数据库中精选出的33 500条记录,内容涉及组织/协会、出版商/出版物、广播媒介、数据库、电视台及广播电台等各类名录字典和百科全书,分为个人文档、机构、出版物和数据库几类,可作为一个整体检索或独立检索,其检索方式包括:名称检索、地点检索、主题词检索、扩展检索、专家检索。

(6) 现代作家名录(Contemporary Authors)。该数据库包含了9万多个著作者的全部传记资料和作品的参考书目信息,著作者包括小说家、散文家、诗人、记者、戏剧作家、电影电视作家等。

(7) 文学传记词典(Dictionary of Literary Biography)。文学传记字典记载了各个时代的各个文学流派的大约6000位作者的生平传略以及学者专家的评论研究,同时列出了每个作者的全部传记资料和作品的参考书目信息。

2) GaleNet数据库的检索

GaleNet的每个数据库均根据其存储信息的类型和属性,提供多种检索途径,以满足用户对特定事实信息的检索要求。这些数据库共同提供的检索途径包括名称检索(人名、地名、机构名、数据库名、出版物名称)、主题检索、高级检索、专家检索。

(1) 人物传记资源中心数据库的检索。人物传记资源中心数据库提供人名检索

(Name Search)、高级检索(Advanced Search)、传记事实信息检索(Biographical Facts Search),可以获得人物传记资料、学术期刊的文章全文、人物传记方面的全文网站。

① 人名检索。在如图 8-1 所示的检索页面中输入查询对象的全名,包括姓氏、名字或名字的一部分,不限姓、名的前后顺序。还可以选择"包含"(Name contains)或"姓前方一致"(Start of last name)来限定检索词查询的模式,选择 Start of last name 查询时,查询结果会更为宽泛且不够精确。

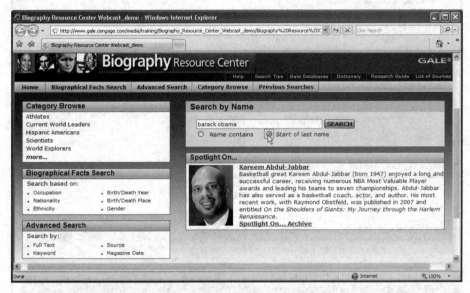

图 8-1 人物传记资源中心人名检索页面

② 传记事实信息检索。传记事实信息检索可对人物的事实信息进行检索,检索页面如图 8-2 所示。它以多重检索字段,如人名(Name)、职业(Occupation)、国籍(Nationality)、种族(Ethnicity)、性别(Gender)、生卒日期(Birth Year/Death Year)和生卒地点(Birth Place/Death Place)等,通过多种字段的组合缩小查询范围,准确检索到符合条件的人物。

③ 高级检索。高级检索页面提供名称(Name)、全文(Full Text)、关键词(Keyword)、信息来源(Source)、出版日期(Date of Publication)、文献号(Document Number)等多个检索字段,可以使用逻辑运算符 NOT、AND 和 OR 对检索字段进行逻辑组配检索。高级检索如图 8-3 所示。

④ 检索结果处理。人物传记资源中心数据库的检索结果首先以题名列表或者记录列表的形式显示,可以查看人物照片、人物传记、与人物相关的报刊文章资料和网站资料等信息,还可以选择检索结果的资料来源和类型,数据库提供的资料来源类型包括简短人物传记(Brief Biographies)、详细人物传记(Biographies)、杂志上刊登的关于此人或描述此人的文章(Magazine Articles)、链接有关此人生平传记的网站(Website)。

在记录列表页面中标记(Mark List)欲查看详情的记录,单击页面中的 View Marked List 链接,或者直接单击标记记录的题名链接,进入检索结果的详细信息页面,在此页面中不仅可以查看标记记录的详细的著录信息,还可以通过页面中的 Print、E-mail 按钮对

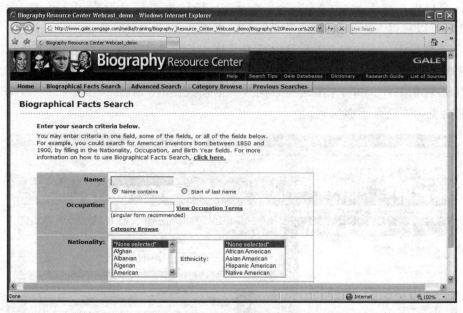

图 8-2　人物传记资源中心传记事实信息检索页面

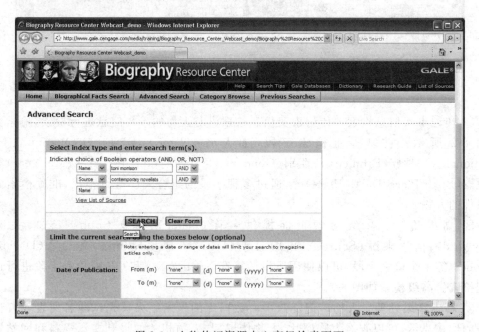

图 8-3　人物传记资源中心高级检索页面

详细信息内容进行打印和电子邮件传送；此外，还可以使用 Infomarks（将文献的网址保存到 Word 文档或 E-mail 中，以后单击网址而无须登录 Gale 数据库就可以直接浏览文献的相关内容，Infomarks 保存的内容会随着 Gale 数据库的更新而自动更新）对检索结果进行课题跟踪。

（2）文学资源中心数据库的检索。文学资源中心数据库主要提供基本检索（Basic

Search)、高级检索(Advanced Search)、人物检索(Person Search)、作品检索(Works Search)、Gale 文献索引(Gale Literary Index)等检索方式,可以获得作家传记、学术期刊全文文章、关于作家及作品的文学评论、书目信息、文学史分期和文学运动以及与权威网站的链接。数据库的检索主页面及作者检索页面如图 8-4 所示。

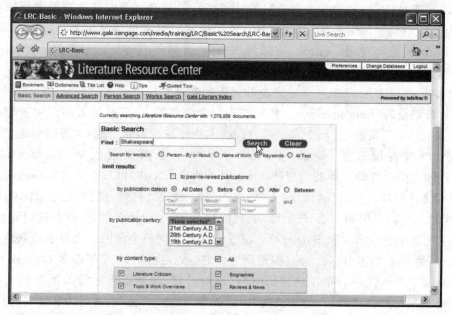

图 8-4　文学资源中心检索主页面及基本检索页面

（3）现代世界历史资源中心数据库的检索。现代世界历史资源中心数据库提供基本检索(Basic Search)、人物检索(Person Search)、主题检索(Subject Search)和高级检索(Advanced Search)等几种检索方式。

（4）商业与公司资源中心数据库的检索。除数据库检索主页上提供的快捷检索方式外,数据库还提供公司检索(Company Search)、工业检索(Industry Search)、文章检索(Articles Search)和高级检索(Advanced Search)等几种检索方式。

2. LexisNexis 参考资料数据库

LexisNexis 公司始创于 1973 年,主要向用户提供数据库联机检索服务。目前,LexisNexis 已经开通的网络数据库服务系统有：LexisNexis Academic(学术大全数据库)、Lexis.com(法律专业数据库)、LexisNexis Environmental(环境资源数据库)、LexisNexis Congressional(国会资料数据库)、LexisNexis Country Analysis(国家分析数据库)、LexisNexis Development Professionals(专业开发数据库)、LexisNexis Government Periodicals Index(政府期刊索引数据库)、LexisNexis Primary Sources in History(原始历史信息数据库)、LexisNexis State Capital(国有资本数据库)、LexisNexis Scholastic Edition(学生专用数据库)、LexisNexis U.S. Serial Set Digital Collection(美国收藏数据库)等,拥有超过 45 亿的文档收录,且以每年 40% 的速度增长,为专业人士、

企业界、政府及法律机构等提供全方位的资讯服务。

LexisNexis Academic 学术大全数据库是由美国图书馆界专家委员会设计,并由专业图书馆员做资源收录评估和筛选,专为学术图书馆提供服务的专业信息资源系统,收录了6100多种出版物的全文信息,主要包括新闻(News)、医学(Medical)、法律(Law Research)、商业(Business)和参考资料类(Reference)信息资源。这些资源主要以事实型数据为主,以期刊和评论为辅。其中,有特色的事实型参考类资源主要包括传记资料、世界各国概观、民意调查、名人语录、美国各州档案、世界年鉴等。LexisNexis Academic 学术大全数据库的网址是 http://www.lexisnexis.com/universe。

1) LexisNexis Academic 学术大全数据库的参考类信息资源

(1) 传记资料(Biographical)。传记资料包含政界要人、商业名人的人物传记和其他与人物有关的新闻资源,包括个人生平、成就、人物评论及最新行踪、动态的报道。

(2) 世界各国概观(Country Profiles)。世界各国概观收录(*Walden Country Reports*)和美国中央情报局的出版物(*CIA World Factbook*)以及有关世界各国的各类事实资料和统计资料,包括自然地理、人口、民族、社会资源、教育、经济、农业、军事、商业和金融、能源、交通、通信和传播、政治结构、政治状况、卫生和社会福利、商业机构地址等。

(3) 民意调查(Polls & Surveys)。民意调查是美国最全面的一个关于公众意见的全文数据库,数据来源于 Roper 公共舆论研究中心,收录了自 1936 年以来 Gallup、Harris、Roper、ABC、CBS、CNN、NBC、洛杉矶时报、纽约时报、华尔街日报等新闻媒体机构所做的美国公众舆论对各种政府、公共机构、国际关系、商业、贸易、消费行为和倾向、公民权益及其他社会事务的表决和意见调查。

(4) 名人语录(Quotations)。名人语录包含《辛普森当代名言录》收录的 10 000 多条名言和《演讲者名言佳句》收录的 3500 多条名言,可以检索到某位名人的著名言论或某一条名言名句出自何人、发表在何种场合等信息。

(5) 美国各州档案(State Profile)。美国各州档案收录了美国各州、县的各种自然、社会、经济数据与事实资料。

(6) 世界年鉴(World Almanac)。世界年鉴介绍了世界各国的历史、政治、经济概况,对发生重大事件的国家和地区做比较详尽的叙述,有大量的地理知识,如气象、山脉、河流、古迹、地震、洪水等报道以及对世界知名人士、名牌大学、奥运会以及其他体育赛事的大量知识性介绍。

2) LexisNexis Academic 参考类信息资源的检索

LexisNexis Academic 学术大全数据库检索主页面如图 8-5 所示,主要提供新闻(New)、商业(Business)、法律研究(Law Research)、医学(Medical)、参考(Reference)5 类信息资源的检索,并针对不同的信息资源提供了多种不同的检索方式。其中,参考类(Reference)信息资源的检索主要有以下几种方式。

(1) 传记资料(Biographical)的检索。检索页面主要提供姓氏(Last-name)、名(First-name)、限制检索词(Narrow Search with Additional Terms)、日期(Date)检索字段,单击检索页面中的"来源列表"(Source List)链接,可以在打开的数据库资源范围列表中选取具体的资源进行检索。

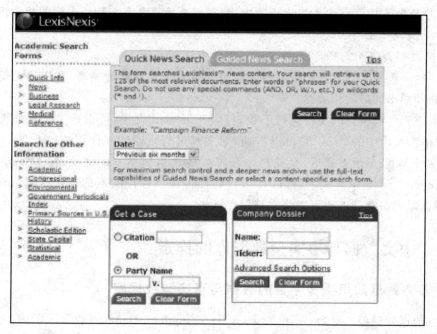

图 8-5　LexisNexis Academic 学术大全全文数据库检索页面

（2）世界各国概观（Country Profiles）的检索。检索页面提供国家（Country）、来源（Source）检索字段以及来源列表（Source List）链接。

（3）民意调查（Polls & Surveys）的检索。检索页面提供限制检索词（Narrow Search with Additional Terms）、人口（Population）、Roper 进入号码（Roper Accession Number）、参加人数（Number of Participants）、日期（Date）等检索字段。

（4）名人语录（Quotations）的检索。检索页面提供关键词（Keyword）、来源（Source）检索字段以及来源列表（Source List）链接。

（5）美国各州档案（State Profile）的检索。检索页面提供州名（State）检索字段和来源列表（Source List）链接。

（6）世界年鉴（World Almanac）的检索。检索页面提供关键词（Keyword）、限制检索词（Narrow Search with Additional Terms）检索字段以及来源列表（Source List）链接。

（7）检索结果处理。LexisNexis Academic 学术大全数据库的检索结果主要有以下几种显示方式：

① 文献记录列表（Document List）方式。数据库的检索结果首先以文献记录列表的方式显示，记录内容包括出版物名称、文献在出版物中的位置、出版日期、文章长度、文章标题等信息，文献记录列表还可以按照日期排序（Sorted by Date）或按相关度排序（Sorted by Relevance）。

② 全文显示（Full）方式。单击文献记录列表中的篇名链接，即以全文方式显示该文献。在全文显示页面中，可以通过单击 Last、Next 链接，查看前后两篇文献。

③ 上下文中的关键词（Keyword in Context，KWIC）方式。单击检索结果页面中的 KWIC 选项，可以切换到 KWIC 方式下阅读。这种方式会摘选显示以关键字为中心的 20

个单词,这样就不用逐字去查找想找的内容,对判断该篇文章与期望内容的相关度十分有帮助。

④ 扩展列表(Expanded List)方式。此种方式相当于 Document List 和 KWIC 方式的结合。每一篇文献都会显示关键字前后的 3 至 5 个单词作为参考,在快速浏览文献的同时也能判断出文献的相关性。

如果需要将检索到的文件进行下载、打印和 E-mail 发送,可以选中文件前面的复选框,然后单击页面中的 Print、E-mail 按钮,对文献进行打印和邮件传送。需要注意的是:在 Full 和 KWIC 显示方式下,只能打印和邮件传送当前浏览的文献;在 Document List 和 Expanded List 显示方式下,可以打印和邮件传送已标记文献的引用(Citation)列表。此外,浏览器的保存功能也可以将文献保存下来。

8.2.3 中文数据与事实型数据库的检索

1. 万方数据知识服务平台的数据与事实型数据库

万方数据知识服务平台(http://www.wanfangdata.com.cn)收录了国内、外近百个数据库,这些数据库按收录内容被分成学位论文类、会议论文类、科技成果类、专利技术类、中外标准类、政策法规类、科技文献类、论文统计类、机构与名人类、数字化期刊类、外文文献类、工具类共 12 大类,其中,数据与事实型数据库主要集中在"机构与名人类"和"工具类"。数据与事实型数据库包括中国企业、公司及产品数据库、中国科研机构数据库、中国科技信息机构数据库、中国高等院校及中等专业学校数据库、中国一级注册建筑师数据库、中国百万商务数据库、中国高新技术企业数据库、外商驻华机构数据库、汉英—英汉科技词典数据库等。可以通过在万方数据知识服务平台主页中选择"资源浏览|按数据库浏览",查看不同分类中各个数据与事实型数据库的具体内容。

1) 数据库资源介绍

(1) 中国企业公司与产品数据库。中国企业公司与产品数据库包括详情版、英文版、图文版 3 个数据库,收录了 96 个行业的近 16 万家企业的详尽信息,是国内外工商界了解中国市场的一条捷径。全记录包含企业名称、负责人、地址、电话、传真、企业性质、成立年代、注册资金、人数、固定资产、营业额、利润、企业简介、主要产品及产量、规格型号等 30 多个字段,对企业进行了全方位的立体描述。

(2) 中国科研机构数据库。中国科研机构数据库收录了我国一万多家地、市级以上及大学所属主要科研机构的详细信息,包括机构名称、负责人、学科研究范围、通信方式、成立年代、科研人员数量、科研成果、拥有专利、获奖情况、出版刊物和学科分类等。

(3) 中国科技信息机构数据库。中国科技信息机构数据库是一个全面介绍我国各科技信息机构和高校图书情报单位业务状况的数据库。该数据库共收入我国各科技信息单位和高校图书情报单位 2000 多家,主要包括机构名称、地址、电话、传真、负责人、人数、内部机构设置、文献收藏与阅览等信息。

(4) 中国高等院校及中等专业学校数据库。中国高等院校及中等专业学校数据库全面收集了国家公布的有招生资格的高校信息,辅以部分中专学校,主要内容包括学校名称、地址、通信方式、专业设置、重点学科、主管单位、专职教师数量、研究机构等,客观反映了各学校的人才培养和学术研究情况,是学生择校和了解学校现状的重要参考工具。

(5) 中国百万商务数据库。中国百万商务数据库收集了上百万条国内工商企业、事业机构、学校、医院、政府部门等机构名录,是迄今国内同类产品中覆盖企业最多的数据库之一。数据内容包括企(事)业名称、单位地址、邮政编码、负责人、电话、传真等。

(6) 中国一级注册建筑师数据库。中国一级注册建筑师数据库收录了全国8000多名一级注册建筑师的相关信息,包括姓名、性别、出生日期、毕业学校、注册证书号、参加工作时间、聘用单位等信息,是建材企业直接与建筑师建立联系的方便工具。

(7) 外商驻华机构数据库。外商驻华机构数据库的内容包括机构的中英文名称、地址、电话、传真、业务范围、派出机构(母公司)名称、E-mail、网址、成立时间、驻华代表、工作语言、注册号、开户银行、职工人数等。

(8) 汉英-英汉双语科技词典数据库。汉英-英汉双语科技词典数据库是一部大型综合性双语词典,主要收录自然科学和工程技术方面的基本术语和常用词汇,并选收一定数量的经济和法律方面的词汇。该数据库设置了约200个学科范畴,并在每个英文单词的中文释义后标出所属的学科范畴,以便准确使用。数据库收录了50余万个词汇,是一部可供理、工、农、医和生物等各学科专业人员、工程技术人员以及高等院校师生使用的常备工具。

2) 数据库的检索

万方数据知识服务平台中数据与事实型系列数据库的检索方法,可参照本书4.3.3节和4.3.4节中的详细介绍。

2. 中国经济信息网数据与事实型数据库

中国经济信息网(http://www.cei.gov.cn),简称"中经网",于1996年12月3日正式开通,是由国家信息中心联合部委信息中心和省(区、市)信息中心共同组建,以提供经济信息为主要业务的专业性信息服务网络,由中经网数据有限公司负责承建和运营。中国经济信息网内容丰富,提供包括综合专辑、经济动态、经济数据、经济分析、法规政策、产品推介等栏目的大量数据、分析及个性化信息,提供视频、文字、图片、数据、图表等多种信息形式,对各行各业的现状、动态、发展等进行了全方位的报道与分析。中国经济信息网是互联网上最大的中文经济信息库,是描述和研究中国经济的权威网站。

1) 数据库资源介绍

通过单击中国经济信息网主页导航区中的"数据库",可以查看中国经济信息网中包含的数据库产品及其具体内容。其中,主要的数据与事实型数据库产品有中国经济统计数据库、世界经济统计数据库、中国法律法规库、中国地区经济发展报告、中国行业季度报告、中国企业产品库、中外上市公司资料库、中国环境保护数据库、中经网产业数据库等。

(1) 经济统计数据库。经济统计数据库是经过专业化处理、组织而形成的一个综合、有序的庞大经济数据库群,内容涵盖宏观经济、产业经济、区域经济以及世界经济等各个领域,是一个面向社会各界用户提供权威、全面、及时的经济类数据信息的基础资料库。

目前,该库拥有数百万个序列的经济数据,已形成"中国经济统计数据库"和"世界经济数据库"两大系列,内设:综合年度库、宏观月度库、行业月度库、海关月度库、城市年度库和OECD年度库、OECD月度库。

(2) 中国企业产品库。中国企业产品库依托国家经济信息系统,面向广大企业、信息咨询机构提供企业及产品信息咨询服务、企业网上宣传服务。该数据库拥有各类企业27万家、产品45万条,囊括了所有的上市公司、国家重点企业、大型企业集团、外资企业、民营企业、各个行业龙头企业和地方的名、优企业。推出的服务有:企业产品信息查询、上市公司库查询、外资企业库查询、进出口企业信息查询、定制企业名录、产品产量、经济指标服务、行业排名、名牌产品、展会信息等服务。

(3) 中国法律法规库。该数据库是中经网与国家信息中心法规处共同开发的大型法律法规数据库,汇集了1949年以来我国各级人大、政府、检察院、法院颁布的法律、法规、司法解释、国际条约以及对法律实践有参照意义的案例、裁判文书、合同范本、市场惯例等,致力于为政府机构、学校图书馆、金融部门等机构用户提供专业化的法律法规查询服务。

(4) 中经网产业数据库。中经网产业数据库是依托国家发改委、国家统计局、海关总署及各行业主管部门、行业协会精心打造的数据库产品,内容涉及机械、汽车、电子通信、医药、石油化工、能源、交通、房地产、钢铁、旅游、金融等10多个国民经济主要行业和宏观经济领域。时序和截面、上下游产业、行业中观与企业数据的有机结合使其成为研究机构、政府机关、企业集团、投资者研究我国产业发展的重要基础工具。

(5) 中国环境保护数据库。中国环境保护数据库包括环境保护资讯库、法律法规库、统计数据库、环保产品库、环保技术库、环保项目库、环保企业库和环保专家库以及11个行业的污染治理解决方案。

(6) 中国地区经济发展报告。该数据库提供全国31个省区市、16个省会和计划单列市、部分中心城市的季度年度分析报告、发展规划文件、政府工作报告、统计公报。

(7) 中国行业季度报告数据库。该数据库收集涵盖24个大类行业、36个细分行业的由资深行业专家写成的研究报告,特别适合投资者与管理者参考和使用。

(8) 中外上市公司资料库。中外上市公司资料库提供深、沪证交所全部上市公司的基本情况数据和财务数据以及招股说明书、上市公告书、年度报告、中期报告、配股公告等。

2) 数据库的检索

单击中国经济信息网(http://www.cei.gov.cn)主页导航区中的"数据库",进入数据库资源浏览页面,页面如图8-6所示。在此页面中可以选择不同的数据库资源实施检索。选择的数据库资源不同,数据库所提供的检索界面和应用的检索方法也各不相同。

(1) 经济统计数据库的检索。在中经网数据库资源浏览页面中,单击"中国经济统计数据库"名称下方的"进入>>"链接,进入经济统计数据库主页面,也可以通过网址http://db.cei.gov.cn直接进入该页面。在此页面中不仅提供经济统计数据库所包含的各子库的名称链接,还提供"教育网入口"链接。单击子库名称链接,可以查看子库的产品描述、产品特点、指标内容和指标样例;单击"教育网入口"链接,进入"中经网统计数据库

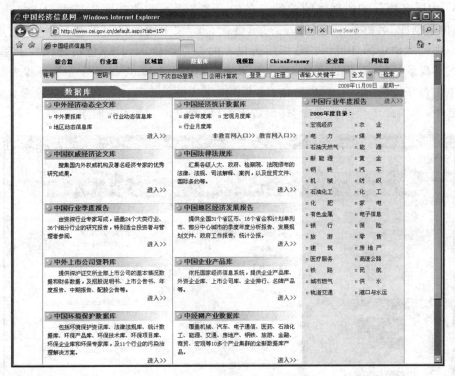

图 8-6 中经网数据库浏览页面

查询与辅助决策系统"主页面,页面中提供"分库检索"和"名词解释"两类检索,选择其中的一类,并进一步单击页面中的"检索"按钮,进入数据库检索页面。检索页面提供一个关键词输入框和"检索"、"二次检索"按钮,供用户对数据库进行简单检索和二次检索。

(2) 中国企业产品库的检索。在如图 8-6 所示的数据库浏览页面中单击"中国企业产品库"名称下方的"进入>>"链接,或者直接通过网址 http://www.ceie.com.cn,进入该数据库检索页面。该数据库提供中国企业产品库信息查询、中国外资企业库查询、中国进出口企业产品库信息查询等几种查询页面,其中,中国企业产品库的关键词查询页面如图 8-7 所示。

中国企业产品库的关键词查询页面提供企业名称、产品名称、产品商标、服务名称 4 种检索途径。检索时,在字段列表中选择一种检索途径,在检索词输入框中输入检索关键词,并在"选择行业"、"选择地区"列表中选择检索的行业和地区范围,再单击"查询"按钮即可。

图 8-7 中国企业产品库关键词查询页面

除上述关键词查询方式外,中国企业产品库还提供产品分类查询和服务分类查询。产品分类查询将产品分成 19 个大类,89 个小类,690 细类;服务分类查询将服务分为 12 个大类,47 个小类。检索时,通过在各级分类中逐级选择来获得需要的查询信息。

（3）中国环境保护数据库的检索。在如图 8-6 所示的数据库浏览页面中单击"中国环境保护数据库"名称下方的"进入＞＞"链接,进入"中国经济可持续发展网"数据库页面,页面中列示出中国环境保护数据库所包含的数据库资源,具体包括环保资讯库、环保法规库、环保统计库、环保产品库、环保技术库、环保项目库、环保企业库和环保专家库等子库,单击各子库的"用户入口"链接,进入相应子库的检索页面。各子库的检索页面基本相同,其中,中国环境保护数据库"环保资讯库"检索页面如图 8-8 所示。

图 8-8 中国环境保护数据库"环保资讯库"检索页面

检索时,首先在"库别"列表中选择检索的数据库,检索页面中可供检索的字段会随着选择的数据库的不同而发生微小的变化。从数据库提供的若干检索字段和内容列表中选择检索的字段、内容,并在文本输入框中输入适当的检索词,单击"检索"按钮即可获得检索结果。

（4）其他数据库的检索。中国经济信息网的其他数据库,如中经网产业数据库、中国行业分析报告数据库等,检索方法比较简单。检索时,在中经网数据库浏览页面中单击各数据库名称下方的"进入＞＞"链接,进入各数据库的主页面,主页中提供检索词输入框,输入检索词,单击"检索"按钮就可以完成检索。

8.3 数据与事实型资源站点选介

网站通常是指有着特定的服务对象、相对固定的栏目、可供他人访问的网上信息站点。由于网络资源的迅速膨胀,当前已出现了许多提供数据与事实型信息的网络资源站点。这些网站通过网页、超级链接等形式提供特定种类的数据与事实型信息的检索和服务,具有一定的权威性和专业性,成为科学研究的重要信息源和检索工具。

此外，许多数据与事实型数据库也都与 Internet 网络资源站点相连，在 Internet 上利用搜索引擎工具的检索功能，网站提供的检索功能，或者数据库系统本身提供的检索功能进行数据与事实型信息的检索。网站和数据与事实型数据库相互依存，每个提供数据与事实型信息检索的网站都有一个或多个数据与事实型数据库作为后台，而数据与事实型数据库则以网站作为平台和查询门户，网站和数据与事实型数据库共同成为获取数据与事实型信息的重要途径和重要的网络信息源。

8.3.1 字典、词(辞)典类

1. Dictionary.com(http://dictionary.reference.com)

该网站被誉为最好的在线综合性语言词典，链接了 130 多种在线语言词典以及可以即时互译的翻译器。直接在页面的检索框中输入要检索的词，即可得到多种在线词典提供的读音与释义，同时列出相关网站信息。

2. AllWords.com(http://www.allwords.com)

英语在线词典网站，以 AND Concise Dictionary 和 The Random House Webster's Unabridged Dictionary 为蓝本，将两种词典的检索结果分别列出。可以进行多语言检索，检索结果给出词语标准读音、英文释义及英、法、德、荷、意和西班牙文翻译。该网站还提供多种语言服务网站的链接。

3. OneLook Dictionary(http://www.onelook.com)

该网站收录 1200 多种词典，包含英语、汉语、德语、法语、意大利语、西班牙语以及其他语种的 1300 多万个词汇，网站还列出了 120 多种综合性和专业性词典的链接，如计算机、科技、商业、体育、宗教等，用户可以由此进入其他词典，并按关键词进行查找，查询可以得到所有包含此关键词的在线词典网站地址列表，继续单击可以链接到某一在线词典的该词条，查看其解释和翻译，并提供反义词典。所输入的检索词或词组(短语)可以使用截词符"*"和"?"，能够实现多种词典的一次性查找。

4. The Oxford English Dictionary(http://www.oed.com)

在线牛津英语词典(The Oxford English Dictionary，OED)提供 20 卷 OED 和 3 卷补编中内容的在线检索，数据每季更新。可以使用布尔逻辑关系和通配符等进行检索，还可以由词义检索词语，可检索外来语、引语或演讲中的词语，还提供了与 OED 二版的对照。

5. Your Dictionary(http://www.yourdictionary.com)

该网站提供互联网上最全面、权威的语言工具以及与语言相关的产品和服务，可以对世界上 150 多种语言的 800 多种网上字典实施检索。

6. Longman Dictionary of Contemporary English（http://www.ldoceonline.com）

该网站中包括 Longman Dictionary of Contemporary English 和 Longman Advanced American Dictionary 中的所有词汇以及另外 15 000 条百科条目，提供在线词汇查询服务，内容更新及时，使用方便。

7. 中国辞书（http://www.chinalanguage.com）

中国辞书是一个汉语语言学习和汉语词典搜索引擎类的网站，收录汉字、客家话、粤语、国语、中文字谱、台语、佛教用语、易经、汉韩、日语、英汉、汉英等多种网上字典。

8. 金山词霸（http://www.iciba.net）

金山词霸收录汉语、英语等 2 亿多字、27 个专业词库的 600 多万专业词条，具体内容包括现代英语词典、高级汉语词典、诗经、楚辞、论语、唐诗、宋词、四大名著、鲁迅、巴金、茅盾等现代著名文学作家作品中的精彩句可以及《朗文综合电脑词典》、《朗文清华英汉电脑词汇》等多部权威详解、简明词典及跨行业、跨领域专业词典，用户可以根据自己的专业需要进行词典的选择、排序，进行英译汉、汉译英的词汇翻译查询。

9. 香港字典（http://www.hkdict.com）

香港字典由香港电邮有限公司开发，包含香港汉英字典和香港英汉字典两大部分，提供英汉、汉英互查功能，并支持中文简体和繁体两种输入方式。

10. 中文字典网（http://www.zhongwen.com/zi.htm）

该字典网收录了包括粤语、客家话、韩语、日语等方块字的网站以及一些专门网站，如佛教、禅学、英汉、汉英、参考工具等。

8.3.2 百科全书类

1. Encyclopedia Britannica Online（http://www.britannica.com）

这是一个以《新不列颠百科全书》（*The New Encyclopedia Britannica* 15th Ed., Chicago：Encyclopedia Britannica Educational Corp., 2002, 32v., EB）为主要资源的综合性资源检索网站，用户可以通过下拉菜单选择检索范围，然后输入关键词完成检索。网站的拼写检查功能能够帮助用户确定检索词。

网站还集成了韦氏大学词典（Merriam-Webster's Collegiate Dictionary）及相关网址的链接，可以实现 Merriam-Webster 的在线词典（Online Dictionary）及在线词库（Online Thesaurus）的检索，在其页面上可以双击一个单词来查看词典和词表中的条目。

该网站除了通过搜索引擎检索外，还提供字顺（A to Z）、主题（Subjects）、世界地图

(World Atlas)、年表(Timeline)、国家(Nations)、世界数据分析(World Data Analyst)、年度评论(Year in Review)等多种浏览方式,还有不列颠百科源流、热点聚焦等其他功能让读者浏览 EB 两百多年来的历史、提供某些专题的深度浏览和多媒体浏览。

2. McGraw-Hill's Access Science(http://www.accessscience.com)

这是一部在线科技百科全书,能够提供科技发展最新消息,可以从 20 个大主题展开搜索。数据库中共有 7100 多篇文章,115 000 条词典条目,数百条最新研究资料可供全文检索,信息内容涉及科学技术各领域,数据保持每日更新。

用户可以输入检索词直接检索,也可以选择某一专题领域进行检索,还提供浏览与导航、专题图片浏览、学生中心、科学词典、传记、新闻、相关网站等供选择。New/New Articles 文章中还提供进一步研究(Further Study)的相关学科链接,并提供专门打印格式文件。

3. Grolier Multimedia Encyclopedia(http://go.grolier.com)

格罗利尔百科全书网站是一个收录百科全书以及其他参考数据库的参考网站,目前收录的数据库大多基于印刷版的工具书,包括《美国百科全书》(*Encyclopedia American*,EA)、《格罗利尔多媒体百科全书》、《知识新书》、《科普新书》、《风土与人情》等西方世界著名的百科全书及出版物。这是一个收费网站。

4. Encyclopedia.com(http://www.encyclopedia.com)

该网站是以美国《简明哥伦比亚百科全书》(*The Concise Columbia Encyclopedia*)为基础的免费电子百科全书检索网站,共有 57 000 多条检索条目,许多词条链接到原始的或相关的期刊论文或图书,并与其上位类的电子图书馆数据库 Electric Library 链接。

5. 在线中国大百科全书(http://www.cndbk.com.cn)

在线中国大百科全书包含 66 个学科的 8 万多个条目,1.264 亿汉字,5 万余幅插图,提供全文检索、条目检索、分类浏览检索、按字母顺序浏览检索等检索方式。网站设有最新动态、特色条目、事件、相关产品等栏目,还提供与其他合作网站的链接。

6. 其他百科全书网站网址介绍

(1) World Book Encyclopedia(http://www.worldbookonline.com)

(2) Encyclopedia American(http://orl.grolier.com)

(3) The Columbia Encyclopedia 6th Edition(http://www.bartleby.com/65)

(4) MSN Encarta Encyclopedia Article Center(http://encarta.msn.com/encnet/refpages/artcenter.aspx)

(5) The Canadian Encyclopedia(http://www.thecanadianencyclopedia.com)

(6) World Encyclopedia 世界知识百科全书(http://www.countryreports.org)

(7) A Shi'ite Encyclopedia 英文伊斯兰教百科全书(http://www.al-islam.org/

encyclopedia)

(8) 智慧藏百科全书网(http://www.wordpedia.com)

(9) 中青网大百科(http://www.cycnet.com.cn/encyclopedia)

8.3.3 年鉴、统计资料类

1. Infoplease(http://www.infoplease.com)

Infoplease 是《咨询年鉴》(*Information Please Almanac*)的网络版,它集成了 Columbia Encyclopedia、Merriam-Webster College Dictionary、The Infoplease Atlas、The IIME Almanac with Information Please 和 The ESPN/Information Please Almanac 等年鉴、地理资料、词典方面工具书的内容,通过统一的搜索引擎来检索。其中,年鉴部分包括各种统计数据、事实型资料和历史记录。

2. The Older Farmer's Almanac(http://www.almanac.com)

这是初版于1792年的 The Old Farmer's Almanac 的网络版,提供天文、天气、气象、烹调菜谱和园艺技巧等信息的查询。

3. 其他年鉴资料检索网站

(1) World Almanac(http://firstsearch.oclc.org/FSIP)

(2) Europa World(http://www.europaworld.com)

(3) CNN.com Daily Almanac(http://www.cnn.com/almanac/daily)

(4) 中国年鉴信息网(http://www.chinayearbook.com)

(5) 中国年鉴网(http://www.yearbook.cn)

4. 网上统计信息检索网站

(1) Statistical Database of the United Nations Statistics Division 联合国统计署数据库(http://unstats.un.org/unsd)

(2) LexisNexisTM Statistical 统计大全数据库(http://www.lexisnexis.com)

(3) United Nations Development Programme 联合国发展计划署(http://www.undp.org)

(4) UNESCO Institute for Statistics 联合国教科文组织统计学会(http://www.uis.unesco.org)

(5) 经济合作发展组织(OECD)(http://www.oecd.org/home)

(6) 中国统计信息网(http://www.stats.gov.cn)

(7) 中国国务院发展研究中心信息网(http://www.drcnet.com.cn)

(8) 中经网统计数据库(http://db.cei.gov.cn)

8.3.4 专业手册/指南类

1. The NIST Reference on Constants, Units, and Uncertainty（http://physics.nist.gov）

NIST 物理化学参数数据库可查找常量、单位和变量。

2. Web Elements Periodic Table（http://www.webelements.com）

Web Elements Periodic Table 化学元素周期表，分职业版和学者版，提供化学元素周期表及各元素的物化特性数据。

3. 其他专业手册/指南网站

(1) Peterson's Guide 彼得森研究生指南（http://www.petersons.com）

(2) 默克诊疗手册（http://www.msdchina.com.cn）

8.3.5 传记资料/名录类

1. 人物信息检索网站

(1) Marquis Who's Who（http://www.marquiswhoswho.com）

(2) Biographical Dictionary（http://www.s9.com/biography）

(3) Biography-center 传记中心（http://www.bilgraphy-center.com）

(4) Biography.com（http://www.biography.com）

(5) Wilson 人物传记图文数据库（http://www.hwwilson.com）

(6) American National Biography Online（http://www.anb.org）

(7) Gale 人物（http://galegroup.com）

(8) Yahoo People Search（http://people.yahoo.com）

(9) 国际名人网（http://www.8999.net/gm）

2. 机构信息检索网站

(1) College and University Rankings（http://www.library.uiuc.edu/edx/rankings）

(2) College Net 数据库（http://cnsearch.collegenet.com/cgi-bin/CN/index）

(3) 世界厂商名录数据库（http://www.kompass.com）

(4) Infobel.com（http://www.infobel.com）

(5) CI：Corporate Information（http://www.corporateinformation.com）

(6) Hoover's Online（http://www.hooversonline.com）

(7) 康帕斯世界企业、产品名录（http://www1.kompass.com）

(8) 美国医疗机构名录(http://dirline.nlm.nih.gov)

(9) 加拿大高校名录(http://oraweb.aucc.ca)

(10) 中华工商网(http://www.chinachamber.com.cn)

(11) 中国网上114(http://www.china-114.net)

(12) 中国电信黄页(http://www.locoso.com)

8.3.6 地图类

1. MapBlast(http://www.mapblast.com)

MapBlast是微软公司提供的免费网络地图信息服务的专业网站,可以查询美国地图、加拿大地图、欧洲和世界地图信息。它可以根据用户输入的具体地址,从数字化地图信息资源中自动生成地图。该网站的主要服务内容是美国地图查询、美国黄页查询、加拿大地图查询和世界城市地图查询。此外,还提供驾驶路线查询,用户输入起点和终点,可找到最快路线和最容易路线,并列出驾驶距离和估计时间。在查到相关地图后,结果页面会提供当天的天气、新闻、电视节目等进一步检索以及当地的商业信息资源的检索。

2. MapQuest(http://www.mapquest.com)

该网站于1996年推出,免费提供地图查询、驾驶路径和旅游导游、黄页和白页检索服务。它的显著特点是为用户提供驾驶路径和行车距离查询,不仅提供美国境内的地图信息,还提供查询其他国家城市地图、交互性地图的服务。

MapQuest提供快捷查询和详细查询两种方式。在快捷查询中,用户可以通过快捷菜单选择美国城市和主要的国际城市,查询结果除了给出所需的地图外,还列出了所查地址周边的地图,单击某个方向可以将地图向该方向移动;详细查询与MapBlast类似,用户需要输入地址、城市、州、国家等的名称进行查找,美国城市还可以输入邮政编码进行查找。

3. 其他地图信息网站

(1) MapsOnUs(http://www.mapsonus.com)

(2) Electronic Map Collection(http://www.lib.utexas.edu/maps)

(3) Multimap UK(http://www.multimap.com)

(4) Travlang(http://www.travlang.com)

(5) Virtual Tourist(http://www.virtualtourist.com/vt)

(6) 中华地图网(http://www.hua2.com)

(7) 图行天下(http://www.go2map.com)

(8) Yahoo!Maps(http://maps.yahoo.com)

习 题 8

8.1 思考题

1. 简述数据与事实型信息的主要存储载体。
2. 简述参考工具书的结构构成和主要编排方法。
3. 数据与事实型数据库有哪些主要的类型？它们各自的主要特点是什么？
4. 常用的英文数据与事实型网络数据库有哪些？
5. 常用的中文数据与事实型网络数据库有哪些？
6. 列举出检索人物信息和机构信息的常用网站。

8.2 上机练习题

1. 利用万方数据知识服务平台的"企业"类数据库，查询辽宁省设立了哪些具有自营进出口权的独资企业，并记录下营业额在 20 万元以上的企业的全称、地址和联系细节。

2. 在 GaleNet 的传记资源中心（Biography Resource Center）数据库中，分别使用传记事实检索（Biographical Fact Search）、高级检索（Advanced Search）方式，检索发表于 Contemporary Novelists 和 Contemporary Authors 两刊物上有关诺贝尔文学奖获得者贝洛，S.（Saul Bellow 1915— ）的传记资料，将作家的姓名、个人简历、检索的结果数量以 E-mail 电子邮件附件的形式发送。

3. 利用 LexisNexis Academic 学术大全全文数据库的新闻（News）数据库，查询有关涉嫌金融欺诈交易的新闻，要求记录采用的检索词、检索式、检索结果（篇名、作者、出处）；利用 LexisNexis Academic 学术大全全文数据库的参考类（Reference）数据库，查询关键词为"Independence"的名言佳句，并记录检索结果的主题（Subject）、来源（Source）、名人语录（Quote）。

4. 利用年鉴类参考工具网站 http://www.europaworld.com，查找 2007 年澳大利亚的国民生产总值（GDP）、国民经济增长率（Real GDP Growth）和通货膨胀率（Annual Average Inflation）。

5. 利用世界知识百科全书网站 http://www.countryreports.org，查找历史人物"武则天"是我国的哪一个朝代人物？并记录下其生卒年、所建国号、建都的地址。

6. 选择一个地图类网站，查找当地一个著名的旅游景点的位置、交通路线。

第 9 章

网络信息资源的综合利用

随着知识经济时代的到来,信息资源数量激增并且呈现出载体多样化、网络化的趋势,Internet 成为一个资源种类繁多,覆盖面广的巨大信息资源库。如何能够有效获取资源,科学评价信息资源的质量以及正确使用所需要的信息资源,成为每一个人应该具备的独立学习和研究的重要能力和信息素质。尤其是在科学研究活动中,无论是研究课题的选择、科学研究的过程、科研成果的查新还是学术论文的撰写,都离不开网络信息资源的综合利用,网络信息资源的综合利用贯穿于整个科学研究活动的始终。

9.1 网络信息资源的收集、整理和分析

网络信息资源是指通过计算机网络可以利用的各种信息资源的总和,是以数字化形式记录,以多媒体形式表达,存储在网络计算机的磁介质、光学介质上,并通过计算机网络通信方式进行传递的信息内容的集合。网络信息资源既不是一个物理概念,也不是独立存在的实体,而是一个跨国家、跨地区的信息空间,是一个网络信息资源库。

9.1.1 网络信息资源的收集方法

针对网络信息资源庞杂、无序及动态性等特点,解决用户查找信息不便等问题,本节归纳了以下几种网络信息资源的收集方法。

1. 利用网络搜索引擎

通过搜索引擎对网络信息资源进行查找是获取网络信息资源的主要方式。搜索引擎是用来对网络信息资源管理和检索的一系列软件,实际上也是一些网页。查找信息资源时,在其中的搜索框中输入查找的关键词、短语,或者是其他相关的信息,再通过超级链接,逐一访问相关网站,就可能查找到所需要的信息资源。如 Google、Baidu、Yahoo! 等搜索引擎,以搜寻网络信息资源为目标,在一定程度上满足了人们对网络信息资源的查询需求,给用户搜寻信息带来方便,减少了网络浏览的盲目性。

2. 利用权威机构的网站

如果用户熟悉网络资源的特点和分布状况，了解常用信息资源的发布方式，可以通过国内外重要的科研机构、信息发布机构、学会的网址，及时而准确地获得这些权威机构发布的信息。如要了解关于医药研究方面信息，可以到美国国立研究院（http://www.nih.gov）或世界卫生组织（http://www.who.int）以及其他一些重要的医药学会、协会的网站上查找。这些权威机构、学会的网站可以帮助读者及时了解和掌握最新的科研动态。

3. 利用网络专业信息资源导航库

专业信息资源导航库比搜索引擎更具专指性。如中国高等教育文献保障系统（CALIS）本着共知、共建、共享的原则，以全国高等院校为依托，建立起 CALIS 工程中心重点学科导航库和 CALIS 文理中心重点学科导航库，积累了国内外政府部门、高等院校、科研机构、学术团体的各专业网站地址，覆盖的学科全面，学术价值高，信息可靠性强，通过有效链接可以直接进入各学科专业网站，既节省查询时间，又提高了查询的准确性。

4. 利用各高校图书馆的网络资源

高校图书馆是网络信息资源的主要发布阵地，尤其是针对学术信息资源。图书馆根据读者需求，编制网络资源导航系统，建立学科导航库、数据库的镜像服务网站和网络信息资源链接列表，筛选网上信息，剔除重复和无用的网络资源，将信息资源按水平、质量、来源、相关度等加以排列，指明文献可利用程度，同时编制各种网上"指南"、"索引"或"联机帮助"，将读者从繁杂、无序的信息海洋中解脱出来，有效地遏制信息泛滥给读者造成的影响，引导读者最大限度地有效利用网络信息资源。

以上这些方法可以作为收集网络信息资源的常规方法，当然，在庞杂、无序及动态的信息海洋中寻找自己所需要的信息，除了要掌握这些基本方法外，还需要信息收集者了解不同数据库的特点和掌握一定的技巧，具体问题具体分析，并充分运用各种逻辑检索规则准确表达检索要求，通过运用多种方法和进行多种尝试，最终收集到有用、可靠的信息。

9.1.2 网络信息资源的整理方法

在信息网络环境下，传统的图书馆、情报单位和文献中心已不再是信息资源的唯一拥有者及提供者，任何单位或个人都可以将自己拥有的信息资源传到网上，同时也可以利用网上的信息资源开展信息服务。网络信息资源以其方便存取、广泛即时传播等特性，赢得了广大信息需求用户的青睐。但是，由于网络信息资源的庞杂无序、难于准确快速查找，在掌握前一节介绍的网络信息资源收集方法的基础上，还需要使用一定的方法和技巧对所收集到的信息资源加以整理，分门别类地加以归纳，使原来分散的、个别的、局部的、无系统的信息资料，变成能说明事物的过程或整体，显示其变化的轨迹或状态，论证其道理或指出其规律的系统的信息资料，形成有利于自己的信息资源库。

1. 网络信息资源的整理方法与步骤

1）信息资源分类

信息资源分类是按照一定的标准把与研究课题有关的信息资源分成不同的组或类，将相同或相近的资源合为一类，将相异的资源区别开来，然后再按分类标准将总体资源加以划分，构成系列。

人们习惯于把收集的信息资源按照信息资源的性质、内容或特征进行分类。

2）信息资源汇编

信息资源汇编就是按照研究的目的和要求，对分类后的资源进行汇总和编辑，使之成为能反映研究对象客观情况的系统、完整、集中、简明的材料。

汇编有三项工作要做：一是审核资源是否真实、准确和全面，不真实的予以淘汰，不准确的予以核实准确，不全面的补全找齐；二是根据研究目的、要求和研究对象的客观情况，确定合理的逻辑结构，对资源进行初次加工，如给各种资源加上标题，重要的部分标上各种符号，对各种资源按照一定的逻辑结构编上序号等；三是汇编好的资源要井井有条、层次分明，能系统、完整地反映研究对象的全貌，还要用简短明了的文字说明研究对象的客观情况，并注明资源的来源和出处。

3）信息资源分析

信息资源分析是运用科学的分析方法对所占有的信息资源进行分析，研究特定课题的现象、过程及各种联系，找出规律性的东西，构成理论框架。它是根据特定的需要，对信息资源进行定向选择和科学抽象的一种研究活动。

信息资源分析的目的是从繁杂的原始相关信息资源中提取具有共性的、方向性或者特征性的内容，为进一步的研究或决策提供佐证和依据。

2. 网络信息资源的持续整理

由于信息资源的收集是一个连续的过程，所以信息资源的整理也是一个持续动态的过程。信息资源的整理过程不仅要对已获取的资源进行分析整理，还需要保证信息资源收集的持续性以及定期整理收集信息的资源网站，分类收藏有价值的网址等。

9.1.3 网络信息资源的分析方法

信息资源分析是在充分占有相关信息资源的基础上，运用科学的分析方法，把分散的信息进行综合、分析、对比、推理，重新组成一个有机整体的过程。

用于信息分析的方法有逻辑学法、数学法和超逻辑想象法三大类。其中，逻辑学法是最常用的信息分析方法，具有定性分析、推论严密、直接性强的特点。属于逻辑学法的常用方法有综合法、分析法。

1. 综合法

综合法是把与研究对象有关的情况、数据、素材进行归纳与综合，把事物的各个部分、各个方面和各种因素联系起来考虑,从错综复杂的现象中探索它们之间的相互联系,以达到从整体的角度通观事物发展的全貌和全过程,获得新认识、新结论的目的。

综合法可具体分为简单综合、分析综合和系统综合。

1) 简单综合

简单综合是把原理、观点、论点、方法、数据和结论等有关信息资源一一列举,进行综合归纳而成。

2) 分析综合

分析综合是把有关的信息资源在对比、分析、推理的基础上进行归纳综合,并得出一些新的认识或结论。

3) 系统综合

系统综合是一种范围广、纵横交错的综合方式。它把获得的信息,从纵的方面综合与之有关的历史沿革、现状和发展预测,从中得到启迪,为有关决策提供借鉴;从横的方面综合与之有关的相关学科领域、相关技术,从中找出规律,博采众长,为技术创新的起点或技术革新的方案提供相关依据。

2. 分析法

分析法是将复杂的事物分解为若干简单事物或要素,并根据事物之间或事物内部的特定关系进行分析,从已知的事实中分析得到新的认识与理解,产生新的知识或结论。

分析法分析的角度不同,常用的有对比分析法和相关分析法。

1) 对比分析法

对比分析法是常用的一种信息资源定性分析方法,可以分为纵向对比法和横向对比法。

(1) 纵向对比法。纵向对比法是通过对同一事物在不同时期的状况,如质量、性能、参数、速度、效益等特征进行对比,认识事物的过去和现在,从而探索其发展趋势。由于这是同一事物在时间上的对比,所以又称为动态对比法。

(2) 横向对比法。横向对比法是通过对不同区域,如国家、地区或部门的同类事物进行对比,提出区域间、部门间或同类事物间的差距,判明其优劣。横向对比法属于同类事物的对比,所以又称为静态对比法。

通常对比分析法获得的信息资源分析结果可以使用数字、表格、图形或者文字予以表述。对比的目的有以下几种:可对同类事物不同方案、技术、用途进行对比,即从对比分析中找出最佳最优技术、最佳用途;可对同类事物不同时期技术特征进行对比,即从对比分析中了解发展动向;可对不同事物进行类比,即从不同事物的类比中找出差距,取长补短。对比方式有文字分析对比、数据分析对比、图表分析对比等。

2) 相关分析法

相关分析法也是一种常用的信息资源定性分析方法。事物之间、事物内部各个组成部分之间经常存在着某种关系,如现象与本质、原因与结果、目标与途径、事物与条件等关系,可以统称为相关关系。通过分析这些关系,可以从一种或几种已知的事物特定的相关关系,顺次地、逐步地预测或推知未知事物,或者获得新的结论,这就是相关分析法。

9.2　科研选题及论文资料收集

科研选题一般包括确定研究方向和选择研究课题两个方面。确定研究方向决定了研究集体和研究者个人在较长时间内进行科学探索的主要方向；而选择研究课题则是在这个主要方向下选择和确定具体课题任务，制定实施的计划和步骤以及确定采取的方法和途径。实际上，科研选题就是一个圈定研究领域，确定最终课题的过程。

科研选题作为科研活动的起点，关系到科研人员学术生涯的成败，决定了科研成果的大小。如果能够顺利提出问题，只要保证战略方向正确，一定会获得科研成功。

9.2.1　科研课题查询步骤

课题查询是课题研究及论文写作的第 1 步。为获得满足研究需要的结果，课题查询一般要分 6 个步骤进行：

（1）课题分析；
（2）检索系统和数据库的选择；
（3）检索点与检索单元（检索词）的选择；
（4）检索式的制定；
（5）检索策略的调整；
（6）原文获取。

以上步骤是系统地进行课题查询的过程。课题规模不同，涉及的领域各异，检索的难度、耗费的精力和时间也不尽相同。由于不同的课题需要获得的信息类型和信息量都不一样，运用的研究策略也各有不同，其中的查询步骤也可以根据具体需要省减，或者循环重复，不断调整。

9.2.2　论文资料的收集

研究一个科研课题，无论是确定课题的题目，还是进行课题研究都需要进行论文资料的收集，目的是在把握正确的研究方向下，充分了解课题的研究动态，并在已有研究成果的基础上进行创新，避免重复研究和科研成果的雷同和相似性，保障其独创性和较高的学术价值以及持久的社会影响力。

1. 获取资料的网络查询工具

网上资料的搜集可选择以下几种查询工具：

1）搜索引擎类工具

随着网络技术的发展，各种搜索引擎不断出现和完善，使得各种信息查询变得更加方便，响应也极其迅速。主要的搜索引擎有 Google、新浪、搜狗等。

2) 数据库类工具

随着各种网络数据库的兴起,针对科研课题查询的学术资源数据库也越来越完善,不仅收录了各种类型的文献资源,而且提供了强大的查询功能,有利于科研课题的查新咨询。如中国期刊网各专题全文数据库(CNKI)、万方数据知识服务平台系列数据库、维普资讯系统各专题数据库等。

2. 资料收集的查询方式

1) 以分类搜索为主的查询方式

分类搜索查询是一种浏览式的查询方式,其优势在于对某个学科领域的知识与信息能全面把握。以分类搜索为主的查询方式主要有如下几种查询方法:

(1) 横向查询法。横向查询法是在网站间进行横向交叉、互补的查询方法。目前,一般网络搜索工具提供的分类检索查询路径为分类目录—主题分类—学科—查询主题—具体知识信息点。由于各个网站的分类目录下所组织和链接的知识信息不尽相同,一旦所显示的信息不能满足用户的查询要求时,则需要切换到其他网站,进行同学科和同主题内容的横向交叉、比较互补的查询;

(2) 报纸、期刊专题专栏查询法。在分类目录搜索下,进行报纸、期刊有关专题专栏的浏览查询,也是科学研究中资料搜集和课题查新咨询不可忽视的方法。

2) 以主题为主的查询方式

以主题为主的查询方式是通过输入主题语言来直接获取课题需要的专指信息的查询方式。它与学科分类查询方式相辅相成,相互补充。

以主题为主的查询方法主要有主题词查询法、关键词查询法、作者查询法等几种。

3. 分析研究资料

对收集到的原始资料需要进行分析鉴别,进行质量上的评价和核实,对资料进行一番筛选、取舍,寻找出课题所需要的资料,而且在鉴别资料的过程中,会加深对资料的性质、真伪、价值等的认识和判断。

1) 鉴别资料的真伪

由于收集到的原始资料不一定完全真实,而资料是否真实,直接关系到所研究课题的真伪。如果使用了不真实的资料进行研究,那么研究的结论很可能就是不真实的,一些有价值的研究也会因为参考资料的失实而前功尽弃。要想鉴别资料的真伪,就要鉴别资料的客观实在性和本质真实性,也就是要弄清楚它是否真的发生、存在,是否在有条件的情况下才能发生以及事物是偶然还是必然,是个别还是一般,是现象还是本质,是主流还是支流。要从事物的总体本质及其客观联系上挖掘事物本质的真实性,还要结合各方面的材料综合思考,分清真伪,进行比较分析,不要被局部或暂时现象所迷惑。

2) 鉴别资料程度的深浅

同是真实材料,必定有深浅程度的区别。常用的鉴别资料深浅程度的方法是比较法和专注法。

(1) 比较法。比较法是通过对同一资料进行对比以确定正误和优劣。例如,把资料本身的论点和论据相比较,把正在阅读的资料和已经确认可靠的资料相比较,把宣传性广告和产品目录相比较,等等。

(2) 专注法。专注法就是注意专门的鉴别性文章和在学术界经常会产生不同的观点,甚至产生针锋相对的论点的争论,争论中往往会发现原理论的不足之处,甚至错误之处,在争论中理论也会得到发展。

9.2.3 科研课题查询示例

检索课题:基于知识链的企业知识管理系统模型研究。

1. 课题分析

该课题分析了我国知识管理系统的建设和应用现状,对当前几种主流的知识管理系统(Knowledge Management System,KMS)模型进行了分析和总结,概括出当前的这些主流模型存在的问题和不足,探讨了改进模型的方向和策略以及知识管理系统建设应注意和处理的问题及建设思路,并从增强企业核心竞争力的角度,在对知识管理过程中的活动要素和知识管理系统进行功能分析的基础上,提出了一个基于企业知识链(Knowledge Chain,KC)的企业知识管理系统的通用模型。

分析了课题的中心思想后,了解该检索课题涉及的专业属于社会科学领域的企业管理、管理科学与工程、技术经济与管理学科,明确课题研究工作需要对该课题的国内外研究现状、主要研究成果有较为全面的了解,并在此基础上确定了课题资料的查询关键词有"知识链"、"知识管理系统"和"模型研究"等,对应的英文关键词为 Knowledge Chain、Knowledge Management System 和 Model Research。

2. 检索系统和数据库的选择

1) 中文数据库

利用的主要中文数据库包括 CNKI 中国期刊全文数据库、中国优秀博硕士学位论文全文数据库、中国博士学位论文全文数据库、中国社会科学引文索引数据库、中国重要会议论文全文数据库、中国重要报纸全文数据库等。

2) 英文数据库

利用的主要英文数据库包括 PQDT 博硕士学位论文数据库、Springer 电子期刊数据库、EBSCOhost 数据库、Elsevier Science 电子期刊数据库等。

3) 搜索引擎

利用的搜索引擎有 Google、Baidu、Yahoo!等。

3. 检索词与检索途径的选择

检索词采用课题分析中确定的中、英文关键词,并围绕中、英文关键词进行检索。首先通过采用关键词检索途径,了解课题相关领域文献的主要内容以及确定与课题内容相关的领域的研究专家,然后再按照作者途径进行查询。

4. 检索策略制定及原文获取

在中、英文数据库中按照关键词或者作者途径进行检索,然后可以根据信息资源的分析方法,选择有用和相关度比较高的文献资料,对有价值的文献资料的参考文献也要着重查看。利用搜索引擎时,可以将各关键词分别组合进行检索,以缩小检索结果的范围。

以 CNKI 的数据库检索为例,利用 CNKI 进行跨库查询的高级检索页面如图 9-1 所示,跨库高级检索的题录检索结果页面如图 9-2 所示,跨库高级检索的详细检索结果页面如图 9-3 所示。其中,在详细检索结果页面中列出了检索结果文献的参考文献、引证文献、共引文献、同被引文献、二级参考文献等不同类别的相关文献,它们是重要的文献信息来源,可以从中选择和进一步查找所需要的文献。

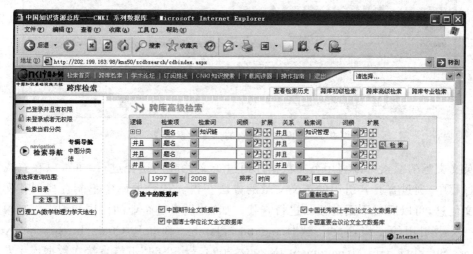

图 9-1 CNKI 跨库高级检索页面

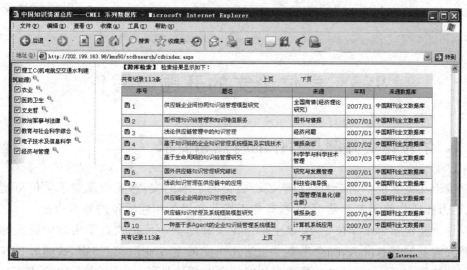

图 9-2 跨库高级检索的题录检索结果页面

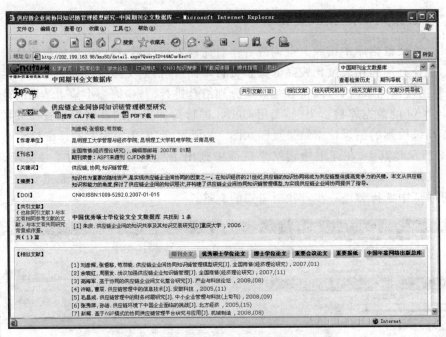

图 9-3　跨库高级检索的详细检索结果页面

英文文献的检索可以利用英文数据库通过英文关键词途径进行，也可以在查找中文文献过程中，通过查看其引用的英文文献的方法获得。若数据库中不能查找到英文文献的原文信息，可以通过下面的技巧进行查找。如在"供应链企业间协同知识链管理模型研究"一文中引用的二级西文文献"Langabeer, James. Supply Chain Integration-Key to Merger. Supply Chain Management Review, 2003, 3: 58-64"不能直接在数据库中获得原文内容，可以利用英文 Google 搜索引擎，在其查询输入框中输入检索短语"Supply Chain Integration-Key to Merger"或者"Supply Chain Management Review 2003"，搜索获得原文。

9.3　学位论文的开题与写作

9.3.1　学位论文开题与写作的特点和要求

学位论文是学位申请者为获得学位而提交的学术论文，它集中反映了学位申请者的学识、能力和所作的学术贡献，是考核其能否毕业和授予相应学位的基本依据。

学位论文包括学士学位论文、硕士学位论文和博士学位论文。学士学位论文侧重于科学研究规范的基本训练，综合考查学生运用所学的本专业理论、知识、技能分析和解决实际问题的能力；硕士学位论文要求对研究课题有新的见解；博士学位论文要求有更高的学术水平，必须在某一学科领域或专门性技术上取得创造性的研究成果。

1. 学位论文开题与写作的特点

学位论文的开题与写作是学生从事科研活动的主要内容,也是检验其学习效果、考查其学习能力、科学研究能力及学术论文写作能力的重要方面。在论文开题与写作的过程中,信息资源的检索与利用是一项不可或缺的重要技能。学位论文写作的特点可以概括为:

1) 立论客观,具有创新点

学位论文的基本观点来自对具体材料的分析和研究,所提出的问题应在本专业学科领域内有一定的理论意义或实际意义,观点要明确并具有一定的创新性,可以不断开拓新的研究领域,探索新的方法,阐发新的理论,提出新的见解。

2) 论据翔实可证,具有科学性

学位论文应从多方面论证论点,有主证和旁证。论文中所用的材料要准确可靠、精确无误,能揭示客观规律,探求客观真理,成为人们改造世界的指南。

3) 具有学术性和逻辑性

学位论文的写作是对学生多年学习成果及科研能力的检验,要体现多年积累的学术科研水平,学术性是学位论文的重要特征。学位论文中提出问题、分析问题和解决问题,要符合客观事物的发展规律,全篇论文形成一个有机的整体,结构要严谨,判断与推理言之有序,能够揭示事物内在的本质和发展规律。

4) 体式明确,语言规范

学位论文在体式上有着固有的规定性和规范性,是以论点的形成构成全文的结构格局,并围绕论点进行多方佐证,语言规范,深入浅出,言简意赅。

2. 学位论文开题与写作的要求

从目前我国的学位制度来看,学位论文是衡量作者是否达到一定学术水平的重要标志。不同级别的学位论文,对作者有不同的开题和写作的目的和要求。

学士学位论文写作的目的和要求是通过论文的写作,反映出作者运用所学的基本理论与知识分析本学科某一问题的水平和能力,并通过论文的开题与写作,进一步培养学生独立分析问题和解决问题的方法和能力,学习学术研究的方法,为将来从事实际工作或学术研究打下基础;硕士学位论文的写作是培养学生独立科研能力和实际工作能力的有效手段,论文应该反映出作者较高的分析能力和解决本学科基本理论及专业问题的水平和能力,同时也应体现出一定的科研成果。

总之,确定一篇学位论文的质量应以国内相同专业发展程度作为依据,以国际相同专业发展程度作为参考,从论文的创造性、理论和应用价值、选题难度、内容的可靠性、研究方法、语言和结构的逻辑性和写作技巧等方面进行综合、客观评价。

9.3.2 学位论文开题与写作的步骤、方法和格式

1. 开题及写作的步骤与方法

1) 初步选题

选题是学位论文写作的起点,选题是否适当,从一定意义上说,决定了论文质量的高

低,甚至关系到论文的成败。选题得当,可以激发学生的科研热情,充分发挥学生的专长,取得理想的效果;选题不当,可能导致论文写作失败。

学位论文选题的主要方法有:

(1) 积累精选法。学生在平时学习过程中就要注重与所学专业相关的学术问题的积累,例如在课堂教学中注意老师教授的本学科尚待深入研究的重点和疑难问题以及自己平时阅读本专业的相关文献积累下来的问题,最终精选出一个最合适的问题作为学位论文的题目。

(2) 追踪研选法。学生可以将前人争论不休的问题选作自己的毕业论文题目,并在自己的理解基础上,查阅前人对此问题研究争论的有关资料,弄清前人的主要观点和依据,在研究过程中形成对此问题的独到见解。这种方法使选题、选材、构思融为一体,一旦论题选定,论文的基本框架也就形成了。

(3) 实践调研法。现代教育观不仅看重毕业论文的学术价值,更看重其实用价值,即指导当前实践的价值,因此,从实践中发现急需研究和解决的问题,并将其作为学位论文选题,也应该成为当代大学生毕业论文选题的基本方法之一。这种方法确定题目也需要查阅相关资料,了解前人对同类问题或类似问题的解决方法,进而提出改进方法或创新方法。

(4) 浏览捕捉法。所谓浏览捕捉法,就是学生先根据自己对所学专业知识或实践领域的熟悉和兴趣程度,划定一个或若干学位论文的选题范围,然后再浏览和阅读选题范围内的相关文献,从中捕捉适合自己的学位论文选题。

(5) 筛选变造法。即使是从学校提供的学位论文题库中被动选题,也不应该草率从事,而是应该使用筛选变造法,尽可能变被动为主动,从学位论文题库中选择出比较适合自己的论文选题并对原论题进行变造,这种变造一般来说主要是对原论题规模和角度的变造。

2) 分析选题与资料收集

初步选题后,需要进行题目分析,进一步确定该选题是否适合作为学位论文题目以及是否适合进行研究。一般来说,学生自主选题的情况比较多,选题存在较大的盲目性,而且学生对学科发展前沿不熟悉,选题缺乏创新性。运用现代信息化手段,搜集大量与选题有关的科技情报资料,找到该课题已经研究到什么程度,是否有继续研究的价值,寻找创新点,是解决这一问题的最好途径,这样才能使论文的选题站在前人的工作基础之上,才容易产生新论点,确保学位论文选题的创新性。

在资料收集过程中应该注意以下几点:

(1) 资料收集要有目的性。要明确所收集的资料用来支持什么样的论点,或者侧重点在哪些方面,这样才能有针对性地选择那些有说服力的论据,以提高论文的整体水平。

(2) 搜集资料要全面,有重点。尽可能地搜集和掌握与选题相关的所有重点资料,包括各种不同的学术观点和跨学科的有关资料,这样才能扩充视野,便于研究和选用。

(3) 尽可能搜集第一手资料。搜集资料时应尽可能选择第一手原始资料,特别是对经典著作、法律条文、重要数据资料的收集等,以免在转引二手资料过程中出现差错。

(4) 资料的收集、整理应规范化。对资料的规范化处理有利于资料的调度和使用,便于资料的综合、比较和分析,对学位论文的写作起到启发、补充和提高的作用。

(5) 采用现代化的资料搜集方法和手段。采用现代化的资料搜集方法和手段进行数字资源的检索,可以突破资料搜集过程中学科和专业的范围限制,保证了资料搜集的全面性。

3) 论文开题

学位论文和一般学术论文的重要差别之一是论文开题,它是对论文选题进行检验和评估认定的过程。学位论文的选题是否具有学术价值和新颖性,是否能够反映写作者的专业科研水平以及论文的观点是否成熟等,均要通过开题报告来考查。开题报告经由审查小组审核确认后,才能正式开始论文的写作。

不同学校或专业对开题报告的内容和结构有不同的要求,一般来说,开题报告应包括以下几个方面的内容:

(1) 论文题目、题目来源、论文属性、拟采取的研究方法。
(2) 选题动机和意义。
(3) 本课题国内外研究情况综述或主要支撑理论、发展趋势。
(4) 研究内容、结构框架、研究特色和创新点。
(5) 主要参考文献。
(6) 论文写作计划。

4) 编写提纲

开题之后,正式写论文之前应先搭建论文提纲。提纲是对研究课题的总体构思,论文的指导思想、基本框架、整体结构、总的论点和各部分的布局及观点都应通过提纲反映出来。因此,要求作者在具体制定提纲时,首先应对论文的全部问题进行周密的思考,提出论点、论据,安排材料的取舍,力求使提纲在整体上体现论文题目的目的性;其次,要从各个方面围绕主题编写提纲,既突出重点和主要内容,又适当地照顾全面,明确各部分在整篇论文中所占的比重及相互关系,使论文内容和题目紧密衔接起来。

5) 撰写论文初稿与修改定稿

论文提纲完成后,经与指导教师就论文的结构、顺序及逻辑性等关键问题进行共同研究和推敲后,即可着手写论文初稿。写作阶段是作者对专题进行系统深入研究的阶段,是在原有的研究基础上升华的阶段。在撰写论文的过程中应该注意以下几点:

(1) 根据提纲要求,对搜集到的资料去粗取精、去伪存真。
(2) 独立思考,敢于提出新见解。
(3) 论文写作始终围绕论题进行。

论文初稿完成以后,只能说完成了学位论文写作的 70% 的工作,其后的 30% 的工作是修改、补充和润色。论文修改之前应尽量征求指导教师的意见,修改过程中要注意论文写作格式的规定,避免大量和大段引用,引用他人文字或内容一定要注明出处。定稿后的学士学位论文字数一般在 7000 至 8000 字,硕士学位论文字数应控制在 2.5 万至 3 万字。

综上所述,学位论文从构思到完成一般都要经过选题、搜集资料、编写开题报告、制定提纲、撰写初稿和修改定稿等步骤。论文质量的高低与作者对每个阶段的把握程度有直接的关系。一篇好的学位论文应该做到观点正确、有独创性、结构严谨、逻辑性强、层次清楚、引文正确、语言流畅,并具有一定的深度和广度。

2. 学位论文的基本格式

学位论文一般包括题目、序跋、文摘、目录、正文和参考文献等部分。

1) 题目

题目概括了整篇论文的核心内容,应该简明扼要、准确明了、引人注目。学位论文的中文题目一般不宜超过20个字。

2) 序跋

序指的是学位论文最前面的一些关于论文写作说明的文字;跋是学位论文最后面的一些对论文写作过程中得到的帮助表示感谢之类的文字。序跋部分不是所有的学位论文都有的,视写作者的个人意愿而定,有的学位论文只有序而没有跋。

3) 中、英文提要

提要是对学位论文内容不加注释和评论的简短陈述,是一篇具有独立性和完整性的短文。提要一般应说明本论文的写作目的、方法、成果和最终结论等,要重点突出论文的创新性成果、新见解以及理论和实际意义。提要语言应精练、准确,不宜使用公式、图表,不标注引用文献编号。中文提要一般300~500字。英文提要与中文提要的结构与内容相同。

在提要内容的下一行,应注明本学位论文的关键词(3至5个),关键词是供检索使用的能覆盖论文主要内容的通用技术词条。关键词一般按词条的外延层次由大至小排列。

4) 目录

目录位于正文之前,既是论文的提纲,又是论文各组成部分的小标题,也是整个论文的章节导航。目录一般提供到三级,规定要标明章节的题目和页码。

5) 正文

论文正文包括绪论、论文主体及结论等部分。

(1) 绪论。绪论一般作为论文的第一章,内容应包括本研究课题的学术背景及理论与实际意义,国内外研究现状综述,本研究课题的来源及主要研究内容。

(2) 论文主体。论文主体是学位论文的主要部分,应该结构合理,层次清楚,重点突出,文字简练、通顺。论文主体的内容应包括:本研究内容的总体方案设计与选择论证;本研究内容各部分的设计;本研究内容的理论分析;对研究的论述及比较研究;模型或方案设计;案例论证或实证分析;模型运行的结果分析或建议、改进措施等。

(3) 结论。学位论文的结论是对整个论文主要成果的总结,在结论中应明确指出本研究内容的创造性成果或创新性理论(含新见解、新观点),对其应用前景和社会、经济价值等加以预测和评价,并指出今后进一步在本研究方向进行研究工作的展望与设想。

6) 参考文献

参考文献包括正文中的夹注、脚注和尾注以及论文著者推荐的参考文献等几种。

(1) 夹注。夹注即写作过程中在需注释的文字后加括号说明的部分。

(2) 脚注。脚注一般写在页面的下方,注明文字出处,可连续编号,也可每页单独编号。

(3) 尾注。尾注一般是和著者推荐的参考文献一起写在论文的最后,有时也写在各章节的最后。通常较大段的引文采用尾注,而篇幅较小的论文只有脚注。学位论文常采用尾注。

(4) 著者推荐的参考文献。参考文献按文中出现的顺序列出,且有统一的著录格式。论文的著录格式是:序号. 著者. 论文题名. 期刊刊名,出版年,卷期数,起止页码图书的著录格式是:序号. 著者. 书名. 出版地:出版社,出版年。

7) 附录

附录包括放在正文中显得过分冗长的公式推导,以备他人阅读方便所需的辅助性数学工具,重复性的数据图表,论文中使用的符号意义、单位缩写、程序全文及有关说明等。

9.3.3 利用网络信息资源开题及写作示例

1. 学位论文选题示例

前文提到过论文的选题有积累精选法、追踪研选法、实践调研法、浏览捕捉法、筛选变造法等方法,学生可以根据自己的兴趣、需求去选择和确定毕业论文题目的具体方法。例如一个信息管理专业的学生,学习了 Visual Basic(VB)这一门编程语言,很喜欢进行系统开发,而在实习过程中,发现某大型集团公司车辆管理工作比较混乱,于是决定针对这一问题,开发一个关于车辆管理的小型系统,并且欲将其作为毕业论文的选题方向,初步确定选题题目为:×××集团公司车辆管理系统的设计与实现。

2. 分析选题与资料收集示例

1) 应用价值分析

初步确定的选题"×××集团公司车辆管理系统的设计与实现",是基于作者在其实习过程中发现的问题,选题具有一定的现实意义和实际应用价值,对于企业今后的车辆管理工作和提高管理效率影响深远。

2) 学术价值和新颖性分析

初步查询 CALIS 高校学位论文数据库、PQDT 博硕士学位论文数据库、CNKI 中国期刊网全文数据库等中外重要的数据库,查询其中涉及计算机科学技术和车辆管理方面内容的文献,分析确定该选题具备一定的新颖性、不重复,具有一定学术研究价值。

3) 选择检索系统和确定检索途径

确定初步选题后,需要围绕选题进行资料收集。资料的收集分为两个环节,一个是开题前的资料收集,以确定研究方向和论文题目;二是围绕论文写作过程不同阶段所需的不同资料进行搜集。本例可以利用各式网络资源检索系统,查找与"车辆管理"、"系统"开发相关的文献,了解车辆管理研究的方法、方向、成果以及信息管理系统开发的过程与方法。

(1) 查询数据库。查询的主要数据库包括 CNKI 期刊网全文数据库、CALIS 高校学位论文库、万方平台中国学位论文库、PQDT 博硕士学位论文库、Elsevier Science 电子期刊、EBSCOhost、Springer 电子期刊、重庆维普期刊全文数据库；参考数据库包括全国报刊索引-科技版、INSPEC、Ei Engineering Village 2、中国专利数据库、中国科技成果数据库。

(2) 查询学科。数据库涉及的学科有计算机科学学科和部分工业管理、企业管理学科等。

(3) 查询时间。由于信息管理系统的开发和应用是近年来兴起的，且 VB 开发工具的应用也主要在 2003 年以后，为了保证新颖性和先进性，确定查询的时间范围为 2003 年至今。

(4) 检索关键词。管理信息系统、车辆管理、Visual Basic 6.0(VB)开发工具、系统设计、系统实现。

4) 主要检索结果

(1) 陈明. 软件工程学教程[M]. 北京：科技出版社，2005.

(2) 萨师煊，王珊. 数据库系统概论(第三版)[M]. 北京：高等教育出版社，2004.

(3) Steve Teixeira, Xaviver Pacheco 著. Visual Basic 6.0 开发人员指南[M]. 龙劲松，王瑜，谢尚书译. 北京：机械工业出版社，2004.

(4) 胡同森，赵剑锋，等. Visual Basic 6.0 程序设计教程[M]. 杭州：浙江科学技术出版社，2006.

(5) 赵娣. 车辆管理系统的设计与实现[D]. 山东大学，2007.

(6) 孙朝霞，李春光，马莉. 基于 UML 的车辆管理系统需求分析[J]. 青岛建筑工程学院学报，2005.2.

资料收集到一定程度后，可以利用所得资料以及通过实地调研的方法，了解信息系统用户的需求，抓住创新点，并按照系统开发步骤进行论文写作与系统开发设计工作。论文写作过程中遇到疑难问题，仍然可以利用各类网络资源检索系统或者选择优秀的检索工具，重新修正、确定检索策略，寻找相关的解答或者对检索结果进行修正。

3. 开题报告示例

1) 论文题目、题目来源、论文属性和拟采取的研究方法

(1) 论文题目：×××集团公司车辆管理系统设计与实现。

(2) 题目来源：学生自行确定的题目。

(3) 论文属性：应用方案设计(科学研究、调查报告、学术思想综述、应用方案设计、其他)。

(4) 拟采取的研究方法：规范研究、实证研究、现场调查、其他。

2) 选题动机和意义

对于拥有大量车辆的运输企业或者企业的运输部门来说，车辆管理是一项重要的日常事务。如何提高车辆的使用效率，减少费用支出，降低成本，简化管理活动，提高管理效率，实施科学信息化管理，就成为各车辆管理单位需要解决的一个难题。

本选题中确定开发的系统是为了规范企业内部管理，提高企业管理质量，更好地服务

广大的客户而开发的一套专门用于车辆管理的软件,可以集中管理车辆的运营、维修、事故、违章等一系列信息,有效跟踪管理企业每台汽车的使用状况,带动企业进入车辆管理信息化、科学化,同时也可以节省人力、物力、财力,提高工作效率,使企业车辆管理更加科学,更加规范。针对相关车辆企业的情况,车辆管理系统软件应达到以下目标:

(1) 由人工管理过渡到机械自动化、系统化、规范化管理。

(2) 违章车辆、事故车辆及车辆的维修费用一目了然。

(3) 及时掌握车辆的运营情况,提高车辆的利用率和企业的经济效益。

3) 本论文选题的国内外研究情况综述或主要支撑理论、发展趋势

该部分是在浏览所搜集资料的基础上,重点描述国内外目前的车辆管理系统的结构、功能上存在的缺陷或者优势,主要开发技术的先进性和漏洞,了解开发过程中存在的问题、主要的技术难点和对车辆管理信息系统的功能需求等等,进而提出对存在问题的解决方案,并提出对某些独特的优势功能的设计和开发设想。

4) 研究内容、结构框架、研究特色和创新点

(1) 理论基础。结合车辆管理的要求,对 Microsoft Access 数据库管理系统、SQL 语言、Visual Basic 6.0 应用程序设计、Visual Basic 6.0 数据库技术进行深入的学习。

(2) 研究内容和论文结构。使用 Microsoft 公司的 Visual Basic 6.0 作为开发工具,结合 API 函数、ADO 技术,利用其提供的各种面向对象的开发工具,尤其是数据窗口这一能方便而简洁操纵数据库的智能化对象,首先在短时间内建立系统应用原型,然后对初始原型系统进行需求迭代,不断修正和改进,直到形成用户满意的可行系统。

本论文结构包括绪论(基础理论与开发工具描述)、用户需求分析、信息系统分析、信息系统设计、信息系统实施、信息系统运行与维护等部分。

(3) 特色与创新。主要完成了对车辆管理系统的需求分析、功能模块划分、数据库模式分析,并由此设计了数据库和最终的应用程序,力求做到设计的车辆管理系统能够满足该集团公司工作人员和管理人员对车辆管理各方面业务的应用需要。

5) 参考文献

参考"分析选题与资料收集示例"中的主要检索结果。

6) 论文写作的时间计划

论文写作的时间安排是:搜集资料,60 天左右;撰写大纲,30 天左右;撰写初稿,90 天左右;撰写二稿,30 天左右;修改并最终定稿,30 天左右。

9.4 科技查新

9.4.1 科技查新的概念、查新领域及服务对象

1. 科技查新

科技部(原国家科委)2000 年 12 月发布的《科技查新规范》以及之后修订的《科技查

新规范》曾对"科技查新"做了规范性的定义:"科技查新(简称查新),是指具有查新业务资质的查新机构,根据查新委托人提供的需要查证其新颖性的科学技术内容,按照《科技查新规范》进行操作,查证其新颖性并做出结论(查新报告)的信息咨询服务工作。"由此可见,科技查新咨询工作(简称科技查新)是具备查新业务资质的信息咨询机构查新人员,通过手工检索和计算机检索等手段,运用综合分析和对比的方法,为评价科研成果、科研立项等的新颖性提供文献查证结果的一种信息咨询服务工作。科技查新业务的主体是信息咨询服务机构,工作基础是科技信息资源,采用的工作方法是信息分析研究方法,工作目的是为有关单位和专家评价科技项目提供系统、准确的科技文献检索和情报学评价结论,为科技管理部门和专家的评审工作提供决策参考。

科技部于 1990、1994 和 1997 年在全国范围内共授权了 38 家一级科技查新单位,这些单位也被看作是国家级科技查新单位。

2. 科技查新领域

科技查新涉及数学、物理、化学、海洋学、气象学、地球物理学、化工、材料、生物、医药卫生、农业、水利、林业、建筑、建材、食品、电子、计算机、冶金、机械、纺织、造纸、能源、石油、石化、环境、地质、交通运输、航空、航天以及社会科学等领域。

3. 科技查新对象

(1) 申报国家级或省(部)级科学技术奖励的人或机构。
(2) 申报各级各类科技计划、各种基金项目、新产品开发计划的人或机构。
(3) 各级成果的鉴定、验收、评估、转化。
(4) 科研项目开题立项。
(5) 技术引进。
(6) 国家及地方有关规定要求查新的项目。

4. 查新委托人需要提供的资料

查新委托人除了应该熟悉所委托的查新项目外,还需要据实、完整、准确地向查新机构提供查新所必需的资料,具体包括:

(1) 查新项目的科学技术资料及其技术性能指标数据。具体包括:科技立项文件,如立项申请书、立项研究报告、项目申请表、可行性研究报告等;成果鉴定文件,如项目研制报告、技术报告、总结报告、实验报告、测试报告、产品样本、用户报告等;申报奖励文件,如奖励申报书及其他有关报奖材料等。
(2) 课题组成员发表的论文,申请的专利。
(3) 中英文对照的查新关键词。
(4) 与查新项目密切相关的国内外参考文献。

9.4.2 科技查新的过程与查新报告

1. 科技查新过程

查新机构处理查新业务的程序一般包括：查新委托、受理查新委托和订立查新合同、文献检索、完成和提交查新报告、文件归档等。

1) 查新委托

查新委托人应根据待查项目的专业、科学技术特点、查新目的、查新要求、需要查证其新颖性的科学技术内容和查新机构所能受理的专业范围，自主选择查新机构以及据实、完整地向查新机构提交处理查新事务所必需的科学技术资料和有关材料。

2) 受理查新委托与订立查新合同

查新机构在受理查新时首先要考虑委托查新的项目是否属于自己的受理范围，然后根据委托人提供的材料确定是否可以受理，再根据查新人员个人所具备的专业知识等，确定查新人员和审核人员。查新人员要向用户说明委托查新的步骤和手续，向用户提供查新委托单及说明委托单的填写要求，完成课题登记。查新人员在确认查新委托人提交的资料符合查新要求以及资料内容真实、准确的基础上，若接受查新委托，则按照《科技查新规范》中关于查新合同的要求与查新委托人订立具有法律效力的查新合同。

3) 科技查新过程中的文献检索

(1) 检索准备。查新人员认真、仔细地分析查新项目的资料，了解查新项目的科学技术特点，明确查新委托人的查新目的与查新要求；同时，根据检索目的确定主题内容的特定程度和学科范围的专指程度，使主题概念能准确地反映查新项目的核心内容；确定检索文献的类型和检索的专业范围、时间范围，制定周密、科学且具有良好操作性的检索策略。

(2) 选择检索系统和工具。在分析检索项目的基础上，根据检索目的和客观条件，选择最能满足检索要求的检索系统和工具。计算机检索时，在检索前根据查新项目的专业、内容、科学技术特点、查新目的和查新要求，选择合适的计算机检索系统和数据库。选择数据库要本着能够全面覆盖查新项目范围的原则，首先选择综合型数据库，然后选择专业数据库和相关专利数据库，遇到重大项目时，有必要对一些重要的期刊数据库进行专门检索，要兼顾目录型、题录型、文摘型、全文型等类型的检索系统。手工检索作为计算机检索的辅助手段，要根据专业、文种、收录范围、报道的及时性、编排结构等方面，选择检索工具书。

(3) 确定检索方法和检索途径。在手工检索方式下，检索工具书提供的检索途径主要有分类途径、主题途径、文献名称途径、著者途径、文献代码途径等，分类和主题途径是手工检索的主要途径。在计算机检索方式下，确定检索途径之前要首先弄清楚检索使用的数据库所提供的检索途径，然后将检索提问转换成数据库支持的检索途径。查新中使用最多的是描述文献内容特征的检索途径，如分类号、主题词、关键词等；在特定情况下,也会使用描述文献外部特征的检索途径,如著者、出处、专利号等,进行专指性检索。

(4) 实施检索。实施检索就是要制定完整、确切表达查新委托人要求和查新项目主题内容的检索策略,检索策略中要慎重使用新的概念词,尤其是委托人提供的新概念词。同时,由于每个数据库的标引存在着差异,制定检索策略时要符合数据库的索引体系,检索时注意数据库的使用方法和支持的检索技术,正确使用各种运算符。

制定好检索策略后,根据检索内容的学科特点,确定检索年限并实施检索。在实际工作中,检索很难做到一次成功,经常会遇到检索结果与查新项目不相关、不相符等情况,因此,还需要对每次检索结果进行检验和调整,以扩检或者缩检,直至获得满意的检索结果。

4) 完成和提交查新报告

本阶段包括相关文献分析、编写查新报告和提交查新报告3部分。

(1) 相关文献分析。查新人员对检索获得的文献进行全面分析,根据查新项目的科学技术要点,筛选出与查新项目内容相关的文献,分为密切相关文献和一般相关文献,并将相关文献的研究水平、技术指标、参数要求等与查新项目的科学技术要点进行比较,确定查新项目的新颖性,草拟查新报告。

(2) 编写查新报告。查新报告是查新机构通过书面形式就查新事务及其结论向查新委托人所做的正式陈述,是体现整个查新工作质量和水平的重要标志。查新人员要对查新项目的内容、查新点与查新检索结果文献的研究现状和技术水平进行比较,实事求是地做出文献评述论证结论。

(3) 提交查新报告。查新机构按查新合同约定的时间、方式和份数向查新委托人提交查新报告及其相应的附件。鉴于查新人员对各种科技领域的发展的了解存在一定程度的局限,在查新过程中会聘请查新咨询专家,以便了解与查新项目相关的领域的研究和发展状况。查新人员对咨询专家的意见和咨询结果不予公开。

5) 文件归档

查新人员要按照档案管理部门的要求,及时将查新项目的资料、查新合同、查新报告及其附件、查新咨询专家的意见、查新人员和审核人员的工作记录等存档,并及时将查新报告登录到国家查新工作数据库。

2. 查新报告的主要内容

查新报告是查新咨询工作的最终体现,查新报告的内容应该符合查新合同的要求,完整反映查新工作的步骤和内容,同时,查新报告应当采用规定的格式,在报告提交的时间和方式上也要符合查新合同双方的约定。查新报告的主要内容包括:

1) 基本信息

包括查新报告编号,查新项目名称,查新委托人名称,查新委托日期,查新机构的名称、地址、邮政编码、电话、传真和电子信箱,查新员和审核员姓名,查新完成日期。

2) 查新目的

查新目的可分为立项查新和成果查新等。立项查新包括申报各级、各类科技计划,科研课题开始前的资料收集等;成果查新包括开展成果鉴定、申报奖励等进行的查新。

3) 查新项目的科学技术要点

科学技术要点是指查新项目的主要科学技术特征、技术参数和指标、应用范围等,应当以查新合同中的科学技术要点为基础,参照查新委托人提供的科学技术资料做扼要阐述。

4) 查新点与查新要求

查新点是指需要查证的内容要点;查新要求是指查新委托人对查新提出的具体愿望。查新要求一般分为以下 4 种情况:希望查新机构通过查新证明在所查范围内国内外有无相同或类似研究;希望查新机构对查新项目分别或综合进行国内外对比分析;希望查新机构对查新项目的新颖性作出判断;查新委托人提出的其他愿望。

5) 文献检索范围及检索策略

列出查新人员对查新项目进行分析后所确定的手工检索方式采用的工具书、年限、主题词、分类号和计算机检索方式采用的检索系统、数据库、文档、年限、检索词等。

6) 检索结果

检索结果应当反映出对命中的相关文献情况及对相关文献的主要论点进行对比分析的客观情况。检索结果通常包括下列内容:

(1) 对所检数据库和工具书命中的相关文献情况进行简单描述。

(2) 依据检出文献的相关程度分国内、国外两种情况分别依次列出。

(3) 对所列主要相关文献逐篇进行简要描述(一般可用原文中的摘要或者对原文中的摘要进行抽提),对于密切相关的文献,可节录部分原文并提供原文的复印件作为附录。

7) 查新结论

查新结论包括相关文献检出情况,检索结果与查新项目的科学技术要点的比较分析,对查新项目新颖性的判断结论等。

查新结论应当客观、公正、准确、清晰地反映查新项目的真实情况,不得误导。

8) 查新员与审核员声明

经由查新人员和审核人员签字的声明内容包括:报告中陈述的事实是真实和准确的;按照科技查新规范进行查新、文献分析和审核,并做出上述查新结论;获取的报酬与本报告中的分析、意见和结论无关,也与本报告的使用无关等。

9) 附件清单

附件清单包括密切相关文献的题目、出处、原文复制件和一般相关文献的题目、出处、文摘。所有附件按相关程度依次编号。

10) 查新委托人要求提供的其他内容

有效的查新报告应当具有查新员和审核员的签字,加盖查新机构的科技查新专用章,同时对查新报告的每一页进行跨页盖章。

9.4.3 科技查新报告示例

报告编号:2006-10-155

科 技 查 新 报 告

项 目 名 称:辽宁典型资源枯竭型城市产业转型与可持续发展研究
委 托 人:东北财经大学产业组织与企业组织研究中心
委 托 日 期:2006年10月26日
查新机构(盖章):教育部科技查新工作站
完 成 日 期:2006年10月26日
中华人民共和国科学技术部二〇〇〇年制表

查新项目名称	中文:辽宁典型资源枯竭型城市产业转型与可持续发展研究			
	英文:The Research of Typical Resource-exhausted Cities' Industry Transition and Sustainable Development in Liaoning			
查新机构	名称	教育部(大连理工大学)科技查新工作站		
	通信地址	大连市凌工路2号大连理工大学图书馆	邮政编码	116024
	负责人	YYY　　　电话　0411-84707942	传真	0411-84671872
	联系人	XXX　　　电话　0411-84708626		
	电子信箱	libinfo@dlut.edu.cn		
一、查新目的	成果鉴定			
二、查新项目的科学技术要点 　　本项目旨在发现资源枯竭型城市产业转型的一般规律和有效途径,解决资源枯竭型城市可持续发展过程中的关键矛盾,以实现其可持续发展。从研究资源枯竭型城市经济如何成功实现产业转型入手,结合国外的成功案例,系统研究辽宁资源枯竭型城市转型,实现经济可持续发展,保证社会稳定的途径和出路。同时为其他类似的省份提供经验。本课题还丰富了产业经济学、区域经济学、发展经济学等学科的相关内容和理论。 　　本项目在如下方面做了研究:①研究了资源枯竭型城市的兴衰规律,分析了国内外资源枯竭型城市产业转型的实践经验和启示;②重点研究了资源枯竭型城市产业转型的独特含义、基本方式、具体途径、执行主体、运行机制等具体问题,并构建了资源枯竭型城市产业转型的基本框架;③探讨了产业转型必须支付的成本构成以及成本支付原则、主体和方式,同时构建了产业转型的评价指标及测度体系,将其运用于阜新市产业转型实践;④探讨了资源枯竭型城市可持续发展的评价指标和评价方法,并结合典型城市可持续发展的实践,提出资源枯竭型城市实现可持续发展的相关政策建议。			
三、查新与查新要求 查新点:(1)资源型城市的循序渐转 　　　　(2)资源枯竭型城市的转型成本与转型评价 　　　　(3)产业转型的资源补充机制、衰退产业援助机制、替代产业扶持机制 关键词:资源型城市、产业转型、循序渐转、资源枯竭型城市、转型成本、转型评价、资源补偿机制、衰退产业援助机制、替代产业扶持机制 查新要求:查找近年来国内相关文献,以确认课题的新颖性。			

续表

四、文献检索范围与检索策略

国内数据库:《中文期刊数据库》　　　　　　　　　1995—2006
　　　　　《中国科技成果数据库》　　　　　　　　1995—2006
　　　　　《中国学术会议论文数据库》　　　　　　1995—2006
　　　　　《中国学位论文数据库》　　　　　　　　1995—2006

检索策略：资源★城市★产业★转型
　　　　　资源★城市★转型★(成本＋评价＋机制)
　　　　　资源★城市★(资源补偿＋产业援助＋产业扶持)

五、检索结果

密切相关文献(共50篇)如下：

(一) 资源型城市的循序渐转

1.【题　名】浅谈资源型城市的产业转型
　【作　者】常晓红
　【机　构】东营职业学院
　【刊　名】商场现代化.2006(072).-211-211
　【关键词】资源型城市　产业转型　可持续发展
　【分类号】F299.21
　【文　摘】资源型城市的产业转型是实现可持续发展的唯一途径,资源型城市的产业转型要未雨绸缪,体现主动性,实现循序渐转,要搞好矿区与政府的联合,实现社会环境和谐稳定。

2.【题　名】资源型产业城市发展规律初探
　【作　者】于志明　孙宋芝
　【机　构】云南大学商旅学院、经济学院,昆明,650091
　【刊　名】经济问题探索.2006(3).-64-67
　【关键词】资源型产业　资源型城市　周期　转型　衰退　对策
　【分类号】F299.21
　【文　摘】振兴东北老工业基地是我国面向21世纪加速经济发展所采取的重大战略决策,而资源型城市在东北地区的城市中占有很大比重。本文通过分析资源型产业及其城市化的发展规律,探索资源型城市转型的最佳时期,并针对东北等老工业基地的实际情况,为衰退期资源型城市的经济转型提出了相关政策建议,旨在对我国尤其是东北地区的资源型城市经济转型提供一些理论依据。

3.【题　名】国外资源型城市经济转型思路及对我国的启示
　【作　者】官锡强
　【机　构】广西财经学院,广西南宁,530003
　【刊　名】改革与战略.2005(12).-12-16
　【关键词】资源型城市　产业转型　城市定位　可持续发展
　【分类号】F205
　【文　摘】资源型城市与资源开采相伴而生,有其自身的发展规律,如果在资源枯竭之前不能完成城市转型,必然面临一系列严峻的经济、社会问题。文章在分析美、加、澳、日等国产业成功转型的基础上,提出了我国资源型城市发展过程中存在的问题和现状,最后进一步探讨了我国资源型城市产业转型可供借鉴的做法和经验。

(这里只列出第一主题的3篇密切相关文献,其余密切相关文献省略)

六、查新结论

依据与查新委托人签约的查新要求,针对"辽宁典型资源枯竭型城市产业转型与可持续发展研究"查新项目,检索国内数据库4个(详见附件)。根据本报告所述的检索范围与检索策略,查出密切相关文献50篇次。密切相关文献的研究内容主要集中在以下3个方面：

续表

资源枯竭型城市的发展规律,国外资源枯竭型城市转型对我国的启示,我国资源型城市产业转型的模式与路径选择、发展对策;其中文献 6"国外资源型城市转型的实践、理论与启示"、文献 7"资源型城市产业转型:辽宁省个案"、文献 8"资源型城市产业转型应走'循序渐转'之路"、文献 20"资源枯竭型城市产业转型的'恒山模式'研究"为本课题成员所发表。 　　资源枯竭型城市转型障碍与转型成本,对资源枯竭型城市可持续发展能力的评价; 　　资源枯竭型城市的财税政策、政府创新、制度建设以及资源补偿机制对其转型的影响;其中文献 3"促进资源型城市产业转型的税收政策"和文献 12"我国资源税率的战略选择"为本课题组成员所发表。 　　针对所查密切相关文献的分析与对比,可得出以下结论: 　　1)除本课题组成员所发表文献外,未见有针对资源尚未枯竭城市产业转型的"循序渐转"研究的相关文献报道;2)未见资源枯竭型城市产业转型成本及转型评价研究的相关文献报道;3)未见资源枯竭型城市产业转型的资源开发补偿、衰退产业援助和替代产业扶持"3 个机制"的相关文献报道。	
查新员(签字):　　XXX 审核员(签字):　　YYY	查新员职称:副研究馆员 审核员职称:教授 (科技查新专用章) 2006 年 10 月 26 日
七、查新员、审核员声明 　　(1)报告中陈述的事实是真实和准确的; 　　(2)我们按照科技查新规范进行查新、文献分析和审核,并做出上述查新结论; 　　(3)我们获取的报酬与本报告中的分析、意见和结论无关,也与本报告使用无关。	
查新员(签字):XXX 2006 年 10 月 26 日	审核员(签字):YYY 2006 年 10 月 26 日
八、附件清单　　　　附中文相关文献题录。	
九、备注	

习　题　9

1. 在科学研究活动中,网络信息资源有哪些主要的应用领域?
2. 简述网络信息资源的收集、整理和分析方法。
3. 简述科研课题查询的主要步骤。
4. 简述学位论文开题和写作的主要步骤和方法。
5. 对学位论文的写作格式有哪些具体的要求?
6. 论文写作过程中的资料收集应该注意哪些问题?
7. 什么是科技查新?科技查新的对象有哪些?
8. 简述科技查新过程。
9. 简述科技查新报告的主要内容。

参考文献

1. 王裕芳. 网络信息检索与综合利用. 北京:人民邮电出版社,2013.
2. 陈泉,郭利伟. 网络信息检索与实践教程. 北京:清华大学出版社,2013.
3. 郭爱章. 网络应用与信息检索. 北京:清华大学出版社,2012.
4. 陈弦章. 信息检索技术与利用. 杭州:浙江大学出版社,2012.
5. 宋诚英. 网络信息检索实例分析与操作训练. 北京:电子工业出版社,2012.
6. 罗晓宁. 网络信息检索与利用. 上海:同济大学出版社,2012.
7. 童锡骏. 网络资源与信息检索. 北京:北京师范大学出版社,2011.
8. 刘霞,李漠. 网络信息检索. 北京:清华大学出版社,2010.
9. 朱红. 网络信息检索与利用. 北京:人民邮电出版社,2010.
10. 董守斌. 网络信息检索. 西安:电子科技大学出版社,2010.
11. 邰峻,刘文科. 网络信息检索实用教程. 北京:电子工业出版社,2010.
12. 刘峰涛. 信息检索与应用. 北京:人民大学出版社,2009.
13. 来玲,陈文生,等. 信息资源(文献)检索与利用. 大连:东北财经大学出版社,2007.
14. 谢德体,陈蔚杰,徐晓琳. 信息检索与分析利用. 北京:清华大学出版社,2007.
15. 李四福,叶玫,等. 信息存储与检索. 北京:机械工业出版社,2007.
16. 刘廷元,徐晓琳,黄波,孙汝杰,等. 数字信息检索教程. 上海:华东理工大学出版社,2006.
17. 闫凤云. 信息检索. 哈尔滨:哈尔滨工业大学出版社,2006.
18. 刘振西,李润松,叶茜. 使用信息检索技术概论. 北京:清华大学出版社,2006.
19. 陈雅芝,刘吉发,等. 信息检索. 北京:清华大学出版社,2006.
20. 章云兰,万跃华,舒炎祥. 数字资源检索教程,北京:科学出版社,2006.
21. 王细荣,韩玲,张勤. 文献信息检索与论文写作. 上海:上海交通大学出版社,2006.
22. 夏淑萍,邓珞华,等. 计算机文献检索. 武汉:武汉大学出版社,2005.
23. 刘俊熙,应允. 计算机信息检索. 北京:中国铁道出版社,2005.
24. 冯惠玲,王立清,等. 信息检索教程. 北京:中国人民大学出版社,2004.
25. 符绍宏,赵荣,王琼,茹海涛,等. 信息检索. 北京:高等教育出版社,2004.
26. 孙丽芳,林豪慧,陈如好,等. 信息资源检索与利用. 北京:电子工业出版社,2004.
27. 赵志坚,何平,杜方冬. 网络信息资源组织和检索. 北京:人民邮电出版社,2004.
28. 张帆,等. 信息存储与检索. 北京:高等教育出版社,2003.
29. 沈固朝. 信息检索(多媒体)教程. 北京:高等教育出版社,2002.